被差別部落像の構築―作為の陥穽

小早川　明良

序　文

　幸いなことに、著者は、おおかた半世紀にわたり、被差別部落民をほぼ毎日「観察」してきた。その間、部落解放運動の指導者や、その指導により育った活動家に会い、部落解放運動を批判する人にも会った。彼・彼女らは、概ね人格者であったが、そうではない人もいた。部落解放運動の存在意義を認めず、世の通俗道徳に従って、ビジネスで成功する人がいたし、成功しなかった人もいた。公務員になることを願い、それが叶った人もいたし、叶わなかった人もいた。学業に精を出す人がいたし、学校で学ぶ意義を認めない人もいた。要するに被差別部落民を、職業や学歴などで分類することは叶わなかった。もちろん、数量調査において、被差別部落民には、低学歴で貧困で健康を損ねた人が多い傾向がでることを否定するものではない。

　ある部落解放運動の指導者は、自嘲して、被差別部落民のことを「分裂訓練学校の優等生」と呼んだ。それは、運動組織のなかで、何かと対立や争いが生じるさまをそう言って、被差別部落民の団結を促したものと思う。しかし、「分裂訓練学校の優等生」は、社会のどこにもいた。著者は、企業を経営してきた者であるが、企業世界も「分裂訓練学校」であったし、およそどの社会の人間も、たえずまとまっては離散する、烏合の衆であろう。

　ある暴力団の親分が、みずから正当化するために、ヤクザ社会は、被差別部落民や在日朝鮮人の受け皿であると語った。しかしそこには、ヤクザ社会が、一般社会で差別され、貧困をよぎなくされた人たちが吹き寄せられる場であるという虚構がある。たしかに私が出会った人の中にも、元ヤクザの肩書きを持つ人が、ごく少数であったが、いた。だからといって、彼らが被差別部落民を代表しているなどとは、とうてい言えない。なにかあると被差別部落民が暴力団と結びつけられたりするが、実際は、そのような言説にはなんの根拠もない。著者が面接した元ヤクザの人は、被差別と貧困が原因でヤクザになったのではなく、10代後半の血気盛んな頃に、「任侠の世界に憧れて」ヤクザ世界に入った。現在は、ヤクザ社会とは完全に縁を切っている。その理由は、ヤクザ社会の非情な権力秩序が我慢できなかったからという。すなわち、「ヤクザ社会にも部落差別があった」からという。彼にとって元ヤクザの肩書きは、その後の人生のスティグマであったが、今では、その負の個人史を反転させて、力強く生きている。

　このような極端な事例を挙げなくとも、部落問題研究や同和教育が教える被差別部落民像は、著者が知る事実とは大きく乖離したものである。芸能についても同様である。被差別部落は、芸能の故郷なのだろうか。「風聞」によれば、芸能界には被差別部落の出身者が多いという。在日朝鮮人も多いことにもなっている。しかし著者は、芸能界

に入ったという人に出会ったことがない。一人だけ、ロックバンドで成功した人がいた。その人がそうなったのは、差別で閉ざされた将来への不安などとは関係ない。被差別部落の「伝統」とも関係ない。ただアマチュア学生バンドでスカウトされてプロになったにすぎない。

このような俗説がもっともらしく語られ始めたのは、そう遠い昔のことではない。戦前の部落問題をめぐる言説には、そのような俗説は登場しない。俗説が登場したのは、「被差別の文化論」が構築されて以降のことである。すなわち、沖浦和光のような研究者が、被差別部落と芸能を結びつけて論文や著書を著したり、俳優の小沢昭一が、周防猿回しのような大道芸を被差別部落の芸能と呼んだりしたことに始まる。その頃、「部落文明」なる珍説まで現れた。

「被差別の文化論」と同じ問題は、被差別部落の仕事についても看取される。それは、被差別部落民は、「部落産業」とされる産業や職業に従事してきた、そのため、近隣の人たちから差別的なまなざしを受けていた、という言説である。その「部落産業」とは、屠畜と食肉生産、皮革生産とその関連の産業職業、竹細工などの仕事とされる。しかし、それらの産業や職業に従事する人は、筆者が会った人のなかにどれほどいたであろうか。少なくとも、それらを「産業」として成り立たせるほどの量的な存在として見い出すことはできなかった。それどころか、非被差別部落民に、同様の仕事に従事する人が多くいた。そのような実態にもかかわらず、被差別部落民の仕事はなにかという質問に、多くの人が、躊躇なくそれらの仕事を挙げた。しかし、それらの仕事に従事する被差別部落民に会ったことはあるかという質問には、著者が会ったすべての人が、「ない」と答えた。このような回答は、著者が会った人たちが住む地域のせいであることは、承知している。しかし、それらの人たちが、ひとしく被差別部落民と「部落産業」を結びつけたのは、そのような噂を聞いたか、本で知ったというものであった。

著者が部落問題の研究を発起したのも、この疑問にあった。「本で読んだ」というその本とは、部落問題研究の本や部落問題の啓発書の類いであった。著者が会った被差別部落民は、農村では農業に、漁村では漁業に従事し、都市部では、多くがサラリーマンであった。なかには野心ある人もいて、起業に精を出していた。もちろん、だからといって、彼・彼女らが、部落差別による不利益から自由であったということではない。

ここで問題にすべき事柄は、「部落産業」は、部落共同体の生活基盤として、被差別部落の生産関係を構成している、という説の信ぴょう性である。生産関係という用語は、マルクス主義の重要な概念の一つであるが、部落問題研究においては、これが「半封建的生産関係」というかたちで使われてきた。被差別部落の農業だけではなく、そもそも日本の資本主義的農業を「半封建的生産関係」と呼ぶこと自体が、理解に苦しむ。

1980年代に入ってだと思われるが、アイデンティティという言葉が流行した。流行は、企業管理や帰属意識など、企業経営の世界にもおよんだ。部落問題研究や同和教育においても、被差別部落の児童・生徒の問題行動が、アイデンティティの語りに引き寄せて議論された。そして、問題行動を起こすのは、被差別部落民としてのアイデンティティや誇りが足りないからであるとされた。しかし結局は、被差別部落出身の児童・生徒を良い子と悪い子に振り分けたにすぎなかった。どこで振り分けようとも、一般市民のアイデンティティに比して特筆すべき、被差別部落民のアイデンティティを発見することなどできなかった。アイデンティティは、エリクソンらの議論に始まるが、便利な言葉であり、それゆえ、企業活動の分析においても有効であった。しかしその成果は、アイデンティティの語りによりなにを明らかにするのかは、結局はあいまいなままであった。

　被差別部落民のアイデンティティを判定し、診断するのは誰か。部落問題研究ならそれは可能というのか。大方の人たちが受容した同和対策審議会答申において、被差別部落民は日本国民であると明記された。とすれば、被差別部落民のアイデンティティは、日本人のそれではなかったのか。被差別部落民を他の日本人から区別する点とは、被差別部落民がなにかにつけて差別を被っているという点に過ぎない。しかし、そのことをいつも意識している被差別部落民といえば、ごく少数の人たちであろう。被差別部落民のアイデンティティは、父親であったり、母親であったり、企業経営者であったりである。そもそも人間は、アイデンティティの束なのである。被差別部落民であることは、その束ねられたアイデンティティの一筋にすぎない。

　このように部落問題研究は、被差別部落（民）を特別の「科学」世界に押し込めてきた。被差別部落民を文化、仕事、アイデンティティなどによって一つの像として括りあげる議論は、本質主義である。部落問題研究は、そのような本質主義を内包してきた。著者の関心は、そのことの弊害、つまり現実の多様な被差別部落（民）との乖離を暴くことにあった。本書は、そのような意味において、世に出る意義があると考える。この主旨に基づき、本書は、つぎのような構成をとっている。

　第1部では、被差別部落民の「排除から皇民化」への、社会変動と被差別部落民の転変について展開した。被差別部落民が、みずから差別されながら、どのように帝国主義的な排外・差別思想を身体化し、いわば二等国民に組みこまれていったのか。融和運動を含めて、近代の被差別部落民の精神構造をめぐる主題は、「部落民としての自覚」であった。その「自覚」が、皇民または国民としての自覚に結びつき、みずからを優秀かつ自由な労働力とさせていく原動力となった。このような問題意識に基づき、本書では、

被差別部落民を国民として自覚させる装置として被差別部落そのものが機能したこと、安価で優れた労働力として被差別部落民を訓育していった過程、仕事を与えることで、被差別部落を丸ごと体制内に組みこんでいく権力の作為を明らかにした。そこでは、上からの（国家）権力と、下からの権力（自覚化）の交点として被差別部落民を捉えるという視点がとられた。

　第2部では、つぎのような問題を提示した。部落問題研究は、どのような「科学的」言説をもって、国民の、また被差別部落民自身の被差別部落にたいする心象（イメージ）を形成していったのか。ここでは具体的に、「部落産業」論、「部落の文化」論を実証的データをもって批判し、考察した。「部落産業」論の批判においては、屠畜や皮革産業、竹細工が、どのようにして被差別部落特有の産業・職業とされていったのかを明らかにした。そのなかで、国家の役割はもとより、部落問題研究そのものがもつ権力性も、批判の対象とした。「部落の文化」論については、音楽社会学の方法により、「部落の文化」とされた芸能を音楽の構造分析をとおして批判した。そこでは、芸能一般が「部落の文化」として構築されていく過程と、それを行った部落問題研究の「科学性」の批判であった。

　第3部では、小数点在型の被差別部落について分析を行った。実際の被差別部落で排除と包摂が錯綜するなかで生起している事象の分析を通して、それを克服しようとした。また、被差別部落の多数派である「闘わない被差別部落民」の生き方を分析することにより、被差別部落民像の多様性を明らかにした。そして合わせて、被差別部落民のアイデンティティをめぐる諸言説の批判を行った。もっとも、アイデンティティという言語はほとんど使用していない。
　本書は、全体をとおして、従来の部落問題研究に色濃い科学的な閉鎖性を批判して書かれたものである。本書は、歴史書ではない。あくまでも言説批判であり、したがって権力批判である。

　著者は、企業経営を仕事としながら、部落問題研究を行ってきた。思うところがあって、やや早く経営から退いて、研究に専念する道を選んだ。
　本著に収めた論文の多くは、青木秀男さんが所長をつとめる特定非営利活動法人 社会理論・動態研究所で議論によっている。感謝に堪えない。また、ほぼ3分の1の論文は、文部科学省の科学研究費補助金を受けて達成できた。これにも感謝したい。

［被差別部落像の構築─作為の陥穽］　目次

第1部　被差別部落民を生かす権力装置 17

第1章　国民を自覚する装置 18
──部落問題研究の新たな枠組みのために──
A　本章の目的と方法 18
B　暴力装置の解体 19
  1　「役」の解体・再編と被差別部落 19
  2　革田役と穢多役の武力行使 20
  3　革田・穢多の武器と訓練 21
  4　近世被差別民の解体の意味 22
C　「部落改善」と被差別部落民の国民化 24
  1　警察による被差別部落の可視化と組織化 24
  2　改善団体の概略 26
  3　経済の身体への組み込み 27
  4　「自覚」と「衛生思想」 28
D　戸籍制度と被差別部落 30
  1　戸籍制度の一般的意味 30
  2　戸籍法の「家」概念と差別 31
  3　戸籍にたいする異議申し立てとその根拠 32
  4　被差別部落民の国民化と戸籍変更の意味 33
E　「被差別部落と権力」へのアプローチ──結語に代えて 34

第2章　日本帝国主義下の被差別部落 38
──福島町一致協会と融和主義をめぐって──
A　はじめに 38
  1　問題のありか 38
  2　本稿文の立場 38
B　（再）構築された被差別部落 39
  1　近代被差別部落の出現 39
C　広島市福島町の部落改善と融和運動 40

	1	対被差別部落支配の実施	40
		a 融和運動、部落改善運動　　b 水平運動から解放運動へ	
D	広島市福島町と福島町一致協会		41
	1	福島町の概観	41
	2	福島町一致協会の設立	42
	3	一致協会の財政	43
	4	一致協会の活動内容と事業	44
E	一致協会の社会的位置と性格		45
	1	「治安」と包摂	45
	2	前田三遊と融和主義	46
	3	一致協会の稀薄なネットワークと自主の意味	46
F	深化する危機		47
	1	富裕層の危機とコミュニティの二極分化	47
	2	一致協会と権力の認識	50
G	結　語		51

第3章　1930年代山本政夫の思想 …… 54
——『融和事業研究』論文を中心として——

A	山本政夫の被差別部落起源論の意味		54
	1	山本の被差別部落起源論	54
	2	自覚論と封建的イデオロギー	55
B	近代化と部落差別		56
	1	封建イデオロギーの残滓と身分と階級をめぐって	56
	2	山本政夫はリベラルか？	57
	3	反封建イデオロギー論の内実	58
	4	華族制度への誤解	59
C	通俗的封建イデオロギーと被差別部落		61
	1	短絡と混乱の「封建イデオロギー」論	61
	2	権力と反封建	61
D	山本政夫とマルクス主義		62
	1	水平社運動の批判者として	62
	2	擬製のマルキスト	63
	3	山本政夫と植民地主義	65
E	自覚論からファシズムへ		67
	1	破綻した自覚論	67
	2	部落経済更生運動と山本政夫	68
	3	思想統制と融和運動	69
F	結　語		71

第4章　労働による被差別部落民の保護と統治 ………………………………… 74
　　　　──融和運動と権力──
　A　はじめに ……………………………………………………………………… 74
　　1　問題の所在と研究の目的 ………………………………………………… 74
　B　米騒動前後の権力と被差別部落 …………………………………………… 75
　　1　米騒動以前の部落改善団体と警察権力 ……………………………… 75
　　2　米騒動後の被差別部落と権力 ………………………………………… 76
　　　　a　警察権力による部落問題への直接介入　　b　広島県共鳴会と権力のトリック
　　　　c　共鳴会の特徴
　　3　生きる手段を与える権力──共鳴会と副業の奨励 ………………… 78
　　4　中堅人物と権力 ………………………………………………………… 81
　　　　a　共鳴会と中堅人物　　b　豊松村、内山幸一の場合　　c　新市町、藤坂倉三郎の
　　　　場合　　d　新庄村、梅田福一の場合　　e　山手村、岡輿一の場合　　f　水平社同
　　　　人の中堅人物
　C　都市型被差別部落と権力 …………………………………………………… 84
　　1　被差別部落の授産場と部落経済更生運動 …………………………… 84
　D　広島県方面委員会と被差別部落 …………………………………………… 86
　　1　方面委員会と被差別部落 ……………………………………………… 86
　　2　広島県方面委員会の概要 ……………………………………………… 87
　　3　広島県方面委員会の事業と被差別部落 ……………………………… 87
　　4　方面委員による貧困の世帯化と個人化 ……………………………… 87
　E　融和運動と被差別部落の統治 ……………………………………………… 89
　　1　被差別部落内の方面委員 ……………………………………………… 89
　　2　融和委員会と方面委員 ………………………………………………… 89
　　3　共鳴会員と方面委員 …………………………………………………… 90
　　4　被差別部落の方面委員──河野亀市の場合 ………………………… 90
　　5　岩井常吉の場合 ………………………………………………………… 93
　F　まとめ ………………………………………………………………………… 94

第2部　「部落産業」にかんする「科学的」言説批判 ……………………… 97

第1章　「部落産業」論批判 …………………………………………………… 98
　A　「部落産業」にたいする人々のまなざし ………………………………… 98
　　1　ソーシャルネットワークシステムと被差別部落のイメージ ……… 98
　　2　市民の日常と「部落産業」 …………………………………………… 100
　　3　「人権研修」と被差別部落の仕事の観念 …………………………… 102
　　4　当事者の仕事にかんする観念 ………………………………………… 102
　　5　海外の研究と被差別部落の仕事にたいする観念 …………………… 104

B　「部落産業」概念が成立する条件 ································· 105
　　1　産業概念と「部落産業」 ··································· 105
　　2　「部落産業」概念の成立条件 ····························· 106
C　言語としての「部落」の出現 ································· 107
　　1　統一した呼称の認識 ··································· 107
　　2　穢多・非人の対語としての細民部落、貧民部落、特殊部落、特種部落 ······· 108
　　3　敗戦後における呼称と被差別部落表現 ····················· 108
D　「部落産業」の発明 ····································· 109
　　1　近代化と被差別部落の産業・職業 ························· 109
　　2　戦前の被差別部落と産業の認識 ························· 110
　　　　a　水平社運動の産業認識　　b　山本政夫（融和運動）の「部落産業」論　　c　中
　　　　央融和事業協会と「部落産業」　　d　『部落更生皇民運動実践指針』（1940年）の
　　　　「部落産業」　　e　敗戦前の「部落産業」論概観
　　3　敗戦後の「部落産業」論 ······························· 114
　　　　a　「同対審答申」前の「部落産業」の概念　　b　「同対審答申」と産業
E　先行研究における「部落産業」の議論 ························· 116
　　1　井上清と被差別部落の仕事 ····························· 116
　　2　馬原鉄男の「部落産業」論 ····························· 117
　　3　『部落産業の実態と問題点』の問題点 ····················· 118
　　4　上田一雄による「部落産業」と「生産関係」の議論 ··············· 119
　　5　田中充の主張 ····································· 121
　　6　秋定嘉和の議論 ····································· 122
　　7　宇野理論に立脚した大串夏身の産業分析 ··················· 123
　　8　沖浦和光と「竹細工の発見」 ··························· 124
　　9　杉之原寿一及びほかの議論 ····························· 124
F　伝統的産業論とは何か ··································· 125
　　1　「剥奪仮説」と「伝統的」産業論 ························· 125
　　2　近代皮革産業と被差別部落 ····························· 125
　　3　皮革産業の"部分"としての生産活動 ····················· 127
　　4　皮革生産の技術革新 ··································· 128
　　5　部落問題の議論における「半封建制」論と「二重構造」論 ··········· 130
　　6　「生産関係」とは何か ································· 131
G　小　　括 ··· 132

第2章　広島地域の屠畜・製革製靴産業具体像 ····················· 136
　A　体制転換期の身分と職業 ································· 136
　　1　広島県地域の皮革生産と穢多（革田）の収入 ················· 136
　　2　艶牛馬処理、肉食は禁忌だったか ························· 137
　　3　皮革取り扱いは、賤民の専業であったのか ··················· 138
　　4　艶牛馬処理の権限移動と屠畜 ··························· 139

	B	都市と屠畜場と被差別部落	141
	1	屠畜場（食肉センター）の現在——広島県の場合	141
	2	屠畜場の設置と屠畜の開始	141
	3	竹原市忠海の屠場について	142
	4	都市計画と屠畜場——尾道市の場合	144
	5	福山市の場合	145
	6	広島市の場合	146
	7	呉市の場合	149
	8	屠殺頭数が語ること	150
C	広島県の皮革関連産業——特に製靴と被差別部落		153
	1	広島県皮革製品生産の概略	153
	2	広島県内の皮革製品生産と被差別部落	154
	3	広島市の敗戦後製靴業のデータの矛盾と言説	155
	4	呉市の製靴とその販売業	157
D	福山市の製靴業と被差別部落		158
	1	現在の製靴業と靴小売業	158
	2	敗戦前の靴製造	159
	3	敗戦後の靴生産と販売	160

a　製靴「産業」の状況　　b　軍隊で習得した製靴技術　　c　新市町の製靴業

	4	深津町の被差別部落の場合	162

a　靴職人の町とは言わない　　b　製靴業の状況とくらし　　c　職人と職工
d　地元企業の参入と製靴業の終焉　　e　福山市およびその他のケース

	5	軍需と朝鮮人労働者	166
E	被差別部落のしごとの実際		166
	1	今日の被差別部落内自営業者	166
	2	豊町の被差別部落とみかん農業	167
	3	繊維産業と新市町の被差別部落	168
	4	多様な職歴——尾道市の被差別部落の場合	168
	5	巨大企業と三原市の被差別部落	173
	6	造船業の発展と被差別部落——因島の場合	174
	7	被差別部落の職業を規定するもの、制約するもの	176
F	小　括		178

第3章　被差別部落と竹細工にかんする言説批判　183

A	竹細工生産の歴史的実態と現実		183
	1	課題意識	183
	2	対象とする地域	184

a　地域と資料の限界性　　b　対象とする時代

	3	対象とする竹製品	184
	4	竹細工と被差別部落	185

a　先行研究について　　b　竹細工の現実　　c　近代史の中の竹細工

5　中国地域の被差別部落と竹細工の実際 ……………………………… 192
　　　　a　岡山県の場合　　b　広島県の被差別部落と竹細工生産　　c　島根県の竹製品
　　　　生産事例
　　6　副業としての竹製品生産の意味 ………………………………………… 199
　　　　a　農家と副業　　b　非農家の副業
　　7　被差別部落の産業組合と竹細工生産 …………………………………… 202
　　　　a　地方改良運動と副業　　b　部落改善運動と副業
　　8　農山漁村経済更生運動と竹細工生産 …………………………………… 205
　　　　a　経済更生計画と副業としての竹細工　　b　部落経済更生運動と副業奨励
　　　　c　広島県共鳴会と副業奨励
　　9　竹細工の終焉と残った観念 ……………………………………………… 212
　B　だれが観念を構築したか ……………………………………………………… 213
　　1　竹細工と被差別部落を結合する観念のマトリックス ………………… 213
　　　　a　国家による観念の創造　　b　「科学的」言説の創造　　c　アーカイブの生産
　　　　d　物語化する歴史　　e　無視された権力の介入
　　2　創造された「伝統」と「二重の受難」 ……………………………………… 220
　　3　当事者による竹細工の言説 ……………………………………………… 221
　C　結　語 …………………………………………………………………………… 223

第4章　「部落産業」の今 ………………………………………………………… 227

　1　権力と観念の構築 ……………………………………………………………… 227
　2　記述される「被差別」とステレオタイプ …………………………………… 228
　3　善意のメディアと屠畜 ………………………………………………………… 232
　4　人権教育と屠畜場労働の教材化を巡って ………………………………… 233
　5　被差別部落の仕事の現実を通して …………………………………………… 233

第5章　「被差別部落の文化」言説の批判的研究 …………………………… 236
　　　　──いわゆる門付けの音楽社会学的分析──

　A　本稿の目的 ……………………………………………………………………… 236
　B　問題の所在 ……………………………………………………………………… 238
　　1　門付けと被差別部落 ……………………………………………………… 238
　　2　音楽と文化の区別 ………………………………………………………… 239
　　3　文化的剝奪の仮説 ………………………………………………………… 239
　C　音楽的分析の方法と分析の立場性、社会的意味 ……………………… 241
　　1　門付けの音楽的構造 ……………………………………………………… 241
　　2　創造される「被差別部落の伝統」 ……………………………………… 245
　　3　被差別部落と音楽・芸能 ………………………………………………… 245
　D　産業職業と文化的差異 ……………………………………………………… 247
　　1　差異と被差別部落民像 …………………………………………………… 247
　　2　受難の歴史と音楽＝まとめにかえて ………………………………… 250

第3部　現代の部落差別解釈と理論的問題 ………… 253

第1章　静かな部落差別 ……………………………… 254
——ネオ・リベラリズムと差別の再生産——
- A　本章の目的 …………………………………………… 254
- B　被差別部落を〈語ること〉、〈語らないこと〉 ……… 255
  - 1　タブーと部落を〈語ること〉への抑制 ……… 255
  - 2　〈語ること〉、〈語らないこと〉と統治 ……… 256
  - 3　科学的規範と〈語ること〉 …………………… 256
  - 4　〈語ることと〉と被差別部落民像の想像 …… 258
- C　新たなスティグマの付与と被差別部落統治 ……… 259
  - 1　豊富になる被差別部落表現 …………………… 259
  - 2　新たなスティグマの付与 ……………………… 263
- D　攻撃的敵意の出現 …………………………………… 264
  - 1　意見具申以降の対被差別部落意識の変化 …… 264
  - 2　〈語ること〉の規範の消滅と市民運動の敵意 … 266
  - 3　市民の喪失感と攻撃性 ………………………… 268
- E　社会防衛、治安の主体化と下からの権力 ………… 269
  - 1　権力に転化する部落問題の知識 ……………… 269
  - 2　不安と治安の商品化と下からの権力 ………… 271
- F　まとめ ………………………………………………… 272

第2章　差別と生と通俗道徳 …………………………… 275
——闘わなかったある被差別部落民一族の自立——
- A　はじめに ……………………………………………… 275
  - 1　本稿の目的 ……………………………………… 275
  - 2　本稿のフィールド ……………………………… 276
  - 3　データについて ………………………………… 277
- B　通俗道徳論と被差別部落 …………………………… 277
  - 1　知識人の被差別部落民観から ………………… 277
  - 2　民衆思想史と被差別部落 ……………………… 278
- C　モデルの人々について ……………………………… 279
  - 1　どのような被差別部落（民）だったのか …… 279
  - 2　高い教育水準 …………………………………… 279
  - 3　どのように闘わなかったのか ………………… 280
- D　闘わなかった被差別部落民の通俗道徳 …………… 281
  - 1　生活と通俗道徳 ………………………………… 281
  - 2　戦後の困窮からの脱出と通俗道徳 …………… 282
  - 3　母親の教えと文化資本 ………………………… 282

E　闘わなかった人々の自己認識と通俗道徳 ………………………… 283
　　　　1　差別をどう認識し、表現したか ……………………………… 283
　　　　2　被差別と自立と結婚問題 ……………………………………… 285
　　F　通俗道徳の由来 ……………………………………………………… 286
　　　　1　国家と被差別部落と通俗道徳 ………………………………… 286
　　　　2　通俗道徳の差異 ………………………………………………… 287
　　G　伝承と被差別部落における通俗道徳の形成 ……………………… 288
　　　　1　『柴垣家略歴』の概要とその意味 …………………………… 288
　　　　2　相似形の被差別部落認識の構造 ……………………………… 289
　　H　通俗道徳と被差別部落、その帰結 ………………………………… 290
　　　　1　伝承と通像道徳が現代にもたらしたもの …………………… 290
　　　　2　複雑化する差別構造 …………………………………………… 291
　　I　結　び ………………………………………………………………… 292

第3章　他者の他者の創出 ……………………………………………… 294
　　　　──不安定化する地域と少数点在型の被差別部落の分析──
　　A　少数点在型の被差別部落と地域研究の方法 ……………………… 294
　　　　1　少数点在型の被差別部落の位置 ……………………………… 294
　　　　2　先行研究について ……………………………………………… 295
　　　　3　地域と町内会 …………………………………………………… 295
　　　　4　A部落と調査の方法 …………………………………………… 296
　　B　不安定化する地域の中のA部落 ………………………………… 296
　　　　1　解体するA部落 ………………………………………………… 296
　　　　2　職業の変化と西峯地区の不安定化 ………………………… 299
　　　　3　少子高齢化と西峯地区 ……………………………………… 300
　　　　4　変化する営農と階層 ………………………………………… 301
　　　　5　A部落の農業と競争 ………………………………………… 302
　　C　町内会組織とその調整機能 ……………………………………… 303
　　　　1　町内会の概要と現状 ………………………………………… 303
　　　　2　町内会の機能と存在意義 …………………………………… 304
　　　　3　A部落と同和対策事業・町内会・地域の関係 …………… 305
　　D　包摂のなかの排除 ………………………………………………… 306
　　　　1　地区外での差別の現実 ……………………………………… 306
　　　　2　地域のまなざしと〈語ること〉 …………………………… 307
　　　　E　他者の他者を創出する地域社会 …………………………… 311
　　　　F　到達点と課題 ………………………………………………… 314

参考文献 …………………………………………………………………… 316

覚　書

　本著は、プライバシーへの配慮から、歴史的人物や研究対象である人の氏名が、多くの論文や図書で一般的に広く認識され、かつ本名を使用しないことが論文理解を妨げると判断した場合を除き、仮名で記述している。またその人たちの住む地域名も同様である。そして、章によっては、取材や調査に応じていただいた方々の求めによって、アルファベットでの記述としている。

　校註は、各章の末尾に示し、参考文献は、巻末にまとめて掲げている。和書の筆者と編者が出版元が同一の場合は、出版元を省略した。翻訳書を参照した場合は、最初に原書をしめし、続いて翻訳書を示している。新聞、雑誌無署名記事など場合は、紙・誌名、発行年度、号数、タイトル、掲載ページの順で掲げた。本文中には、［著者の姓　執筆または出版年　掲載ページ］、翻訳書の場合はこれに翻訳出版年を加え、その掲載ページを順に示した。

　本書におさめた論文の初出は次の通りである。これらの論文は、本著に収録するにあたり、全面的な加筆修正など改訂を行った。そして、2013 〜 2015年の科学研究費の助成による成果としての論文についても記しておく。

第1部　被差別部落民を生かす権力装置
　　　第1章　国民を自覚する装置——部落問題研究の新たな枠組みのために——
　　　　　　（2009年『理論と動態』Vol.2）
　　　第2章　日本帝国主義下の被差別部落——福島町一致協会と融和主義をめぐって——
　　　　　　（2001年『部落解放ひろしま』第50号）
　　　第3章　1930年代山本政夫の思想——『融和事業研究』論文を中心として——
　　　　　　（2007年『部落解放研究』Vol.14）
　　　第4章　労働による被差別部落民の保護と統治——融和運動と権力——
　　　　　　（2013 〜 2015年科学研究費助成事業）
第2部　「部落産業」にかんする「科学的」言説批判
　　　第1章　「部落産業」論批判　（科学研究費助成事業）
　　　第2章　広島地域の屠畜・製革製靴産業具体像　（科学研究費助成事業）
　　　第3章　被差別部落と竹細工にかんする言説批判　（科学研究費助成事業）
　　　第4章　「部落産業」の今　（科学研究費助成事業）
　　　第5章　「被差別部落の文化」言説の批判的研究——いわゆる門付けの音楽社会学的分析——　（2013年『部落解放研究』Vol.19）
第3部　現代の部落差別解釈と理論的問題
　　　第1章　静かな部落差別——ネオ・リベラリズムと差別の再生産——
　　　　　　（2011年『理論と動態』Vol.4）
　　　第2章　差別と生と通俗道徳——闘わなかったある被差別部落民一族の自立——
　　　　　　（2015年『理論と動態』Vol.8／科学研究費助成事業）
　　　第3章　他者の他者の創出——不安定化する地域と少数点在型の被差別部落の分析——
　　　　　　（2013年『理論と動態』Vol.6）

第1部　被差別部落民を生かす権力装置

第1章　国民を自覚する装置
——部落問題研究の新たな枠組みのために——

　近世被差別民は「役」を担う人々として自ら武装し、たえず戦闘訓練を行っていた。被差別民は（準）軍事力であり、その行使を通して封建体制に包摂されていた。封建体制の崩壊とともに、武士と同様、彼らの武装も解除され、軍事力と警察力は国家に集中していった。そして彼らは、産業資本主義の到来とともに社会の周縁に排除されていった。その過程で、地域により多様性をもっていた近世の被差別民は、すべて「穢多」「非人」として認識されるという転換が起こった。産業資本主義と国民国家は、体制的危機にあって、社会の周縁にある被差別部落民をより強固な国民意識のもとに統合し、国家に動員した。その際、部落改善運動という手法がとられた。それは、貯蓄を奨励する、衛生思想を普及する、正確不変とされた戸籍の姓を変更するという内容をもつものであった。

　本章は、部落問題研究の新たなパラダイムを提示する試みである。支配する者／支配される者という、古典的で二項対立的な図式から思考を解放し、新たな部落問題認識の方法の構築をめざす。そこで、近世被差別民の軍事的解体に着目し、また、近代の被差別部落民が権力構造にどのように組み込まれていったかについて考察する。

A　本章の目的と方法

　本章では、部落問題について、軍事力、部落改善事業、戸籍の問題に焦点を当てて論じる。一見脈絡のないこれらは、次のような点で深く関わりあっている。ここでの軍事力とは、封建制の下で合法的であった被差別民の武装のことである。この武装は、近代に入って非合法化され、解体されていった。他方で彼らは、封建的な生産関係[1]が終焉し、経済が自由化され、職業選択の障壁が緩むとともに、社会的な周縁に組み込まれ、再編されていった。権力には、国民国家の建設へ向けて、周縁の民をも「国民」として動員する必要があった。それを実現するために、政府は、部落改善運動という、イデオロギー的な被差別部落政策を実施した。その過程で、被差別部落民の姓が戸籍の上で変更される、すなわち改姓されるという出来事があった。戸籍制度は、納税や徴兵を実行するために正確不変であることが原則である。にもかかわらず、被差別部落民は、組織的に改姓運動を起こし、戸籍を管理する地方行政もこれを認めたのであった。ここに、被差別部落民を国民として体制に包摂するメカニズムが潜んでいるのである。

このメカニズムを解明することは、権力関係を解明することに他ならない。それは、マルクス主義の古典的理解者が行ったような権力理解に止まっていては、明らかにできない。国家が権力として機能するためには、まず、次のようなアルチュセールの理解に立つことが必要となる。それは、「国家の抑圧装置の使用のみによっては達成されえない。……（そのためには）被搾取大衆の《同意》を保証するためのイデオロギーの協力が必要（括弧内筆者）」であり、「国家のイデオロギー装置」［Althusser 1974＝1975：8］を解明することが必要である。また、「権力は下から来るということ。すなわち、権力の関係の原理には、一般的な母型として、支配する者と支配される者という二項的かつ総体的対立はない」のであって、「統治する階級も、国家の諸機関を統御する集団も、最も重要な経済的決定をする人々も、一社会において機能し（そして社会を機能させている）権力の網の目の総体を管理・運営することはない」（ルビは訳書）［Foucault 1976＝1986：121-2］。本稿では、このような権力理解に軸足をおいて、国家権力と被差別部落の関係を、「排除」「抑圧」「隠蔽」「弾圧」という絶対的外部による強制関係として捉えるのではなく、主体の内部の、現実的なものを生み出す力の産物として捉える。

　本稿は、被差別部落民の行動やその状況が「解放」概念に合致していたのかいなかったのか、という価値判断を行うものではない。というのも、マックス・ウェーバーが言うように研究の結末にしかその本質は明らかにならない。またそれが唯一の理解というわけでもない［Weber 1920＝1991：8-40］からである。藤田省三は、太政官布告としての「穢多非人ノ称ヲ廃シ身分職業共平民同様トス」で始まる1871年の法令[2]の成立を、封建的抑圧からの解放の契機とは理解しなかった。また彼は、明治の「思想」を批判し、日本の近代の始まりを、封建的抑圧から人民の解放へ移行したものというように、短絡的に捉える立場を批判した［藤田 2003：83-127］。本稿も、近世被差別民や彼らのコミュニティで起こった変化を、差別からの「解放への胎動」と単純に評価する立場を取らないという点で、藤田による近代史批判を共有するものである。

B　暴力装置の解体

1　「役」の解体・再編と被差別部落

　近世における支配形態は、「役」の体系[3]として見ることができる。役とは、法に裏づけられた暴力とイデオロギーを伴った物理的な装置である。明治は、役の体系の解体から始まる政治的な一時期としてある。近世の被差別身分の役は、穢多役または革田役であった。明治に入り、これらを含め、すべての役が解体された。本稿は、広島藩および福山藩を対象に議論を進めるものであるが、広島藩では、被差別身分は革田としての役を担った。そして他の被差別民の役に非人があった。福山藩では、穢多、茶筅、非人の

役があり、それらすべてが、穢多役としての非人番を勤めた（以下、広島藩に言及する場合は革田役、福山藩に言及する場合は穢多役と表記する）。

　革田役・穢多役は、次のような職務を担うものであった。第一に、死牛馬の処理と皮革の権利独占、第二に、刑の執行と罪人の移送などの業務、第三に、市中の清掃、そして第四に、消防、犯罪者の捕縛であった。これらの職務の執行は、幕府や藩の権力のもとで行われた。職務の一つである処刑は、過酷な身体刑であっても、法と、倫理規範としての「作法」（広島では柴山流）により厳密に統制されていた。また、被差別民自身が犯した犯罪は、一般の法と異なる法体系によって罰せられた。幕府や藩は、職務においてもそうでない時も、彼らを厳しく統制した。彼らは幕藩体制にしっかり包摂されていた。それだけに、封建体制を維持する重要な役割を担っていたことを意味している。

　政治の第一の目的は、治安にある。とすれば革田役の第四の仕事が、その主たる任務となる。武士は、立法・行政・司法を担い、軍人でもあったが、彼らによる政治＝治安は、もう一つの軍事力としての革田役により支えられていた。武士は本来軍人であったが、実際は政治官僚として存在しており、平時の日常的な軍事は、穢多役、革田役が担った。また、第二の刑吏の仕事は、過酷な身体刑を遂行するものであり、権力機構の「自立した部門」としてあった。それは、「処罰されうることは醜い、だが処罰することも名誉ではない」ために、「司直が自分自身と、自分の課す懲罰とのあいだに確立した二重の保護組織」[Foucault 1975a=1977：15]を必要としたためである。その役を担う者は、高度な技術をもつことが求められた。福山藩の小畠代官所で、茶筅が「見事に」斬首を執行[4]したとする記録があるが、それは彼らの技術水準を物語っている［神石郡教育会 1927：279]。このような技術があったからこそ、かの杉田玄白等の求めに応じて腑分を請け負うことができるものも存在できた。

2　革田役と穢多役の武力行使

　そこで、近代に入って解体した革田役を、広島城下について見ていこう。広島市中には西国街道が貫き、東西の出入り口に革田の居住地が置かれていた。後藤陽一によると、東は現在の尾長町、西は福島町の辺りである。1599（慶長4）年に、広島城が築城され、町割りされた。これら二つの被差別部落は、起源をその時代に求めることができる。また1818（文政初）年に、東の出入り口に革田215人、定非人328人、西の出入り口に革田513人、定非人373人が定住したという記録がある。西の革田の人口が東の2倍近くで、非人の人口もやや多い。後藤は、その理由を、西方からの軍事的圧力が強かったためとしている［後藤 1982：268]。さらに革田は、村役人の了解のもとに、郡中革田を支配下に置いており、郡中へ直接出動することもあった。また郡中革田は、必要に応じて配置転換が行われた。それは、福山藩においても同様であった［橋本 1979：256]。革田や穢多が置かれた状況には、戦略的な意味が大きかったと思われる。

第1章　国民を自覚する装置　──部落問題研究の新たな枠組みのために──　　21

　江戸幕府が統治した260年間は、経済が順調に発展し、戦争がない時代であった。そのため、革田や穢多の軍事能力を判断できる史料は、乏しい。しかし、百姓一揆の際や幕末の内乱時に、彼らが優れた戦闘能力を発揮した事例が、いくつかある。なかでも、1786年に福山藩で起きた天明一揆の例は、興味深い。一揆は、藩主阿部正倫の幕閣就任などにより、藩の財政が逼迫したことが原因で起きた。加えて、凶作となり物価も上昇した。福山藩は、危機回避策として、年貢月割先納という政策をとった。農民はこれに反発し、同年12月から翌年の3月までの、長期に及ぶ一揆を行った。

　この時、藩命に従って一揆の鎮圧に出動したのが、穢多頭・三八配下の40から50名の人々であった。彼らは、左右が竹薮という地勢において、8,000名もの農民に包囲され、投石などの攻撃を受けた。しかし彼らは、脇差しを抜き、農民の包囲を破って帰還する［青木 1968：360］という戦闘能力の高さを示した。三八の勢力は、深津郡三吉村（現福山市）を拠点としていた。農民は、そこに火をかけて、備中方面へ逃亡しようとした。彼らは、藩が手勢を割いて消火に当たって、追跡が手薄になることを知っていたからである［青木 1968：376］。このことからも、福山藩の穢多の戦略的役割が浮かび上がる。従来の研究では、三八配下が農民の襲撃を受けたことだけが強調され、彼らの戦闘能力に触れられることはなく、また、彼らの居住地がもった戦略性も無視されてきた。

　幕末の1866年に広島藩が出した通達に、「御触書并諸国状写帖」がある。そこには、「屈竟ノ革田ドモ得物持参、成ルタケ多人数急速ニ罷リ出候様取リハカライ申スベシ」と記されている。それは、幕府と長州の戦争に革田の動員を命じたものである。その際、革田の得物すなわち武器は、自前であった。このことも、革田が恒常的に武装していたことを示している。この点も、従来の研究では注目されることがなかった。

　早くより経済が発展した後背地を抱える瀬戸内の海賊は、藩をおおいに悩ませていた。江戸期には「水軍」は消滅していたが、海賊の軍事力は侮れるものではなかった。革田は、その海賊の取締りも行った［広島県 1973b：988, 990］。藩にとって、他面で、被差別民の高い戦闘能力や、犯罪者の追捕能力は、大きな脅威となった。革田が経済的に豊かになり、権力のイデオロギーから自由にでもなれば、革田の居住地は、権力が及ばない空間ともなりかねない。このように、革田は軍事的存在であり、役の実行は、軍事力の行使であった。

3　革田・穢多の武器と訓練

　近世被差別民の系譜にあるとされる被差別部落の一部には、十手や袖がらみ、さすまたなどの捕縛用具が遺されていることがある。刀剣［部落解放同盟近田支部 1994：前付口絵］や筆者宅のように槍も遺されている。その数は、大変多いが公表するには事情が許さない。しかし武器の所有は、それだけでは犯罪抑止はなりえない。戦闘能力を身につけることが必要となる。そのため革田は、日常的に訓練を行った。広島県北の旧山

県郡内豊平町の被差別部落には、江戸末期、剣道などの武術訓練を行う道場があった［広島県山県郡中部部落解放史研究協議会 1991：40］。同じく旧山県郡の被差別部落には、十手術の免許皆伝書や、1864（元治元）年と記された捕縛術に関する「岩関流武術指南目録」が遺されている［広島県山県郡中部部落解放史研究協議会 1991：6］。岩関流が実際に存在したものかどうかは、確認できないが、伝聞では現在の広島市八木辺りに流派元が存在したとされる。この文書自体は、いわゆる河原巻物の一つである。しかしそれは、日常の職務やその権威づけを目的としたものであり、記載された内容自体には、重大な過誤はないと思われる。そこには、甲冑姿の武士の捕縛について記され、弓の取り扱いも触れられている。ここから、革田が、道場で訓練に励んでいたことがわかる。藤蔵という人物の武芸の達人ぶりも、伝承として伝わっている［広島県山県郡中部部落解放史研究協議会 1991：36］。また、同じ広島県北の高田郡内には、革田の武術指南役もいて、各地を指南し巡回していた［橋本 1979：256］。そして革田は、たがいに技能を競っていた。

　広島藩は、幕府と長州の戦争に農民からも兵を徴用している。しかし革田は、日常的に武装を許された職業的な軍人であり、農民と同等の立場で動員されたのではない。また、海賊を取り締まる革田も、職業軍人としての役を担った。革田は、自分の船をもち、武器を携え、藩の命令により出動し、その働きには報酬が与えられた。

　従来の定説によれば、農民は、豊臣秀吉の「刀狩り」により武装解除されていた。しかし、実際にはそれは、法令が一人歩きしていたに過ぎなかった。とくに脇差しは、武士でない者も自由に所持できた。農民は、狩猟用として鉄砲まで所持していた。しかし彼らは、一揆などで鉄砲を使用することはなかった。それは、領主も同様だったと言われる。領主も農民も、鉄砲の使用を封印[5]した［藤木 2005：107］。革田の武器も、その使用に関して、任務と行動指針が細かく統制されていた。それにたいして脇差しの研ぎ料も補償されていた［広島県 1973a：776］。一揆鎮圧の出動に際して、革田は脇差しを使用した。革田の武器使用は、役に基づく「公的」な暴力の行使であった。一般に武装は高価なものであるが、革田には武器の調達が可能であった。それは、日本の武装が、欧米のような重装備とならず、伝統的な武器に止まっていたためである。広島県は、1872年に「革田帯刀禁止之事」［広島県 1973c：299］を出して、革田の武装を解除している。それは、革田の武装が近代国家建設の阻害物になるためであった。

4　近世被差別民の解体の意味

　マックス・ウェーバーは、トロッキーの「すべての国家は暴力の上に基礎づけられている」を引用して、近代国家を、「ある一定の領域内部で、―中略―　正当な物理的暴力行使の独占を（実効的に）要求する人間共同体」（傍点は原文）と定義づけた［Weber 1919=1980：9］。すなわち、近世被差別民の武装は、近代国家の軍事力の整備とは相容

第1章　国民を自覚する装置　——部落問題研究の新たな枠組みのために——　　23

れない暴力装置であった。同様に、マルキシズムの国家観からしても、犯罪人捕縛や刑の執行に関わる穢多役や革田役は、暴力装置であった。そして近世から近代への移行は、この暴力装置の解体過程としてあった。その過程に関して、二つの要因が指摘される。

　一つは、封建権力の暴力装置の解体が、国民国家の建設における機能分化というかたちで起きていることである。司法が軍事から分離して、近代的な法体系が導入された。1871年の邏卒の設置に始まる警察制度は、1872年に、司法省により国家警察組織「警保寮」に改編され、それとともに東京警視庁も設立される。こうして警察行政は、国家による一元的管理となる。警察制度の発足当初は、国民の多くが邏卒を穢多役の延長として捉えたため、警察官になる者がいなかった。そのため、広島県でも、旧被差別民が一時的に雇われた［三原市同和地区実態調査団 19737：8-9］。

　政府は、1880年にフランスに倣った刑法を布告した。この刑法によって、胴三つ、打首、焚、磔といった過酷な身体刑が廃止された。牢屋は監獄となり、近代の刑罰の特徴である矯正中心の懲罰制度［Foucault 1975a=1977：77］が導入された。そこでは、「規律と訓練」［Foucault 1975a=1977：175］が、刑罰の方法となった。

　治安を図り、戦争を行う点で、旧被差別民の適応性や能力には問題があった。島根県では、警察官に当たる捕亡が公募された。その時、それまで専業者であった旧被差別民（鉢屋）の人たちは、採用に応募したが、「能力の適格性が満たされず」採用試験に合格しなかった。さらに、近代刑法に則らない彼らの取り締まりや捕縛の方法が、その職を追われる原因となった［大日向 2000：14］。福山には、刃傷や強盗にたいして「打ち殺し」という、裁判を待たない方法があった。そのやり方も、近代の司法の導入や国民教化のもとで、合理性を喪失していった。そして、それを担った旧被差別民の役は、解体されていった。

　この時、革田や穢多は、取り締まる側から取り締まられる側となり、役により体制に包摂されていた存在から、周縁化される存在になった。革田や穢多が人民を取り締まることが違法となり、彼らが内部でもっていた司法権も、法の平準化により違法なものとなった。

　他方、近代的軍隊の創設は、1872年に陸軍省と海軍省がおかれ、翌1873年に徴兵令が施行され、国民皆兵となることで達成された。これにより、近世被差別民の役の解体が完遂する。こうして、国民国家の建設が促進された。

　クラウゼヴィッツによると、「兵は徴募され、被服と武器とを給与され、訓練を受ける。兵は眠り、飲食しまた行軍する。*このようなことは、すべて適所で適時に戦闘するためにほかならないからである*」（傍点は原文）［Clausewitz 1932-1934=1968：77］。近代的軍隊と世襲制の封建的軍隊の違いが、この文に端的に示されている。近世被差別民は、地域社会で家族とともに生活する「兵士」でもあった。それは、近代的軍隊と矛盾する存在であった。このことが、近世被差別民の近代軍への編入を妨げた。それは、旧武士団

の近代的軍人への移行が妨げられたのと同じであった。「軍勢の召集や家臣・陪臣召集令に基づいていた封建時代の軍事的組織形態は、『軍事革命』の間に貴族の非武装化と国王の管理下に置かれた常備軍の創設へと転じ、国家による軍事技術（大砲・軍艦・要塞など）への投資は封建時代の戦術をもはや時代遅れのものにしてしまった」[Teschke 2003=2008：215]。もはや、時代遅れの脇差しは、大砲や軍艦にとってかわられ、出る幕はなくなった。

　革田や穢多は藩に直接帰属し、かつ、江戸の弾左衛門の支配を受ける存在であった。藩の権力や弾左衛門の権力を排除して成立した国家装置は、「暴力の独占を《首尾よく》権利主張でき、また、近現代の国民国家においてのみ、国家装置の管理範囲は、明らかに暴力手段の独占の権利要求ができる領土境界と完全に一致」[Giddens 1987=1991：28]していった。こうして、近世被差別民の解体から徴兵制と国民皆兵の形成への過程は、国民国家と国民の創出の契機となった。

　戦争は政治の延長であるとともに、戦争の延長に政治がある[6]。戦争は、「制度と秩序の原動力」となり、戦線が「社会全体を継続的に恒常的に横断」[Foucault 1975-1976=2007：53]する。近代的軍隊の創設は、軍隊の野営地に理想的な《監視施設》[Foucault 1975a=1977：176]を見い出した。一つの技術、一つの知としての軍隊は、「みずからの図式を社会の構成員全体に投影」[Foucault 1975a=1977：170]した。それゆえ軍隊は、市民社会における生産を身体へ強制する訓育機能のモデルとなる。その国民にたいする訓育過程で、被差別部落民の国民意識形成が内部から加速した。

　アンソニー・ギデンズは、社会学が資本主義や工業生産に注意を向け、家族や階級、逸脱などに関する議論を行うものの、軍隊制度や、軍事的暴力と戦争が近現代社会に与えた衝撃について論じることがないと指摘している[Giddens 1987=1991：32]。これに従えば、国家が、かつての被差別民の武力を剥奪し、それを国家へ集中したという事実が、社会に与えた影響は見逃すことはできない。産業資本主義の形成過程で、封建時代に出自をもつ被差別民の一部は、近代社会の周縁の民として再編されていった。この意味で、1873年の徴兵令は、身分制の解体と、監視と訓育という国家権力の使命にたいして重要な意味をもっている。

C　「部落改善」と被差別部落民の国民化

1　警察による被差別部落の可視化と組織化

　1900年から1920年代にかけて、被差別部落に大きな変化があった。それは、権力との関係の構造的変化という意味で、水平社の創立よりも衝撃的なものであった。それは、「部落改善運動」とその影響であった。広島県では、10年余の間に、県内472の被差

別部落の内、少なくとも 50 の被差別部落で、改善運動のための組織が結成された［小早川 2001：83］。広島県の場合、原爆や空襲により資料が焼失したため、実数はさらに多いと思われる。

　従来の研究では、これらの組織は、被差別部落民の自主的な運動の産物とされてきた。その代表的な組織に、1907 年に設立された福島町一致協会がある。しかし福島町一致協会は、機関誌『天鼓』が示すように、徹頭徹尾、警察によって組織され、統制されたものであった。設立運営の資金は、被差別部落民がほぼ全額を負担したが、警察はその使途に介入した。一致協会は元自由民権運動家・前田三遊が組織した、とする誤った見解［秋定 1993：144］もある。このような見解の背景には、西日本有数の被差別部落の「自主的に組織された」一致協会を、広島県水平社の母型と見做したいという研究者の思い入れがある。一致協会の会則には、教育の奨励や衛生思想の普及、授産施設の奨励、孝子節婦義僕勤労者の表彰、勤倹貯蓄の奨励が掲げられている。また、家主が賃貸契約を駐在巡査へ届け出ることを義務化するなどの決議がされている。これは、被差別部落民が自らを警察の制御下に置いたことを意味する。一致協会には、個人が加盟するのではなく、家長が加盟した。

　『天鼓』は、差別や平等について言及しているものの、組織活動の内容や事業としての「差別撤廃」についての言及はない。当時の福島町では、事業者と労働者の経済的格差が開き、すでに階級分化が起こっていた。このような状況のなか、第 2 章で詳細を論じるが、一致協会は、安価で優れた労働力を被差別部落の内外の資本に供給する装置として機能した。

　被差別部落の現状を問題視し、改善を志向する傾向は、被差別部落の外にも、早くからあった。1888 年には、広島県双三郡吉舎村（現三次市吉舎町）では、小学校長が被差別部落に介入していた。1891 年には、深津、沼隈、安那（すべて現福山市）の郡長が、コレラ対策の観点から被差別部落を監視していた。1903 年には広島県佐伯郡八幡村で、被差別部落の青年層が、警察官の指示に呼応して、「改善」への行動をとった。警察官が被差別部落内の犯罪捜査が困難であると指摘すると、被差別部落の青年たちは、それに応じて、警察に協力する行動をとった。これらの動きは、1906 年を起点とし、1908 年の戊申詔書により法的根拠を得た地方改良運動に、部落改善運動として包摂されていった。地方改良運動は、国家や地方の財政再建、神社統廃合と祭礼の改変、国家祝祭休日の徹底などを通して、中央と地方を貫く国家秩序を形成し、国民意識の高揚を図る政策の文脈上にあった。また部落改善運動は、天皇の名によって華美を戒め、上下一致や勤倹などの通俗道徳を求めることで、国民精神を道徳面から強化する思想対策の一環としてもあった。これにより、日露戦争後の経済を立て直し、富国強兵を図る政策が促進された。

　1907 年に、広島県甲奴郡の上下警察署長・枡川義臣は、被差別部落にたいして郵便

貯金を奨励し、製縄や読書、算術、柔道を教えて回った。枡川は、赴任の先々で「奨善」という語のつく部落改善運動を組織した。中には、枡川が転勤すると挫折する奨善会もあった。1911年には、同県深安郡中条村で、内務省嘱託の子爵・五島盛光が被差別部落の視察を行い、それを契機に二十二日会が組織された。これらの事実も、部落改善運動が、国家権力の介在によって始められたことを物語る。

　地方改良運動と部落改善運動には、相違点もある。それは、前者が町村長や小学校長の指導を明確にしたのにたいして、後者は警察が維持運営に主要な役割を果たしたことである。部落改善運動が一般市民対策と別枠となったのは、すべての国民を平準化するには、運動をコミュニティごとに細分化するのが妥当だという事情からである。ここで、被差別部落民の「大衆的な圧力」よりも、それを巧みに吸収した権力の技術に注目すべきである。この傾向は、後の米騒動を事前に制圧する際に、ますます顕著となっていった。警察署長が被差別部落代表と話し合う機会や、教育者や宗教者らと「部落改善」を協議する機会も増えていった。

　部落改善団体には、奨励金が支出された。広島県は、米騒動の後、地方改善協議会を開催したが、それを機会に、帝国公道会の大江卓や大木遠吉などが来広した。それを受けて県内の被差別部落の中心的な人物[7]を集めた部落改善協議会が開催された。その目的は、県全体をカバーする単一の融和団体を組織することであった。協議会ではこれが了解されたが、実現していない。しかし、警察による被差別部落の組織化は進んでいった。1920年に、広島県深安郡の本庄村（現福山市本庄町）では、巡査の直接指導で汐入明治会が組織された。もちろん、警察による組織化がすべて成功したわけではない。しかしそれでも、警察は、被差別部落に影響力を行使した。警察や行政が被差別部落の組織化に関与した例は、『広島県部落状況』の1913年版および1920年版に詳細に見ることができる。いずれの組織も、自主的な運動とはほど遠い状況であった。

2　改善団体の概略

　ここで、警察による部落改善団体の組織化について、具体例をもって検討する。広島県御調郡西村（現尾道市西藤町）の正進会のケースを取り上げる。正進会の活動は、1920年に始まった。正進会会則を起草したのは、当該地域の被差別部落民自身ではなかった。それは、同県沼隈郡東村の小学校長が起草し、郡長、警察署長の査閲を受けて公表された［尾道市　1970：52］。内容は、福島町一致協会のそれと酷似していた。人口増大が顕著になりつつあった都市部落と、比較的人口の少ない農村の被差別部落の間に違いがあったが、それらの会則に、際立った相違点はなかった。唯一の相違点は、項目の順序程度であった。会員資格を有するのは戸主で、「家」を基本としていた。それも、家長に会員資格を与えた福島町一致協会と類似していた。会の行動目標も、概ね一致していた。目標は、教育の奨励、衛生思想の普及、授産施設の奨励、勤勉と徳の奨励、貯蓄

の奨励、納税の義務遵守であった。正進会発会式で、来賓たちは、「陛下の赤子」としての自由平等と「自覚」「同胞相愛」「斬進的変化」を強調した。この「自由平等」は、たとえそれが形式的で、恩恵的であったとしても、これらなくして近代における被差別部落民の国民化はあり得なかった。

　正進会は、家屋内外・周辺の清掃と規律、近隣の三被差別部落とともに早起き会、共同貯金などの活動を行った。そして、飲料水確保のための井戸の設置、道路の造営、藺草倉庫の建設、簡易ポンプの設置などのインフラの整備を行った。それらの活動の原資には、県の補助金が充てられ、それが不足すると、相互扶助による自己資金が充てられた。また、労務提供も行われた。これらの様子から、部落改善運動の特徴が見えてくる。権力は、被差別部落を、たんに勤勉と徳による精神主義的な観点から動員の対象と見ていただけではない。明らかに、被差別部落を近代社会＝資本主義を補完する主体として認識していた。そこに、この時代における被差別部落と権力の関係、支配の特徴を観察することができる。

3　経済の身体への組み込み

　次に、部落改善運動について経済面から検討する。上述の正進会の目的の「貯蓄の奨励」という項目は、被差別部落の家計立て直しを促すための施策ではない。それは、1898年から始まる政府の貯蓄奨励策によって、国民の資産を、預貯金を通して投資に回すという政策の一環といえる。そこでは目的を「勤勉貯蓄ハ身ヲ保チ一家ヲ全ウスルノ基礎」と定め、事項として勤勉、節倹、金穀貯蓄、取締および奨励と違反者処分などを挙げている。この施策は効果を発揮した。民間の貯蓄高は、1908年から1912年に4億1600万円だったものが、1918年から1922年には19億1000万円に、さらに次の5年間に、19億1500万円にまで増加した［田中　2008：2］。持たざる「国民」から預貯金や保険などで広く薄く資金が集められ、それが投資に回されて、工業化を周縁から支えた。前記の西村の場合、預貯金残高などは不明であるが、月10銭から30銭の共同貯金が実施された。1913年に発足した福島町一致協会傘下の福島町青年会北通支部が1914年現在に集めた預金残高は60余円でその内50円余が貸し付けられている［天鼓　1914：29］。こうして預貯金奨励は、被差別部落民が産業資本主義に取り込まれる具体的過程としてあった。「共同」という相互監視のもとでの半ば強制的な預貯金が、戦争によって疲弊した日本経済を底辺から支えた。預貯金の実行を通して、被差別部落民はイデオロギー的にも戦争体制に組み込まれていった。

　この施策が被差別部落で実施された背景には、被差別部落に起きていた経済的な変化がある。すなわち、被差別部落の上層階級の側から、規律ある労働を求める要望が強くなっていたことがある。西村では、彼らは、旧被差別民に系譜をもつ「隠亡」の仕事を放棄し、藺草の栽培から畳表の機械化による製造販売に移行している。もちろん「隠亡」

は差別的な処遇を受ける職業であり、近世色の強い職業であったので、それを拒否することの意味は大きい。しかしこの動きも、資本力や経営規模が小さかったにせよ、被差別部落が積極的に産業資本主義に組み込まれたことを意味する。産業資本主義の周縁にあった被差別部落は、資本主義的生産関係から排除されていたのではない。福島町では、このことがより顕著であった。例えば、福島町の製靴、靴販売業者は、対露貿易の拡大や競争激化に晒されたのであり、そこには「封建的生産関係の残滓」など微塵もない状況であった［福島町資料作成委員会 2003：28］。漁村の被差別部落においても、網元制の確立など、明らかに資本による産業構造の変化が見られた［山本 1988：33］。こうして被差別部落内の有産者が、優れた労働力を「同胞」へ求める傾向が強まっていった。大串夏身は、宇野経済学に依りつつ、浅草の産業構造を分析し、1886年頃には、日本産業資本主義のもとで、現在の被差別部落の原型がつくられたことを解明した［大串 1980：61］。被差別部落民の「身体の形成」は、被差別部落の社会経済の構造的変化に照応している。

4 「自覚」と「衛生思想」

　部落改善運動においては、「部落民としての自覚」が重視された。「部落民としての自覚」を求める運動は、被差別部落民を「国民としての自覚」の主体へ変えることになった（第3章参照）。当時の「自覚」運動の旗手であった山本政夫も、被差別部落民のモデルとして官僚から重宝された。「部落民としての自覚」は、両義的なものであり、「自覚」は、差別をより効果的にするものである。

　また、「地方改良」という命題に沿ってコミュニティをモデル化し、功績のあった被差別部落の改善団体やその功労者に褒賞を与えるという施策がとられた。筆者の集計では、現在判明している褒賞金は、1912年から1920年の間に15の部落改善団体に総額1640円、最低額20円、最高額300円が出された。この施策は、被差別部落の規格化と平準化をもたらした。そして、そこに自らの未来が開かれるかのような幻想を、被差別部落民にもたらした。フーコーは、褒章と懲罰は、規律・訓練を通して出現してくるのが「〈規格〉を旨とする権力」であり、「規格化は、古典主義時代の終わりにおける権力面の大いなる道具の一つになる。かつて身分や特権や帰属を表していたさまざまな標識に取って替わろうとするのが、あるいは最小限それらに付け加わろうとするのが、いくつかの段階での規格合致の動き全体であり、それら諸段階は、ある等質的社会全体への帰属の表徴」（ルビは訳書）［Foucault 1975a＝1977：185-7］と述べている。

　「部落改善と褒賞」という方法は、安易で安価かつ効果的な方法であった。それは、被差別部落民の「伝統的」な存在様式（それは、日本人の伝統的な存在様式でもあり、近代に入って再構築されたものでもあったが）に依拠していたからである。またそれゆえ、「官公署ノ命令」遵守、「父母ニ孝養ヲ尽クシ妻ハ夫ニ従イ夫ハ妻ヲ愛シ兄弟相親ミ家庭

円満和楽ヲ期スル」（奨善会実施規則）［尾道市 1970：63］ことが、難なく受容される状況であったからである。

　もう一つの変化は、監視する側から監視される側になった被差別部落の中に、監視される者によって監視するシステムが形成されたことである。正進会の「実行細目」に、「三部落相互ニ視察シアイ、其成績ノ程度ヲ見聞キスルコト」［尾道市 1970：57］とあった。それは、フーコーがパノプティコンによる近代の監視社会を分析したものと同じである［Foucault 1975a=1977：202-6］。それは、明治期に日本にも実際にパノプティコンが導入されていたことからも頷ける。

　フーコーによると、「死なせるか生きるままにしておくという古い権力に代わって、生きさせるか死の中に廃棄するという権力が現われ」（傍点は訳書）、「政治の実践や経済の考察の場で、出生率、長寿、公衆衛生、住居、移住という問題が出現し」「身体の隷属化と住民の管理を手に入れるための多様かつ無数の技術の爆発的出現」が起こり、この〈生―権力〉は、「疑う余地もなく、資本主義の発達に不可欠の要因で」［Foucault 1976=1986：175-8］あった。支配的であった臣民の生を掌握し抹殺しようとする君主に代わる新しい権力は、生を人口の概念で掌握し、抑圧的であるよりも、むしろ生（生活、生命）を向上させる。権力は、人々の生を公衆衛生によって管理・統制し、形式的には福祉国家を目指す方向に進んだ。そしてこの装置の皮肉は、「我々の『解放』がかかっていると信じ込ませていること」［Foucault 1976=1986：202］であった。

　こうした施策は、被差別部落にたいする人道的な見地に立ってのものではない。部落改善運動に衛生思想を普及させたのは、日本が近代化を進める過程で表われた新しい権力である。医師、窪田次郎は、1870年頃から、自由民権運動の活動家として被差別部落にも啓蒙所を設置した。これは、近代主義からの「国民皆学」と衛生思想の普及が主要な目的の官民一体の事業であった［浜田 1997：136］。直接暴力を含む支配を放棄して、部落改善というかたちで権力者が日常的監視を行うためのものである。同時に国家は、預貯金の励行によって経済を被差別部落民の身体へ組み込むという効果も手にした。被差別部落での衛生思想の普及は、正常性のカテゴリーから異端を排除する思想の一般化を意味した。これにより、近代社会の差別は、複雑で過酷なものとなった。フーコーは、ハンセン病とペストを対比し、「排除の祭式化」と「規律・訓練の図式」の相違を明らかにした。ハンセン病は「社会の外への投棄」をもたらした。ペストがもたらしたのは、「監視および取締りの深くゆきとどいた組織化であり、権力の強化と細分化である」［Foucault 1975a=1977：200］と述べた。つまり、人々の生命防衛と密接なものであった「健康」や「衛生」という疾病対策は、人々を細分化し、監視し、さらに取り締りに道を開いた。被差別部落の日常は、改善運動によって若干の改善を見たし、部分的であるにせよ、経済的にも「効果」があった。ここで注視すべきは、当時の被差別部落に「衛生思想」が外部から「持ち込まれた思想」ではないということである。自分たちの衛生

状態を危惧する傾向はどこにもある。権力は、外部から抑圧するものとして訪れるのではなく、被差別部落という社会の内部にあって、まるで網の目のように人々の欲望とともに存在[8]している。

部落改善運動や融和運動に携った人々は、突然現われた水平社運動を媒介としてしか自己表現できなかった。しかし彼らは、水平社の相対的衰退の中で、「自覚を持つ自分たちこそ『解放運動』=『同和』の主たる担い手である」という優越感を抱くようになっていった。時に被差別部落民には天皇にたいする憧憬が根強いといわれるが、それも、被差別部落の中に、権力が網の目のように存在することを物語っている。

D 戸籍制度と被差別部落

1 戸籍制度の一般的意味

軍と警察を掌握した政府がとった重要政策の一つに戸籍の編成がある。戸籍制度は、特殊日本近代の産物とされる。しかし、生まれた人間の国家への登録は、出生証明やパスポートの発明に見られるように、欧米でも一般的な統治のシステムとしてある。「権力の技術にとって大きな新しい様相の一つは、経済的・政治的問題としての『人口』の問題であった。富としての人口であり、労働力あるいは労働能力としての人口であり、それ自体の増大と資源としてのその可能性との間の均衡関係において把えた人口である。政府は気が付いたのだ、相手は、単に臣下でも『民衆』ですらもなく、『人口』という形で捉えられた住民」[Foucault 1976=1986：35]である。また、近代国家に物質的富をもたらす主要な手段になったのは、封建時代より広がった支配の及ぶ地域の住民を「一定の秩序関係に置くために利用する情報の収集と保管である。情報の保管は、部族社会の文化よりも時空間の範囲が著しく拡大した社会システムを構築する際に『授権的資源』が果たす役割の中心的要素を形づくっている。また逆に、監視―情報管理と、他の集団による特定集団の活動の指揮監督―は、こうした授権的資源の拡大にとって枢要な手段となっている」[Giddens 1987=1991：10]。この意味でも戸籍は、近代の被差別部落の形成に寄与し、彼らの掌握に大きな役割を果たすものであった。

日本の場合、戸籍という住民情報の確保は、郷党社会に立脚した「家」を支配の単位にせざるをえなかった。というのも、日本には、ヨーロッパのような、あらゆる人々を貫くキリスト教的規範に匹敵するものがなかったからである。郷党社会は、旧武士から最も底辺まで、定住する人々には共通の存在様式であった。従って、「家」を捨てて郷党社会を出た浮浪者については、彼らを出身地へ送還し、郷党社会の中で管理する施策がとられた。これは、政府による人民の管理と同時に都市空間の管理支配を意味した。明治初期にはその作業を元の被差別民が担った。

近世の被差別身分も、もれなく戸籍に登録された。広島県は、旧被差別身分を戸籍編制に包括するに際して、旧革田身分を忠海（現竹原市）へ、旧非人身分を本郷（現三原市）へ出頭させた［三原市同和地区実態調査団　1973：80］。その過程で、彼らがもっていた多様性は、喪失していった。近世の被差別身分の多様な呼称は、穢多に包摂された。法務省が行った民法制定過程での調査中、被差別身分に関する問いに、府県は、「穢多ハ皮多ト唱ヘ」や「長吏ト唱ヘ」、「皮師ト唱ヘ」などと回答している［生田　1880：3-16］。それが証左である。すなわち、1880年の時点で、近代の被差別部落民はすべて、近世の穢多であるという認識に統一され、「新平民」「特殊部落民」と呼称が変化する中で、「部落」という認識が発生していった。

　藤田省三は、明治の国家を「絶対主義による近代国家」とする認識に立ち、人民と国家の縦の交通機関としての官僚機構が創出され、さらに、横の日常的な国家的境界としての国民社会があったことを明確にした。藤田は、それが「民籍」あるいは「戸籍」となって結実したと述べた。そして、これによって封建的な支配形態が崩壊したと述べた。藤田は、1871年の法令も、戸籍の編成と国民の平準化をもたらしたと述べ、穢多非人が戸籍のもとに包摂される過程を明らかにした［藤田　1966：70-89］。編成された戸籍は、過誤のない徴税を可能にし、人民をもれなく軍隊に徴用する装置となった。

2　戸籍法の「家」概念と差別

　1872年に編制された壬申戸籍（明治5年式戸籍）は、実用的合理性に欠けた。それは「家」の概念でなく「戸」の概念に依っていたので、「戸主」が変わるたびに戸籍を作り変える必要があった。またその様式は、地方政府に一任されたため、統一性にも欠けていた。このような制度的不備のため、壬申戸籍は間もなく廃止された。以来、1886年の明治19年式戸籍、1898年の明治31年式戸籍、さらに1914年の大正3年式戸籍が現われた。

　明治19年式戸籍では、様式の統一、本籍と現住所の分離とともに除籍簿が導入された。出生、死亡、失踪者復帰、廃戸主、廃嫡、改名、復姓、身分変換など、登録や変更に関する義務と規定が明確にされた。正当な理由がない届出の忌避や遅滞などの違反には、20銭以上1円25銭以下の科料という行政処分も定められた。除籍制度の導入は、本籍と現住所の分離登録を制度化し、戸籍の変化をすべて確認可能とした。それは、血の交流全体をトレースすることができ、賤称語の直接的記載がされた「壬申戸籍」よりもイデオロギー装置としての性格が強い。「家」の連続性と「血」の連続性は、基本的に異なるものであるが、家系が本質的な価値を持つ社会では、血は、権力のメカニズムのもと、時にナチズムを生み出すような象徴的な機能を持つ［Foucault 1976=1986：185-9］。明治31年式戸籍では、民法によって「家」制度が法的に確立したことで、「戸」から「家」の概念を明確にした制度に改変された。ここでは、戸籍簿とは別に身分登記簿が設けられた。これは、「家」を基本に身分の移動などを届けに従って記載するもので、「平民農」

などの俗称や職業と社会的身分についても記載されていた。筆者が、身分登記簿の一部を調査したところ、壬申戸籍のような被差別部落民の特定が可能なような記載は、認められなかった。そして、大正4年式戸籍で身分登記簿が廃止され、戸籍簿に一元化された。こうして、国家を主体とする正確不変の戸籍制度が完成し、すべての人民が「家」を単位に、世代を超えて、国民として登録された。

　天野卓郎によれば広島県は、親族のない無籍者や、「山窩[9]」または「サンカ」と呼ばれた野宿者に家屋を与え、「家」を作らせ、戸籍に組み込んだ [天野 1986：21] という。こうして「家」制度は、国民国家のイデオロギー装置として機能していく。「家」は、本来私的機関であるが、戸籍制度の確立によって、その運営主体を国家が掌握することとなった。戸籍は、被差別部落民を含むすべての人民を「国民」として特定し、国籍を確認し、家族秩序を通して一族内の主従関係＝支配関係と私的所有の帰属を明確にした。もって、暴力による国家秩序をイデオロギー的に補完することとなった。

3　戸籍にたいする異議申し立てとその根拠

　壬申戸籍以来、日本の戸籍は、姓をはじめとするあらゆる変更には非寛容を基本とした。「襲名」などで、登録された戸籍の改名が続出したが、政府は、「改姓名禁止令」を出した [高木 2006：61]。また、実名主義を普遍化させ、通称を廃止し、官位や官名、国名に由来する姓の使用を禁止した。商業などの理由による改名や同苗同名以外は、改名は認められなかった。この改名禁止令の目的は、「脱走浮浪ノ弊ヲ矯メ」るためであった [井戸田 2006：76-93]。もっとも、戸籍が確立安定した後は、行政処分として改名を緩和することもあった。しかし、認められたのは、改名であり、改姓への障壁は高かった。

　ところが、広島県の瀬戸内一帯の被差別部落には、不変である戸籍で、姓を「復姓」として変更した人々がたくさんいた。「復姓」とは、元の姓に戻すという意味である。『融和事業研究』に「其當時籍を転じ姓を改めなおして豫備少尉になったものがないでもないが」という記事もある [河野 1928：86]。其當時とは1913年頃を指している。また、前出の前田三遊も、1922年と1923年に、この事実に言及している [前田 1966a：153, 1966b：185]。前田が挙げた事例の正確な年代と被差別部落の場所を特定することはできない。しかし、戸籍にたいして異議を唱え、被差別部落単位および「家」単位で姓を変更したものが、資料で判明しているだけで10例を超える。融和運動家、山本五次の資料によると、1916年から1935年にかけて、広島県瀬戸内沿岸の被差別部落において、集団で「復姓」が行われている。伝承伝聞を含めると、「復姓」や「改姓」はかなり多かったようである。

　「復姓」の法的根拠は、戸籍法を貫く一つの概念にある。それは、次の条文に見ることができる。明治19年式戸籍法では、「復姓…願済ノ上戸籍ニ登記スヘキ事項ハ其許可ヲ受領シタル日ヨリ十日以内ニ届出ヘシ」、明治31年式戸籍法では、「氏ヲ復旧シマタハ

名ヲ改称シタル…届ケルコトヲ要ス」と規定している。前出河野亀市の文章の内容は、明治31年式戸籍法のもとでの変更であった。河野は、広島県共鳴会（第4章参照）の要職にあり、また、個人的には双三郡の三良坂で私費を投じて進学などに携わっていた被差別部落の資産家である。それ以降の「復姓」は、大正3年式戸籍法のもとで行われている。大正3年式戸籍法では、「復姓」または「復氏」の条文上の既定がなくなり、次のように規定される。「第五章　戸籍ノ訂正　第百六十四条　戸籍ノ記載カ法律上許スヘカラサルモノナルコト又ハ其記載ニ錯誤若クハ遺漏アルコトヲ発見シタル場合ニ於テハ利害関係人ハ其戸籍ノ存スル市役所又ハ町村役場ノ所在地ヲ管轄スル区裁判所ノ許可ヲ得テ戸籍ノ訂正ヲ申請スルコトヲ得」と変化した。また、「第六章　抗告　第百六十九条　戸籍事件ニ付キ市町村長ノ処分ヲ不当トスル者ハ市役所又ハ町村役場ノ所在地ヲ管轄スル区裁判所ニ抗告ヲ為スコトヲ得」となる。つまり、「錯誤」の訂正に「復姓」の余地は残されていた。

4　被差別部落民の国民化と戸籍変更の意味

　「復姓」は、組織的かつ官民一体で実現した。その根拠は、前出の山本五次が広島県共鳴会に深く関わり、かつ、1937年に瀬戸田町長を務めた事実が挙げられる。そして山本五次が遺した資料の中に、謄写版印刷の「復姓願い」のフォーマットと、その手書きの草稿が保存されていたことである。さらに、1928年の第6回広島県共鳴会の総会で、「一、復姓ヲ許可セラレタキコト」を広島県知事に建議している［広島県共鳴会 1997：186］こともある。前出の河野亀市の援助で進学して教員になった末広憲爾は、河野が末広の姓と被差別についてしきりに懸念していたことを明らかにしている［「三良坂町部落解放の歩み」編集委員会 1998：145］。このことから、『融和事業研究』に寄稿した河野亀市自身も、1913年頃の「復姓」にも関わったと推測できる。「復姓」は、部落改善運動が活発であった地域で顕著である。さらに『山陽新聞』（1924.3.23）は、倉橋島の復姓運動に水平社の関与を報じているが、その真相は確認できない。復姓運動は、その当時も現在でも、公にされていない地域が多い。

　では、法にある「復姓」概念を適用する根拠は、何であったのか。それは「伝統・伝説」であった。被差別部落の伝承が、改姓を求める上で、戸籍法の「復姓」概念と親和性をもった。その論理は、(1)1872年の戸籍法施行と壬申戸籍の編成に際して、役人から名乗るべき姓を指示された、(2)それを拒否したが、一方的に姓が戸籍に記載された、(3)先祖伝来の姓を捨てることは文明国家の観点からは許されることではない、(4)天皇の親政のもとに安堵の生業に励んでいるので、また、(5)単一の姓にあることは差別を受けやすいので、(6)本来の姓に戻すことを求める、というものである。

　この背景には、既述の被差別部落の戸籍の編纂が一般より約1年遅れで、一般籍とは別枠として編制が行われたことも影響していると思われる。ここでの問題は、伝統・伝

説にある。被差別部落に伝わる伝説とは、明治初頭につけ（させられ）た姓は、役人の恣意によるものであり、元来の姓を名乗ることを許されなかった、とするものである。豊田郡吉名村（現竹原市）の例では、本来Y姓であったが、役人からお前たちは「村の王様だ。だからムラオー＝村尾と名乗れ」といわれたという伝説によっている。1960年から70年にかけて、当時の被差別部落の年配者は、自分たちの祖先は武士であったという、「本来のY姓伝説」を伝えた。しかし、元来、姓をもっていたのは武士のみであり、江戸時代後期には身上がりというかたちで、姓のみならず身分も商品化されていたが［深谷2006：166］、その「商品購入」が、これらの被差別民の間で一般的に禁止になっていたとは考えられない。「復姓」があった当該の被差別部落に固有の、近世からの伝統的な姓はなかったと言える。前出の倉橋島には、清和源氏にまでそのルーツを遡る主張があった。

　一般的に復姓を求めた結果は、伝説の姓ではなく、それとは無関係の姓への変更となって完結した。御調郡西村の例では、D姓がS姓に変化していることが、現戸籍によって確認されている。それによると、1943年3月15日においても変更が認められている。変更後のS姓とは、日本人の間のごく一般的な姓であった。倉橋島のケースでは、被差別部落全体がM姓一種類であったものが、N姓一種類に変更されたことが確認できる。吉名村の例では、「伝説」のY姓にはならなかった。

　このように見ると、復姓運動は、旧戸籍法の「復姓」概念を根拠にした集団改姓であった。すなわち、国民国家の「真正」な国民としての集団的な再登録の運動であったと言える。すでに述べたように、日本の戸籍は、「家」を単位にした人民を掌握するイデオロギー装置であった。この「復姓」が、社会の周縁にあった被差別部落民の日本社会への帰属意識を自己確認させた。姓の変更にあたっては「個」の意思確認はなく、「家」ぐるみ、あるいは一族ぐるみであった。軍隊に徴兵されている時、突然上官から、本日をもってお前の姓が変わったと告げられたという証言もある。被差別部落民には姓の変更を認めることで、「伝統の尊重」と「特別の計らい」という恩恵により、国民としての自覚と忠誠心を高揚させるものとなった。

E　「被差別部落と権力」へのアプローチ——結語に代えて

　従来の部落問題認識は、封建遺制論を基本としてきた。そして多くの先行研究は、近世末期の長州藩の藩命による被差別民の軍事的行動等を、「解放への胎動」であるとか「解放へのエネルギーの利用」と評価してきた。そのような理解には、国家の暴力装置にたいする認識が欠けている。そのイデオロギー装置であった近代の部落改善運動についても、その本質を見誤り「解放」をキーワードとして解釈されてきた。その場合、「解

放」についての明確な概念規定はなかった。それゆえ、被差別部落からの「身上がり」願望などの「脱出の論理」を「解放への胎動」へとすり替えて解釈された。

　人間の解放を問題にする場合、必ず次のことが問われる。人間の解放は、市民社会の成立を前提とする、ということである。そして、市民権＝公民権が人間の権利と切り離されて、個別の人間がそのままで類的な存在であると認識され、自分の固有の力を社会的・政治的な力と認識する思想に立った時、「解放」の思想が現れる。フランスは、人権宣言を片手にアジア・アフリカを植民地化したのであり、このレベルの人権を解放と同一視する理解は、およそ社会科学とはいえない。解放は、ヒューマニズムの延長には存在しない。硬直したマルキストの論争から始まる封建遺制論は、経済学的には宇野弘蔵によって克服された。しかし、宇野理論を基礎として、国家のイデオロギー装置をどのように反差別論に反映させるかは、手つかずのままで今日まできた。

　こうした致命的欠陥がある部落問題研究の枠組みでは、国民国家、産業資本主義、また帝国主義を視野に入れ、かつ政治的、経済的、文化的アプローチからの部落問題の理解は及ばない。また、差別と戦争、植民地主義さらに言えばポストコロニアリズムなどのテーマを、自らの内的な問題として捉えることもできない。具体的な被差別部落民の生活のすぐ傍にある権力、あるいは生活の只中にある権力の分析もできない。差別—被差別という直線的思考の行き着く先は、水平運動にたいする無批判的で過度な賛美に見ることができるように、「受難の神聖視」というものであった。それは、大衆に内在するファシズムの萌芽とさえ言える。

　本稿は、おもにフーコーの議論に依拠し、封建体制の役が解体され、近代には社会的周縁へ排除された被差別部落が、衛生思想、勤勉、貯蓄、戸籍などを通して（生—権力）、その内部にファシズムの芽を宿し、相互監視の装置を形成していった事情について述べた。

　官僚は、人民を「家」のかたちで登録する正確不変なはずの戸籍をいとも簡単に変更した。この時、被差別部落民は、「真正の国民」として再登録され、国民としての自覚を強めた。解放の概念であったはずの「国民化」が、抑圧の概念になるには時間を要さなかった。「同じ国民として許されない差別」を受けるごとに、「国民」である自己を再認識させる。本稿は、そのような装置が完成する過程を解明し、もって従来の部落問題認識への対抗パラダイムを提示した。

校　註

1　本書では、生産関係をカール・マルクスによる概念として厳密につかう。生産様式や生産方法などと混同しない。部落問題研究では、極めて曖昧に使用していたが、このことは、第2章で批判する。

2　この「太政官布告」は、かつて「解放令」または、「賤称廃止令」「廃称令」「廃止令」などと呼称する場合もあった。本稿では、そのいずれも認めがたく、単に「1971年の法令」と記述する。

3　役の体系については、尾藤正英が『江戸時代とはなにか』で次のように述べている。

　　「その『役』に服務することが、それぞれの身分に所属していることの象徴的表現とでもいうべき性格が強くなって、強制的な義務でありながらも、同時にそれが個人の自発性に支えられたものとなった点に、大きな変化があったのではないか、と私は考えています（21頁）。」「それは要約していえば、国家を構成する個々の集団ないし組織の自律性を尊重するとともに、それらを幕府の統制のもとに置くことにより、全体としての国家の秩序を維持していこうとする方針であったのではあるまいか（101頁）。」これは、強制と合意、あるいは、統治の身体化という文脈として理解できる。

　　なお、歴史的に役の体系としての「キヨメ役」という「役」は存在しない。江戸時代の警察行為を「キヨメ役」とする傾向があるが、それは、穢多役、若しくは革田役である。

4　茶筅は、茶筌とも書く。この身分は従来、穢多、非人とは別類型とされている。職業は、農業に加え、竹細工、芸能、勧進などとされ、処刑とのかかわりは明らかにされていなかったが、福山藩の小畠代官所の記録は、それを覆すもので、賤民身分全体と役の体系を再検討する必要がある。

5　なぜ、農民一揆に高度な武器の使用がなされなかったのか。この問題は、当時の日本人の「精神」構造として、あるいは農民支配の精神としてとらえると、この事実は、興味深い。

6　レーニンの『クラウゼヴィッツ・ノート』は、戦争を政治の延長として位置づける議論をボルシェビッキの革命理論を背景としながら解釈されている。その後の毛沢東、ホー・チ・ミンなどの革命戦争などでもこの理論が実践された。この句は、そのレーニンに倣うまでもなく、現象として政治的行き詰まり打開が、戦争によっているという冷徹な現実から述べた。

7　これは、中堅人物として部落経済更生運動が設定した人物像による。農山漁村経済更生運動の中堅人物の概念とは差異があった。その点については、第1部第4章B項以降に詳しく述べた。

8　国家がない状態では、分ち難い何かを獲得しようと係争すると、すべての人がいわば下からの権力になる。しかし、国家が存在する条件では、そのようにはならない。上からの権力を作用させる国家が、独裁国家であれ、民主制国家であれ、その権力を前提として下からの権力が網の目のように作用する。下からの権力のみを強調する傾向は、部落問題でいえば融和主義の亜流に他ならない。

9　ここでいう「山窩」は、三角寛が小説に書いた山窩のことではない。あくまでも犯罪者の意味でつかわれた警察用語に限っている。被差別部落が融和主義による包摂の対象であったのにたいして、一般的に野宿者や乞食は、徹底した排除の対象であった。青木秀男は、「『浮浪者』像の形成と展開」で、広島で活動した前田三遊が、乞食は融和の対象ではなく、徹底排除の対象としてみなしていたことを明らかにしている。端的にいえば、「狩る」対象であった。ゆえに本書では括弧付きで記す。なお、筆者は、柳田国男の「論考」をもってサンカの実在性が証明されてい

るとは考えない。なぜなら、柳田がえた情報は、その多くが警察情報で、科学的客観性に乏しく、実証的ではない。また、1911年以降研究を中断している。

　また、それ以降の「山窩研究」と称するものも同様である。なお、三角寛の「山窩の実在性」は完全には、家族の証言などによってことごとく演出による創作物であることが明確になっている。

第2章　日本帝国主義下の被差別部落
——福島町一致協会と融和主義をめぐって——

　被差別部落民の熱意が、部落解放運動を形成したとするなら、融和運動はその反動である。それは、帝国主義国家による熱意を表現した。では、なぜその国家は、融和運動を促進して、国民融和を掲げなければならなかったのか。そもそも、なぜ、封建的な（実はそのように見えているだけなのだが）部落差別を必要としたのか。また、そのとき被差別部落内部の積極的協力者、外部から入り込む協力者は、どのようなメカニズムで生まれたのか。それは、封建遺制論や日本経済の二重構造論では説明できない。日本帝国主義の世界史的制約や構造から導きだされる必然として被差別部落は創造された。労働市場と商品市場が世界に向かう時代に、融和主義がどのように被差別部落を支配し、彼らが生きるコミュニティをどのように支配のコミュニティに変容させたのか。

A　はじめに

1　問題のありか
　本稿の問題意識は、世界史的には帝国主義の段階において資本主義の道を歩むことになった日本で、その経済・政治体制のもとで被差別部落がどのように変容したか、というところにある。具体的にいうと、明治以降の被差別部落がどのように形成あるいは、変容し再構築され、日本帝国主義が存在し続けるために、国家にとってどのような役割を担うことになったのかを見るところにある。

2　本稿文の立場
　本稿では、近代・現代の被差別部落が江戸時代の身分制度を単純に継承しているという立場に立たない。部落差別は、自然に生まれたものではない。また、自然には継承も変化もない。
　部落問題の議論では、しばしば部落差別と「生産関係」が問題にされてきた。実際に問題になったのは、「半封建制[1]」という奇妙な資本主義の状態をめぐってであった。マルクスは、貨幣が資本へと変容する資本主義の時代に生起する社会的関係が、すべての歴史に共通する関係ではなく、古い社会的生産の連綿たる没落の産物としてとらえた［Marx 1867＝2005a：251］。差別を上部構造としてとらえるなら、近代被差別部落は、近世賤民の一定部分を核としたとしても、ある被差別部落が、他の被差別部落からだけで

はなく他の諸階層から、人々の流出流入を繰り返し古い存在様式の連綿たる没落の産物として形成されてきている、という仮説に非合理なところはない。

B　（再）構築された被差別部落

1　近代被差別部落の出現

　連綿たる没落過程の結果に社会的身分の観点から焦点をあてると、まず、新たな被差別部落の形成、出現となる。広島県を例にすると、帝国海軍による軍都開発にともなう、近代化過程で形成された呉市の被差別部落の例がある。呉市の場合は、従来あった被差別部落の消滅も確認でき、軍都建設には、破壊的影響力があったといえる。（第2章校註9参照）同様に軍都であった舞鶴でも、新たな被差別部落の形成が確認されている。また、万国勧業博覧会の開催をめぐる「浮浪者」対策の結果、新たな被差別部落が形成されたのもよく知られた事実である。現在の栃木県では、下野国半右衛門文書などの研究で、9地区の被差別部落が近代の成立である［部落解放同盟栃木県連合会 1992：58-60］。三重県津市では1953年の伊勢湾台風による壊滅的な被害からの復興過程で、新たな被差別部落の形成が報告されている［東上 1988：108］。この現実を筆者も確認した。これらは特別な例ではない。このほかにも近代以降成立した被差別部落を確認できる。被差別部落の消滅も形成以上に起こっている。いたるところで多様に、近代が被差別部落にたいして構造的な変化もたらした。

　これらのすべては、帝国主義世界に投げ出された日本が、帝国主義国家として生き抜こうとする中で起こっている現象である。1871年の法令は、「解放令」という呼称を与えられて被差別部落大衆はもとより、他のマージナルな非被差別部落の人々にも自己を解放するかのような致命的な錯覚を与えた。前政権末期から、儒教を基礎とする思想の中から、儒教的支配を打ち破る思想が誕生し、一方で旧政権の政策によって西洋の思想を研究した人々が近代的思惟の方法を生みだした。1871年の法令は、たしかにそのような人々の開明的な思想によっているのは事実だが、現実的には、それらの議論は、植民地主義が色濃く表れたものもあり、新しい国家が具体的な姿となった瞬間から、「開明」性は失われた。むしろそれは、被差別部落を抑圧するものとして機能した。（第3章で詳述）。

　封建的ヒエラルキーやイデオロギーに依拠した支配ではなく、直接的な被差別部落及び被差別部落民支配を貫徹するために、1871年の法令は意味があった。差別からの解放ではなく、「解放」の幻想を与えて、国民であるという自覚を涵養し、差別の中で被差別部落民を生きさせる近代的支配が始まったに過ぎない。「娼妓」の解放なども同様な機能の布告である。

C　広島市福島町の部落改善と融和運動

1　対被差別部落支配の実施

　そこで本稿では、より具体的に日本帝国主義とその官僚達（本稿では警察権力）が被差別部落にどのような支配施策を展開し、その結果もたらされたものがどのような状況であったのかを、広島市にあった部落改善団体とされてきた福島町一致協会（一致協会）を通して見ることになる。

　ところで福島町一致協会が何か、を問う前に、被差別部落における思想と運動の潮流をみる必要がある。本稿は、被差別部落の解放を意図している以上、当然そこには融和主義とその政策とは何かということも課題になる。そこで簡単ではあるが次のような定義をあらかじめ提示しておきたい。

a　融和運動、部落改善運動

　まず、融和運動とは何かである。融和運動の特徴は差別の責任を被差別部落に求め、現状改革を当事者の自主的な立ち上がりに求めず恩恵的な施策によって被差別部落をコントロールしようとする。権力の介入、庇護のもとでの組織活動と、必ず、被差別部落内に意識的にも無意識的にも支配を主体化した協力者をつくり、地域の政治経済を独占する支配者を内部に育てる。彼らは、恣意的に行動し、もの言わぬ被差別部落大衆から富とともに精神の自立を奪うが、何も与えない。

　融和運動とは一線を画すものとして、部落改善運動があった。これは差別の責任を被差別部落以外にも求めようとするが、権力との明確な対立軸をもっていない。差別を国家の責任とは認識せず、被差別者個人の経済的な自立を求める。従って、差別構造が存在する原因と責任が曖昧にされる。運動の運営に権力の直接的な露骨な介入はないが、糾弾の概念も確立していない。部落改善運動は、広島県内に限ってみても今日判明しているものは50団体近くの活動が報告されている。古田健二によると次ページの表1のような団体が組織されていることが明らかになっている［古田 1989：181］。1910 年代から20年代にかけての部落改善運動は、古田によると「水平運動へ連なっていく原初的状況が存在する」［古田 1989：177］という評価が与えられているが、本稿で見ていく通りこれは、いささか過大な評価で、このころ、広島県内の一般的傾向として状況部落改善運動が水平社的な運動を生むような状況は成熟していなかった。

　なお、山本政夫（本名は正男、政夫は筆名）は、青年時代に大垣町を中心に水平社を彷彿とさせる島嶼連盟を組織したとするのが今日までの定説であったが、島嶼連盟の存在自体が疑問である。山本自身が語るところ［山本 1978：149］によると、前田三遊による演出であった。その物語は次のようになる。1922年、山本は、共鳴会の島嶼支部をつくる予定で11島の被差別部落青年を集め演説会を開催した。その演説会に参加した前

表1　部落改善団体一覧

団体名	所在地	団体名	所在地	団体名	所在地
福島町一致協会	広島市福島町	古江向上会	同上	高田郡同志会	同郡内
同上青年会	同上	下古江青年会	呉市下古江	青年倶楽部	芦品郡服部村
尾長町東組青年会	広島市尾長町	椋梨村矯風会	豊田郡椋梨村	二十二日会	深安郡中条村
躍進青年団	広島市Ｆ町	小泉村倶進会	同郡小泉村	青年会	同上
奨善会支部	佐伯郡砂谷村	豊田郡同志会	豊田郡一帯	八幡青年会	同郡御野村
同上	同郡玖島村	誠心会	甲奴郡上下町	同中老会	同上
同上	同郡水内村	奨善社	甲奴郡三町村	汐入明治会	深安郡本庄村
柿ノ浦青年会	同郡大柿村	自彊会	甲奴郡上下町	大町実行会	同郡下加茂村
人間社	同郡一体	青年会松崎支部	三次市	有終会	世羅郡甲山町
青年倶楽部	佐伯郡観音村	同上婦人会	同上	奨善会	御調郡美ノ郷村
大正矯風会	安芸郡船越村	信友会	同上	社会倶楽部	尾道市尾崎町
弘道会	同郡奥海田村	海田原済美会	双三郡吉舎村	正進会	沼隈郡東村西村
江田島青年会	同郡江田島町	双三郡同志会	双三郡内	共栄会	賀茂郡西条町
交友会	同郡安村	長屋革心会	高田郡郷野村		
古江町青年会	呉市古江町	連合立志会	同郡長田村		

田は、島嶼連盟として発足するよう山本に求めた。島嶼連盟は、第2回総会を開催したことになっているが、山本の広島県庁の嘱託職員としての採用、共鳴会の専従職員への選任を機に解散した[2]。いずれにしても、これらの運動は、被差別部落大衆の現状への憤りや変革への願望を背景にした明確な水平社思想の確立とは一線を画する。部落改善運動は水平社の創立以降、実質的に融和運動となる。

b　水平運動から解放運動へ

　そして解放運動である。これはいうまでもない。権力との明確な対立軸があり差別の責任を国家や生産関係に求める。差別の解消だけではなく、人間の解放という概念をもつ。被差別部落大衆自身の自主的な立ち上がりに差別撤廃が実現する根拠を求め、被差別の当事者が、その解決のために直接相手をただす権利としての糾弾の思想を確立している。糾弾権については、見解が分かれるが、本稿ではそれらにいちいち立ち入らない。また、人間の解放とは何か、という問題にもここでは立ち入らない。

D　広島市福島町と福島町一致協会

1　福島町の概観

　福島町一致協会組織化の経緯については、次の項でのべることとして、ここでは、ま

ず、組織化前後の広島市とその中にある福島町の状況について概観を確認しておく。当時の広島市は、産業的基盤が未確立であった。すなわち重工業や既成の大企業がないということ、また宇品という大型船舶にとって非常に恵まれた条件の港があるということが軍都の成立の条件となった。陸軍は市域全体の40％以上を接収し、それによって広島市は、1915年頃から本格的に軍都として発達する。その結果、人口の増加が著しく起こってくる。その人口動態を被差別部落と対照してみると、被差別部落の人口増加は、一般的傾向と大きく異なる。

青木秀男の集計では、表2のようになる。

同一年でのデータが比較できないので厳密な結論はだせない。しかしおおむね福島町の人口増加率は市全域の人口増加率の1.42倍となり、被差別部落である福島町の人口増加率が市全域のそれを圧倒している。

被差別部落としては、系譜的に旧革田村の延長にあったが、人口の増加を見ただけでも、明らかに構造的変化が読み取れる。この現象は、広島市内外の被差別部落からの人々が流

表2 広島市と福島町の人口動態

年	広島市全体	F町
1871		889
1890	85,442	
1915	160,035	
1917		4,050
1933		5,393
1935	327,472	
1940	408,007	
1945（被爆前）		6,037
増加率	478%	679%

入しただけではなく、非被差別部落からの流入も絶え間なかった[3]ことを物語っている。困窮した農民や社会的に低位だとされていた仕事のために来広した一般の人々も含まれていた。勿論、軍需産業やその関連産業に職を求めて来広した人もあった。鉄道、軍用食糧（軍食）の缶詰、軍靴製造などの軍隊に直接関係するものから、車夫や土工など、あらゆる産業・職業が直接的にも間接的にも人口増に関係し、実に多様な状況を生んだ。

ただし、軍需に関わる仕事は、宇品に設けられた陸軍糧秣支廠で生産され、軍食の食肉缶詰は、非被差別部落の業者が主要に生産したので、福島町、尾長町の人々の仕事は、肉体労働や、「雑業」に数えられる業種に関与することがほとんどであった。福島町一致協会はこのような被差別部落の再編過程において成立していくのである。これは、産業と被差別部落の関係を解明する上で極めて重要なテーマで、本書では第2部で詳細な分析を示す。

2　福島町一致協会の設立

福島町の中野文助は、「福島町一致協会沿革史概要」において、福島町一致協会が結成された経緯を次のようにのべている［中野 1900：11-3］。1907年5月に広島市福島町において大火が発生し、福島町南部一帯が火の海になり、町民のわずかな財産はすべて灰塵に化した。約200戸が罹災。被害は極めて重大であった。広島県の調査によると、広島市内の被差別部落は2箇所で戸数996、福島町単独では、796であった［広島県内務部

1921：1]。出火の原因は、高齢の女性が火の始末を確認しないで働きに出たためと言われ、背景には差別による過酷な生活の実態があった［天野安治 1975a：147］。中野文助によると広島市は、罹災者収容の仮小屋三棟を建てている。火事の翌6月には今日のボランティアに相当する罹災者の救援を目的として結成されたのが福島町一致協会である。一致協会という名称については、「此の協会が一致の二字を選んで、その名と致したのは、多くの人々の心を一つに取り纏めて、これをして等しく目的に向かって、向かわしめたい、と云うに外ならぬのであります」［天鼓 1914a：4-6］とされている。「福島町一致協会会則」によると一致協会は、福島町に居住する全家長を会員とし、新たに福島町に移転してきた人たちの家長も、義務参加とされた。

　一致協会の運営は、再任を認められた任期を三年とする役員が行った。役員は会頭、副会頭、常任監事、監事、理事長、理事、会計主任、評議会、特別評議員、事務員、顧問となり一名の事務員以外は無報酬である。会頭が比較的大きな権限をもち、最高の議決機関は、全会員の総会ではなく役員総会である。これと副会頭、理事、評議員、特別評議員をあわせた部分が会の事業等の執行機関であったと会則から判断できる。会員総会は「時宜により」開催され、会頭からの会務の報告を受けることができたが、この報告は、文書をもって代えることも許された。評議員会は毎月欠かさずもたれた。監事には、事業者を中心に一致協会にたいする多額の寄付によって功労が大きかった人たちの内から評議員会が認めた人をあてた。

　初代会頭は、福島町駐在巡査の筒井伊兵衛、副会頭には町内にあった妙連寺住職の照山正信、評議員には、福島町の本通、北通、中通から34名が選ばれている。顧問には広島県警察署長の佐藤磯八警視、広島市長の高東康一、広島衛生課長の長田原喜蔵、天満尋常小学校校長の高橋友次郎、芸備日々新聞記者の前田貞次郎（三遊）が委嘱された。中野によると佐藤警視は自ら進んで顧問に就任している。そして、歴代警察署長は顧問に就任している。

　結成の年の9月には会頭の筒井伊兵衛が急死したため、照山正信が会頭に昇格し、副会頭には町内存住の森岡泰男が就任している。この森岡泰男は財政への貢献が不明だが、1914年の『天鼓』創刊時には、10人の監事の一人として名を連ねている。このときの会頭は、山田権次郎、会頭代理には光正榮太郎、副会頭に中野文助、会計主任は中田弥四郎が任についている。発足時と異なる点は、評議員を選出する母体である「通」が、増えていることである。発足時の3つの「通」に加えて、南通が参加している。

3　一致協会の財政

　経費の不足を生じた場合は会員より徴収することが会則には謳われている。非常に緻密な会則であるが、財政に関する規定はこのことのみで、金銭に関する記載は、監事の「寄付」のみである。基本財政に充当されたのは、広島市からもらい受けた仮小屋3棟

の売却代金の内、1棟分の代金である。この仮小屋は前述のように大火のときに被災者を収容するために広島市が建てたもので、復興するに従って不要になっていた。残る2棟分の代金は住民に平等に分配されたという。『明治之光』の永田蜂松の語ったとされる記事によると一致協会は1918年時、約5,000円の現金を蓄えていた。1908年から始まった無尽講の利益は、1,500円に達していた。これも財政負担を軽くする要因であった。さらに、市営の屠場から出る牛血を、改善費の名目で広島市から無償でもらい請け、乾血用として業者に売却したり、あるいは、庚午地区の農家に肥料として売却したりしていた。1頭あたり、15銭、年間約1万5千頭が処理されていたので年2,000円以上の収益があった［明治之光 1918：14］。

　被差別部落内有産者の寄付も重要な収入源ではあったが、このような経営的感覚は、困難を生き抜く人々の真骨頂であった。だが、後述するようにこの経営感覚が被差別部落内の貧困層と一致協会の溝を一層拡大することになる。

4　一致協会の活動内容と事業

　豊富な財政を背景に、福島町一致協会の事業は、非常に多岐にわたって活発に展開された。中野文助は、それを次のようにまとめている［中野 1913：52］。主要項目のみを拾うと、(1)民風化導、(2)教育の奨励、(3)衛生的備設、(4)勤倹貯蓄の奨励、(5)産業の奨励、(6)無尽講の組織の6項目で、19細目をあげている。教育にかんしては、夜学校開設、貧困児童に教科書其の他学用品給与、小学児童奨励があげられ、産業の奨励では、授産部設置、麦稈眞田品評会開設。職工奨励の為の授賞などがあげられていた。

　「一致協会決議要項」［天皷 1914a：36-7］によるとこれらの各項は相当な活動が積み上げられ実をあげていた。特に、1910年の一致協会の会館建設とそれに続く夜学校の2教室の建築には、敷地の整備にはじまり町内総出の労務提供があった。後に夜学校校舎は無償で市に貸与され、教員5名の手当も負担している。さらに出席成績良好な児童には、報奨金を出し、また就学が困難な貧困家庭の子弟を永久的に保護するための部署を設け基金を設置するなど特に教育には力点を置いていた［芸備日々新聞 1912.7.12］。ただし、教育の分野で夜学校開設などのアイデアと取り組みは一致協会が組織されて始められたものではない。一致協会以前から中野文助が個人的な取り組みとして奮闘していたものを一致協会が引き継ぐということになったものであろう。当初は、妙蓮寺や中野の自宅を使っての授業であったが1910年10月、校舎を新築した。その翌年の4月には夜学校そのものが広島市に移管されている。

　夜学校の移管には、意味があった。石井昭示は、東京都の夜間小学校の分析から、一つに、小学校未修了者を就学させる教育施設としての機能、二つに、産業革命の進展に伴い、変則的授業体系により、低賃金労働力供給源としての機能、三つに、朝鮮の植民地化にともない、朝鮮人子弟の日本語学校としての機能、の3点をあげている［石井

1992：16-7]。福島町の場合、主に第２の理由で移管したと考えられる。民間の資金を最大限引き出しながら、国家の指針にそって少国民の義務教育への収斂と、より安価な労働力の確保の双方を満たす方法であった。それは、また児童だけではなく、被差別部落の保護者を訓育することでもあった。

　その他、各項目の実践については、「明治四十年六月第二回評議員会」の『一致協会決議要項』には、活動記録が詳細に記録され、それを見る限り、活動の厚さを想像させる。日常の香典祝儀に始まる生活改善の取り決め、賃貸契約の警察署への届け出、「赤貧患者施療」計画、無料医療体制、「不具」老人其の他扶養義務者にたいし一人にあたり一日金五銭宛支給、など16項目が決定されている。

E　一致協会の社会的位置と性格

1　「治安」と包摂

　従来、一致協会は、歴史的には早い時期の自主的な部落改善運動とみなされてきた[4]。たしかに福島町一致協会は、当時としては非常に綿密な会則、選挙規定、会議規定をもつ近代的な装いの組織であった。その福島町一致協会会則にある一致協会の目的は、「福島町の向上発展」を目的としていると明記している。しかし規約には、「部落改善」や、差別に関しての言及が一切ない。これは重要なことである。

　向上発展とは誰にとっての向上発展を意味していたのだろうか。その答えは『天鼓』にある。福島町民と一致協会、そして権力の関係性にある。福島町一致協会の役員の構成についてはすでに述べたが、『天鼓』創刊号には口絵の肖像写真があり、結成当時広島県警察署長であった佐藤磯八警視が、一致協会創立者として紹介されている。『広島県部落状況』にも佐藤が大火における青年の消火活動の勇敢さに感動して「改善ノ方法ヲ画策セバ必ズ成就スヘシトナシ自ヲ立案者トシテコレヲ有志ニ謀」ったこがと記されている［広島県　1920：16]。すなわち、大火を直接的契機としながら、「福島町一致協会沿革史概要」において中野文助が「一致協会とはもと一種の戸主会なり」というように、伝統的な社会秩序の再構築によって、さらに、部落問題の解決のためには青少年団体の必要性を説いていることからも、福島町一致協会そのものは、支配者側の治安目的で広島県警が主導して結成されたとするのが妥当と言える。「向上発展」はまさに、警察＝国家権力にとっての「治安向上」であった。

　後に機関誌『天鼓』創刊号の主張においては、「協会の目的は、部落を改善し民風を化導するに在」り、「私共は世上の猜疑、嫉視、厭抑、迫害等に対して、よく共に水火の中に入るとも、辞せない程に、一致が出来て」「数百年の久しい間、世人から誤解せられて、厭抑せられ、迫害せられた。その差辱を洗い濯ぐ」と述べてはいる。しかし当初の目標

は、やはり「民風を化導」することによって、被差別部落の側に差別の原因を求めることであった。従って、確実に融和運動であり、部落改善運動とは言えない。学童から成人にいたるまで規格化された規律訓練によって、体制に従順な身体を生産する装置であった。

2　前田三遊と融和主義

　一致協会結成と同時期、一致協会とは別のところで、自由民権運動の流れをくむ新聞記者、前田三遊が部落改善について論陣を張っていた。前田の1903年の「天下の新平民諸君に檄す」はよく知られる。その前田三遊の影響のもとに一致協会が結成されたということになっているが、三遊が具体的な実践を始めるのは、一致協会結成以降のことである。三遊がこの結成に尽力したという証拠はどこにもない。三遊には批判者も多くいた。顧問をつとめる一致協会の集会で2度も「暴漢」に襲われた［石岡 1985：134］こともあった。仮に自主的に組織化された運動であっても、自主的な内容が問われなければならないのである。

　なお、前田三遊については自由民権運動の系譜をくむジャーナリストとして、恩恵的改善の排除と自主的部落改善運動を唱えたとして高い評価が得られている[5]が、すでに天皇の赤子としての階級制度の打破と同胞相愛を主張し、自由民権運動家の面影はなく、日露戦争と被差別部落にたいする論評においてその傾向が顕著となる。また、青木秀男は、最近の研究で、前田三遊の「乞食」への差別的まなざしを指摘し［青木 2016：132］ており、「浮浪者」を「かりこむ」権力のイデオローグとして存在した。つまり、前田は、定住者としての被差別部落は、包摂と訓育の対象であり、コミュニティをもたない「浮浪者」は、徹底した排除の対象として、認識していたのである。

3　一致協会の稀薄なネットワークと自主の意味

　1907年の一致協会の結成と同時期、他府県でも被差別部落に関わる団体が組織されていた。結成年順に列挙すれば以下のようになる。1902年岡山県の美作平民会（1913年に岡山県同志会に改組）、1912年奈良県の大和同志会、福岡県の鎮西公明会、1913年京都府の柳原同志会、島根県の出雲同志会、三重県の三重同志会などがあげられる。こうしてみると、美作平民会には遅れて結成されたのであるが、決して遅くはない結成である。

　他県同志会は、相互のネットワークを築こうとしたが、一致協会は、広島市内において自己完結する方向に向った。『明治之光』には、福島町の企業を経営する支配的階層とそこで働く労働者の投稿が見られるだけで、大和同志会との交流も少なかった[6]。一致協会が発刊する『天鼓』の現存する創刊号から4号までの間に他府県の部落改善団体、およびその関係者からの投稿や寄稿は、非常に少なく、創刊の祝辞に帝国公道会の大江卓、第3号で岡山の三好黙軒と他3名、4号では3号からの続きで三好黙軒と他1名のみ

である。さらに、執筆者はほとんどが警察署長であり、官側の人間である。このことから福島町一致協会は、警察官がその行動規範の価値基準での自由な行動によって成立させたのであって、大和同志会が「自主的」であることの意味が異なっている。すなわち、一致協会は、警察権力が地域で組織した自己完結的な組織であって、当事者間のネットワークを必要としなかったのである。

F　深化する危機

1　富裕層の危機とコミュニティの二極分化

　中野文助は、その『明治之光』への寄稿で次のように述べている [中野 1914：48-9]。長文だが、重要と考える部分を引用する。

　　一、福島町の過去
　　　我が福島町は僅に数年前に遡りて其状況を追思すれば轉々浩嘆に堪えざる者ありき、当時部落の居住者は貧民多数を占め啻に志卑く業賤しきのみならず概ね放恣懶惰にして産を治め家を齋ふるを知らず、其の半数以上は定業だになく賭博を常習として或いは行乞し或いは偸盗し此の部落を以て罪悪の巌窟となせる姿なりき、而して県の内外より不逞の徒に此に潜入するあれば即ち之を隠匿して出さず、是を以て犯罪事件の発生するや、不眠不休の警察眼は先づ此部落に注がれ之を其捜査の主要地区となせり、心ある者は痛歎して部落改善の必要を感ずること久しく窃に其の機を到るを待てり。
　　二、部落改善の動機
　　　偶ま明治四十年五月当町の南部に大火起り炎舌一舐二百余戸をして灰塵に帰せしめ罹災者は居るに家なく繕うに衣なく食うに物なき悲惨の境遇に其の身を置けり、此四境蕭条唯凄愴の気人を襲ふの時に当り広島市民の同情は翕然として起り立どころに義金を醸出して之に寄興せるのみならず、警察署は市役所と協力して直ちに救済の方法を講ずること甚だ勉めたり。
　　　世間に鬼はなく却って佛心の頼もしき者あるを見て坐ろ涙に掻き暮れ従来猜疑の眼、妬忌の心を以て他を迎えし部落民も茲に漸く其排他的感情を融和したり、特に又火災の時に於ける部落民の動作に徴すれば彼等相互の間には飽迄も艱難相助け己れを忘れて他の急に赴くの美風あるを時の広島警察署長佐藤磯八氏の看取する所となり乃ち以為らく指導するに其の道を以てせば美風を存し悪習を除かんこと必ずして企及し難きに非ざる可し部落の改善を図るには此の機を逸す可からずと、因て部落内有志と謀り部落改善事業に着手するに至れり。

これは、中野自身が、福島町の被差別部落がいわば「犯罪の巣窟」で反道徳的な地域であるとの認識に立っていることを示している。そして事件が起これば、警察がまず部落に疑いの目を向けるような現実の責任を、被差別部落出身者である中野自身が被差別部落の側に求めているのである。その上に立って「こころある者」すなわち中野や少数の有産者が現実を「痛嘆」し「転々浩嘆」に堪え難い恥ずべき状況の改善の必要を感じたというわけである。加えて、大火の折の市役所・警察署の温情と、猜疑心をもって一般の人々と接していた被差別部落民ではあったが、失わずもっていたいわば郷党社会における「相互扶助の精神」を再発見し、これをのばすために部落改善に着手したわけである。

中野は、貧困や差別にたいする憤りが優先するのではなく、また差別と貧困にあえぐ圧倒的多数の被差別部落民に共感を示すのでもなく、偏見と差別を持つ「世間」の目に迎合するのみであった。もっとも、身の回りに起こるさまざまな矛盾が部落問題の解決なしには、解決できないことは理解していた。

『明治之光』には、署名はないが、中野とは立場を異にする記事が掲載されている。第6巻第4月号と5月号（1918.5.1）に掲載された「広島市福島町の現勢」である。これも長文を厭わず引用しておこう。

　　　「福島町は細民の巣窟で殊に貧富の懸隔は仲々非道いのです、マー何でせう10
　　　名内外は豪商でありまして、4・5万のもとより数10万の財産を持って居りますが、
　　　貧民と来ては殆ど全部で、何とも仕方がありません、（中略）、当町では四大工場と
　　　いって中田・永田・中野等の大工場は河岸に巍立し、1工場に5、60の職工を使っ
　　　て居ります、其の1日の給料は35銭より42銭の間にして朝七時より夕の六時まで
　　　セッセと労働して居ります、壮健に働いてさえも日に37・8銭の収入であらば親
　　　子3人はヤットお粥を濁す位ですが若し病気となれば実に食うことは出来ませぬ、
　　　屠場の助手に住で居るものでも6・70銭の賃金です、誠に労働者は目も当てられ
　　　ませぬ、剰え工場主は尊大薄情であって義侠心なんど云うものは薬にしたくもあ
　　　りません、職工は常に不平不満であっても働かねば食えぬと云う弱点があり、子供
　　　は3・4人もゴロついて居る、悲惨な生活に追われて泣きの涙で辛抱して、鬼の如
　　　な工場主に酷使されて居るのです、何とか今に彼等労働者の立行く方法がないと
　　　すれば、工場主に反抗して如何な変事を出来るか判りません、実に福島町の危機
　　　であります」

この状況に加えて、一致協会の運営、特に財政の支出をめぐって対立が鮮明になる。資産家が運営する福島町一致協会の財政上の経営的感覚についてふれたが、一致協会に

たいする、図書館建設、生活費等の融資、衣料品の貸与などのさまざまな要望には、顧問たちから「私共の考えでは怎うしても5万とか10万の金を蓄積して其利子でやりたいと思うのです」と、その要望に応えようとはしていない。顧問たちからの要望は、インフラの整備まで福島町一致協会に担わせようとするものである。これにたいして、具体的な運営を担う人たちは、何らかの基金的組織つまりファンドを設立し、資金運営による安定した協会運営と事業の実施を意図していたのであろうが、それは、資本の論理であって、洗うがごとき赤貧の生活の現実とはかけ離れた場所での議論であった。

『天鼓』創刊号には「主張」として無署名の「一致協会の精神」[天鼓 1914：4-6] が掲載され、そのような内部の対立状況にたいして、「『福島町には一致協会と云うものがあるのに、まだその様な事があるか、協会は全体どんな事をして居るのであるか』と、こういう事は、私共の度々耳にする所であります。厳なるかな、酷なるかな此の評言。一致協会は決して無為にして存在して居るのではありません。不断の活動を続けて居るのであります。けれども多数福島町民中には、まだ協会の精神の在る所を、よく了解して呉ない人があります。この了解をして呉ない人が、ややもすれば世人をして協会を誤解せしめ、又はその存在を疑わしめるのであります」と、運営に批判的な人たちに沈黙を要求する。しかし、『明治之光』への無署名投稿「広島市福島町の現勢」が掲載される4年前の『天鼓』が創刊されようとする時には、「一致」した一致協会の精神と人々の意識のズレが甚だしくなっていることは協会を運営する側も認めるところとなっていた。

文中の中野とは、缶詰業と乾血肥料を営む工場を経営する中野文助である。永田は、皮革、毛皮、人造肥料製造の工場、また、中田は、屠畜、筋骨化成製造の経営者であろう。これは、福島町一致協会が発刊した『天鼓』の創刊号巻末年賀広告から判断したが、この3社は、全ページ広告を掲載していた。同様の大きさの広告を出稿している者が他に、2社、2分の1ページの広告を掲載している者が6社、その他いわゆる積み木広告が43社及び個人である。ほぼ全社が福島町内に住所をおいている。積み木広告の43社のなかには、医者、照山正信が入っており、経済的に相当のゆとりがある階層であり、全ページと、2分の1ページの掲載をしている11社はきわめて裕福な資産家であったと思われる。前出の『広島県部落状況』によると、資産程度別の欄には県会議員選挙権以上の選挙権を有する者が50名あげられているが[広島県 1921：67-8]、おそらくこの階層が、広告主と考えて差し支えないだろう。さらに、創立寄付者氏名（『天鼓』創刊に際しての寄付者と思われる）に62名の氏名と寄付金額が記載されており、この人数も『広島県部落状況』のデータにほぼ一致する。ちなみに寄付金は、最高10円を筆頭に50銭まで、128円50銭が集まった。中野がいう「こころある者」とは、恐らくこの上位十数名のことを指すのだろう。Y氏（校註6参照）であるが、当然上位10名の中に含まれる資産家であったのだが、その水準は非常に高かった。例えば子どもには住み込みの家庭教師と家政婦をつけるなどその暮らしぶりは、大変豊かであった。

これによって、福島町内の経済力の格差がきわめて大きく開き、かつ、被差別部落の労働者を過酷な労働条件で酷使し、分裂的状況はこの時点で、「福島町の危機」といえるまでになっているのである。

しかし、これら有産層も実は、安穏とする状況にはなかった。例えば、広島市の屠畜場の経営は、1909年6月までは広島屠畜株式会社という福島町の業者によって経営されていたが、同年9月には売却によって広島市に経営権が移行された。このころの様子を『天鼓』創刊号は市へ経営権移行により「多忙」となったことを極めて歓迎している［天鼓 1914：35-6］。さらに、皮革生産に関しても1910年には関西皮革株式会社（資本金10万円）が経営権を獲得、結果として、福島町の業者の手から「伝統的部落産業」が「奪われ」ていった。一致協会を財政面でも支えた「大工場」とは、被差別部落内では大企業であったようだが、すでに圧倒的な資本の攻勢の前に競争力を喪失していたと言える。そして資産家層の間にも、それぞれの事業上の軋轢が一致協会の運営にも影を落とし、彼らの内部でも必ずしも一枚岩という状況ではなかった。以上から、1871年の法令から、自由民権運動期を経てこのような部落改善運動の歴史的必然性を背景にしながら、個別福島町一致協会は、部落内有産者の階級意識が全面に出た運動であったといえる。

2　一致協会と権力の認識

ところで、当時の権力は一致協会にたいしてどのようなスタンスをとっていたのであろうか。その前提として、当時の権力側の部落観［広島県 1920:5-9］について見てみよう。

　　「人情（前略）貧者ニ至リテハ生活ニ窮スルノ余旧来ノ陋習ヲ脱シ得サルノミナラス従ラニ金銭ノ強請ヲ事トシ一度事ヲ譲セハ附和雷同過激ノ言動ヲ敢テシ極力之ニ当リ平常ノ鬱憤ヲ晴サントスルノ弊風アル者多シ。」
　　「風俗　多年社会ノ蔑視ヲ受ケ社交ヲ拒絶セラレタルト一面ニ於テハ恒産ナクシテ日々ノ生計ニ迫ハルヽ者多ク従テ未タ礼節ヲ姻フノ暇ナキニ困ルヘキモ身ニ不潔ノ服装ヲナシ異臭ヲ放ツヽモ省ミズ他ニ接シ敢テ遠慮セサルノ弊風アリ殊ニ賤業ニ従事スル者或ハ極貧者ニ至リテハ粗暴ノ挙動多ク動モスレハ喧嘩口論ヲナシ気風概シテ野卑ナリ。」
　　「犯罪　最モ多キハ賭博ニシテ強窃盗之レニ次ク、従テ前科者モ比較的多ク之ヲ全国各府県ニ比較セバ其件数ニ於テ前者ハ第三位後者ハ第五位ニアリ甚タ遺憾トスル所ナリ
　　「一般社会状　態各般ノ行政悉ク平等ニ取扱ハレ法治上ニ於テハ一般ト何等差異ナキハ勿論ナルモ社交上ノ事ニ至リテハ擯斥ヲ受ケ又自ラ進テ社会ニ接セントスルノ気概ナクモ野卑ノ習俗ヲ改ムルノ方法ヲ講セサルハ通有ノ欠点ナリトス然レトモ中層社会ニアル者ハ公私ノ集会ニ座ヲ同フスルハ勿論飲食ヲ共ニシ互ニ

喜々相談スルハ敢テ珍トセサル所ナルノミナラス近来冠婚相通スルノ傾向漸次顕
著トナレルハ国家社会ノ為同慶ノ至リナリ」

　さらに、部落改善については、「反社会的ナル者ヲ同化スルハ現代社会当面ノ責務ニシ
テ、秩序ノ保持ハ個人ノ人格ニ俟タザル可ラズ。先進者ハ後進者ヲ指導誘掖シテ之ヲ社
会的タラシメ、後進者モ亦長幼ノ序ヲ紊サズ修養之レ勉メンカ、両者ノ間自カラ協同輯睦、
融和親善ノ実績ヲ収メ得可ク、仍テ以テ国利民福ヲ増進シ、生存ノ価値ヲ愈多カラシム。
　（中略）県当局ハ地方行政局者、教育家、宗教家、其ノ他ノ有識者ト共ニ此ノ事業ニ最
善ノ努力ヲ尽シ以テ其ノ実績ヲ挙ケン事ヲ期ス」[広島県 1920：緒言]と述べ、あくま
で国家的要請に基づく改善に触れるのみで、具体的な施策については触れていない。こ
こでは具体的に言及しないが、決して軽減されることのない差別には、権力側は一切沈
黙し、従ってその解決策も示さないまま被差別部落が抱えるすべての困難の原因と責
任を被差別部落に求めているのである。
　だが、広島県や警察が同意を求め、福島町一致協会の指導者が同意した被差別部落の
劣悪で非道徳的な「現実」は、福島町の「事実」とはまったく異なっていた。その顕著な
例が犯罪に現れている。1920 年広島県が統計をとった広島市内の被差別部落の人口は、
被差別部落内の居住者のみでは 4,788 名であった [広島県 1920：56-7]。この統計に現れ
た被差別部落の犯罪逮捕者は、46 名で、その比率は、0.96％となる。同年の広島県の人
口は、1,648,844 名で、同年犯罪検挙者は、27,069 名であった。その全体にたいする比率は、
1.64％となる。この統計資料は、広島県のウエブサイトに公開されている。明らかに被
差別部落の犯罪検挙率が低い。福島町には貧しい人たちが多くすんでいた。その多くは
リーガルな生き方を旨としていた。しかし、権力によって構築された「犯罪の巣窟」と
いう観念に、同じコミュニティにありながら富裕層は、呑み込まれてしまった。まさし
く、大きな物語をつくるのは、強者であり、それが真実として語られるわけである。権
力側の作為によって、度し難いほど「劣悪」な被差別部落のいわば非文明的に言説化さ
れた状況認識に当事者が同意し、治安維持のために福島町民に相互監視をさせること
で治安を実現しようという政策であった。それはまた、通俗道徳の涵養でもあった。た
びたび『天鼓』に掲載された一般家庭で家政婦として忠節を尽くす被差別部落女性のス
トーリー「忠婢の表彰」[天鼓 1914：39]はその最たるもとであろう。そして、このストー
リーは繰り返し述べられることで、その意味を実現した。

G　結　語

　権力と被差別部落内有産者が一致協会を通して獲得しようとしたものは、「広島市福

島町の現勢」が訴えるような生活苦に沈黙をもって働く安価ですぐれた労働力の供給源として福島町を位置づけることであった。だからこそ、基礎教育を重視した。道徳の涵養にも取り組んだ。しかし、被差別部落にたいする不当な差別的待遇そのものを排除し、福島町一致協会を通して社会的地位の逆転的な変革を実現しようとの考えは希薄だった。見てきたように直接的なイデオロギー的次元の訓育ではなく、きわめて具体的な日常の生活実践について被差別部落民にたいする「指令」があった。あくまでも、18世紀から20世紀初頭にかけて一般的だった「権力による身体へ」の「備給が重圧的かつ恒常的に細心の注意を払ってなされる」[Foucault 1975b=2000：376] ために存在した福島町一致協会であった。一致協会の様々な事業を評して、自らの支配下にあるかのように広島県内務部は、「米価昂騰ニ際シ救済ニ尽シタルト、七百余円ヲ投シテ道路ヲ開通シタルト、現ニ中学生一名ヲ給費シテ通学セシムルト、施薬救療ヲ為セルト夜学校児童ニ奨励ヲ加フトニ在リ然レトモ是等ノ事タルヤ八百ノ会員ト六千余円ノ基金ヲ有スル膨大ナル本会トシテ余リニ消極的ニシテ其ノ為ス事ノ軽微ナルヲ想ハシム」(『広島県部落状況』) と資金の使途もきわめて具体的に指示している。

　自己資金の使途に介入するのは、明らかに「違法」である。しかし、福島町一致協会の内実を見た場合、活動は厚みをもち、権力の意図を人々に訓育する団体であり、従順な被差別部落民の身体を構築するために、規格化された規律訓練を実践する装置であったといえる。この「違法」は、その装置で安価で従順な労働力のために規律訓練を施す側の常態である。

　次章以下で、国家に収斂する、あるいは回収されるよりよい被差別部落と安価な労働力が生産される姿を見ていく。

校　註

1　半封建制は、コミュンテルン32年テーゼの影響を受けた講座派が提示した経済学用語である。この詳細は、第2部で批判するが、部落問題研究では、しばしば、コミュニティ内の社会的関係にも拡大使用された。これは、封建遺制とも言い換えられた。

2　筆者は、島嶼連盟の宣言が水平社宣言に類似していたこと、青年の組織であること、山本政夫がマルクスの著作を読み、全国水平社への共感を示していたこと、広島県水平社の集会等に参加したことなどから、水平社なみの自主的な部落改善運動と考えていた。当時、山本とは、若干の接触があり、疑問をもてば直接確認が可能であった。しかし、そうはならなかった。その原因は、被差別部落青年の「決起」への「受難」の道のりを神聖視したことにあった。神聖視による無批判は、すべての思考を停止させる。

3　広島市内で発生したコレラ対策に、福山市から復興要因が動員された。彼らは、福島町を拠点として、活動し、そのまま定住するなど、多様な事例がある。

4　天野卓郎は、「自主的部落改善運動で重要な点は、生産点において活動が進められているこ

とである。福島町一致協会では授産部を設け」、「部落の住民が団結の力によって自ら生活の向上を目指したものとして、そのもつ意味は大きい」［天野 1986：61］と一致協会を評した。また、山本真一も同様の立場で、一致協会の機関誌『天鼓』の紹介をした［山本 1998：57-61］。この評価は、長期にわたり『天鼓』が公開困難な状態にあり、広島県共鳴会機関紙『共鳴』もまったく発見されていないという圧倒的な資料不足を一方の背景として、講座派の影響を受けた経済学と歴史学のいわば「人民史観」を他方の背景として、好意的ではあるが、主観的言説による評価にすぎない。

5　前田三遊にたいする評価は、例えば天野卓郎が「三遊は『革新の急先鋒として』の差別撤廃運動を提唱しつづけ」［天野卓郎 1986：83］と評価している。しかしこれは、天皇主義者であった前田の実像とかけ離れている。一致協会の指導層との関係は良好であった。

6　『明治之光』への中野の寄稿がまとまったもので印象に残るため、一致協会が、大和同志会との関係を深めていった印象を与えている。しかし、『明治之光』へは、他府県からの投稿が広島からの投稿を圧倒しており、特に一致協会との親密さをうかがうことはできない。

　また他の部落改善団体の活動家と一致協会の中心的な活動家との交流としては、福島町の資産家で一致協会を支えた一人、Y氏の例が挙げられる。Y氏の遺品には、結成当時から全国水平社で活動した木村京太郎の戦後の著書一種類が大量に含まれていたことが聞き取り調査で明らかになっている。遺族の証言でも、Y氏が戦後の解放運動に関わったという形跡はない。関係があったとするなら戦前のことで、つまり一致協会と大和同志会の関係の中で交友関係ができて、個人的に木村京太郎に協力するということで大量に買い取ったのではないかというのが、遺族の証言から得られた筆者の結論である。交流といえば、この程度のものであったと考えられる。

第3章　1930年代山本政夫の思想
──『融和事業研究』論文を中心として──

　ここでは、山本政夫という「個人」に注目する。それは、第1部のテーマにたいして、回り道に見える。しかし、山本は、戦前、敗戦後を通して、融和運動、すなわち被差別部落民を生かす国家の装置の中に身を置いてきた。本章の目的は、融和運動と同和行政に多大の影響を与えた山本の思想の限界を検討することにつきる。山本は、ある局面ではマルクスを援用し、あるときはリベラリストの表情を見せた。しかし、それらは、山本の「神髄」とかけ離れている。封建イデオロギーから脱して、被差別部落民が自己の存在を「自覚」する運動を推奨した意味で近代主義者であった。しかし、山本の脱封建イデオロギーは、天皇制イデオロギーのことであった。主張した被差別部落民の「自覚」は、「無意識の自覚」から「意識的自覚」論への揚棄という迷宮に入り込む。そこからの脱出は結局、経済政策すなわち融和事業に求めたのだが、それもまた迷宮であった。山本自身は暴力から切断された人格としても、その行き先は、翼賛会への道であった。

A　山本政夫の被差別部落起源論の意味

1　山本の被差別部落起源論

　山本政夫が、部落差別の起源、すなわち、彼が一貫して主張した「封建イデオロギーの残滓」論の物質的根拠の解明に直接触れている論文や著作は少ない。遺された著作で、部落差別の起源に関する山本の発言の特徴は、仏教の伝来に起源を求めていることである。山本は、徳川時代には、幕府から特権を与えられた宗教家が「百姓町人の上」にあって、百姓町人より下にあった被差別部落民の祖先を差別する地位にあっただけではなく、伝来した仏教が人々の間の慣習を差別思想として形成したことを起点として被差別部落が発生し、その歴史が始まったと主張している［山本 1929a：29］。部落差別は、中世以前の賤民制度に関わる経済や政治を媒介としてではなく、仏教を媒介することによって、近世の「穢多非人」の制度になったという。この指摘は、仏教教団や僧侶の融和問題にたいする対応が、警察官、教育家、町村吏員等に比べて「最も努力の足らざるものと断定した」上での指摘であり、多分に現実の運動的状況を意識したものと言える。山本は、同様の指摘を、1934年の論文でも行っている。すなわち、「歴史的に見たる差別観念は『けがれ』に対する『タブ』の習俗の作用にその端を発し、仏教の感化によって強化・固定化し、更に封建制度によって制度化されたものと言い得る」［山本 1929b：

29］と、ここでも、幕藩体制の賤民制度において仏教が大きな要因となった、と主張している。

　高橋貞樹は、同様の主張を1924年に、「穢多賤視の観念は全く仏徒が煽動したものであった」と、史的唯物論の立場から述べている。高橋によれば、仏教と被差別部落民は、仏教側による賤視と経済的搾取によって、歴史的に敵対的関係にあった。一時期、浄土真宗が被差別部落民の支持を受けたことがあったが、本願寺は、被差別部落民の積極的な信仰にも関わらず、特権階級として、募財に名を借りた経済的搾取を行い、また、穢寺をはじめ、教団内に差別を制度化したと論じた［高橋 1924：153-6］。全国水平社は、1922年、東西両本願寺にたいする20年間の募財拒否の通告を行い、真宗教団の平等幻想を批判し、寄付強要に反対する運動を行っている。こうした経過から見ても、山本政夫の被差別部落の起源に関する説は、高橋や全国水平社の対本願寺闘争における論理と重複するものであり、オリジナリティはなかった。

　しかし、問題は他にもあった。被差別部落の起源をどこに、あるいは何に求めるかという問題は、融和運動においても被差別部落の運動の戦略構築に関わる重要な位置を占めていた。近代社会において被差別部落の問題が社会的なテーマとなって以来、佐野学や高橋貞樹等は、史的唯物論に立脚して日本の賤民史を通覧し、被差別部落にたいする差別とそれに対抗する運動の歴史を展開した。また、これとは別の立場から、問題解決の戦略構築にかんしてさまざまな発言があった。その一例を挙げると、1901年の柳瀬勁介の『社会外の社会　穢多非人』も、「仏説による不浄観」［柳瀬 1901：7］と差別を結合しており、広義において同様の意義を持つものといって差し支えない。民俗学者の柳田国男らも同様であった。

　ところが実際には、山本政夫は、被差別部落が置かれている現実にたいする「融和施策」を政府や地方の県、市、町、村に求めたものの、彼が書き遺した多くの著述で、差別の発生や現存する差別の責任の所在について、この仏教との関係について以外にほとんどなかった。彼は、徳川幕府の身分政策が仏教に起因し、その梃子となったのが、仏教によって構築された「封建イデオロギー」である、という認識を示していた。ゆえに山本は、もっぱらこの仏教の責任について厳しく言及することになる。彼は、被差別部落民が被っている差別や不利益の国家責任を追及するのではなく、それを超越したところに想定した、完成された将来の「理想的な国民国家」に、その解決を見いだそうとした。

2　自覚論と封建的イデオロギー

　山本政夫の思想の重要な柱の一つは、「自覚」論である。それゆえ、被差別部落民として自らの立場を自覚するためには、当然、被差別部落についての歴史認識が必要となる。すなわち、山本が自覚を得たとみなす被差別部落民はもとより、その周辺で活動す

る人々も、被差別部落の起源についての合理的な説明を必要としたし、その帰結として、歴史的な責任論に言及せざるを得なかったはずである。

山本が仏教と部落差別の発生の関連について論及したことは、彼の時代において、次のような意味があったと理解される。すなわち山本は、全国水平社への批判とともに、最も信頼できないとした仏教とその教団の近世の歴史に被差別部落の発生の起源を求めた。しかしそのことで、逆に、仏教関係者以外の機関や人々の責任が回避されることになったし、仏教伝来という如何ともしがたい遠い過去に部落差別の起源と責任を形而上学的世界に収斂させることによって、近代社会における部落差別の責任論あるいは国家論の分析が回避されることになった。このことを通して、山本には被差別部落外からの融和運動への参加を容易にしたいという意図があったと理解される。

広島県共鳴会の『共鳴』における「社会病理辞典」［共鳴26号 1933］にも、仏教を揶揄した記事が見られるが、当時だれもが、仏教教団が部落差別における自己の犯罪性を認め、自己変革をすることなどあり得ないと認識していた。それゆえに、運動論的にも半ば永続的に仏教教団の責任を追求できることになる。その意味で、仏教は、格好の批判の対象となったし、山本の「封建イデオロギーの残滓」論の展開にとっても、重要な位置にあったといえる。

B　近代化と部落差別

1　封建イデオロギーの残滓と身分と階級をめぐって

山本政夫は、1921年の内務省調査を根拠に、江戸時代に「穢多非人」に代表される賤民身分が置かれた社会的・経済的状況と、明治以降に資本主義的な生産関係が確立する過程で被差別部落に起こった変化について、次のように述べている。すなわち、徳川時代には農業に従事する被差別部落民がほとんどいなかったが、明治以降には被差別部落の農業人口が全体の50％にも増えた。こうして、農業が一般的な仕事になるほどに被差別部落の就労構造が変化した。山本はこのように指摘して、「部落農民の発生は明治年間における新現象」だと述べている。さらに、それをもたらしたのは、「明治維新に際しての『部落解放』」による「身分職業上の自由」であり、「農工商その他諸種の一般的職業」への従事も、農業と同様の理由で増えている、と指摘している［山本 1930：9］。それにもかかわらず、わが国農村が「資本主義的経済組織が高度の発展を遂げたる現代においてすら」、部落経済は「殆ど資本主義生産関係に依存せざる」［山本 1930：20］状態にある、被差別部落の産業は、資本主義の埒外にある、しかも、被差別部落の農民の受ける不利益の原因は、仏教によってもたらされ、制度化された。山本は、このように述べて、明治以降の被差別部落の存続の原因が、「徳川制度の遺制」と「差別的観念」にあ

ると主張する。すなわち山本は、被差別部落の存続を、資本主義的世界体制の中に強制的に投げ込まれた日本資本主義の発展過程の矛盾の現れとしては認識していない。この点においては、講座派[1]的であった。

　また、被差別部落の小売り商人等の商業従事者に、「デパートメント・ストアの出現による大資本の圧迫、購買組合の発達による合理的購買法の普及及び財界不況による購買力の減退」[山本 1930a：37]があったが、山本は、その原因も、徳川幕府以来の封建遺制[2]にあるとしている。ここで山本は、調査により得られたデータをもって被差別の現実を分析するのでなく、逆に、「封建遺制」と「封建イデオロギーの残滓」論を肯定的与件としてこれを補完するためにデータを動員するという、転倒した手法に終始している。

2　山本政夫はリベラルか？

　被差別部落が置かれている社会的・経済的位置が、資本主義体制と断絶しているかのような山本の認識は、封建遺制を主要矛盾として認めた当時の支配的な理論である講座派の認識とも異なっている。講座派は、コミンテルンの1927年テーゼと1932年テーゼを基礎に日本資本主義の段階規定を行い、日本資本主義には未成熟なブルジョア制度と、天皇絶対主義を基礎とした半封建的生産関係が存在すると指摘した。しかし講座派は、半封建的なものが資本主義の全くの埒外にあるとしたわけではなかったし、また天皇制も、封建遺制であって、ブルジョア的政治制度にとって障碍となるものと捉えていた。この点で、天皇制を、封建遺制ではなく、むしろよりよい近代化を実現する制度であると認識した山本とは、当時の経済理論のレベルからみても、落差が大きい。また経済学では、宇野弘蔵が、アカデミズムの立場から日本資本主義の成立と農村の分解過程について解明し、講座派はもとより労農派も乗り越える研究を完成させて、日本を半封建制とみる日本資本主義の段階規定の誤謬を明らかにしていた［宇野 1935：22-42］が、山本の理論は、それらいずれの経済学とも大きい隔たりがある。

　当時の若い官僚や官僚予備軍は、それが戦間期、すなわち、次の世界戦争へ突入するまでのわずかな間であったとしても、大学でマルクス主義やリベラリズムの洗礼を受けていた。ゆえに、おそらく彼らと山本の間に、社会経済の認識にもギャップがあったと推測される。とするなら、山本のような部落問題認識と社会理論を共有した世界とは、いかなるものであったのだろうか。山本の理論が「特殊融和運動的」世界においてのみ理解可能なものではなかったのか。

　山本政夫の興味の対象は、日本資本主義の分析にあったのではなく、彼が、日本社会の近代化や資本主義の成熟を阻害している原因と考えた「封建イデオロギー」とその「残滓」の方にあった。この点についてもっとも多く述べたのは、1929年の『融和事業研究』の「修身教科書と封建イデオロギー」である。この論文は、本来、中央融和事業協会にお

いて課題となっていた、教科書改訂に向けて出された参考資料を補強する意見書としての性格をもっていた。山本は、この論考の中で、参考資料の目的を封建的思想の排除にあると捉え、教科書の内容から「封建イデオロギーの残滓」を一掃すべきことを主張した［山本 1929b：20］。そして、封建イデオロギーは、現代国家社会において妥当を欠くものであり、たとえ無意識に入り込んだものであったとしても、封建イデオロギーを支持するような「文字並びに文章」が修身教科書にあるのは許せない、という立場を表明した。

　しかし山本は、封建イデオロギーについての明確な概念規定を行っていたわけではない。部落差別を「封建イデオロギーの残滓」とする規定も、論理的に明確にしているわけではない。例えば、論文「融和運動戦線に於ける宗教家の立場」において、山本は、封建イデオロギーの根絶が部落差別の解決に急務であるとし、その上で、「封建イデオロギーの最も濃厚に残存する社会階級」は「理論的にはアンチ進歩主義的」かつ「最も保守的傾向」が強いとし［山本 1929a：25-31］、その批判の矛先を宗教家に向けたことは、既述の通りである。こうした山本の観点を評価して、彼が、今日でいう民主主義者、あるいはリベラリストとする見方もあるかもしれない。しかし山本は、部落問題を階級の問題と関連づけて見ていないし、近代社会において被差別部落の対極にある上層の人々の社会的身分があらたに制度化されたという現実、さらに、身分間の経済的ギャップや身分差別が深化するダイナミズムを解明してもいない。山本は、近代社会における部落差別の説明においてジレンマに陥っているのであり、その点からすれば、民主主義者という評価は当たらないだろう。

3　反封建イデオロギー論の内実

　「封建イデオロギー」を問題にした山本は当然「封建イデオロギー」とは何かという問いに答えなければならない。そのため山本は、近代社会と相容れないと思われた身分が、華族制度というかたちで再編されて現存している現実に踏み込まなければならなくなった。山本は、ブハーリンの身分と階級の概念を援用して、明治以降の社会的身分について説明しようとした。すなわち彼は、「階級としての大地主でも貴族とは限らない」あるいは、「身分とは、社会の法と権利の秩序における共通の地位で統一されている人々の集団のことである」［Bukharin 1921=1974：399］としたブハーリンの身分概念を援用し、江戸期の身分制度は明治になって「事実上の崩壊を余儀なくされ」、明治以降の近代社会は、身分をまたたく間にその形骸まで解体する、と主張している。山本がこのように主張する根拠には、明治政府が制定した華族令によって新たに設けられた身分についての、彼の解釈がある。山本は、華族令における5種類の爵位は、国家建設に貢献した者にたいする、皇室による「特別の恩寵」として設けられたものであり、それらは叙位叙勲となんら変わるものでなく、「所謂身分の範疇に入るものではない」と断言

している。そして、華族制度が身分制度であると捉えることは、「一視同仁の大御心に
反し上御一人万民の理想と異なる」ものであると、文字通り転倒した主張を行っている
[山本 1929d：26]。時代的に出版活動において天皇制にたいする「配慮」が求められる
状況にあったとしても、その論理は明らかに矛盾に陥っている。

　山本が「身分と階級」の概念を援用したブハーリンの『史的唯物論』とは、史的唯物論
を修得しつつある上級学習者のテキストとして書かれたものであり、基本的な語彙の概
念や語彙の違いについて説明したものにすぎない。ブハーリンは、イデオロギーの「残
滓」をその時代のイデオロギーの本質的な問題であるとしたのではない。資本主義の発
展過程と社会の経済的構想に関して派生する現象の一般原則について述べたのであっ
て、また、抽象的な生産様式と表象様式の一般論を述べたのである。当然、帝国主義段
階に資本主義の道を歩み始めた個別日本の状況を意識などしていない。すなわち、ブ
ハーリンの理論の可否は別として、これに依拠するとしても、生産様式と表象様式の問
題や労働機能の問題として捉えた上であくまで近代日本における生産様式と社会的身
分を分析すべきであったにもかかわらず、山本は、ブハーリンの身分論をモデルに、そ
のまま「何処にでも封建遺制を見いだし得る」近代日本に強引に当てはめて、自己の論
理の合理性を論証しようとした。少なくともブハーリンにとってイデオロギーは、現状
を説明するものではなく、国家の問題を念頭において、変革の主体による創造として認
識されていたが、山本はこれを理解できなかった。

　いずれにしても、ここで山本の主張は、イデオロギーの問題として部落差別認識が顔を
のぞかせる。イデオロギーの問題を組織化の原理とした点は、前章の福島町一致協会が、
直接的なイデオロギー的次元ではなく、日常の訓育を実践したことと全く異なっている。

4　華族制度への誤解

　さらに山本政夫は、問題とすべき新たな身分制度である華族制度についての踏み込
んだ検討を、上記論文においても、また他の論文においても加えていない。

　旧華族令による華族制度の骨子を具体的に見ると、このような山本の論理の矛盾が
鮮明になるだろう。明治に入って華族制度が法的根拠をもつようになったのは、1884
年7月7日に制定された華族令および1907年5月7日付けの改正華族令によってである。
これは、従来の身分制度を解体して、新たに公卿142家・諸侯285家、合計427家を、と
もに新しい身分層である華族に組み入れたものである。政府が旧身分を解体し、さらに
新たな社会的身分を形成したとする根拠は、かつての皇族ゆかりの者であっても、華族
令に基づく華族には序せられず、序列からもれた多数の「名門」からの見直しを求める
嘆願も叶えられなかったこと、神職はもとより僧侶にも華族に列せられる者があり、ま
た山本が言うように、新政府樹立に貢献した下級武士等の出身者も維新の功労者とし
てこれに列せられていること等にあった。そもそも華族とは、本来、堂上公家の家格の

一つである清華家の別称であり、なぜこの名称が明治以降の新たな特権的身分を表現する族称となったかは不明とされているが、華族が、新たに意味付与されることによって、近代社会で支配的な地位をもち始めたということであり、その点でも、山本政夫の主張は当を得ていない。

　新たな身分である華族には、三つの特権が与えられた。第一は、金禄公債が与えられたことである。1886年には、第三者による所有権・質権・抵当権の分割や譲渡を禁じた華族世襲財産法によって、経済的特権が与えられた。第二に、華族には衆議院議員選挙において選挙権も被選挙権もなかったが、1898年の大日本帝国憲法によって貴族院令が制定され、華族が貴族院議員となる特権が認められたことである。そして、皇族男子や勅選議員とともに貴族院の主要構成員となる政治的特権が与えられた。第三に、社会的特権が与えられたことである。それには具体的に、爵位の世襲、叙位（有爵者の嫡出子は成年に達すると自動的に従五位に叙せられる）、家範の制定、宮中席次の保有、子弟の学習院入学、特定官職への就任（法的に定められてはいないが、慣例として貴族院の正副議長・宮内大臣・宗秩寮総裁は華族出身者に限られる）等の特権があった。華族は、ブハーリンの言う「高貴な身分」であり、国家の法律によって認められた権利と特権を有している。ちなみに、ブハーリンの言うように、華族にこれらの特権があったとしても、すべての華族が経済的に裕福であったのではなく、家計に問題を抱えた華族が存在したのも事実である。

　このように、華族という新たな身分制度の実像は、華族令を見れば一目瞭然であった。また、山本政夫が参照した『全国民事慣例類集』を見ても、華族制度の形成過程を理解することができたはずである。にもかかわらず、山本政夫は、『全国民事慣例類集』の中の、明治以降の被差別部落の困窮を論じた部分には触れたが、その困窮の原因である日本の近代化の過程と、そこで起こった身分の再編や新たな身分の形成については、理解できなかったのか無視したのかは不明であるが、言及していない。

　山本にとっての「封建的」とは、前近代的な身分制度の総体を指すのでなく、個別の封建思想を指すのでもなく、抽象的な意味での江戸幕府の存在、もしくは抽象的な意味での「封建的＝江戸的」を指すものでしかなかった。天皇と天皇制は、江戸以前から「連綿」と続いていた。しかしそれらは、山本政夫には、江戸幕府によって排除されていたという意味において非幕藩体制的であり、従って反封建的な存在であると認識され、かつ、明治に入り幕藩体制を打破する政治体制として復活し、差別を克服するイデオロギーとして機能するものと映った。山本の目には、宗教家とともにもっとも封建性が色濃く見えていたはずの華族も、近代に構築された身分制などではなく、その内に徳川期の封建イデオロギーの残滓が単に色濃く残っているものにすぎなかった。そして山本は、封建イデオロギーは、明治維新を経た近代的な国家によって国民的イデオロギーへ揚棄されなければならない、と主張した［山本 1929d：14］。

C　通俗的封建イデオロギーと被差別部落

1　短絡と混乱の「封建イデオロギー」論

　ところで「封建イデオロギー」そのものは、何を意味しているのだろうか。山本政夫の定義の曖昧さは、当時としては一般的な傾向だったのだろうか。それは、山本が活動した時代の歴史的な限界性に規定されたものだったのだろうか。

　山本が、封建的な仏教思想が、被差別部落の発生と、その政治的・社会的な固定化をもたらし、差別を強化したと考えていたことは、本章の「山本政夫の部落起源論とその意味」で指摘した。しかし周知のように、そもそも封建イデオロギーと総称される思想は、多様である。時系列で見ても同時代の空間で見ても、それは決して一様ではない。すでに1920年代には、永田廣志をはじめとする研究者によって詳細な分析が行われ、一定の成果を得ていた［永田 1928］。永田の研究によれば、幕藩体制のもとで、儒教、仏教、神道の思想のそれぞれの勢力が、変動していたことが分かる。儒教でみても多様であり、大きな時代区分でみても、幕藩体制の確立期、安定期における儒学の圧倒的な影響、さらに儒教の頽廃過程と、儒教思想の亜種を明確に見て取ることができる。また、排仏的儒学も封建イデオロギーの重要な要素であり、明治維新に関連していえば、尊皇思想もきわめて封建的なイデオロギーの一つであった。したがって、山本政夫が言うような、仏教＝封建という短絡的・図式的な思考方法は、江戸時代の思想の実態とかけ離れたものである。こうして、仏教が封建遺制であり、部落差別の元凶だと断定する山本の論拠は、崩れることになる。また、天皇制を封建制の枠組みから除外して論理を組み立てる山本政夫の方法では、矛盾に陥ることになる。

　後に山本は、自ら取り組んだ「協同組合主義経済」の具体像を提示して、それは、資本主義の原理によってではなく、被差別部落を維持してきた地縁と血縁の相互扶助の精神によって組織され、維持されるべきものだとしている［山本 1934：58］。この地縁・血縁によって被差別部落が維持されるという事実こそ、いわば、山本自身が批判して止まない「封建イデオロギーの残滓」にあたる。にもかかわらず山本は、これを積極的に運用しなければならないと主張しているのであり、彼の矛盾がここにも現れている。

2　権力と反封建

　当時、封建遺制論や封建イデオロギー論は、特殊なものではなく、アカデミズムも含めた一般的な理論傾向であった。進歩した欧米の対極にある遅れた日本、わけても江戸幕府を遅れた国家として批判するという考えは、明治政府の政策の中で一般化されたものであり、多くの場合、俗物的かつ情緒的なかたちで流通していた。山本もこうした「論理」に立脚していたと思われるが、そこには、天皇制と資本主義、被差別部落の関連の捉え方において、多くの混乱が見られる。明治期のイデオロギーは、武士のイデオロ

ギーであった儒教を旧武士以外の国民に普遍化したものであって、これを山本流に皮相的に見ると、いかにも封建的なものであるように思われてしまう。しかし、儒教イデオロギーは、農村において資本主義が発達する中で、人口の圧倒的部分である農民を支配するために、例えば天皇を頂点として「家」概念が普遍化されたように、近代国家の支配的イデオロギーへ組み替えられたものであった。民法は、個人ではなく「家」を基本的な単位として位置づけたが、その際、農民に求められ育成された勤勉などの規範は、それは農民自体にないものであったともいえるが、国家全体の規範として「家」概念に移植された。そのことによって、儒教イデオロギーは、中央集権化する近代国家に不可欠な装置とされ、資本主義的な生産関係を基礎とする新たな国民国家の支配イデオロギーとして成立していった。

　このように、大まかではあるが、当時の思想史研究のレベルから見ると、山本政夫は、封建イデオロギー論の解明や論旨の深化には、さほどの関心を払っていなかったと思われる。その理由は、山本が、広く一般的に流布していた、通俗的な「遅れた日本」のイメージを追認し、部落問題は天皇制を梃子とした近代化によって克服できるとしていたからである。その結果、部落問題の解決を、半封建的な国家である国民国家の成長に託すことになる。山本政夫が「封建イデオロギーの残滓」を問題にすればするほど、明治以降の西欧化と近代化との対比で、江戸＝悪とする天皇制国家の枠組みに絡めとられ、リアルタイムでの問題点を見失ってしまうことになった。

　近代の被差別部落民は、山本が言うような、封建イデオロギーの残滓に翻弄されていた人々ではなく、侵略と戦争の時代の資本の論理に翻弄された人々であったが、山本政夫には、そのことが見えなかった。

D　山本政夫とマルクス主義

1　水平社運動の批判者として

　山本政夫は、被差別部落と経済問題の関係を重視するとして、1930年までの部落解放運動においてその視点が軽視されていたことを批判した。そして、「大正年間の中頃勃興せる労働運動・農民運動等の社会運動が、所謂経済闘争を中心として」きたのにたいして、これらの運動と同時期に発生した水平運動の方は、「『徹底糾弾』に没頭し、啓発闘争の上には何ら観るべき努力が払われてこなかった」と述べている。水平運動の組織内の腐敗や堕落が表面化したとはいえ、水国闘争をはじめ、各地で徹底糾弾闘争を闘っていた水平社にたいするこのような無媒介的な批判は、社会に衝撃的な影響を与えた少数者の脆弱な組織の水平運動、という状況を考慮すれば、「部落民であること」の「象徴的逆転」[Babcock 1978＝1984：3-4]を糾弾闘争によって表現する前線を後方から狙

い撃つようなもので、山本の水平運動にたいする本音を見ることができるものとして注目したい。

　他方、山本政夫は、水平運動を批判した返す刀で、融和運動を批判した。その批判は、「反省・懺悔・謝罪等々のスローガンの下にいよいよ観念運動に陶酔し、部落それ自体の社会的存在―従ってその経済関係を無視することは敢えて怪しむに足りない」[山本1930a：58]という内容であった。このように山本は、融和運動を経済問題の観点から批判しているが、それは、融和運動家・山本政夫がそれまで融和運動の戦略構築の基礎としてきた、被差別部落民の「自覚」運動に新しい運動がとって代わる方向転換を示唆するものである。山本は、観念運動の誤謬を指摘し、運動の中心テーマを経済問題に置いて再構築しようとした。それを実証するために使われたのが、内務省が1921年に行った『部落概況調査』のデータであった。山本はそれを用いて、被差別部落の階層と経済状況を分析し、職業と貧困に関わる「経済問題」の解決を図るものとして、従来の「運動」の誤謬を克服するとしている。

2　擬製のマルキスト

　山本は、経済問題を通して社会批判を行ったが、その「科学的、理論的」根拠づけとして、ここでもマルクスの『経済学批判』を援用した。山本は、無産運動にたいして冷淡であった。にもかかわらず、彼は、「殊に部落大衆の大部分が、所謂無産階級として生活しつつある」ので「マルクスの唯物史観の公式を拝借することまでもなく、たんなる観念運動の無力さは推して知るべしである」と述べている。『経済学批判』に依拠した山本の部落問題の理解とは、経済という土台が被差別部落の貧困を生み出しているというものであった。この点において、山本は、「被差別部落の経済」をもっとも重視することにより、情緒的な歴史認識や現状理解、さらに観念的運動を明確に拒絶しようとしている。被差別部落の経済、また、その筆舌に尽くしがたい貧困こそ、山本が部落差別解消の活動を始める直接的契機となったものであり、またそれは、山本を初期の大柿時代の自力更生運動に駆り出したものである。

　しかし、山本政夫は、マルクスの「公式」を必ずしも的確に援用していたわけではない。山本は、論文「自覚運動としての解放運動に関する理論的考察」においても、「人間の意識が存在を規定するのではなくて、却って反対に、人間の社会的存在が意識を規定するのである」の一節を援用している。ところがその直後に、「部落民自覚の理論的根拠をなすものは、社会的差別意識である」[山本1929c：7-8]と下部構造の分析を抜きにしてしまう。マルクスは、一定の社会的意識を形成する土台として、社会の経済機構を形成する生産関係、すなわち、法的表現としての所有関係を問題にしており、その生産関係＝所有関係の間に起きる矛盾が桎梏へと変化し、それによって経済的基礎が変化し、その上にそびえ立つ上部構造が変化する、すなわち人間の意識も変わるとしていた。それゆ

え、変革の時期は、その時代の意識からは判断できないとしていた。衝突する矛盾の説明とは、社会的生産諸力と社会的生産関係の間に存在する矛盾から説明されるべきものである。すなわち、部落差別の現実は、当時すでに帝国主義的な侵略を始めていた日本資本主義の社会的生産諸力と生産関係の関係を軸に、説明されるべきものである。

　山本がとった、被差別部落民の所得の低位性と差別する側の人々の抱く差別意識の関連を「マルクス流」の「経済」に依って説明するその方法は、強引なやり方である。山本の論理は、「家計」に難があるので差別を受けるという論理になりかねない。あるいは、貧すれば鈍するのでそれが一般大衆の差別意識を生んでいることを説明したにすぎない。

　マルクス経済学の立場から部落問題を理解する同様の試みは、すでに1924年に、高橋貞樹によって行われていた。高橋は、史的唯物論の方法によって被差別部落の歴史を解明し、部落解放への論理的枠組みを構築し、日本資本主義と被差別部落の関係について論じたが、この点で、山本のマルクス理解はいかにも見劣りがする。

　山本政夫は、ブハーリンの身分論を引用しながら、実際には日本の身分問題について明確な定義を行えなかったという点は、既述の通りである。山本は、「社会・政治・経済等各方面における被圧迫階級であるところの、この社会群の解放を期するに当たり、単にそれのみ—それも観念的に把握してその全き解放を期し得るであろうか」[山本 1930a：20]と、被差別部落民を階級とみなしている。ここで、「階級」「身分」の概念規定がきわめて曖昧になる。あるいは、「無産階級としての部落大衆が落ち行く先はルンペン・プロレタリアであると思う」[山本 1930b：18]とも述べて、ここでも被差別部落民を階級とみなしている。そして江戸中期までは、被差別部落民の生活に比較的豊かな部分も認められたが、その経済状況も、幕末期には当時の「階級政策」によって生活が圧迫され、すでにルンペン・プロレタリアになっていたと説明している。ルンペン・プロレタリアとは、生産手段を一切持たず、労働力を売らなければ生活できない社会的地位にありながら、長期の失業状況の中で孤立し、生きる気力も喪失した人々のことをいう。その存在は、資本の蓄積とともに必然的に発生する慢性的失業という、資本主義社会の矛盾が表れたものであり、封建時代のものではない。マルクスは、ルンペン・プロレタリアを、ブルジョアジーと闘う社会的勢力とはならず、ブルジョアジーの煽動に乗ってプロレタリアートを圧殺する側になる存在として捉えた。その規定からすると、山本が「部落経済問題の素描」（上）（下）で引用している「部落概況調査」の中の部落の職業戸数に照らして見ても、このマルクスの規定は、被差別部落民には援用できないとみるべきである。山本政夫は、被差別部落の就労構造のもっとも底辺を構成したと思われる日雇労働者について、「部落の日雇い労働者は同じ日雇い労働者であっても、その多数は仕事を求めて転々として流れて行く移動性のものよりも仲仕、車力、馬力、衛生掃除夫、葬儀人夫、農業日雇い労働者、概して固定せる日雇い労働者が多い」[山本 1930a：43]と述べている。これによっても、定住し家族をもつ被差別部落民をルンペン・

プロレタリアと規定することはむずかしい。

　さらに一言付け加えると、そのような山本の理解は、当時のマルクス主義のレベルには立っていなかったといえるだろう。マルクス主義は、1890年代には日本へ紹介され、アナルコ・サンディカリズムとの闘争、およびロシア革命に学び、さらに米騒動を経て、労働運動のイデオロギーとして認知されていった。また1920年代には、文部省によってマルクス主義の研究が禁止されたにもかかわらず、それは社会科学として確立されていった。『資本論』の完訳出版（改造社版）を収めたマルクス・エンゲルス著作集は、15,000部も売れ、併せてエンゲルス、カウツキー、レーニン、ブハーリンの著作も紹介された。倉敷市の財閥・大原孫三郎によって設立された大原社会問題研究所も、大学等の公的機関を放逐された研究者を吸収し、マルクス主義研究を積極的に支援した。ドイツ語による原典研究も盛んになった。すなわちマルクス主義が、事実上社会科学を表現するものとして、二つの大戦間の日本と世界を考察する枠組みを確実に提示した。もちろん、マルクス主義に反対する側の研究も多く行われ、初期のケインズ主義、あるいはマックス・ウェーバーやジンメルの社会科学方法論も紹介される、という時代背景にあった。

　こうしたマルクス主義研究や社会科学研究を通して、日本社会の歴史的構造の研究が行われたが、その原初に位置づくのは、言うまでもなく、河上肇の『貧乏物語』であった。しかし山本は、後年の回顧の中で、京都時代に読んだ河上肇の『貧乏物語』からはあまり影響を受けなかった、と述べている［山本 1988：125］。このことから、山本政夫のマルクス主義理解は、山本政夫をめぐる状況から見ても、時代の社会科学の趨勢と乖離したものであったと言わざるを得ない。ブハーリンの「身分と階級」の理解もそうであったが、山本のマルクス主義理解は、ご都合主義的な引用の域を出なかったと言わざるをえない。

3　山本政夫と植民地主義

　山本政夫が活動した時代は、日本が世界の帝国主義列強と植民地争奪を展開した時代であり、朝鮮半島からも多くの朝鮮人が渡日し、炭坑やダム、鉄道建設等の過酷な労働に従事した時代であった。過酷な労働に加えて、彼らにたいする民族的な差別も激しさを増していた。この時代は他方で、棄民政策としての日本からの海外移民が活発になる時期でもあった。例えば「満州建国」は、労働力調達と棄民の、2つの政策を満足させるものであった。被差別部落と移民政策、被差別部落と「満州」の関わりは、1931年から「満蒙」開拓移民が本格化する中で顕著になっていった。とくに「満蒙開拓青少年義勇軍」については、校長をはじめ教職員が、被差別部落の児童・生徒をターゲットに一本釣りで勧誘し、「満州」へ送り出したという証言[3]もある。差別と貧困の境遇にあった被差別部落の人々には、移民政策の甘言に乗り、一家を挙げて移民に活路を見出そうと

した人がいた。これらの人々を含む「満州」開拓移民の総数は、27万人とも、32万人とも言われる。

　侵略というネガティブな理由からであったとしても、日本が国際的な関わりを深め、その中で、国内における人種間、民族間の差別が顕著になっていったが、山本政夫は、この状況にたいしていかなる思想的な立場を取ったのだろうか。

　山本政夫は、1923年の論考「対米感情から」において、次のように述べている。その論考は、アメリカの排日移民法案をめぐって書かれたものであるが、そこで山本は、排日移民法は日本国民にたいする蔑視に基づくものだとしている。そして、アメリカで日本人は「支那印度」の諸国民と同じ劣等民族として極端な排斥を受けているが、日本民族は、これら劣等視される民族の中でも先駆をなす民族であり、人種差別撤廃の提議をなす資格を有する民族である、ゆえに日本政府は、アメリカの同情的対応を拒否して、正義人道を守るべきである、と述べている。こうした民族的な課題を前に、続いて、日本国内の因習に基づく差別を容認することは、対外的にも因習に基づく差別を認めることになる、人種平等の提案者は、実際は対内的差別の撤廃者になっていない、米国を失ってでも、社会公正の観念の創始者として、国力の充実をはかり、国威伸長を世界に示すべきである、と力説している［山本 1923：15］。そこには、アジアの「盟主」として、日本民族とその国家が、世界における地位に相応しいやり方で差別に対処すべきだ、という山本の発想が明確に読みとれる。

　民族自決権を認めた1919年のパリ講和会議以降、日本国内においても、留学中の朝鮮人学生が東京に集まり、「独立宣言書」を採択する等、独立への動きが活発になっていた。こうした政治的背景に加え、1923年の関東大震災における朝鮮人の虐殺を経て、朝鮮人にたいする敵視と差別意識はより熾烈になっていった。学生の軍事教練においても、朝鮮人の暴動を想定した訓練が実施される等、その露骨さが目立っていた。一方で、増加しつつあった朝鮮人労働者は、日雇人夫等として、被差別部落の底辺労働者とともに労働市場の底辺を支え、社会的周縁を形成した。

　こうした状況について、山本政夫は、「注目」すべき発想を提示している。山本は、被差別部落の労働者は、差別によって生活も「心理」も「ルンペン・プロレタリア」的になっていたが、部落内でそのような労働者が増加するだけでなく、新たにやってきた「朝鮮の人々」が日雇労働へ参入することによっても、窮乏化の一途を辿ると分析している。そして、古物商、履物修理、羅苧仕替等の商業者も、失業者や朝鮮人によって職を脅かされつつあるとし、被差別部落民と朝鮮人を利害対立的な関係にあるものとみている［山本 1930a：31］。言い換えると、国家の政策への批判を欠いており当時のリベラリストと比べても、排外主義的であった[4]。

E　自覚論からファシズムへ

1　破綻した自覚論

　山本政夫の理論の特徴は、「自覚論」にあった。1929年10月に発表された論文「自覚運動としての解放運動に関する理論的考察」において、山本は、被差別部落民の自覚を切り口として、「部落解放運動の発展過程」を三期に分類している。山本政夫はそこで、米騒動を批判し、それに被差別部落民が参加していたことについては、「組織的社会的運動にあらずして一種の社会的暴動である以上、この間における部落民の自覚も亦意識的なものではなく」、米騒動を契機として表出した反発の「無意識的感情」だった、と述べている。そして、米騒動は社会問題として重視されたが、この時代に「部落民の無意識の自覚から意識的自覚への揚棄」があった、と述べている［山本 1929d：4］。

　しかし、山本の「自覚論」は、1929年の段階で破綻していることを「自覚」していた。論文「融和運動における自覚運動の意義」では、融和運動は被差別部落民の自覚を戦略的な地平まで押し上げたが、行き詰まりに至ったとし、その行き詰まりを打開するものとして、より観念論的になり、「感情的なることを避け」た「自覚」を対置している［山本 1929d：18］。そして1930年には、論点の軸足が、「経済問題」へ移されていく。その転換は、すでに何度か引用した論文「部落経済問題の素描」（上・下）の執筆が結節点だろう。この論文は、1929年11月に中央融和事業協会が行った「部落産業経済調査」が、主な動機となった。調査によると被差別部落の惨憺たる生活状況があらためて浮き彫りになり、「自覚」による融和運動の破綻が見えた。

　水平運動の「観念運動」を批判する山本政夫であったが、彼自身も独特の「自覚論」によって観念論に陥っていたのであり、また従来の融和運動の限界性を指摘したように、事実、被差別部落の末端では、近隣の一般地域との差別的な関係の枠組みを脱することができず、「融和の実」が認められるような状況ではなかった。広島県共鳴会の機関紙『共鳴』の、1932年以前の活動報告において、融和運動の成果として取り上げられたのは、わずかな神社祭礼や講中への参加をめぐるものしかなかった。それは、工業化と農村の疲弊という状況のもとで、農業社会の精神的な支柱であった祭礼が、その存在基盤を喪失していく過程の出来事であった。融和運動も結婚や就職、教育にかんする差別には全く無力であった。もちろん、大きく報じられることはなかったが、「復姓運動」のように、戸籍制度の根幹に関わる譲歩を国家から引き出すという、成功事例もある［古田 1984：117］。しかしこれも、国家が被差別部落民の「国民化」あるいは臣民化を容易にするための政策であったと言える。被差別部落の伝承を根拠に、「本来の姓に戻す」とした運動も、現実には、単なる改名運動でしかなかった。その時の姓の変更過程は、戸籍上の記録として残されている。

　一方、機関紙『共鳴』には、会議、講習会等の後追い記事が目立つ。すなわち、融和運

動の基本は、講習会等の啓蒙活動に置かれていた。もちろん、これらは熱心に取り組まれ、共鳴会や広島県社会課等の指導者の一行は、広島市を出発し、遠隔地の郡部の村々を旅して回った。1980年代初めに、共鳴会主事であった木村徹英氏に『共鳴』について質問すると突然号泣して、何も聞けなかった。当時の活動家は、主観的には熱心な行動を展開していたのだが、その成果は乏しかった。

2　部落経済更生運動と山本政夫

　山本が「自覚論」の論理的破綻の救いを求めたのが、農山漁村経済更生運動と、その被差別部落版である部落経済更生運動であった。

　1933年になると、山本は、融和運動を非常時体制化することに積極的になる。論文「部落経済更生運動の方策に関する一考察」は、部落解放運動の失敗は「自覚意識の欠如」にあり、その打開の道は、「経済的地位」の認識と、「ルンペン化していない階級」の青年が、その経済的地位を「経済生活の要求まで止揚する」ことにあるとしている。そしてその上で、次のような方針を提起している。それは、資本主義の欠陥を補完するという立場から、また、被差別部落民が「進んでよりよき社会建設」に貢献するという役割を担い、協同組合主義経済を、弱者を思い遣る伝統的な「人情」に根ざした相互扶助の精神をもって確立しようというものである。山本は、この方法によって、「特殊産業」保護の観点から農事実行組合を、自給自足を促進する観点から消費組合を、さらに、これらの町村の産業組合への団体加入を図り、組合活動で得られた資金を部落問題の解決に資すべきだと主張し、一般的な経済のみならず、被差別部落の産業構造の変革をも訴えている［山本 1933：50-8]。

　1934年に書かれた論文「部落経済更生運動に関する理論的考察」においては、山本は、常識的で観念的で一元的な差別撤廃運動を否定し、経済的地位をいっそう重要視するようになる。山本は、「社会思想が発達し、社会文化が進展する以上、啓蒙運動の実践如何に関わらず、漸次、差別的観念は解消すると言い得る」と述べ、日本の近代化と経済問題の解決こそが部落差別を撤廃するものであるというように、大胆とも楽天的とも思える論調の変化を見せている。そして、被差別部落を、「差別的観念」による「経済封鎖、資本主義経済の圧力に加え、人口圧力」によって加速する生活の低下と「ルンペン化」から救済するのは、啓蒙運動ではなく経済更生運動であると主張している。また、「自覚は部落民の社会的地位と関連して発生・成長する自己の人格に関する認識の把握によってのみ期し得る性質のものである」と述べ、「自覚」を最重要課題として運動の基本に据えた初期の自覚論とは異なる自覚論を「農村の経済更生運動」に求めた［山本 1934：44-50]。その際山本は、明治維新直後の被差別部落の貧困は、「国民経済」の発展とともに軽減されてきた、という見解を示している。また、ユダヤ人問題を例に引いて経済力をえても差別を受け続けているという現実を根拠にした批判的見解にたいして、

欧米の差別と日本の差別を混同すべきではなく、被差別部落民の富裕層が差別を受けている現実、すなわち、経済的向上を得ているにもかかわらずマイノリティとして差別を受け続けている現実が単なる過渡的な現象であると、極めて短絡的な見解を出して、「国民経済の発展」の中に被差別部落民が組み込まれる過程が差別撤廃の過程であると主張している。山本によると、裕福な被差別部落民の融和運動への冷淡な態度も、差別が解消されている証左と映った。その上で、マルクス主義的な非合法左翼運動を批判し、経済更生運動の可能性について楽観的な展望を述べている。すなわち、資本主義は修正もしくは改革されることによって、「そのたくましき暴威を制裁される運命にあり、また、現在がその過程であるまいか」と主張している。そして、政府の指導と援助がある経済更生運動については、「社会一般の力と相俟ってその更生を期し、且つ大衆一般と相協力して」、「部落」のみによる「偏狭にして非効率的な方法」ではなく、「共同の目的に向かって邁進すべきである」と結論づけている。要するに山本は、日本の経済的破綻と政治的孤立の状況に気づいていない。ここでいう「共同の目的」とは、「農村の経済更生運動」を「中軸として展開」される諸施策である。

　山本政夫がこのような考えを持つに至った背景は、「昭和恐慌」にあった。とくに農村の疲弊が著しく、1932年6月からは、農村救済請願運動が始まっていた。この運動を担ったさまざまな農民団体の中でひときわ活発に行動したのは、右翼的匡本主義団体の自治農民協議会であった。下からの右旋回運動に突き動かされた政府は、恐慌対策であった時局匡救事業の一環として、農林省に経済更生部を新設し、農林省訓令を法的根拠として、官僚主導の農山漁村経済更生運動を始めていった。それは、まず産業組織を整備して、農村の経済的組織化のために、農村の末端に農事実行組合を結成するというものであった。そのため、産業組合法も整備された。翌1933年からは、産業組合拡充5カ年計画が始まり、その結果、全国の産業組合の農民組織率は、1932年の62％から、36年72％、39年89％と飛躍的に上昇した。この過程で産業組合法が改正され、農家小組合にいたる末端組織まで法人格が与えられ、産業組合への加入が推奨された。

3　思想統制と融和運動

　しかし他方で、この運動は、末端農民に思想的な統制を課すものでもあった。「満州事変」と5・15事件を契機として、軍部の中国大陸での暴走が顕著となり、軍事費が突出して、財政がますます逼迫していた。そのような状況から、農山漁村経済更生運動の末端に財政的助成を行うための原資が枯渇し、それを補完するものとして、相互扶助や互恵の精神が求められた。すなわち、「隣保扶助」の精神的更生運動の開始である。自力更生や生活改善、勤勉貯蓄等に、小学校や在郷軍人会、青年団が動員され、農村解体の危機を食い止めるはずであった経済政策は、国民総動員による危機突破のためのイデオロギー運動へと直線的に変貌していった。こうして、農山漁村経済更生運動を村単位

で担う存在として、運動の核となる活動家である「中堅人物」が生まれていく。彼らの多くは、村では村長や小学校長、農会役員といった篤志家であり、その末端は自作、自小作の中農層であり、農山漁村経済更生運動の中で、生産を実質的に担う層の組織化が進んでいった。この過程で、小作争議等の村落内の「不統一」が否定され、左翼的農民運動が解体されていった。農村救済という当初の運動目的は変質し、農民を産業組合の組織下に強制的に巻き込む支配が貫徹されていった。これは、戦争への道を下から支えた。

他方、これとは別に、1932年9月、内務省により「国民自力更生運動」が始まった。これによって「国体精神の高揚」が明確な指針となり、アイヌや朝鮮人等の社会周縁の人々も、「同化」の道を歩むことを余儀なくされた。彼ら自身の中からも、国体精神の発揚を掲げる運動が現れた。また、朝鮮半島の人々には、女性の労働時間が短いという習慣を廃して、「内地」並みの労働時間を求めるなどの屈従が強要された。

山本政夫が深く関わった中央融和事業協会も、1931年に、内務、農林、商工、拓務各省の官僚を中心に産業経済調査委員会が組織され、部落経済更生運動を始める。翌年には、全国の府県から選ばれた48カ所の被差別部落が、経済更生地区に指定され、特別の対策を受けることになる。さらに中央融和事業協会は、水平社の部落委員会活動に対抗して融和事業完成10カ年計画を策定し、5,000万円の予算を地方改善費として政府に要求する。財政が逼迫した政府は、結局これを認めなかった。改善事業の予算を補完するために、「自力更生」という下からの運動が進められ、イデオロギーの統制が始まる。こうして「自力更生」は流行語とさえなり、圧倒的な「国民」を動員し、被差別部落民の「国民化」と動員も始まっていった。

山本政夫の方向転換は、「自覚」を基本にした精神運動の破綻を、経済によって克服しようというものであった。これにたいして、国家は、経済的破綻を下からの精神主義を醸成することで克服しようとした。逆方向からのアプローチであったが、国家の精神主義と経済政策を一致させるという点で、両者は明確に同質のものとなった。

山本政夫は、かつて故郷の広島県の大柿町で取り組んだ自立更生運動のような、勤勉による資本の蓄積という方法にかえて、国家の補助によって被差別部落の産業再興を図ることに傾注した。新たな経済更生運動は、封建制打破の盟主である天皇（制）によって作られた近代的「国民国家」がとった経済的疲弊にある被差別部落を救済する政策であり、ブルジョア・イデオロギーをもって封建イデオロギーを駆逐するものと認識した。この方法は、天皇と人民の間にある中間項をすべて除去し、天皇を中心にした同心円上に種々の社会的身分や階層と天皇の距離を等距離に布置する考え方であったといえる。それは、被差別部落民に「平等」を意識させるメカニズムとしても機能した。そして、山本（モデル）のような存在に行政権力もしくは権威の一部を付託することにより、天皇制と被差別部落が直接に繋げられていった。

農山漁村経済更生運動は、全体主義政策の一環であり、部落経済更生運動も同様で

あった。山本政夫は、青年期、言動が過激であったとして融和運動の中心的なメンバーから批判された。また、国民総動員体制が完成する1936年には、リベラリストであるという理由で、中央融和事業協会を追われた。山本は、水平運動を自覚運動として継承すべきであると主張したため、穏健でリベラルな事務方官僚のように思われ、粗野なファシストとは遠い位置にいたかのようであった。しかし、ファシズムの実情は、「ピラミッドの上層部に行けば行く程、ヨリ『紳士的』でヨリ規格にはまった官僚型が支配的となり、上層部にはいわゆるファシスト型の人間とはほど遠い『自由主義的』で『平和愛好的』な宮廷重臣グループが位置する。こういう権威―権力―暴力という『分業』とヒエラルキーのまま全体として体制は対内的にも対外的にも」［丸山 1952：167］完成した。この見解に従えば、山本政夫こそ、被差別部落大衆をファシズムへ導いた重要人物の一人であったと言いえる。

F　結　語

　山本政夫は、中央融和事業協会を去った後も、「大和報告運動」や「興亜運動」のオルガナイザーとして発言・行動し、被差別部落大衆を大政翼賛会運動へ導くことで、部落解放運動の破滅の道を先導した。その山本の思想は、国家権力に強制されたものではない。それは、山本の出発点にある「自覚論」から必然的にもたらされたものである。差別とそのシステムが社会的な有効性を発揮するためには、被差別者が被差別者の立場を「自覚」し、また非被差別者が、差別する立場を「自覚」することが必要となる。何人も、自らの立場をそのようにあるものとしての肯定的な「自覚」がなければ、差別によるイデオロギー支配は成立するものではない。ここで問題になるのは、差別認識の方法論とその深化である。「自覚」と「認識」は別の問題であり、被差別部落民および非被差別部落民が、自らの存在をいかに認識するかということが問われる。そうではなく「自覚の程度」の問題に終始するかぎり、出口のない迷宮で右往左往するだけとなる。山本政夫は、その迷宮に迷い込んでいった。

　必要なのは、被差別部落の存在を権力構造の中でどう認識するのか、という問題意識である。「自覚の程度」に拘泥した山本政夫は、国家論を踏まえた認識をついにもち得なかった。

校　註

1　講座派の論理は、日本資本主義の特殊性と後進性を強調した。それを突き詰めると、結局、日本経済がシステムとしての資本主義であることを認められなくなる。「半封建的生産関係」を

特徴付ける「経済外強制」すなわち経済以外の強制力や資本主義のシステム以外によって統治が貫徹されていることが実証できていない。労農派にたいしては、農村の分解が進んでいるという分析を批判。『資本論』の抽象的資本主義では、農村の分解が理論上ありえる。しかし、マルクスが『資本論』のモデルとしたイギリスにおいてでも、『資本論』で論じられた農村の分解は、現実的には不完全であった。労農派は、明治維新を不徹底なブルジョア革命、天皇制はブルジョア君主制として規定した。政治闘争の対象は金融資本・独占資本を中心とした帝国主義ブルジョアジーで、したがって、革命は、社会主義革命であるとした。

宇野弘蔵の実証的研究によると、日本の農村の状況は、資本主義のたんなる未発達の問題ではない。機械的大工業もって始まる資本主義は、それ自身特有な人口法則を展開する。その現象は、世界がすでに資本主義列強に支配されている時代的反映である。未発達、つまり「半封建的」であるとされた農村の状況を、資本主義のもとに、農業と工業を国家的に統一するという経済的には、ほとんど不可能な問題であるのに政治的には、絶対に必要なものになってきたことに発する問題であった。

2　封建遺制について谷川健一が明快に述べている。民俗学の立場からであり、筆者の論考とは趣をことにするので、むしろ参照に適していると考え中村吉治の『日本の村落共同体』の巻末解説から引用する。

「今から二十年前、日本の学会や論壇を近代主義者たちがリードしていた頃、封建遺制という言葉がよく使われていた。日本の近代が未熟であり跛行的であるのは、封建遺制のためであり、近代社会の諸悪の根源は封建遺制にあるという云い方が、何のためらいもなく横行していた。私は、近代の悪を封建遺制に求めるということがどうしても納得ゆかなかった。

たとい日本の近代に封建的とみられる要素がまじっていたとしても、それは封建的因習が残留したと見るべきではなく、日本の近代自体のこととしてそれを受けとめねばならない。それにもかかわらず、進歩的な学者、近代主義的思想家は、封建遺制として片付けることで、近代に生きる自分たちの責任を免除しているではないか、というのが私のひそかな主張であった。しかし私の主張は声にはならなかった。今日では想像もしかねることであるが、そうした言い方は冷笑され、黙殺されるのが落ちであるという風潮に支配された時代であった。

私はそうしたとき本書を偶然手にとった。そうして私は本書によって、自分の考えが正しいことを知ったのである。本書の最終部分に言及されているが、明治以降の共同体は擬似的な共同体であって、生産を基盤としたかつての真の共同体ではない。生産の単位は、近代になって共同体から各戸へと分解する。だが祭りをおこなったり、学校をたてたり、用水路をつくったり、という公共的な場での共同体的規制は残存する。その規制意識は、地主や有力者の手中ににぎられている。そこでは公共的営為が支配階級の利益になるような回路が仕組まれている。もしそれに反対するならば、共同社会に協力しないという理由をもって村八分にあわされる。本書は一見封建遺制と思われる村八分が、じつは共同体の分解過程にかえって多発することを強調する。なぜなら生産共同体では共同作業の仲

間から労働力をはずすことはたやすくできないからである。」

3　筆者は、「満蒙」開拓移民のうち「満蒙開拓青少年義勇軍」として「満州」に渡った人から聞き取りをしたことがある。たしかに校長が「一本釣り」で被差別部落の児童・生徒に働きかけたとのことであった。同様のことは、過去に部落解放同盟広島県連合会の事務局長からも聞いたことがある。

中央融和事業協会が刊行していた『更生』第26号には、「満蒙開拓青少年義勇軍」に応募することを希望した被差別部落の少年が、それに猛反対する両親の説得を農業担当の教師と校長に依頼する物語が美談として掲載されている。こうした美談や聞き取りがあっても、「満蒙開拓青少年義勇軍」と被差別部落との関係を示す具体的な資料は見つかっていない。ここでは、証言が複数あったことから、「事実」として採用する。また、被差別部落からの「満州」移民が一般的傾向であったというわけではない。

4　たとえば、ナショナリズムを内包したキリスト教の穏やかな人道主義の立場にあった矢内原忠雄は、民族自決権に関わって、日本政府の台湾や朝鮮にたいする同化政策は、日本にとって非生産的なものであると批判した。矢内原は、「近代国家」という文脈の中でリベラリストであり、東京帝国大学の職を奪われて、なお思想の一貫性を維持し続けた。矢内原との対照においても、山本政夫の評価は、再検討されなければならない。

第4章　労働による被差別部落民の保護と統治
——融和運動と権力——

　広島県共鳴会（単に共鳴会ともいう）、広島県融和事業委員会、広島県方面委員会は、被差別部落にたいして仕事＝労働を持ち込んだ。共鳴会は、農村の被差別部落に副業を導入させて、広島県方面委員会は、都市部の被差別部落で授産場での労働を組織した。それは、労働機会に恵まれない被差別部落民に生の機会を与える権力作用であった。これらの組織は、指導的な活動家を相互に共有した。方面委員会の融和運動への介入は、過剰な管理社会の装置を被差別部落へ設置することであった。経済的に優位に立つことのできた限られた被差別部落民の階層から、中堅人物や方面委員が生まれた。そして、彼らは、被差別部落民に畏怖され、場合によっては、普通民が「絶対的服従」する関係を成立させた。

A　はじめに

1　問題の所在と研究の目的

　本章では、近代以降、仕事機会を与えることをとおして、権力が具体的にどのように被差別部落（民）を「保護」し、統治したかを検討する。そして被差別部落の内部でどのように権力が生まれたかにアプローチする。その権力とは、上から被差別部落民に作用する権力だけではなく、「至るところにあり」[Foucault 1976＝86：120]、「下からくる」[Foucault 1976＝86：121-2] 権力である。また、闘争のあるところに発生した権力である。

　そのために本稿は、前章でとりあげた山本政夫が指導した広島県共鳴会（共鳴会）、広島県方面委員会、融和事業委員会をとりあげ、次のような問いを設定する。1、共鳴会が導入した職業機会は、どのように機能したか。2、方面委員会は、被差別部落民の生にどのように関与したか。3、融和事業委員会、共鳴、方面委員会は、どのように相互作用したか、の3点である。

　なお、フィールドは、広島県内である。時代は、米騒動から敗戦までを対象とした。この時代は、部落差別の放置が国家の解体に繋がりかねないという危機意識のもとで、融和主義が生まれ拡大した時代であった。

B 米騒動前後の権力と被差別部落

1 米騒動以前の部落改善団体と警察権力

20世紀のはじめ、広島市福島町の被差別部落では、富裕層が被差別部落内で企業を経営し、被差別部落内労働者を過酷な労働条件での雇用で、階級的対立が深刻であったことは第2章ですでに述べた。当時の一般的貧困救済は、「恤救規則」によっていた。「極貧ノ者独身ニテ廃疾ニ罹リ産業ヲ営ム能ハサル者」を基本とした。「済貧恤救ハ人民相互ノ情誼ニ因テ其方法ヲ設クヘキ筈ニ候」が法の基本理念であり、国家による救済は恩恵的に「目下難差置無告ノ窮民」に限った。つまり病気、障がいによって勤労、就労が不可能な者に限って救済対象とし [太政官 1874]、それ以外は、なすがままであった。

「恤救規則」による以外の選択肢がない状況で、被差別部落の貧困対策は、貧困を犯罪と同一視[1]して被差別部落の内部に押さえ込む方法がとられた。この認識は、賀川豊彦に典型的に現れていた。賀川は、『貧民心理の研究』(の削除部分)で、近代都市は、貧困に喘ぐ「特殊民」を内部で「自己淘汰」するか「犯罪人種」として「残る他は消滅させるであろう」[賀川 1917:56]とのべた。実際に、当時の被差別部落では、警察署長が直接、あるいは駐在所勤務の警察官が、部落改善団体を組織し(させ)ていた。それは、被差別部落と貧困と教育、衛生状況にたいして、精神訓話や、学習指導、貯蓄の奨励や指導を上位下達で対置するものであった。部落改善団体は、約50団体以上が広島県内で組織されていたことを第2章で明らかにした。それは、たとえば「通俗道徳欠如容疑」で被差別部落に警察署が出動すると同等の行動であった。それらの会合への警察官の出席と訓話はいわば慣例であった。

福島町では警察権力の強い影響をうけた福島町一致協会(一致協会)によって、資産家層が、治安、衛生、教育、納税、通俗道徳を媒介にして、被差別部落民が生きることに介入する統治の企てがあった。広島市の税務課長は、被差別部落にたいして直接「納税義務を尊重すべし」との談話を掲載した [天鼓第2号 1914:17]。当時、三原警察署長であった舛川義臣は、山陰への視察後、納税組合による収税方法を報告している [舛川 1914:21]。また夜学校の開設も結果として、安価な労働力を労働市場へ連れ出した。

既述したように、一致協会は、通俗道徳をもつ模範となるモデルの善行を表彰した。同様に、内務省や広島県は、優秀と認めた被差別部落の団体を選び奨励金を与えた。表1は、奨励金を受けた団体一覧である。それは、けっして部落問題を解決するための予算ではなかった。貧困は自己責任だとして、農業環境整備や生活環境の具体的な改善には、被差別部落民自身の共同貯金を充てることもあった [広島県 1920:10-1]。

改善団体の主体は、被差別部落民ではなかった。すでに明らかにしたように、前述の舛川義臣は、1906年、甲奴郡内3町村の被差別部落で郵便貯金を指導した。1916年には、廿日市警察署署長として、佐伯郡観音村の被差別部落改善事業を指導し、その後「奨善

「会」を組織した。組織者が異動すると活動が停止することもあった。観音村奨善会は、舛川の異動後休眠状態になり、後任署長松原謙一によって再建された。舛川は、人事異動のごとに、改善団体を組織したが、1980年代に運動の所在地で存命の人

表1 地方改善交付金実績（『広島県部落状況』による）

選奨年	団体名	奨励別者	助成金額（円）
1912	福島町一致協会	内務大臣	300
1913	八幡村青年団上中地分会	県	150
	甲奴郡奨善社	県	100
1914	福島町一致協会	内務大臣	100
1916	甲奴郡奨善社	内務大臣	700
1917	八幡村青年団上中地分会	内務大臣	100
1918	観音村青年団佐方支部第三区青年倶楽部	県	100
	吉舎町海田原済美会	県	100
1920	観音村青年団佐方支部第三区青年倶楽部	内務大臣	50
	吉舎町海田原済美会	内務大臣	50
	郷野村青年団支部長屋革心会	県	50
	佐伯郡砂谷村奨善会支部	県	50
	服部村青年団永谷区第4支部青年倶楽部	県	50

たちには、自己の地域にあった部落改善団体の記憶はほとんどなかった。

2　米騒動後の被差別部落と権力

a　警察権力による部落問題への直接介入

米騒動は一般市民にも衝撃を与えたが、被差別部落との間の認識や待遇の差異を埋めることはなかった［馬原 1969：26-7］。それゆえ、警察権力による介入が強まった。

米騒動後、警察権力は、部落差別に起因する係争に直接介入するようになった。氏子たちが神社祭礼から被差別部落民を排除する、あるいは神輿を被差別部落に入れさせない差別待遇を「改善」したケースもあった。米騒動は、郡市町村の当局者たちには、積極的な被差別部落対策の実施を県当局に要望せざるをえない状況を認識させた［馬原 1969：26］。広島県は、「地方改善事業補助規程」をだして、被差別部落対策を拡大しようとした。だが、事態の変化は小さかった。表1の1918年以降の改善団体への補助実績をみると、金額も交付件数も減少している。しかも、相変わらず警察権力が運営主体とする「優秀」な部落改善団体が対象である。芦品郡府中町では、「エタ署長」の異名をとる警察署長、福重栄之進が部落改善に取り組んだ［馬原 1969：27］。福山警察署の巡査、田中松太郎は、1920年深安郡本庄村に汐入明治会を組織し、被差別部落青年の「智能啓発」「青年会館内に文庫」の設置を行った。異動先の沼隈郡山手村では、1931年「農事実行組合」を組織し、被差別部落民の生産活動にまで介入した。そして、山手村八幡神社祭礼での「差別事象を一掃」した［共鳴62号 1937］。これらの行動も、主体は被差別部落にはなかった。現場の警察力によって、通俗道徳の鼓吹や貯蓄の奨励を上（権力）から下（被差別部落）へ反復した。

第 4 章　労働による被差別部落民の保護と統治　──融和運動と権力──　　　77

b　広島県共鳴会と権力のトリック

　1921 年、広島県共鳴会が結成された。河野亀市、勝間定、前田三遊、中村桂堂らが中心であった。前田と中村は、被差別部落出身者ではない。天皇の赤子としての階級制度の打破と同胞相愛を主張していた前田には自由民権運動家の面影はなかったが、被差別部落への影響力はあった。勝間も呉市を拠点とするジャーナリストで、呉市、江田島村の被差別部落とかかわりがあった。中村は、九州出身の僧侶で、来広は宗教的理由からであった。米騒動のおりには被差別部落民を「慰撫」し暴動を抑圧する行動をとったことで、権力から高い評価をえていた。そこから中村は、福島町一致協会の顧問に推され、部落問題とかかわりができた。（なお、被差別部落出身の河野亀市については、後述する。）

　部落改善運動に関与した人たちは、被差別部落民の生きる苦悩に共感を抱いていたのではなかった。それは、青年団運動の草分け、山本滝之助日記にも鮮明である。「正午此より西村萬福寺に行き、夜 11 時半帰宿。特殊 400 人ほど寄りて先ず安心」[山本滝之助 1987：56] や、山本滝之助の一日一善実践として「細民部の人が、長い長い身の上話をした。少しも厭いたらしい風をしないで、終始熱心に聴いてあげた」[山本滝之助 1913：69] などの記述が目立つ。要するに、これが部落改善にかかわった人の内面性であった。

　共鳴会の組織化は、被差別部落民の自発的意志ではなく、前田三遊らと官側の意向によった。そのことは山本政夫と島嶼連盟の関係でも顕著であった。前田の行動は、共鳴会が被差別部落民を主体とし、民間人有志との合作、というイメージの形成に有益であった。とくに青年山本が、機関紙『共鳴』でしばしば水平社に「好意的」な記事を書いたことは、部落解放運動の前衛が水平社（運動）なら、その後衛は共鳴会であるかの錯覚を与えた。しかし共鳴会は、天皇制秩序のパラダイムから一歩も出ることはなかった。あきらかに権力側の、または権力そのものとしての存在であった。

c　共鳴会の特徴

　各地の部落改善団体と創立当初の共鳴会が根本的に異なる点は、まず、共鳴会が全県を網羅する組織をめざしたことである。そして全国的融和運動のネットワークへの参加をめざしたことである。潤沢な財政力を背景に活発に活動した一致協会でも、ネットワークの視点はもたなかった。次の特徴は、「部落民の自覚」と「経済的自立」を具体的実践指針としたことである。部落改善団体では、通俗道徳の垂下が運営の指針であり目標であった。これにたいして、前章で述べたように山本は、「部落民の自覚」を主張した。それは、「差別的行為の無為性を知らしめる人間的営み」が可能な「公民教育を施さ」れた状態を意味した [山本 1929：9-10]。山本の経済的自立は、農村にあった被差別部落の脱農業化であった。脱農業化は、後に部落経済更生運動と矛盾し挫折した。

共鳴会は、山本自身が広島県の嘱託職員であったように、また、県の職員が『共鳴』の刊行にかかわったように、県内を行脚した融和事業講演会を県の職員が主導したように、実体的には権力とともにあった。前田三遊や中村桂堂ら、山本以外の民間出身の役員たちは、戦略・戦術、実務上で機能することはなかった。アジテーターとして機能しても、彼らはたんに民間団体を装うだけであった。

　1931年、正式に官民合同の機関となると、共鳴会は、民間人の篤志家、地方官僚、被差別部落の資産家、有力者が官僚のスケジュールにしたがって活動を行った。『共鳴』の活動記録をみればそれは明らかである。県内の全警察署長が役員に名を連ねるようなったが、警察権力が直接被差別部落を訓育する実践方法をとらなかった。共鳴会は、部落改善を被差別部落「内部」から実現させる装置となった。通俗道徳に加え、職業機会＝労働の確保を強調した。それは、政府の政策に沿っていたが、1932年の第11回総会では、「自力更生」の精神＝経済的自己責任を強調し、模倣を排した「創造的な精神を力説せざるを得ぬ」とし、その背景として、不況と政府の明治以来の政策的失敗にたいする不信を示して［共鳴12号 1932］、「自力更生」をより純化していった。

3　生きる手段を与える権力——共鳴会と副業の奨励

　被差別部落は、農業社会の一員であった。中央融和事業協会によれば、1921年当時、戸数ベースで約49％が農家であった［中央融和事業協会 1932：6］。工業に属する戸数は約8％で、これには屠畜、皮革、製靴、竹細工などを含んだ。もちろん、自作率では、一般農家約31％にたいして、約16％でしかなく［中央融和事業協会 1932：24］、被差別部落農家は、圧倒的に不利な状況にあった。1936年の同協会の調査では、約64％が、農業に関与していた［中央融和事業協会 1936：7］。この差は、統計方法によるものと考えられるが、いずれにしても、被差別部落の仕事に農業の占める位置は大きい。農業社会に組み込まれていたからこそ、農山漁村経済更生運動に対応した部落経済更生運動は、国家、当事者双方にとって重要な意味をもっていた。ちなみに、敗戦後、被差別部落の農家率は、約20％で、全国平均の12％より高くなり、被差別部落の農家率が全国平均より低い県は、32府県中9県で、それ以外では被差別部落の農家率が一般地域の農家率を上回っていた［石元 1991：180-3］。

　日本の農村では労働力が商品となることもなく、農家が導入した「農業上の道具・機械も、家畜も厳密に言えば資本としてではなく、土地と同様に農家の資産としての意義しかなく」、「農家の貯蓄によって」取得したものであったので、資本主義的な農業経営とはならなかった［宇野1946：58］。この意味で、一般的農家と被差別部落の農家のあいだに本質的な差異はない。日本農業は、原理論で言われるような、農村が解体し、または近代的農業経営によって、資本主義的農村を創出するものではなかった。さらに、遅れて帝国主義として出発した日本は、すでに原材料の調達、製品の市場もアジアに存

在したので、農村を解体する必要はなかった。したがって、部落経済更生運動がめざす農業は、「自給自足が可能な農業」であり、「資本主義に煩されて、企業的農業経営を至上として射利眼鋭く利益を至上」の農業ではなく、「共同精神」と「農民道」に基づく［共鳴41号 1935］生産をめざした。そして、余剰の労働力の国内外への移民の奨励、貯蓄の奨励、副業の奨励、農事組合などの組織化などで、資本主義化できなかった農村の矛盾を糊塗する以外になかった。農山漁村経済更生運動も部落経済更生運動も農業の近代化や構造的な問題がそれらのテーマになるのではなく、国家に国民の沈黙と支持を動員するだけであった。とくに貯蓄の奨励は、被差別部落農家の所得を、貯蓄をとおして国家的投資に向かわせる意図があった。それらは、「二宮尊徳翁の生涯」のような生き方の規範と共通していた［共鳴14号 1932］。

　矛盾に喘ぐ農村の被差別部落にとっては、「農村の工業化」や「経済更生」は、一時の幻想としてのみ意義があった。広島県内では、1933年には甲奴共立更生組合が、「農業及ビ工業ノ経営改善」［共鳴22号 1933］を目的として活動した例がある。通俗道徳を要点とした運動は、日本の農村の精神構造[2]に十分マッチした。もっとも、貯蓄にかんしては、共鳴会の意図したようにならなかった。『共鳴』は、部落経済更生運動のモデル的事例として、「山村のユートピア」をレポート［共鳴45号 1935］をしているが、一方で、貯蓄額の格差と、わずか15地区しか報告が挙げられていない現実について苦渋の報告［共鳴92号 1939］をしている。このこと自体が、部落経済更生運動と被差別部落の現実との矛盾を端的に表している。

　共鳴会は、国家の政策による部落経済更生運動に忠実だったが、農村で可能な実践は限られていた。それでも1932年以降、副業奨励に取り組み始め、影響下にある各被差別部落にその導入を求めた。『共鳴』毎号の「運動日誌」をみるとその活発さが窺える。当時の交通事情を考慮すると、ひとたび指導者たちが広島を出ると、1週間や10日は出張状態であった。奨励した副業と実践箇所数は表2のようになる。全84の被差別部落が69種類の副業に取り組んだ。これは、実践された報告のみをリストアップしたものである。これらの業種・職種は、1935年『広島県農山漁村経済更生運報告書』（上）（下）などと参照しても一般の農村にくらべ、被差別部落が特殊な状況ではなかった。

　これらの中には、敗戦後もしばらく営まれた仕事もある。双三郡三良坂町の竹細工は、1933年に始まっている。「共鳴会主催による竹細工講習会が三良坂町公会堂を会場として開催され」［黒田 1998：400］たのが最初である。三良坂町で竹細工講習が行われたのは、そこに竹細工が職業として確立されていなかったからである。この表2には、甲奴郡内の3カ所の竹細工は含まれない。それは、1913年、地元部落改善団体が単独で5カ月間講師を雇い技術を習得し［広島県 1913：53］現金所得[3]を得ていたからである。しかし、前出の甲奴共立更生組合については、共鳴会の影響下で組織の再構築が行われた。それは、「農業及び工業の経営改善、農工作物の研究、農耕作法の研究改良、肥料自給策」

表2 共鳴会指導による実施副業

業　種	実施部落数	業　種	実施部落数	業　種	実施部落数
醤油醸造	1	蛤小貝養殖	1	筵・叺生産	13
製縄	18	藺草生産	6	養鶏産卵	6
養蚕	5	畳表生産	7	メリヤス紡績	1
屑繭製糸	4	精米精麦	23	園芸業	2
牡蠣養殖	2	畜牛畜産	9	縫製業	2
ジャム製造	1	竹細工	13 (11)	石工業	1
養狸	1	養兎	6	養鯉	1
馬鈴薯生産	1	耕生産	1	麻裏白表生産	1
麻裏黒表生産	1	蔬菜生産	4	土木工事請負	5
牛舎建築	1	俵菰生産	5	木材運搬	4
土地開墾請負	2	除草請負	6	炭菰生産	8
砂利運搬	1	草履類生産	3	大麻栽培	1
紫雲英種蒔	1	雁皮採取	1	共同麦田経営	3
稲作請負	5	軍用乾草生産	1	甘藷生産	1
松茸採取	2	牧草種蒔	1	蒟蒻生産	3
漁網製造	1	米俵製造	1	藁細工・加工	4
木炭生産	4	貝採取	1	水負	1
出稼	1	耕地整備排水	1	竹皮表（草履）	3
賃仕事	1	バラス採取	1	パルプ・抗木	1
飯いずみ	2	失業救済事業	1	牛飼爪切	1
共同水田経営	3	肥料製造	1	煙草栽培	1
牛馬商	1	生魚商	1	林業	1

［共鳴25号 1933］を目的として、農村の工業化路線を踏襲するものであった。これも農村の共同化の文脈にあった。なお、職業としての竹細工は沖浦和光が述べた被差別部落にのみ存在した仕事［沖浦 1991：185-6］（部落産業）ではない。そのほとんどは、近代に入り構築されたものである。まさに「創られた伝統」であった。副業の奨励は、朝鮮、満州にまで及んだ[4]国家的事業であった。副業と被差別部落の実証的な関係研究は、第2部第3章で詳細に行う。

　近代初期には680カ所以上あった広島県内の被差別部落には、水平社にも共鳴会にも関心を示さない人たちもいた。ただ、80カ所の人々のように、共鳴会の傘下にあれば、多様な副業の中から、それぞれの環境にそくした業種に参入するチャンスがあり、それが生活の改善に繋がるという「希望」があった。それらは、生活の基底とはならなかったが、わずかであっても現金収入にはなった。それらの事業が部落経済更生運動の一環で、事業所や作業所を設立する場合は、国庫などから補助金が与えられた。製縄事業に取り組んだ芦品郡新市町では、製縄機20台および周辺機器購入資金として123円（総予算769円）の補助金がついた。1934年の農村部の補助対象事業は、20事業、補助金総額

2,369円であった［共鳴43号 1935］。補助対象には衛生施設の設立運営も含んでいた。全体の竣工額の10％に満たないこの金額の評価の問題はある。しかし、被差別部落民の仕事について何の政策も実施せず、ただなるままに任せていては、米騒動に関与したとされる被差別部落民を管理し、訓育することは不可能である。共鳴会は、部落経済更生運動の過程で、農村部少数点在型被差別部落民に、多角化、つまり副業という生きるための一手段を付与する権力として、従来の部落改善運動とは異なっていた。共鳴会は、生の機会を被差別部落に持ち込むことをとおして、被差別部落民を管理し掌握する国民化技術の一つを得た。実際にそれらは、成功したモデル農家の事例として示された。

　小土地所有農民が副業を行うことは、日本的な特殊性ではない。19世紀イタリアなどにも見られるが、ヨーロッパの場合、農業不況とともに、農民は南米・北米移民の道を選んだ［北村 2002：4-5］。しかし、日本の被差別部落の場合は、地域ぐるみで移民したものは少数で、残った人たちは、農山漁村経済更生運動、農村の工業化という政策を追認することになった。広島県は移民が盛んに行われ、被差別部落の移民についても記録されている［滝尾 1994：18-9］。しかし、それは被差別部落が消滅するような事態にはならなかった。

4　中堅人物と権力

a　共鳴会と中堅人物

　共鳴会と融和事業委員会が重視した政策の一つは、モデル的人材の育成にあった。それは、勤勉、倹約、忍耐、謙虚、自助自立という通俗道徳や貯蓄を実践し、経済的に成功した人物を育成し指導的な地位に置くことであった。彼らを優良モデルとして展示し、融和主義の権威を示すことにも意味があった。

　中堅人物の育成は、1932年、部落経済更生運動を推進する具体的な担い手として「部落経済更生運動に関する要綱」のなかで規定された。各府県が経済更生指定町村を指定したうえで、単位市町村に1ないし2地区の部落経済更生指定地区を選定し、その指定地区内から「中堅人物」を養成するものであった。それは、「融和事業完成十箇年計画」の柱となり、中堅人物となるためのプログラムが準備された。福島町一致協会で取り組まれたようなたんなる通俗道徳的モデルの発掘ではなく、産業世界の「中堅人物」モデルの育成であった。モデルの人物は、そのサクセス・ストーリーが『更生』、『共鳴』などでアーカイブとして繰り返された。

　中堅人物は、アントニオ・グラムシの言葉を借りると一般の被差別部落民とは平均的「生活水準とはことなっている」。ゆえに彼らが自己の条件から抜け出し、向上させようと切望する際の社会的モデル」［Gramsci 1932=2013：23］の役割があり、優れた生産者であり、部落経済更生運動の優れたオルガナイザーであることが求められた。更生計画の作成や農事実行組合の組織化は、彼らの責任であった。どうじに、1928年から始ま

る内部自覚運動と、両輪の関係として考えられた。そして、国家的立場から「主体」形成を問い、被差別部落民に、国家の側に立たせることをめざした。被差別部落民の「自覚」を被差別の原因である経済的低位性から脱却する契機とみなした。水平運動の影響を排除し、仕事＝生きる手段への希求を産業組合、農事実行組合を通して被差別部落民を国家へ動員するものとなった。それは、1930年の体制的危機にたいする被差別部落の支配秩序の帝国主義的再編であった。

　農山漁村経済更生運動は、1行政区を単位としていたが、部落経済更生運動は、地域横断的な要素もあった。農山漁村経済更生運動における「中堅人物」が、小作争議指導者・青年団幹部経験者などで、農家経営改善事業を通して抽出され、戦時下の農事実行組合長、在郷軍人分会長等、村内における「ファシズム推進の政治的経済的リーダー」に成長して村政の「中心人物」へとなっていくのとは異なり、被差別部落の中堅人物がそのような肩書きをもつことはなかった［一盛1994：45-6］。この指摘は、長野県の調査の上になされたが、広島県では、それに加えて一般地域の人々にも影響力を与えていた。それは次項以下で明らかにする。

　共鳴会は、地域社会と一体の場合もあった。最近発見された生口島（現尾道市因島町）の共鳴会指導者、山本五次が兵士の出征式を執り行っている映像（村上アーカイブス保存）に、融和主義の本質を映している。

b　豊松村、内山幸一の場合

　神石郡豊松村内山地区の内山幸一（当時33歳）は、自作農化を進める融資制度「自作農創定資金」からの借り入れ1,280円の返済が困難な状況にあったが、共鳴会主催の青年一夜講習会参加を契機に、単一農業を多角経営に変更し、蔬菜、養鶏を始めて成功した。1933年、1戸あたり300円の共同負債整理を断行した。青年層には、50年据え置き貯金を指導した。次いで農事実行組合を組織し、肥料、日用品の共同購入、醤油の共同醸造、莚などの共同製造、耕牛共同購入飼育などで成果をあげた。そして「郡下一番の納税組合」を組織した［更生6号 1926：20-1］。内山地区の「成功」は、「山村のユートピア」として紹介された。内山幸一は、経済更生への功労があったとして、中央融和事業協会の平沼騏一郎から表彰を受けた［共鳴47号 1936］。内山は、「何程の差別の支障が前に横たわろうとも」［内山1936：34］と、被差別部落経済の牽引者としての自負をのべている。

c　新市町、藤坂倉三郎の場合

　1937年『更生』の「栄えある若き開拓者」欄［更生14号 1937：19-20］では、芦品郡新市町北市の藤坂倉三郎（当時37歳）について、次のように伝えている。北市は、戸数79で、広島県内では、比較的規模の大きい被差別部落であった。農業を主な職業として、さまざまな副業に熱心に取り組んだ。藤坂個人では、日雇い、絣解、荷馬車引きなどを副業

とした。これらは、一般的な副業の業種であった。ちなみに、隣村の芦品郡有磨村には、車引きから身を起こしたという立志伝という有名実業家の伝説がある。ある大手の運送業を創業したと言われる。

藤坂は、部落改善運動として、1920年頃から共同作業場、共同販売所、共同牛舎の創設運営にかかわった。文字通り中堅人物であった。自家用醤油醸造、米麦の精白、肥料・日用品の協同購入、製縄、製莚、畜牛共同飼育、自給肥料製造などを行い「産業方面の飛躍」を実現する。一方では、被差別部落民を悩ませた高利貸しからの負債にたいして、低利負債に借り替え、3年間の据え置き貯金、2カ年据え置き頼母子講、信用組合の月掛け3カ年据え置き貯金などへの転換を指導した。また、納税組合を組織し、納税の促進にあたった。女性にたいしては、同様の貯蓄に加え、本願寺参拝貯金を薦めた。青年には早起き会を組織した。これらの実践の効果は、「思想穏健中正」「一般民の差別観念も漸次解消せらるるに至り」北市は、「模範地区として一般より視察者も極めて多い」状況となったと『更生』は伝えている。

藤坂は、敗戦後も融和運動家として活動し、「同和会の大物」となっていった。経済力も副業の成功で卓越していたと言われる（2015年、9月：藤本功）。1970年代、新市町町議会の議長をつとめ、勇退した。その甥の藤坂一治郎は、新市町役場に入り、2003年、福山市との合併時は、助役であった。一治郎は、解放運動に消極的に参加していた。

広島県内では、被差別部落出身の地方議会議員はめずらしくはなかった。とくに敗戦後、部落解放同盟の推薦を受けた人は、当該市町村内の労働組合などの支援があって当選をする。一方、藤坂のような人は、一般住民からの支持がないと当選は不可能である。72世帯の被差別部落で全員が投票したとしても、当選には遠く及ばない。それは、藤坂が町内全体の政治・経済的な存在であったことを意味している。

d　新庄村、梅田福一の場合

山県郡新庄村の梅田福一は、戸数14戸の宮ノ地区出身であった。被差別部落はもとより、一般村民からも「慈父の如く敬慕され」ていた［更生26号 1939：34］。宮ノ地区は、農業が本業で、皮仲買、肉販売、日雇い家業を副業としていた。梅田は、第2回中堅青年研究協議大会への参加者の一人であったが、家具、調度品のつや出し、錆び止め用品である「朝日オイル」を開発し商品化した。特約販売・行商を募集して販売を始めた。『更生』に「協同一致率先躬行　村内の活動模範となる」を寄稿している［梅田 1937：21-2］。さらに醤油添加剤の「日進醤油の素」を開発製品化し、日進農事実行組合で販売した［更生20号 1938：前付］。また『更生』に毎号広告を出し、販売代理店の募集につとめた。

被差別部落の内部にたいしては、「日暮しの生活に甘んじ惰眠を貪って、その悪習を改めんとする気魄など見られなかった」現実にたいして、住民に督励し更生の実績を挙げ、地区内が三分派に分かれていた状況を一つにまとめた、という実勢が報告されてい

る［梅田 1939：34］。梅田は、近隣の羨望の的となるほどの相当資産家で、政治的にも有力者であった。敗戦後大朝町の町長に息子を当選させた。

e　山手村、岡輿一の場合

　沼隈郡山手村、中組の岡輿一（当時40歳）は、日掛け貯金、月掛け貯金、藁製品の共同販売、肥料の共同購入、砂利の採取、修養教育事業を指導した。また、山手村全体でもはじめてとなる農事実行組合を組織した。この農事実行組合は、1931年田中松太郎巡査によって組織されたとする組合と同一であると考えられる。

　岡の行動は、山手村全体の範となり、特筆すべきは、「地区民亦老若を問わず、岡君に対しては全く心服し、同君の命令には絶対服従（傍点＝小早川）しつつあるといふ」［更生21号 1938:47-8］とのべている。岡自身は、両親弟妹妻子12人家族で、農業の傍ら、菰、叺、ホゴ、薄荷油の仲買などに従事している。中組の戸数は、35戸で人口233人であった。本業は農業で、日雇い、荷車引き、ホゴの製造、砂利採取が副業であった。

f　水平社同人の中堅人物

　上記の他にも、非常に多くの中堅人物が存在した。それは、水平社のメンバーの一部にも同様だった。1939年、共鳴会は、中堅人物養成講座を、福山市、広島市、三次町で開催した。その内2会場には非常に名が知れた水平社運動の活動家が参加[5]していた［共鳴97号 1939］。芦品郡府中町の森分忠孝と三次町の原口幸一である。森分は、1927年福山市にあったアナキスト系の団体黎民社と関係をもち、同年7月には府中水平社を結成した。陸軍参謀本部差別地図事件の闘士であった。原口は、1935年『愛を慕ひて』を著し、朝鮮の被差別民、被圧迫民衆の人権確立に言及する思想の持ち主であった。

　部落改善運動の模範となるモデルは、たんに通俗道徳による規範を体現する人物であった。それに比して中堅人物には、経済的才覚をあわせもつ人物であった。融和主義の経済的活動は、水平社と融和運動の「思想的」差異を合わせのんで、被差別部落に権力を貫徹した。同時に、岡輿一のような、明確な強制力が認識できる権力が「仕事への従事」をとおして発生していた。

　彼らは、近世からの代々続いた有力者ではなく、いわば近代の構築物であった。

C　都市型被差別部落と権力

1　被差別部落の授産場と部落経済更生運動

　農山漁村経済更生運動にとって、都市は対象地域ではない。これとは違い、部落経済更生運動は、都市の被差別部落も対象とした［岩谷 1925：1］。活動家には都市部の貧困

を重視する人もいた［田中 1935：21］。中央融和事業協会は、1935年「都市地区の経済更生に関する研究協議会」を開催している［更生1号 1935：44］。都市部での経済的更生は主に、授産場建設や隣保館事業として現れている。広島県の都市部の主な被差別部落とは、広島市の尾長町と福島町であった。

　尾長町には、尾長町協和会（協和会）があった。それは、一般篤志家、有志、東警察署によって1918年に結成された尾長町広陵旭会を、尾長水平社結成に対抗するために改組したものであった。東隣保館を拠点としていた。会長には、東警察所の谷山行政主任が就いた［広島市尾長町協和会誌編集委員会 1986：33-9］。

　協和会は、授産事業として、雨傘授産場（1925年）、女子授産場（1928年）、花卉園芸授産場（1934年）を運営した。さらに1937年には尾長町製靴協同組合共同作業場を設置した［広島市尾長町協和会誌編集委員会 1986：46］。雨傘授産場では、雨傘の製造技術を身につけ、市内の傘店から受注した。設立運営資金として、広島県と広島市から補助金が支給された［広島市尾長町協和会誌編集委員会 1986：33-9］。女子授産場では軍需用品の縫製を、製靴協同組合では軍靴の修理を請け負った。広島市が管理する他の授産場とタイアップし、陸軍被服支廠、民間業者から縫製関連の仕事を受注した［広島市尾長町協和会誌編集委員会 1986：57］。花卉園芸授産場の施設建設は、全額、国、県、市の支出でまかなわれた。園芸学校から専門家を招いて、技術の習得を行った。作物は、メロン、キュウリ、アスパラガスなどの高級野菜に加え、シクラメン、スイートピーなどを出荷した。従業員は6名、1938年度総生産額は、1,659円で、121円が利益であった［広島市尾長町協和会誌編集委員会 1986：56-7］。

　福島町には、1924年、西隣保館が建設され、福島町一致協会が経営主体である福島町女子授産場、雨傘製造の授産場が創業した［福島町資料作成委員会 2003：75］。福島女子授産場は、1926年、一致協会の資本と補助金を原資として設立された。従来からの福島町婦人講座を改編し、和裁を中心として、昼夜二部制で稼働した。福島町メリヤス授産工場は、1934年の設立で、地方改善費9,000円の交付を受けて開業し、靴下の製造に着手し、36人の雇用を実現した［共鳴34号 1935］。麦稈真田授産所（設立年、経営主体不明）もあった。その他、現存する資料では、詳細は後述するが、例外的な農村部の授産施設で河野亀市が代表を務めた三良坂授産場（1931年）があった。

　授産場は、定職をもたない貧困層にたいして技術習得を促進し、そして授産所自体が事業所として被差別部落民の生を維持する装置であった。それゆえ、授産所の設立資金は、公的な補助の対象であった。しかし、国庫の補助はあまりにも少なかった。地方行政の補助もあったが、結局、求められたのは、被差別部落民の「自立」であった。すべては、優秀な労働力の訓育と賃金の支払いなど「授産労働」をとおしての被差別部落民の管理であった。それは、抽象的な意味においてではない。これらの授産場には、広島県方面委員会が強く関与した。

D　広島県方面委員会と被差別部落

1　方面委員会と被差別部落

　方面委員会は、1918年大阪府知事、林市蔵が創設した民間主体の相互扶助組織である。それは、監獄学を専門とする法学者、小河滋次郎が、治療としての刑罰、つまり社会秩序を破壊する貧困の未然防止を唱えるドイツのエルバーフェルト・システムの模倣であった。貧困と犯罪を同一文脈で理解していた。方面委員会は、大阪から全道府県、朝鮮、台湾、満州、樺太などの植民地にも設立された。

　杉山博昭は、山口県社会事業協会の雑誌『山口県社会時報』において、方面委員がハンセン病患者に接することへの注意を喚起していたことを明らかにした。そして、方面委員が「無らい県運動」や隔離に直接協力したケースなどもあり、厚生労働省が設置したハンセン病検証会議の最終報告書においても、福祉の世界が隔離に加担した実例として批判されている［杉山 2006：46］と述べた。

　方面委員会が被差別部落の関係をもつのは、1929年、1874年来の「恤救規則」廃止と救護法（本稿では官報第675号：1929年4月2日を参照）制定が遠因にある。救護法は、貧困のために生活困難な65歳以上の「老衰者」、13歳以下の児童、妊産婦、「不具癈疾」、疾病、傷痍、精神障碍、身体障碍によって就労が不可能であるものを法の対象とした（第1条）。救護の予算は当該市町村の負担を基本とした（第18条）。救護主体が実施する救護事業を、生活扶助、医療、助産、生業扶助に限定した（第10条）。救護主体は、名誉職の、すなわち無償の委員であった（第4条）。救護事業の対象が貧困から脱出した場合、救護費用の返還を請求されることがありえた（第27条）。

　「恤救規則」が貧困の責任を「人民相互」に求めたのにたいして、この救護法は、貧困を社会的な問題として認識したようにみえる。しかし、貧困者でも労働能力のあるものは施策の対象とはならなかった。また、人々が国に保護を請求する権利を救護法は定めていない。欠格条項があり、そして受給する人たちには、（通俗）道徳的であることが求められた。市町村長の決定指示に従わないとき、調査検診を拒否したとき、そして受給者が「性行著しく不良なるとき又は著しく怠惰なるとき」は、法の対象とはしないことが明文化された（第29条）。

　「融和問題」は、方面委員会の当初からの課題であった。それは、被差別部落民の多くが、法保護予備群「カード階級（者）」[6] とみなされていたことを意味する。方面委員会は、福祉だけではなく、「要改善地区」、すなわち被差別部落の経済活動にもその守備範囲を広げた。島根県のように履物の原材料の斡旋指導を方面委員が行った［中央融和事業協会 1938a：139］ケース、あるいは、山口県の職業斡旋［中央融和事業協会 1938a：141］の例などがあげられている。被差別部落内に方面委員の役割を期待する福井県の例もある［中央融和事業協会 1938a：138］。すなわち、融和運動と方面委員会は、密接な関

係だったと言える。

2　広島県方面委員会の概要

　広島県方面委員会は、1920年広島市に設立、1921年尾道市、1928年広島県方面委員規定告示（中央政府の法整備よりも早い）1929年呉市、福山市、府中町、糸崎町、三次町、十日市町、音戸町、三原町、鞆町、大柿町におよび、1933年には全市町村に設置完了した。方面委員任命の人口比での基準は、都市部では、350世帯につき1名、農村部では、250世帯につき1名で、どのような小規模の町村でも最低2名が配置された。方面委員数は、全105方面1652名、最大組織は広島市15方面、181方面委員を数え、最終的に1853名となった。委員の出身階層は、「規定」で定められた。それは、篤志家、社会事業家、神職、僧侶、その他宗教家、医師、産婆などである。任期は、3年であった。委員に任命されるのは、原則的に純然たる民間人で、無償で「社会福祉事業」に取り組む人であった。

3　広島県方面委員会の事業と被差別部落

　広島県方面委員会の仕事は、次のように分類される［広島県民生児童委員協議会 1967：18-80］。　1、貧困層の掌理と救護法適応可否の判断　2、一般救護事業　3、特殊救護事業　4、宿泊保護事業　5、授産事業　6、医療保護事業　7、児童保護事業　8、就学児童保護事業　9、特殊少年保護事業　10、少年保護事業　11、融和事業　12、隣保事業であった。被差別部落と関係のある事業は、授産事業、児童保護事業、融和事業、隣保事業であった。被差別部落の授産場で、方面委員会が「掌理」したのは、福島町女子授産場と福島町メリヤス授産工場、尾長町では広島園芸場であった。農村部では三良坂授産場を「掌理」した。融和事業にかんしては、地方改善委員会と、広島県共鳴会への関与をあげている［広島県民生児童委員協議会 1967：77-8］。

　方面委員会が、被差別部落にかかわるのは、米騒動が直接の背景であった。米騒動と被差別部落の関係の長い情勢報告は、「治安」上、被差別部落の動向に特段の関心を抱いていたからであった［広島県民生児童委員協議会 1967：81-5］。その事後対策として「社会事業」を組織するために生活調査、保護などとともに融和親善を掲げた［広島県民生児童委員協議会 1967：97］。

　授産事業とは、方面委員会が仕事を直接教えることではなく、また運営をすることでもなかった。それは、「広島県方面委員会規程」第6条に明記されている「社会的施設の適否及び新規施設の調査攻究」［広島県民生児童委員協議会 1967：97］であった。結局それは、内部からの事業の管理と監視でしかなかった。

4　方面委員による貧困の世帯化と個人化

　個人にたいする救護法適応の可否を判定するのは、救護法第4条が規定する「名誉職」

の方面委員たちであった。角崎洋平は、内務省社会局社会部の資料を引用しつつ、貧困は多様化していたため、「内務省社会局は、従来の市町村機構のみでは、個々の生活困窮者（世帯）にたいする『懇切なる指導と救護』や、その前提となる個々の『状態の精査』の実施に心許ないため」「多様な生活困窮者を綯交ぜに取り扱うことは『濫救漏救』を生むものと捉えられていた、と見てよい」、そしてそのための「補助機関」に、「すでに民間レベルで生活困窮者への生活指導や救護を実施・展開していた方面委員制度の利用を図った」。「またその担い手に（多くの民間人が存在した一方で）少なくない地方公務員が存在した面でも政府の影響力は大きかった」ことを方面委員会が利用された理由にあげている［角崎 2012：178-81］。方面委員もまた名誉職であったので、それは、救護法第4条の要件を満たした。

　方面委員は、給付の程度も判断したので、対象個々の事情を把握する、いわば〈目利き〉であることが求められた。行政事務では捕捉できない対象個人の事情を、「土地の事情に通暁した」〈目利き〉が把握し、「懇切なる指導と救護」という有給職員にはできないであろう〈職人芸〉をもって個別裁量的に対応するのである。まさに敗戦前の貧困対策としての給付制度は、名誉職方面委員の、〈目利き〉による『要件』をめぐる裁量と、〈職人芸〉による『措置』をめぐる裁量を推奨していたものとして理解できる［角崎 2012：175-80］。

　被差別部落にかんしても、〈目利き〉は、内部事情に詳しい被差別部落に居住する有識者や資産家を選ぶ必要があった。ただし、それは被差別部落民に限らなかった。とくに都市部では、被差別部落民と非被差別部落民が被差別部落の内部から方面委員に任命されている。

　彼らが救護可否の妥当性を判断した。その情報は広島県の場合、「広島県台帳カード（第一号様式）」に極めて詳細に記入された貧困世帯調査[7]が基本資料になった。誰が貧困者であるかの認定をし、方面委員が記入した調査カードに記載された情報にもとづき、方面委員が決定した。

　方面委員たちの調査したカードは、貧困を地域の問題にすることから、貧困者をさらに階層化し、世帯化し、個人化して「掌理」するのに利用された。広島県方面委員会のカードのすべては、被爆で失われ現在は残存しない。カードに登録された貧困層は、1935年「方面カード者調」によると、戸数28,561戸、人口104,052人であった［広島県民生児童委員協議会 1967：109］ことのみがわかっている。県総人口は、382,252世帯 で人口1,804,916人であった。

E　融和運動と被差別部落の統治

1　被差別部落内の方面委員

　とくに都市の被差別部落では、「カード者」にたいする目利きが求められた。設立当時の方面委員名簿［広島県民生児童委員協議会 1967：134-70］には、広島市尾長町、福島町、双三郡三良坂町の被差別部落出身の方面委員が記載されている。尾長町では、金川保吉（麻裏表商）、大杉小次郎（製靴業）、山本増太郎（農業）、沖本健吉（煙草小売）の4名、福島町では、杉本秀一（呉服商）、中村繁松（養鶏業）、山口政則（製靴業）、岩田新一（製靴業）、菊崎正行（帯革製造）、の5名、三良坂町の被差別部落から、河野亀市（農業）が方面委員の常務の肩書きで名簿に掲載されている。福島町在住の杉本秀一以外は、すべて被差別部落出身者であると確認[8]がとれる。ともに有力者であった。ただし、河野以外の行動記録はない。

　非被差別部落民の杉本秀一にかんする記録は多い。杉本は、1888年に生まれ、広島市方面委員会設立メンバーの一人で、そのとき41歳であった。『天鼓』の記事には、杉本の氏名が2か所確認できる［天鼓第1号 1914：40］。一致協会の創立に際し、1円50銭寄付している。このことから、19歳のころには、一致協会周辺で部落問題にかかわっていたと思われる。藍綬褒章授章時の杉本のプロフィール［広島県民生児童委員協議会 1967：279］では、冒頭で「軍神[9]」杉本五郎の実兄であることがのべられる。杉本秀一が17歳で福島町に移り住んだきっかけは、杉本が高等小学校在籍中、福島町の子どもが大勢の一般児童から虐待をうける現場に遭遇し、福島町の子どもを助け加害者に謝罪させた「美談」にあった。杉本は、被差別部落内に青年団を組織し町内清掃を実践させたり、女子青年団には、茶華道で礼儀作法を習得させたりした。すなわち通俗道徳の涵養を軸とした活動をしていた。一方では、差別の原因が貧困であるとして、青年層向けに、授産事業としてメリヤス工場を起業した。

　「武勲」と「美談」の杉本は、常に「民間」にいて、方面委員会を組織し、調停委員、保護司を委嘱されて活動した。そのメリヤス工場が、1934年設立の福島町メリヤス授産工場と同一かは不明であるが、被差別部落民には、生きるための仕事機会を示した。

2　融和委員会と方面委員

　広島県の融和運動は、共鳴会、融和事業委員会、そして方面委員会の関係性で成立していた。それは、それぞれの資料に同一氏名が掲載された記録にみられる。

　共鳴会設立の翌年、広島県は、地方改善事業委員会を組織した。それは、関係地方官僚、被差別部落代表、篤志家など30名で構成されていた。共鳴会が、名実ともに半官半民の組織となるのと同時期、この組織は、融和事業委員会に名称変更された。そして、組織の陣容は、会長に県学務部長、副会長に県社会課長があたり、委員は、関係部局の

地方官僚、民間人ら90名に増員し、県知事が委員を任命した。1929年の名簿［共鳴52号 1925］には、会長から事務方まで含めて104名の委員名が掲載されている。その内、公的な肩書きのない民間人と推測できる人が37名存在していた。被差別部落の有力者の名前もみえる。他の資料と参照すると、その内6名は、1934年作成の「本県方面委員制度設置時の名簿」中にある人と同一人物である。方面委員で融和事業委員を兼職する人は、1936年には23名中9名になり、40％近くなる。ちなみに神職僧侶は6名、商業農業は7名、医師1名である。被差別部落出身者の融和事業委員は、方面委員であるものが任命を受けている［共鳴53号 1931］。また、1934年『共鳴』27号の協賛広告にも6名の方面委員が名を連ねている。

3　共鳴会会員と方面委員

　『共鳴』を丹念に読むと、共鳴会の役員や会員の中に方面委員が存在したことがわかる。1932年第12回総会で、共鳴会は、39名の評議員を委嘱する。その中には、広島県方面委員から6名の方面委員である人たちが選ばれた［共鳴27号 1934］。選ばれた方面委員の一人には、前出の杉本秀一も含まれていた。そして、1934年に融和事業委員評議員を委嘱［共鳴27号 1944］された。杉本は、さらに共鳴会の中枢である理事に選ばれた［共鳴28号 1934］。

　共鳴会海田市支部幹事、近藤史郎、同じく安芸郡坂村支部の宮田兼助は、方面委員であった［共鳴第27号 1924］［広島県民生児童委員協議会 1967：134-70］。賀茂郡広村の櫻木八重子は、共鳴会の評議員であり［共鳴42号 1935］、かつ賀茂郡下浦辺方面に所属する方面委員でもあった［広島県民生児童委員協議会 1967：134-70］。櫻木は、共鳴会婦人部の設置にかんして署名入りの投稿を行っている［櫻木 1935：3］ので共鳴会と関係性が強かったと推測できる。投稿の内容は、共鳴会広支部の研究会にたいする要望で、経済更生上、また児童融和教育における共鳴会の役割の重要性を訴えるものであった。櫻木は、たんなる充て職ではなく、融和主義者として能動的に行動している。櫻木の配偶者の死亡に際して寄せられた、『共鳴』の記事からも、それはわかる［共鳴42号 1935］。これは、貧困を犯罪と同一視し、福祉の与奪を実践する方面委員会と融和運動の共鳴会が、役員を共有し、親密な関係を構築していたことを意味した。

　杉本以外の方面委員で、融和事業（運動）に功労があった人物として、呉市の花田瑞穂（神職）、宇根実（無職）、広島市の田村平一（農業）が、挙げられ［広島県民生児童委員協議会 1967：280-98］、部落問題に関与しことになっている。これらは、藍綬褒章などを受けた委員である。この人たちの活動実績は、記録がない。

4　被差別部落の方面委員──河野亀市の場合

　次に被差別部落民で方面委員となった人物について考察する。前述した被差別部落

第4章　労働による被差別部落民の保護と統治　——融和運動と権力——　　91

出身の方面委員で記録が残るのは、共鳴会役員、融和事業委員会委員のすべてを兼職した河野亀市である。さらに広島県水平社のメンバーでありながら、方面委員に任命された岩井常吉については、自身の証言が残っている。

　河野亀市は、双三郡の第4方面25名の委員を代表する常務であった。しかし、河野亀市の生涯を記述した末広憲爾は、河野が方面委員だったことや授産場の建設運営に方面委員会が介在したことを記述していない。河野自身の記述［河野 1929：84-6］によると、河野は、1885年に生まれ、県立某中学校（三次中学校）に入学したが、「侮辱と迫害」によって「過度の神経衰弱症」で退学。その後、鳥羽商船学校に入学した。しかし、「大阪、京都、神戸」を転々として一年半の間「自分の安全地帯を求め歩いた」。福知山中学校ではえん罪を着せられ退学、結局早稲田中学校を卒業した。1910年福山第41連隊入営、軍隊内でも差別的処遇を体験した。米騒動の過程で流布した被差別部落への予断と偏見にたいする憤りが融和運動参加のきっかけとなった。

　1920年、広島県部落改善協議会に参加したが、会議は河野にとって「的外づれで終わった」。それでも「年来の宿望」を果たす絶好の機会を与えられたとのべている［河野 1929：87］。これに続く1921年、第2回帝国公道会、全国同情融和大会に参加し、生涯融和運動に参加することとなった［河野 1929：87］。

　河野は、部落差別が厳に存在することは、「一歩之が指導を誤あらば国家百年の大計は実に憂慮に堪へないものがあると考えた」［河野 1928：87］。河野は、当時の被差別部落出身者としては、高学歴者であった。だが、自己の被差別体験を対象化し、理論的な課題を導きそれを解決する方法はとらなかった。被差別者としての自己と、皇太子に「拝謁」できるまでになった自己を対比させ、一種の成功モデルとして自己を示して［河野 1926：4-6］、被差別部落大衆に融和運動への参加を喚起するという方法をとった。また、結婚差別を重視する人々にたいして差別被差別の関係が生じることを「畢竟差別被差別と云う二つの差別観を握っての」（傍点＝小早川）発想であると非難した［河野 1929：3］。結婚差別の解決は、河野には意味あることとは思われなかった。つまり、部落を解放する思想構築のために苦闘するタイプの活動家ではなかった。

　河野は、共鳴会創立大会で議長をつとめたとき、山本政夫の発言にたいして、「まるで露西亜の過激派のようなことを云う」［山本 1925：4］と嫌悪した。河野は、山本政夫とはタイプが異なる活動家であった。山本は、融和主義者であったが、部落問題の理解のために、誤解があったとしても、マルクス主義の文献を参照することに躊躇はなかった。ブハーリンを引用し、身分、階級、イデオロギーの問題と格闘し、部落問題解釈に普遍的意味を見いだそうとした意味で思想家的であった。

　一方河野は、田畑27ないし28町歩、山林40町歩を所有する豪農であった。末広によると、河野は、自身が代表者となって三良坂授産場を開設した。この授産場は、屑繭整理を仕事とし、『共鳴』や『融和時報』などで全国に広く紹介された［末広 1998：133-7］。

資金は、6,000円の助成金と用地と資金の不足分は河野の潤沢な資産から充当した［末広 1998：133-4］。（『共鳴』は6,000円が自己資金としている）この授産場には、さらに投資が行われた。1934年、設備3,305円（内国庫補助265円）の投資があった［共鳴43号 1935］。しかし、その活動期間は短く、1937年には事業は失敗し、授産場は解散した。解散の理由は、恐慌、人絹需要増大による絹製品の不振で、先行する地元企業による吸収［末広 1998：133］で終わった。一般的に国家からの補助金は、平均で実質竣工費の10.7％まででしかなかった。前出の福島町のメリヤス授産事業では、16,020円の竣工費総額にたいして、国庫支出は、わずかに335円［共鳴34号 1935］、2.1％であった。

　河野亀市は、三良坂町内で複数の集会所や共同作業場建設の支援、農地開墾、果樹、野菜栽培、橋梁の建設などの事業に自費を投じた［末広 1998：140］。将来性ある被差別部落の児童は、公的には、地方改善育英事業で旧制中学校に進学（1931年は1名、1932年は2名）した［末広 1998：138-41］。家庭の事情で進学を断念していた末広母子に教育の重要さを説いたのは河野であった。修学資金全額は、河野の個人的な支援であったと末広は回想している［末広 1998：145］。1937年に中学校を卒業、教職員になるためにさらに進学した。河野は、末広にそのことを他言無用[10]と、堅く言い聞かせた。

　河野のこうした行動は、「美談」に思える。しかし、河野は、方面委員の総務であった。総務には、担当する方面の情報が集中する。ゆえに、もはや米や醤油みその貸し借りができたという牧歌的な相互扶助のリーダーではなかった。誰が救護法の対象となり、どの程度の施策が妥当なのか、あるいは誰が進学助成に値するのかも河野亀市という個人による判断によっていたことになる。そして、救護の打ち切りの判断も河野に委ねられた。

　これとは別に、河野には別の側面があった。それは、農地を抵当にして融資をする圧倒的資産を有する権力者としての一面である。竹細工師の石田湿源の父は、水田7反を担保に河野亀市宅から祖父の治療費を借り入れ、結局返済できなかったと証言（2015年10月竹の館）した。担保は河野の所有となった。（現在はさらに他の人へ所有権が移転している）河野一家の行為はまったく合法的である。しかし、結果として富による権力として認識されるようになっていた。前出の授産場の開設から閉鎖まで、またその他の地域改善事業が河野ひとりの判断で、地元周辺の既存企業者との関係性において決定されていた［末広 1998：133-40］。石田は、河野が竹細工の講習などを恣意的に導入運営したのであって、自己の竹細工とはまったく無関係であるとも証言した（2015年10月竹の館）。

　被差別部落に生起している現象が、被差別部落民自身の個人的資産の投入で補うレベルの問題として、現実的に実践してしまったという意味で貧困の非社会化、個人化であった。末広への進学支援は、同じ被差別部落民として、能力がありながら、貧困によって将来を閉ざされている人たちにたいする止むに止まれぬ共感を背景としている。し

かし、それが制度化した奨学金ではないという意味で、結果として部落問題を非社会化したと言える。そして、これらの行為は、河野にとっては差別との闘争であったが、その闘争は、河野の主観で救護すべき貧者を選択し、原資を付与するという権力行為でもあった。闘争と権力は背中合わせであった。

5　岩井常吉の場合

　岩井常吉は、生前、部落解放同盟広島県連合会事務局長であった石岡隆允に「私は、32歳で方面委員になりました。当時32歳といった若い方面委員は多分全国でもめずらしいでしょう。方面委員は、金を取り扱うから資産がないと資格がない。ところが私には家族はあっても、自分の持ち家すらない。皆がお前やれといったせいもあったのか、玖島三一さんがお金を貸してくれ、それを元手にして家を一軒買って、資産はこれ一つとやったら方面委員の辞令がきた」[石岡隆允 1985：135]と語った。玖島三一は、全国水平社青年連盟広島県支部、全水無産者同盟の活動家であった。1929年に、広島県ではじめての治安警察法によって懲役3年の実刑判決を受けた。さらに1941年には、治安維持法の予防拘禁規定の適応で1年間拘束された。敗戦後も部落解放運動の再建、日本共産党広島県委員会再建に尽力した人物であった。方面委員会は、こうした闘士さえ囲い込んでいた。

　岩井は、1906年生まれなので、方面委員になったのは、1938年頃である。すなわち、この頃までには、水平社運動の主要な活動家が中堅人物となったように、方面委員会からの委員推薦の要請を受諾する関係が成立していた。岩井の「国民労務手帳[11]」によると、岩井は、1938年当時、東亜靴工業所の労働者であった。つまり、労働者として方面委員になった。通常、農業、住職、自営業者から方面委員が任命されたので、労働者の方面委員は、きわめて少なかった。広島県の1933年、全1,613人の方面委員にたいして、労働者の方面委員は15人で、0.1％にすぎない[広島県民生児童委員協議会 1967：134-70]。岩井は、年齢が「めずらしい」とのべたが、むしろ労働者で方面委員になった人がめずらしい存在だった。また岩井は、1944年、保護司を委嘱されたことを証言している[福島町資料作成委員会 2011：34-5]。保護司になった経緯は、治安維持法違反などで逮捕された人への面会が容易であったからとのべている。それは、数田という検事正が、「君はなんじゃいうて、今重要な立場におる君が保護司をやらんいうことはいけん」と進言したからであった。その感想を「わしだけ検事正から貰たんや、─中略─保護司に任命されたんじゃけ。嬉しかったよの」と岩井はのべている。「重要な立場」が何を意味するのかは定かではない。しかし、それは検察権力と岩井の関係性において「重要な立場」であったがゆえの発言だったとは言える。

　広島県共鳴会や融和事業委員会へ直接包摂できない被差別部落や被差別部落民に一定の影響をもつ人物は、「民間」の方面委員会に包摂し「保護」した。それは、融和主義

ポリティクスの巧みさを表している。当時の国家権力は、治安警察法、治安維持法によって、共産主義者、社会主義者、無政府主義者、宗教者、右翼に至るまで政府にたいする批判者を弾圧し、命を奪うこともあった。不都合な人物は、呼吸すら許さないその一方で、岩井という反体制側の人物をとりこみ「生のよろこび」を与えた。権力にとっては、人々がどのような組織に所属しているかは問題ではなく、無意識であっても規律を了解する人々を、それが機能する領域に取り込んだ。

F　まとめ

　本稿は、融和運動が、国家政策にしたがって被差別部落民の生を奪うのではなく、職業機会と保護の意志を提示して統治したことをみてきた。とくに米騒動後には、水平社運動に対抗する広島県共鳴会、広島県方面委員会、広島県融和事業委員会などのチャンネルが準備されていた。やがてそれは、水平社にまでおよんだ。その職業機会は、副業の奨励であり、また授産場の導入であった。それらに含まれた仕事の種類は、極めて多様だった。それは、「労働は、すべての形式の貧困にたいするあらゆる解決策、間違いのない万能薬、救済手段として知覚されている」［Foucoult 1972=1975：88］からであった。また、「つまるところ一般的に言って、内政が支配するべきとされるもの、内政の根本的対象となるものは、いわば、人間たちの共存の形式全体です。人間たちがともに生きること、再生産すること、それぞれにしかじかの量の食糧を必要とすること、呼吸して生きていくために空気を必要とすること、異なっているにせよ似通っているにせよさまざまな職に就いてそれぞれに労働すること、流通空間のなかにいるということ、このようなたぐいの（当時の思弁にたいしては時代錯誤的な単語を用いるなら）社会性こそ、内政が引き受けいれるべきとされている当のもの」［Foucoult 2004=2007：403］であったからである。

　もちろん、農村地域の被差別部落の副業に従事することは、いわゆる賃労働ではない。また、都市の被差別部落での授産場の労働も、労働能力がありながらそれが発揮できない人々への訓育と技術指導であって、その過程で商品が生産されたとしても、厳密な意味での労働とは言えないが、「似通った」労働であった。しかし、そこでの労働は、日本の資本主義の特殊性ゆえに、そのままでは包摂しきれない農村の被差別部落や、都市で細民化する被差別部落を、労働をとおして封じ込め、帝国主義段階的に再構築した。そこでは、常に通俗道徳が纏わりついていた。

　部落改善運動から、広島県共鳴会、広島県方面委員会、広島県融和事業委員会などによる融和運動への転換は、資本主義的な分解を遂げない農業社会をあるがままで管理型社会に被差別部落を鋳直すことを意味した。法によっては救済不可能な人たちを、権

力による主体形成によって自律的な人たちへと「善導」した。とくに、方面委員会の融和運動への介入は、過剰な管理社会の装置を被差別部落へ設置することであった。それは、規律訓練型権力が、被差別部落の内部からの機能することを意味した。被差別部落内で、職業機会をものにした経済的実績で優位にたった人たちが中堅人物や方面委員となった。彼らは、畏怖され、場合によっては被差別部落内外から「絶対的服従」の関係となった。

校　註

1　同様のことを、バウマンが次のようにのべている。「貧困であることは、ますます犯罪と見做される。つまり貧困になることとは、犯罪性向、あるいは犯罪意志——アルコール中毒、ギャンブル、ドラッグ、サボリや放浪癖といった——の結果と見做される。貧困者が保護や補助に値するはずもなく、まさしく罪の具現そのものとして、憎悪や非難の対象となる」[Bauman 1997＝1999：157]

2　日本の農村が、近代性と古い共同体性を併せもつことは、日本の伝統的な情義的結合＝一体化の原理と近代社会に必要な利害の分化が前提されている、と藤田省三は述べた。そして情義的結合が公的に強要されると「村八分」、意見が対立し相容れないときには対立の爆発的エネルギーを蓄積すると、続けた。本論では、この状況で生まれる精神を意図している。

3　竹細工を例に、収入を見ると、次表のようになる。

竹製品生産額、従業者数の副業の占める割合

年度	非副業的生産（戸数）	1戸平均	副業的生産額（戸数）	1戸平均	販売用	自家用
1916	7,257,401 (46,842)	155	3,346,249 (154,486)	22	9,948,033	655,617
1917	10,206,514 (47,761)	214	4,362,141 (159,793)	27	12,551,644	1,017,011
1918	15,612,551 (48,243)	324	5,690,950 (160,884)	35	20,067,224	1,236,277

（農商務省農務局編　『副業参考資料第7　竹製品ニ関スル調査』（1922年）より作成。副業従業者数は、男女を合算した。金額は円。小数点以下四捨五入）

　　これは、生産販売額であり、仕入れ、経費が含まれた税引き前の金額である。1918年の日雇労働者の日当は、約1円だとすると、最大300円／年となった。1戸あたり複数の働き手がいたとすると、専業で竹製品を製作するより、遥かに高い年収になった。一方、副業として従事した人たちは、1戸あたり年間35円にしかならなかった。最早、「部落産業」と呼ぶには根本的な疑問がある。

4　一時期の「満州国政府」は、中国東北部の農村を調査し、『満州国副業調査書』（満州国産業部満州国産業部大臣官房資料科）を作成している。また、朝鮮総督府は、『朝鮮の農業』（朝鮮総督府朝鮮総督府殖産局）を作成した。たとえば、朝鮮においては、「始政以後に於いて新副業として現出した其の効果最も著しきは縄、叺、莚の製造なりとす」とのべ、朝鮮の文化として生産されていた旧来品を廃止し、日本式を奨励した。その際、品評会を開催し、統一規格を持ち込んだ。

副業製品は、この3点以外に、草鞋、莞草蓆、柳行李、竹細工、簡易農具が農産物とともに示された。

5　地方の被差別部落では、水平社も共鳴会も被差別部落の共同体性に規定されていた。活動家であった人の遺品には、双方の名刺が残されていた。すなわち、日常的には交流があり、水平社同人が共鳴会の行事に出席するのは、驚くには当たらない。

6　「カード者」の用語は、広島県方面委員会で使用していた。神戸又新日報 1932.1.1（昭和7年）には、「二十万円の巨費でカード階級を救済」のタイトルで三宮方面委員会関連の記事が掲載されている。

7　調査項目は、表面に、世帯主欄、家族欄、調査前の生活状況欄、住宅状況、扶養義務者縁故者、日常生活の状況欄、備考欄があり裏面には、訪問の経過を、措置などが記録された。氏名、続柄にはじまり宗教、思考、家政の荒廃、怠惰、浪費、飲酒、習癖、賭博などについて記した。扶養義務者縁故者との関係欄には、親族住所、続柄、扶養能力の有無、扶養額を記入した。備考欄には、火災保険、救護受給状況、間貸し賃貸料、前科と刑罰名刑期が記入された。裏面には、訪問時ごと、健康状態、職業、収入などの変化、相談内容と措置などがつぶさに記録された。このカードから「カード階級」または「カード者」という用語が生まれた。カード階級には、伊賀光屋によると第1種カード階級と第2種のカード階級二つのカテゴリーがあった。

8　確認には、当該地域において血縁者などの確認によっている。ただし、同姓同名の人ではない、という確証も、完全ではないが得られている。

9　軍神は、もともとメディアが使用した尊称であったが、1938年以来、軍が正式に軍神を指定し「功労ある」戦死者を神格化した。近代の軍神は、約20名を数える。「軍神」に指定されると生家には「軍神の家」という表札が掲げられ、近隣の小中学校の児童生徒が隊をなして参拝に訪れた。「軍神」の家族も特別視された。「軍神」は、戦意高揚を鼓吹する精神的源泉の一つであった。戦争遂行のイデオロギー装置であった。被差別部落民が含まれたということで、被差別部落を熱狂させた「肉弾三勇士」も軍神に含まれている。

　　杉本五郎は、本来、国粋主義者であった。2・26事件で厳しく反乱派を非難。戦線では、山東省戦闘で指揮をとりつつ立ったまま皇居に敬礼の姿勢で絶命したという「神話」の主であった。

10　「他言無用」は、匿名性の美徳からではなく、河野亀市が被差別部落出身であることが全国的に知られているので、その関係を第三者に知られると、末広が被差別部落出身であることがわかり差別を受ける、と懸念したことだという。

11　「国民労務手帳」は、1941年国民労務手帳法によって生まれた。鉱工業労働者の身分、経歴、技能程度、賃金給料等が記入された。登録先は、国民職業指導所であった。適用を受ける労働者は、約600万人と予想された。この労務手帳制度の主要な目的は労働者の移動防止にあったが、同時に登録制度と補いあうものであり、手帳法の公布とともに、先の能力申告令による申告手帳は国民労務手帳とみなされることとなった。

第2部　「部落産業」にかんする「科学的」言説批判

第1章　「部落産業」論批判

　被差別部落民は、多様であると言われる。しかし、その一方で、「貧困」や「原始性」「野蛮」と結び付いた存在として語られる。それらが被差別部落の典型とされる場合もある。それは、「自然」に発生したステレオタイプであるかのようだが、実際にはそれほど単純ではない。「部落問題研究」の「成果物」＝言説を背景としている。この事態は、イデオロギーを背景にして、都市部の大型被差別部落への調査研究からもっぱら産出されている。「多様」であるのに「典型」が存在するという矛盾は誰も説明しない。それはなぜなのか。

　地方の少数点在型の被差別部落は、とくに、産業・職業において、この「典型」とはまったく異なる存在を示している。仮に、被差別部落に一般的な傾向があるとするなら、それは、少数点在型の被差別部落の存在の仕方にある。差別社会で、被差別部落民が仕事につくことは、ことのほか大変なことであった。どのように、それを克服し、彼・彼女らはどのように今を生きているのか。

A　「部落産業」にたいする人々のまなざし

1　ソーシャルネットワークシステムと被差別部落のイメージ

　食肉産業と皮革産業は、産業分類としてはまったく異なる範疇にある。しかし、動物の屠殺をその出発点としているために、人々は、一つのカテゴリーとして認識しやすい。しかも、それらにかんする生産物は、端的にいうと、被差別部落民が主たる生産者であるといわれることがある。たとえば、いわゆるソーシャルネットワークシステム（SNS）の世界を見ると、その傾向がよくわかる。次に示すのはいわゆる「2ちゃんねる」からの引用である。なお、引用部分の文章は、地域名をアルファベットにし、個人の特定につながるIDなどは削除した。

　　767：名無しさん＠お腹いっぱい。2011/06/07（火）16：05：16.71
　　　　　昔サラ金の電話督促のバイトやってたんだけどやけに多い地名に
　　　　　安佐南区西原祇園Hあたりがあったと記憶する。
　　　　　あと佐伯区五日市C、西区F町も。
　　　　　B？K？（恐らく、部落とコリアンのイニシャル）

768：名無しさん＠お腹いっぱい。2011/06/07（火）16：45：45.74
　　　サラ金に部落関係ないだろw
　　　たしかに西区F町はKタウン
　　　西区は食肉関連があるからその歴史が長い
　　　20年前まで国道2号線が臭かった地域もある
244：名無しさん＠お腹いっぱい：2012/02/14（火）19：57：14.02
　　　Oは曙サンクス裏くらいしか知らんわ。
44　：以下、名無しにかわりましてVIPがお送りします：2012/05/19（土）05：37：11.45
　　　スクラップ屋
　　　屑鉄扱ってる工場な
45　：以下、名無しにかわりましてVIPがお送りします：2012/05/19（土）05：37：19.23
　　　靴屋とか皮ジャン屋とかが多いと被差別部落
　　　ただ昔ながらの所で、自分たちで商売をして暮らしているので
　　　こういう地域の被差別部落の住人はあまり問題ない
　　　雰囲気だけ悪くてろくな店がない被差別部落は
　　　利権にたかってる地域なのでものすごく質が悪い

　また、株式会社ヤフーが運営するサイト、「Yahoo 知恵袋」には、「同和問題（被差別部落問題）鞄・靴・ベルトメーカーへの偏見があるというのは本当でしょうか？」という質問に多くの「アンサー」が投稿されていた。下記は、その質問への「ベスト・アンサー」として「推奨」されたものである。冒頭の一部を紹介する。「業界のもの」だとしている回答者本人は、文脈からは、皮革産業従事者と判断できる。

　　「バッグを主力とした会社を営んでいます。業界内部からの視点を偽りなく説明しましょう。同和問題に関心のある方にも拝読頂ければ幸いです。ご存知でしょうか？ 皮革のナメシというのは同和と密接な関連があります。同和出身の方の蔑称で「よつもの」というのがあります。日本は維新を迎えるまでに「4つ足獣」は禁忌でしたから、必然的に同和の方がこの4つ足に絡む仕事をしてきた歴史的経緯があります。 維新以降は4つ足への忌みは、食肉文化の普及と共に薄らぎますが、皮革鞣し業の多くは同和関連の方が多数就労してきました。また、戦中の軍需品の皮革需要（軍靴・ベルト）の高まりを受けて、被差別者（身体障害者）が自らの口で咀嚼し革をナメスという事例が合ったことも申し添えます。このような歴史的背景がありましたから、革を鞣す仕事というのは、一段低い仕事というイメージが定着したのだと考えられます。現実的に、姫路・豊岡には未だに同和関連企業がタンナー（革鞣し）業を営んでいるケースを散見します。」

職業に限らず、被差別部落や在日コリアンにかんする悪意に満ちた書き込みは、この種のSNSに多く見ることができる。丹念に検索するまでもなく、これらは、コピー＆ペーストで、まるで際限がないかのように拡散し、それにたいして多くのレスポンスが寄せられる。そしてさらに再拡散し、屠畜や皮革の仕事と被差別部落が不可分な関係にあるという人々の観念を「再認識」させていく。文脈からは、この書き込みを行った人たちが、少なくとも善意をもって行ったとは言えない。

2　市民の日常と「部落産業」

　この一方で、少なくとも悪意ではなく、被差別部落と皮革や食肉が不可分の関係にあると信じている人々もいる。それは、次のようなインタビューに現れる。成田勝也さん、1956年生まれ、工業プラント関係の企業を経営している。2013年5月のインタビューで成田さんは、自身の部落問題との出会い、被差別部落の友人が遭遇した結婚差別、解放会館での思い出を語っている。

> 小早川：被差別部落の職業については、どう思っていますか。
> 成　　田：職業？ああ特定の職業みたいな意味でですか。
> 小早川：ええ。
> 成　　田：だから被差別部落の成り立ちの過程の中で、屠殺だとか、それを活かした
> 　　　　　皮だとか。そういう部分に、産業にかかわってた人たち、これがベースに
> 　　　　　なってるっていう。そういうふうには習ったと思うんですけども、そう
> 　　　　　いう傾向っていうのがあるのかなっていう。
> 小早川：聞かされていた。習ったというか、いうことですか。
> 成　　田：と思いますね。

　成田さんは、被差別部落と屠畜や皮革と関係づける認識が、学校教育の学習によると同時に、地域の解放会館に展示されていたジオラマなどの展示物も影響があったと述べている。成田さんは、福山市のある解放会館に出入りした時期があり、ジオラマとは、そこにあった町の様子を再現した展示物のことである。展示物は、職業にかんするものもあったという。

　次のインタビュー（2013年6月）は、酒田宏さんという1959年生まれのアーティストで、自らアトリエを経営している。酒田さんは、子どもの頃、祖母が語ったことを思い出して証言しはじめる。

> 酒　　田：僕かぁ、当然、小さいけ、そういうふうな（差別）意識はまったくないけど、

ばあちゃんが、たとえばその、具体的な名前だしますけど、○という靴屋さんがあって、ばあさんの商売しよったところが、橋いっこ渡ったところにあるんですよ。ほんでなんかの時に、靴屋のおじちゃん可愛がってくれたんだけど。あそこはラージイッポンガケじゃけえいうて、最初、わからんけ。それ何いうたら。まっ、そういう被差別部落。それを言われてもわからんかって。

小早川：だけど1軒だけでしょ。その人は。○さんは。集落としての被差別部落じゃない？

酒　田：そうですね。

小早川：その場所どのあたり？

酒　田：松永のね、ロイヤルがあるでしょ。

　――中略――

　その場所は、確かに被差別部落ではない。

小早川：どうしてそういうことになっていたの？

酒　田：そこもわからんす。そういゃ、そこのまた並びに小さい商店街があって、30ｍくらいの、あっこは肉屋さんがおっちゃったけえね。そこも。まる、あれ名前どうやったっけな、まるで、度忘れした。

小早川：そこも部落じゃいうて？

酒　田：いや、それはほんまに噂。若干成長すると、靴屋とか肉屋いうんが（差別の）対象になってくるんですよ。じゃあ、松永はどうなんだって。下駄じゃいうことになるんじゃけど。いわゆる革ですよね。

小早川：松永の下駄[1]については全然そういう差別にかんする話はでなかったですか？

酒　田：全然です。

小早川：それは丸山がやってるから。

酒　田：丸山の力、大きかったでしょうね。

　「ラージイッポンガケ」とは、酒田さんの周辺で使用された被差別部落を表す差別的隠語である。「ラージ」は、イギリスから輸入されていたラウジ自転車[2]に由来する。「イッポンガケ」は、「1本欠け」である。ラウジ自転車の商標登録は、手のひらを見るものに向けたイラストを使用している。当然指は5本である。その指が1本欠ける「よつ」という差別用語の代替語として使われる。このようなローカルな差別表現は部落問題に限らず見られる[3]。

3 「人権研修」と被差別部落の仕事の観念

　次に、企業内で、人権研修を受けた2人へのインタビュー（2010年9月）を紹介する。両氏とも、1990年以降四半世紀にわたり、人権研修を欠かさず実施し続けている企業の社員である。

　　小早川：部落のイメージは、あなたにとってどのようなものですか。
　　野　村：革、靴や精肉いうことが真っ先に浮かびます。
　　山　本：私も同じです。あと竹細工ですか。そうした産業的なことをイメージとしてもっています。
　　小早川：では、それを仕事にしている被差別部落を知っていますか。
　　山　本：いいえ、具体的には知りません。
　　小早川：では、どのようにしてそのイメージを得られたのでしょうか。どこで「部落＝靴」という知識を得たのですか。
　　野　村：それは、書物などですね。
　　小早川：書物というと？
　　野　村：部落問題の解説書や専門的な歴史書などです。解放出版社とかの…。
　　小早川：明石書店？
　　山　本：そうです。それに、私は、解放同盟などの学習会などで聞きました。
　　小早川：お知り合いの中に個人的な親交のある被差別部落の人はいますか。
　　野　村：この地域の人たちは顔見知りですが、親しい人はいません。他にもいません。
　　山　本：いるかもしれませんが、分かりません。

　もちろん、部落問題を知らないと答える人もいる。また、インタビューはできなくても職業と被差別部落のあいだに特別な関係があるということについてのみ回答してくれた人もいる。それらに共通することは、職業や産業の現実を自身で確認していないにもかかわらず、被差別部落民と、食肉、皮革、製靴などと確実に結びつけていることである。芸能との関係を力説する人もいた。

4 当事者の仕事にかんする観念

　同様のインタビューを被差別部落民にたいして行うと次のようになる。山藤さんは、部落解放同盟の中堅活動家である。2013年のインタビュー当時、59歳であった。

　　小早川：あなたの被差別部落に特徴的な仕事というものがありますか？
　　山　藤：私のところでは、土建・建設関係の人が多いです。

小早川：それは、いつごろからですか？

山　藤：目立つようになったのは、いわゆる特措法以降でしょうね。

小早川：一般的には、どのように認識していますか？

山　藤：部落産業ですね。それは、やはり、食肉、皮革の仕事が多いでしょう。

小早川：山藤さんがこれまで、解放運動で関係された被差別部落の中では、そのような仕事を主にしている人は、いますか。

山　藤：昔は、1人いました。

小早川：その人は、食肉関係者ですか。それとも…。

山　藤：食肉です。

小早川：被差別部落の一般的な職業として従事していたのでしょうか？

山　藤：そのように考えてきました。伝統的に。

小早川：伝統的にというのは？

山　藤：江戸時代から、そういう仕事に従事してきましたから。

小早川：では、伝統的に、屠畜も含めて食肉や皮革の仕事をしてきた被差別部落は山藤さんの活動範囲にありますか。特に伝統的なところはありますか？

山　藤：私の周辺では、ちょっと見当たらないですね。

小早川：では、どうしてそういう考え方が山藤さんに定着したのでしょうか？何が情報源ですか？

山　藤：1つは、学習ですかね。研究集会なんかで、「部落産業部会」なんかもあって。本も読みました。

　このインタビューでは、確かに山藤さんの知り合いに食肉の仕事に従事する人が、1人ではあるがいた。その人は、被差別部落民であった。しかし、その人が、食肉にかんする職業を選び従事していることが、「部落産業」として従事しているかどうかは、わからない。たとえば、その人が大手食料品関係の企業に就職し、いく度かの配置転換で精肉部門にいたったところで、何らかの理由で退職し起業したかもしれない。重要なのは、当事者で部落解放運動の活動家である山藤さんの行動範囲には、食肉生産や皮革関連産業を主産業として関係する被差別部落は存在しないということである。すなわち山藤さんには、食肉や皮革生産は、伝統的な部落の職業・産業であるという観念が何ものかによって構築されているということである。

　山藤さんの居住地は、広島県福山市郊外である。そこは、農業地帯である。非被差別部落とのあいだに職業的な傾向に特徴的な差異はない。農業以外の自営業は、土木や建設などに関連する事業を営む人たちがいるが、その仕事が、被差別部落の経済を決定しているわけではない。なぜなら、広島県東部の被差別部落としては大きい規模となる約80世帯の内、それらを経営するのは数人で、圧倒的多数は、給与所得者層であるからだ。

もちろんこれには、公務員や教職員が含まれる。繊維関係者もいるし、不動産の仕事に関与する人もいる。もちろん正規雇用の人もいるし、非正規雇用の人もいる。にもかかわらず、一般市民と同様に、当事者である山藤さんの認識では、「部落産業」とは食肉や皮革関連の仕事である、または、食肉や皮革の仕事は「部落産業」である、となっている。被差別部落にとっても、一般市民にとってもこれらの職業、産業が被差別部落と接続されているのはなぜなのか。

5　海外の研究と被差別部落の仕事にたいする観念

　ところで近年、部落問題は、海外でも比較的によく知られていて、研究書も出版されている。異文化にある人たちの認識は、日本人の部落問題研究を映す鏡である。研究者たちは、日本の研究から学んでいる。また日本で研究する外国人研究者もいる。その一つに、イアン・ニアリーの "Burakumin in Contemporary Japan" がある。ここでは、『現代日本の被差別部落民』と訳しておく。イアン・ニアリーは、オックスフォード大学のニッサン日本研究所の所長である。一節を引用する。

> The hereditary group was called by a number of different names depending on area, but most often eta (filth abundant). They themselves preferred the name kawata, which referred to the leather industry that many of them were engaged in. The non-hereditary group, at least in the big cities, was known as hinin (non-people). Many of them were professional beggars or entertainers of some kind who gathered on edge of entertainment areas such as Yoshiwara in Edo or Shimabara in Kyoto.

> 　世襲的集団は、地域によって異なった呼称で呼ばれている。しかし、もっとも一般的な名は穢多である。それは、穢れで満ちている人々という意味である。彼ら自身、革田という呼称を好んで使った。それは、彼らの多くが従事していた皮革産業に起因していた。非人は世襲的ではない集団で、多くは大都会にいることが知られていた。非人の多くは、乞食あるいは芸能を生業とし、江戸の吉原や京都の島原のような芸能世界の周縁に集められた。

　このような状況は、もっと古くから、といっても敗戦後以降のことではあるが、存在した。ジョン・プライスは、「穢多の伝統的社会組織では、弾左衛門の576両の年収の内、440両は、穢多一般に制度として課せられた税からと、屠殺人や皮革労働者がそれらにかんする特権を使用するための料金として集められていた。」（訳と傍点＝小早川）と述べている。江戸時代に屠殺という行為は、公式にはなく、したがってその権益料を徴収

することはありえない。いずれも、多くの日本国内の先行研究を参照した結果であり、その意味で、外国人研究者の記述は、日本人研究者たちの水準を映し出す鏡となっている。念のために、プライスの記述の原文を以下に、引用しておく。

His income that year 570 ryo (one ryo was worth about 180 bushels of rice) and other smaller amounts in silver and copper, About 440 ryo were collected from ordinary Eta in the form of taxes and butcher's and leather worker's license fees. [Price 1966：29]

　以上から、当事者である被差別部落民も、非被差別部落の市民も、ある理由によって、一般的に被差別部落では、部落産業といわれる産業・職業に従事しているという観念が構築されているといえる。そしてそれは、海外にもおよんでいるということである。

B　「部落産業」概念が成立する条件

1　産業概念と「部落産業」

　「部落産業」とは、地勢的には被差別部落コミュニティの域内を生産拠点とする産業とされる。また、まれに被差別部落出身者が被差別部落の域外で事業を営む場合をさすこともあるようだが、それら個別の事例は産業[4]とは言わない。企業、または事業所と呼ぶ。本稿の産業とは、企業が有償で提供するサービスの総体を指している。たとえば、IT産業が、世界的な拡張性をもって、インテリジェント・テクノロジーにかんする微小部品の生産からソフトウェアの開発とその運用までの総体を提供していることを想起するとよい。域内の産業とは、正確には地場産業のことである。地場産業は、ある特定の域内で、特定の業種に関係する地元資本による中・小企業の生産拠点が集積し、地域全体として、サービスを提供する総体ということができる。

　以上の観点から、「部落産業」は、被差別部落において、被差別部落出身者が出資し、ある商品生産をする企業群が提供するサービスの総体となる。

　では、ある特定の地域（コミュニティ）における「域内産業」すなわち地場産業とはどのような条件でそのようにいうことができるのか。

　（1）域内に人が事業を産業に発展させえる資本を蓄積しているか、投資の準備ができている。

　（2）域外との交易が成立し、それを必須の条件として、域内でも交換目的の商品生産が行われて使用価値、価値と交換価値の概念が成立している。

　（3）域内でも市場が成立している。

(4) 域内でも原材料や関連資材の供給がある。分業が行われている。

(5) 域内でも生産の道具、生産機器の生産・供給がある。

まず、この条件を厳密に適用したと仮定する。条件(1)と(2)は、今日ではいかなる商品であっても自家消費を除いて被差別部落外に供給される。したがって市場性のない商品はない。また(3)被差別部落が市場の商品交換から除外されていることもない。そして、現在では、被差別部落内で生産される商品群が、被差別部落外で使用価値が認められるのと同様、被差別部落民にとっても使用価値が認められる。(3)については、材料問屋や資材供給を実現するシステムは、被差別部落において可能である。(4)については、ある特定の「部落産業」とされる仕事にかんしては、製品を生産するための機器を生産する企業が域内にはない。(5)どのような機器もおおかたは、地域外の企業が製造したか、もしくは商社などが海外から輸入したものである。

つまり、これらの条件を満たした状態で「部落産業」の概念で呼ぶことができる産業が成立することは困難となる。

2 「部落産業」概念の成立条件

では、仮に上記5条件を満たしている産業が成立している（た）と仮定して、歴史的にもその産業が「部落産業」として概念が成立する条件とは何か。その1は、産業社会が成立し、「産業」の言語が一般的になっていることである。

言語としての「産業」には、辞書によっては、日本語独特の表現であるとするものがある一方で、中国の古典中にある使用例をあげるものもある。また、西周の造語だとする説もある。しかし、「産業」が一般的に分業による生産とその生産物の提供を指すようになるのは、近代以降であることは確かである。現実の「産業」は、産業革命と日本の工業化の文脈で使用されはじめた。神武庸四郎によると、「産業」が現在の意味をもつ言語として認識されはじめるのは、1901年から1906年にかけてである。神武は、マルクスの『資本論』に準じた幸徳秋水の『社会主義神髄』、『東洋経済雑誌』への大原祥一という人の寄稿、福田徳三の論文などを根拠としている [神武 2001：588-90]。

神武によって紹介された議論は、日本の工業化過程の実際に符合している。日本ではまず、紡績業であった。近代に入り、創業直後から大型輸入機械を導入して各地に創業した近代的な綿紡績工場に始まる。1890年に国内生産量が輸入量を初めて上回った。一方、幕末から明治初期すでに、輸出できる生産力があった「生糸」の産業も1894年に器械製糸が座繰製糸を上回った。重工業は、1901年の官営八幡製鉄所に始まり、日本製鋼所、釜石製鉄所など民間の製鉄所が創業し、重工業の基礎となる鉄鋼の国内生産が可能になった。この時期には造船技術も世界水準に追いついていた。1905年には、製造機械の国産化が、アメリカ式旋盤の完全製作によって始まった。

すなわち、「部落産業」という概念が成立するとすれば、それは日本の近代化・工業化

とともに起きたのであって、それ以前の歴史的段階においては産業という概念は適用できない。

C　言語としての「部落」の出現

1　統一した呼称の認識

　次の条件は、「部落」の用語が一般的に使用される時期の問題である。厳密にいえば、現在においても「部落」は、社会的に対立する二つの意味をもつ。「部落」は、一般的に農山漁地域の集落を意味し、かつ被差別部落も意味する。いわば、「差別する側」を意味することもある。現在でも地域の町内会主催の行事などで「部落」が使われることがある。「部落」は、『国史大辞典』（吉川弘文館版）にはこの意味での単独の項目が設定されていない。近代以降構築され一般化した言語であるとするのが妥当である。もっとも、例外的に千秋藤篤が『治穢多議』で「部落」を使用したことはよく知られている。

　農山漁村経済更生運動と「部落経済更生運動」は対をなす政府の政策であったが、その内容には、双方で「部落」の用語が使用されている。後者の場合は、タイトルそのものに被差別部落を意味する「部落」が使用されている。前者では、地方行政がまとめた事業計画書や報告書に一般集落をさす「部落」を多く見ることができる。たとえば、「計画目的達成に関しては、各部落の養蚕督励委員　―中略―　又各部落に於いて研究座談会を開催す」［安芸郡畑賀村 1933：19］とある。これら「部落」は、被差別部落ではなく、一般的小集落を指している。全25町村の「農山漁村経済更生計畫書」を確認したがすべて同様であった。ところが現在では、多くの場合「部落」は、被差別部落をさすようになっている。「部落民」はけっして田舎の集落の人という意味ではない。この状態になるまでには、複雑なプロセスがあった。ここでは被差別部落をさす「部落」の出現について考察する。

　封建政権のもとで、おおむねどの藩にも賤民身分が存在した。賤民身分は、地域毎に呼称が異なっていた。穢多と非人で構成された地域があり、一方で革田や茶筅という身分が存在した。柳瀬勁介は、全国で42種類の呼称をあげている［柳瀬 1901：6-29］。たんなる呼称の違いではなく、社会的性格が異なるものも多くあった。明治政府は、1871年の法令を出したが、実際にはその呼称が使用されていた。その廃止された身分に含まれていたのは、穢多・非人だけではなかった。太政官官吏、木下真弘は、「雑業、総録、検校、勾当、瞽者、角觝者、売卜者、香具師、辻薬売、戯場音曲芸人、穢多非人等の貫籍を廃し」と綴っている［木下，宮地 1993：141］。1880年に司法省は、『全国民事慣例類集[5]で、穢多・非人の調査をまとめている。それによると、穢多・非人と呼称していた地域だけではなく、「穢多は小屋者と唱え」あるいは「穢多は皮多と唱え」と、その地域の

賤民身分が司法省のいう穢多にあたるという認識を示している［生田 1880：1-19］。言い換えると、1880年頃までは、穢多という呼称が近代の支配体系の中で、全国的に公式に使われて一般化したといえる。封建政権のもとで使用された多様な呼称は、穢多・非人に実体的に統一されたのである。同時に、新たに考えだされた新平民という呼称と穢多・非人が結合された。近代の被差別身分は、一方で新たに構築された身分制度である華族制度の対極として、新平民＝旧穢多・非人という定式が出現し固定化した。

2　穢多・非人の対語としての細民部落、貧民部落、特殊部落、特種部落

　現在使用されている被差別部落にかんする呼称は、明治直後は、穢多非人、新平民とされたが、やがてこれにかわる用語として貧民部落、特殊部落、特種部落という用語が発明された。また細民部落も使われた。それらは、新平民にとってかわる一般部落や普通部落の対語であった［小島 1996：178］。それは、1902年から1903年にかけてのことであった。そして、一般的な地域コミュニティをさす「部落」とは、明確に差異を決定するものであった。

　これらの呼称は部落改善運動をはじめ、政府・地方行政や融和運動で一般的に使用された。その他、「一部同胞」、「少数同胞」や「部民」も使われた。「内部」も使った。これはまれに一般地域のある事柄の関係者も意味する。部落改善運動、融和運動は、「特種」あるいは「特殊」の使用を差別的言辞として認識していない。被差別部落出身の融和運動の活動家たちも、「特殊職業」「特種産業」を積極的に使用している。

　「特殊」あるいは「特種」を冠することが差別的であるとしたのは、全国水平社以来であると考えられる。水平社運動は、被差別の歴史や現実に発する「みじめ」の価値の「象徴的逆転」をさせる文脈で「特殊部落」を使用した。よく知られたたところでは「水平社宣言」がある。しかし、水平社の運動全体では、『水平新聞』に見られるように「部落」の使用が一般的である。

　広島市福島町は、大型の都市型被差別部落である。福島町一致協会機関誌『天鼓』は、単独地域の機関誌ということもあり、「福島町」「福島町民」で表現する場合が見られる。「特殊部落」「特種部落」の使用は避けているようである。記事には、「部落改善事業」を採り上げたものがあるが、この場合の「部落」は、いうまでもなく、被差別部落を意味している。『天鼓』は、1914年の創刊である。1940年の『部落更生皇民運動実践指針』では、被差別部落の起源を説明するのに括弧付きで「部落」としている［野崎 1940：21］。被差別部落民をたんに「地区民」と表現［同和奉公会 1943：1］する場合もあった。すなわち、これらの呼称は誰がどのような目的で使用するかによって意味も変化した。

3　敗戦後における呼称と被差別部落表現

　敗戦後、「内閣同和対策審議会答申」（以降、答申とする）が出された。よく知られるよ

うに被差別部落を「部落」または「同和地区」と表現し、「同和地区」は公的な用語となり、その後の各級行政文書に頻出する。同時に「部落」という単語も、国の機関によって、公式に被差別部落を意味する言語として使われた。ただし同和地区は、厳密には被差別部落を中心にした同和対策事業の対象地域で、非被差別部落も含まれた。つまり被差別部落は「部落」になった。

　「部落」が被差別部落をさすことが一般的になったもう一つの契機は、「部落問題研究」という場合のように、科学的な研究として出発する際である。『部落問題研究』は、敗戦後最初の部落問題専門誌で、後に雑誌『部落』に改められた。ここで「部落問題」が「融和問題」にとって代わった。「特殊部落」や「特種部落」は、完全に差別語として一般的に認識され、研究上はまったく使用されなくなっていた。一時期、「未解放部落」が積極的に使用されたが、「被差別部落」の表記が合理的[6]であるということで、使用されなくなった。

　1970年には、差別表現についての議論が起こり、主要メディアのあいだで「部落」は使用を避けるべき言語としてリストされ、放送上の言い換え集などが編まれた。社会的にも使用を忌避すべき言語にかんする議論が広がった。言語の解釈には、イデオロギーがしばしば纏わりつくが、この場合も同様であった。結局メディアは、「部落」という用語使用をタブーとした。このとき、完全に「部落」は、一般的な集落の意味が薄まり、被差別部落をさす言葉に変化した。言い換え集の一つである1973年某テレビ局の禁句事例を見ると、「部落民」を最初に使用不可用語としている［用語と差別を考えるシンポジウム実行委員会編 1975：289］。この頃、マイノリティからの指摘とメディア批判が厳しくなり、「部落」を含めた「差別用語」の使用禁止、言い換えが積極的に行われた。この意味でおそらく、1960年代中期には、「部落」は被差別部落を主に意味する状況にあったと推測できる。つまり、「部落産業」の概念が一般的に理解可能となり、概念化されるのは、この過程を経てのことである。

　ところで、「被差別部落」という呼称は、井上清によって使用されはじめたとされているが、実際には、1930年熊本県社会課が発行した『明るき日本は融和から』（部落問題研究所所蔵）にすでに使用されている。また、横山源之助にも使用例がある。特殊部落、特種部落が一般的であった時代においても、まれに「被差別部落」の用語は、使用されていた。

D　「部落産業」の発明

1　近代化と被差別部落の産業・職業

　次に、被差別部落の産業や職業にかんする認識がどのように現れたか、その概略を見

る。

　近代化と社会的身分の再構築過程で、被差別民の職業や社会的責務について、さまざまなプランが論じられたことはよく知られている。帆足万里による『東潜夫論』は、北海道開拓と農民兵に被差別部落民を充てるというものだった。朝鮮、台湾、南洋移民も奨励した1880年代の議論＝杉浦重剛『樊噲夢物語』もこの時代である。つまり、国家権力の周辺の人々が、被差別部落（民）の存在が社会的にも、したがって政治的にも問題である（となる）としたのである。第1部第1章で述べたように、明治政府は、近世支配体制の暴力装置としての役の体系を解体する一環として「穢多役」も解体し、近代的身分へと再構築した。上記議論は、一部の官僚や政治家が、新たな被差別部落民の存在とその職業の問題が深刻になり、それが国家の将来に禍根を残すと予見したものである。これらの議論は、国民国家建設を視野に入れた被差別部落処分論であった。しかし一方では、彼らが意図しなかった結果であったとしても、役の解体によって被差別部落民を死の淵に追いやるのではなく、被差別部落民の生を「考慮」するという近代的な権力の出現を意味していることでもあった。つまり、彼らが生の手段を失うことから起きた議論でもあった。しかし、そうしたプランが実践されることはなく、被差別民の多くは結局、従来の農業と「雑業[7]」に従事したのも事実である。柳瀬勁介は、江戸の弾左衛門が斃牛馬処理や皮革生産に従事していたと述べた。しかし、一方では、職業は多様であったことも述べた［柳瀬 1891：58-63］。

　一般的に新平民と呼ばれることになった身分の人たちの多くは、現在の被差別部落民につながる人々であった。彼らの生活は、近代的に身分が再編されたことと地租改正、松方デフレなど経済的要因のため困難になり、したがって職業問題が常に喫緊の課題であった。それは、横山源之助や草間八十雄らの記述したところである。いずれも1890年代のことである。現実の被差別部落民の産業・職業にかんする処遇が、政治的な実践的課題としたのは、部落改善運動や融和運動であった。この運動では、前述のように基本的に被差別部落民が従事している仕事を「特種部落民」あるいは「特殊部落民」に対応させて「特種産業」、「特殊職業」と呼んだ。

2　戦前の被差別部落と産業の認識

a　水平社運動の産業認識

　まず、水平社運動の産業認識について考察する。ここでは、論旨そのものが産業と労働問題について述べている水平社青年同盟の『選民』の論考を対象とする。論考は、二稿あって、ともに1925年に書かれた「特殊部落の産業と労働者」と3号にわたる「特殊部落産業と労働者の急迫」である。被差別部落の悲惨な状況は、「資本主義的組織に成り切っていない」［選民13号　1925：9］「多数の人口が狭い産業部門に衣食」していることが原因とした。要するに二重構造論である。

それらの執筆者の被差別部落の産業や職業に対する認識は、次のような内容であった。まず、被差別部落の職業は、統計的には、農業が半ばを占めて、次に力役、「雑業」であることを認めている［選民13号 1925：9］。ところが、彼らには、その現実には関心がなかった。彼らの関心は、皮革生産、製靴、履物生産などの産業にあった。執筆者は、それらを「専業産業」「特殊部落の産業」「特殊部落産業」「部落産業」などと呼び、呼称として確定していない。

他方、彼らは、大倉系の日本皮革、日本製靴、三菱系、櫻組の諸会社、新田工業などの非被差別部落の大資本が、産業全体を支配している状況を認識していた［選民14号 1925：9］。つまり、彼らが「部落産業」と呼ぶのは、皮革生産、製靴、履物生産のうち、特に被差別部落民が経営する零細資本企業または、個人が経営する事業所を指していた。そして、「部落民は、部落内のブルジョアジーに依って収奪」［選民15号 1925：9］されている現実に最大の関心事があった。すなわち、「専業産業」「特殊部落の産業」「特殊部落産業」「部落産業」と呼ばせるのは、産業論の視点ではなく、あえて言うなら被差別部落内階級闘争の視点であった。

もともと、水平社運動に産業論はなく、農業と雑役を、検討対象に入れない本質的な理由も述べていない。さらに、たとえば、尾道市の下駄工、木履職工の闘争も「部落関係の産業」［選民15号 1925：9］とするなど、中小零細の皮革、製靴、履物企業の労働争議は、被差別部落の闘争というステレオタイプがある。

b　山本政夫（融和運動）の「部落産業」論

三好伊平次や山本政夫らは、「特種産業」や「特殊職業」を躊躇なく使用した。山本政夫は、『融和事業研究』誌上で、産業・職業問題を積極的に論じた。その職種を「皮革・製靴・製膠・製履」が大部分を占める［山本 1930：37-8］と断定的に述べている。

1930年『融和事業研究』（第9輯）誌上の座談会は、それぞれの出席者が観察した被差別部落の産業・経済状態についての報告と若干の意見交換を行うものであった。好転する農業と行き詰まる「特殊職業」を論じた三好伊平次と他の出席者にたいして、山本政夫は、真っ向から反対し、次のように論じた。(1)被差別部落の農業者が、狭隘な小作地を耕作する小作農民であるので将来性はない。(2)農業の傍らに従事する副業の経済的効果は望めない。(3)皮革関連産業が、進展する工業化に追いつかず、将来性が期待できない。(4)ゆえに、会社工場の職工になることが、「一番確実で成績がよい」仕事である。近代化論者、山本政夫としては、融和運動内の「重農主義者」を批判し、脱農業、近代労働者となることで疲弊する部落経済の活路を見いだそうとした。特殊職業、特種産業は、被差別部落が抱える矛盾を克服し、被差別部落経済を再建するために有効な手段にはならないという意味では、「重農主義者」と一致した。

山本政夫は、「水平社」が徹底糾弾闘争に「没頭」し、水平社運動からの「派生的融和

運動」も、反省・懺悔・謝罪のスローガンの下に観念運動化していると経済闘争への無関心を批判した［山本 1930a：19］。その上で、被差別部落農民の困窮化にたいする副業の推進、農業及び工業上の日雇い、婦人の草履作りよりも、紡績工場等への出稼ぎの方が、部落農民の生活上最も重要なものである。副業その他の収入は、租税、教育費及び衣服住居費に支出してしまい、根本的な生活手段にはなっていない［山本 1930a：24-5］と辛辣であった。

その根拠は、1921年内務省調査を資料として、戸数12,768（全体の世帯に占める割合は、わずか8％）の工業従事者は皮革、製靴、製膠、製履などの「特種産業」に従事する［山本 1930a：37-8］と述べている。さらに、「資本家は、如何なる産業であれ投資することを躊躇しない。この意味においては、彼等は勇敢なる職業神聖主義の実行者であって、皮革にせよ靴にせよ、利潤が生まれると思えば直ちに魔手を伸ばしてくる。従来部落の独占的特殊産業と見られていた製革製靴業の如きは、現に彼等の爪牙に蹂躙せられ、また將に蹂躙せられんとしつつある。すなわち、皮革業における日本皮革、山陽皮革、新田帯革の如き、また製靴業における櫻組、アジア製靴、スタンダード製靴の如きは正にそれである」［山本 1930a：42］と専業であるはずの特殊産業が、実際には一般的な産業となっていると認めている。

新田帯革は、ほとんど被差別部落出身者の採用をしなかった。それは、採用条件に「職工の雇入は總て本所の信認する者の紹介に非れば之を為さず」［宇野利右衛門 1914：2］と定めていたからであった。こうなると皮革産業と被差別部落を結ぶものは殆どない。ところが、「製靴業の如きも大体においては、近代産業であるが、その発生過程よりすれば皮革産業の延長とも見られ、この点においては、同じく特殊産業といひ得る」［山本 1930b：15］。すなわち、一般市民のまなざしが、「特殊産業」を規定していることを認識していた。しかし被差別部落にとっての現実は、「製革業、製靴業も大資本の攻勢で将来性はない」［山本 1930a：38-9］状態であり、履物業を本業として営む被差別部落は、失業状態にある［山本 1930a：39-40］と現状を分析した。それは、「部落の職業は、資本主義的生産関係の圏外に置かれてゐるため、その生産関係によって恵まれること極めて乏しきのみならず、逆に資本主義経済の成長・発達に伴ひ、遂にはその生活も再び窮迫のドン底に陥らざるをえない」からだと述べている［山本 1930b：19］。

とはいえ、「殆んど資本主義的生産関係に依存せざる部落経済がより以上の封建的要素を保有せることは否定すべくもない」［山本 1930b：20］と述べている（傍点＝小早川）。この点は水平社青年同盟も同様の認識であった。ついに被差別部落民は、ルンペン・プロレタリアート[8]の領域に転落した［山本 1930b：18］のと同様の状況と映った。山本のルンペン・プロレタリアートにかんする見解は、誤解であり、第1部第3章で詳しく述べた。

さらに政府の副業奨励による対策も「屑繭から真綿生産が奨励されると、従来の屑繭

回収業者が失業」し、「養鶏が奨励されると、雑穀が市場に出回らなくな」[山本 1930b：19] ると、副業の奨励には懐疑的であった。ところが山本は、中央融和事業協会の要職につくと、被差別部落民の副業への参入に積極的になっていく。それは、第3章において明らかにする。

c　中央融和事業協会と「部落産業」

　1930年中央融和事業協会は、部落産業経済概況調査を実施し、1932年にそれを発表した。この調査では、「特種産業」や「特殊職業」にかえて「部落」と「産業」を一語にした「部落産業」が使用された。この調査は、第1に部落職業調査として、被差別部落の労働者を調査した。労働者を農業、水産業、鉱業、工業、土木建築、商業、交通業、公務自由業、家事使用人、その他の有業者 [中央融和事業協会 1932：13] に分類し、その就労構造を報告している。第2に、工業を皮革関係、油化製品製造、竹製品等手工業、紡績業、土木・建築に細分化し、その詳細を報告している [中央融和事業協会 1932：50]。そして、被差別部落内企業の負債や受注など細部にわたり記述している。また被差別部落外の企業との比較も行っている。つまり、特定の「特殊職業」などにこだわらず、家計の意味も含めた極めて広義の経済と被差別部落民が営み、あるいは従事する産業や職業を経営者、被雇用者双方の側から検討している。つまり、今日の俗に唱えられる「部落産業」という特定の概念より広義の被差別部落内の産業経済実態調査である。

d　『部落更生皇民運動実践指針』（1940年）の「部落産業」

　1940年の『部落更生皇民運動実践指針』では、被差別部落は、単に「部落」として、それに対応して「部落産業」を使用している。それは、反貧困・反窮乏論に立ち、「部落産業」の再編成について言及している。この場合の「部落産業」は、主として、大資本によって駆逐され、衰退していく被差別部落民が経営する皮革産業を指している [野崎 1940：21]。

　同和奉公会の調査では、職業分類は、農業、水産業、鉱業、工業、商業、交通業、公務自由業、家事使用人、その他の自由業、無業に分類、さらにそれを55の細目に分類し、世帯と人口について報告している。そして、細目について、「特定職業」というカテゴリーを設け、下駄製造、藁草履製造、履物○製造（一字判読不能）、靴製造、靴修理、屠畜、行商、職工、女工、日雇などの職業を世帯、人口、所得などを特に調査した [同和奉公会 1943]。これらは明らかに、「特定職業」の範囲を拡大している。つまり、「特定」の概念が「特定」ではなくなってくる。

e　敗戦前の「部落産業」論概観

　「特種産業」「特殊職業」「部落産業」などの用語は、水平社運動はもとより、融和運動

などに関係する諸団体においても、積極的な意味をもって使用されたわけではない。特に、全国水平社は、産業経営者に軸足をおいてはいなかったこと、差別裁判糾弾など国家権力との闘争が主な活動であったことなどが理由である。融和運動においては、部落経済更生運動などにより、関心は被差別部落の農業と副業に向けられていた。たとえば、中央融和事業協会の機関誌の一つ『更生』が1935年から1941年のあいだの全40巻を通しての生業にかんするテーマは、副業奨励、貯蓄の推奨、勤勉の励行などが主で屠畜や皮革産業そのものを記事として扱ったのは1度のみであった。また、1930年、『融和事業研究』第11輯・12輯「部落経済の問題の素描（上）（下）」における山本政夫最大の関心は、産業そのものではなく被差別部落の「近代化」と「内部の自覚」であった。「部落産業」は、敗戦前の融和運動における「内部自覚」運動の副次的なテーマに過ぎない。

　近代皮革産業は、発生時から国策的産業であり、中央融和事業協会が被差別部落の産業・職業を調査した意図は、農業、「雑業」も含めた被差別部落民の経済状態を全体的に把握することであった。『融和事業年鑑』で産業生産物に関係するデータが掲載されることがあったとしても、たとえば、屠畜や皮革産業の動向、政策に言及することは少なかった。

3　敗戦後の「部落産業」論

a　「同対審答申」前の「部落産業」の概念

　朝田善之助は、1949年、論文を発表し「部落問題を解決するに当たって重要なことは、現実の資本主義社会における部落民の位置を正しく観察し、その問題を理解するだけでなく、我が国産業経済、政治、文化等々が、より発達した民主主義即ち高度に社会主義化せる次の時代に於て我々部落民の地位を考えることである」として「部落産業振興の意義」を述べた［朝田 1949：11］。朝田のいう「部落産業」とは、皮革、膠、靴、履物、竹細工であったが、とくに皮革、製靴については、大資本の企業との競合にさらされる弱小の企業存在であった［朝田 1948：9］。この論文よりも2年前の1946年、部落解放委員会が結成されたが、その「行動要項」の一項目に、「4、財閥に収奪された部落産業の奪還と中小商工業者の保護による部落産業の全面的復興」が掲げられた。保護をする主体によっては、この項目の意味はまったく異なるが、それは記されなかった。さらに結成大会の決議3項目の最初に、「我らは財閥資本に奪われたる産業を奪還し、官僚的統制を即時廃止して、部落産業の全面的振興を期す」が掲げられた。

　師岡祐行は、この状況にたいして、解放委員会が、「部落の農民になんら手をかすこと」がなかったのは、解放委員会の階級的基盤が被差別部落の「小企業者にあることを物語る」［師岡 1980：48］と分析した。朝田善之助は、いわゆるマルクス・レーニン主義を基礎にしたとされる浅田理論で有名だが、「資本主義が進んでいくと、差別がなくなるということだが、なくなることは問題ではない。部落民の生活がよくなれば差別がな

くなるわけです」［朝田 1972：203］と広義の経済的に豊かになる意味を説明した。これは、1967年、朝日新聞社、平野一郎のインタビューでの結語である。すなわち朝田にとって「部落産業」は、理論的分析対象ではなく、個々人の経済的成功に意味があった。これは近代化によって部落差別が解決するという主張と同根である。

b 「同対審答申」と産業

　1965年、「内閣同和対策審議会答申」は、同和対策事業の理念的根拠として、今日の被差別部落がおかれている状況を規定した一つの要素である。それは、被差別部落の産業・職業調査に基づいた結論でもあるので重要な検討対象である。

　答申中の産業・職業部会報告には、「(2)資本主義経済の発展から取り残された『部落』産業」の項目がたてられ、商工部門の「部落」のいわゆる「伝統産業」として、皮革・毛皮・靴・履物・竹細工・藁細工・獣肉・膠などの産業・職業を採り上げた。そして、これらを被差別部落民が従事する「世襲的色彩が濃い」産業であるとした［内閣同和対策審議会 1965：52-4］。このことで、敗戦後、国家は、被差別部落を「部落」と呼び「部落産業」の概念と業種を公式に特定した。その「部落産業」はまた、「企業」という名に値しない「家庭経営の段階に停滞している」零細小経営事業群であるとした。製靴産業とその原料たる近代皮革業、あるいは屠殺によって精肉する仕事も、近代日本の出発によって始まった新しい産業であったにもかかわらず、答申は、重ねて「世襲的色彩」［内閣同和対策審議会 1965：55］を強調し、逆に、「後進性」あるいは「非近代性」をもつ産業だと分析した。

　答申は、いわゆる日本経済の「二重構造論」を下敷きにして書かれた［内閣同和対策審議会 1965：3］。その二重構造論は、日本経済の状況を資本力のある大企業を頂点に、そのすそ野に脆弱な下請け企業が広がり、如何ともしがたい格差が横たわっているとした。そして、被差別部落の農林水産業についても、近代化からの「とくべつの立ち後れ」を指摘した。それは特に、「半封建的生産関係」にある国全体の農業の構造が背景にあると指摘した上で、被差別部落の農業が一般的な農業状況よりさらに「後進性」を有しているとした。「資本主義の原理とは異質」の構造があり、被差別部落民は、停滞的過剰人口であり、「経済秩序外的存在」に陥るとした［内閣同和対策審議会 1965：55］。

　被差別部落の産業・職業の「資本主義の原理と異質」な現象は、「二重構造の底辺」に被差別部落が存在するためであるとした。産業予備軍である被差別部落の停滞的過剰人口を答申では「経済秩序外的存在」、具体的に家族従業者のさらに下層の「日雇人夫、露天商、屑物買い、清掃夫、靴修理などさまざまな雑業、失業者、無職者」であるとした。この底辺のさらに底辺にある階層は、「農民層の分解過程」で出現したという［内閣同和対策審議会 1965：58］。

　要するに、答申の日本経済と被差別部落の位置づけは、講座派の半封建的生産関係に

ある日本経済の二重構造論と労農派が重視した日本の農村が分解したとする理論の奇妙な折衷であった。

c 部落解放運動と政治的概念としての「部落産業」

答申によって政府が公式に「部落産業」を認定する一方で、1960年代までの当事者の団体の認識も変化した。

部落解放同盟事業部長の松田慶一の発言は、途中まで明快であった。「日本社会に生きる国民大衆と関係なく存在する産業はあり得ない。その意味において、部落産業と名付けられた職種、業種は存在しない」。しかし、論旨はすぐに変化する。「部落産業」と称するのは、「これは、あくまでも便宜的にそう呼ばれているだけ」[部落解放同盟中央本部 1968：199]の政治的な理由で、「部落産業」を使うとの趣旨で言葉を続けた。これは、1967年の部落解放研究全国集会[9]第2回集会における第5分科会の基調報告で「部落産業」について基本認識をのべたものである。答申が公になってからほどない1966年に開催された部落解放研究第1回全国集会では、「仕事保障のたたかい」が第4分科会報告4として、部落解放同盟高知県連合会が報告している[部落解放同盟中央本部 1967：75]。ここでは、「部落産業」は研究テーマではなく、「部落産業」が公的な用語となり、研究対象としてその地位を確立した。第2回集会以降、「被差別部落民の仕事」と「産業」が分離して認識され、「部落産業」は、被差別部落の労働者と労働の内容、あるいは失業者、労働環境・条件の問題とは異なる事業者及出資者・経営者の課題として取り扱われる。討議全体の文脈は、課税額などに特別措置を含めた「同和企業育成」を政府に要求する政治的目的に添っていった[部落解放同盟中央本部 1968：199-211]。ところがこれ以降、「部落産業」は、一般社会から疎外され隔絶した産業としての議論が生産された。それは、同研究集会の第3回以降の議論に明らかである。

E 先行研究における「部落産業」の議論

1 井上清と被差別部落の仕事

井上清は、敗戦直後の部落問題研究の重要なポジションにいた。

井上は、被差別部落は、資本主義によって急速に分解されつつあると現状分析を示す部落解放運動の左派を批判した。その一方で、資本主義は、被差別部落という封建身分を近代階級に分解するはずだとの見通しを示した。大阪で皮革業が盛んになった理由は、被差別部落外の高利貸し資本が賃貸工場を建て、そこを拠点にマニファクチュア化を成立させたことにあるとした。[井上 1969：82-3]つまり、被差別部落内の産業には、被差別部落外の資本が不可欠だったと主張した。その上で、井上は、被差別部落の職業・

産業にかんして、以下のように述べた。すなわち、1914年の第1次世界戦争後、特に、反動恐慌が未だきていない1919年のあいだに皮革工場の労働者数が増加した。その就業先は、日本皮革、東洋皮革、山陽皮革の非被差別部落系の大企業であり、はじめは被差別部落民の労働者が多かったものの、基本的には、労働者の出自は無関係であった。

　井上の議論は、「雑業」に従事（草履、竹製品などの行商、古着、ぼろなどの資本の不要な商い）をしていても、彼らはたいてい農村部落にあっては、地主である、と分析している。1925年のデータによって、一般的に農家の絶対数が減少する中、被差別部落の農家が確実に増加したと指摘した［井上 1969：92-102］。これは、「伝統的家内工業の没落」［井上 1969：92-103］を意味し、すなわち後年、他の研究者によって肯定的に主張された「部落産業」が、すでに没落していると主張したに等しい。

2　馬原鉄男の「部落産業」論

　馬原鉄男の「部落産業」にかんする基本認識は、「部落住民が独占的に継承している伝統的な仕事など、いまでは皆無」にひとしく、「大資本に従属させられることによってかろうじて」命脈を保っている［馬原 1971：167］が前提である。そのうえで、答申、部落解放同盟の部落産業論が「部落産業の本質に触れるものではない」［馬原 1971：169］と批判した。すなわち「部落産業」というからには、1 部落以外の諸企業との相違点を明確にし、「部落産業」の独自性を科学的に解明する、2（解放運動の）組織を発展させ、融和主義的な部落産業対策を克服するために、「部落産業」それ自身の階級関係を解明する、という2点が必須の要件だと述べる。

　馬原は、次に皮革産業を類型化し、「部落産業」の特徴を論じる［馬原 1971：170-2］。1 徳川時代由来、2 士族授産事業所由来、3 政商型由来、4 商人資本型由来の事業所と分類し、1 と 4 が「部落産業」とする。1 は、弾直樹の企業のことで、それは、3 に吸収され、結局、大資本と中小零細企業という構図が描かれる。もともと弾直樹の事業所も3 に入れるべきだが、ここではその議論はしない。労働者も、1 封建社会由来、2 士族由来、3（没落）農民由来と分類され、1 が「部落産業」の労働者としてカテゴライズされる。2 と 3 は、「例外なしに大皮革企業に従事している」と断定する［馬原 1971：171］。これは、井上清の説と矛盾する。それらは、資本の系譜からみると、商人資本系の工場だという［馬原 1971：174］。そして、皮革産業の事業所は、「ある特定の地域に集中していることが一つの特徴」であるとしている。

　馬原の議論には根本的に疑問が多い。日本を含めた世界中の企業規模は、中小零細企業が主流であり、士族由来の労働者と没落農民が例外なく大企業に働くなどあり得ない。多くの産業は、ある特定の地域に集中する。分業を旨とする資本主義的生産においては、当たり前のことである。特に製造業は、地勢的な条件も限られ、どの業種もある地域に集中的に投資をし、中小零細企業がその周りに集まってくる。皮革産業も同様である。

また、三菱、丸紅などの商社が輸出入にヘゲモニーを握ることも、帝国主義世界の経済としては特別なことではない。馬原は、日本社会を単純な二項対立的な構造として描き、被差別部落の事業所も労働者も「大企業から排除」[馬原 1971：172] されていると言う。しかし、現実はどのような企業も資本主義の枠内にしっかりと包摂されている。もちろん、被差別部落の企業や労働者が、差別的待遇を受けることあるが、それと企業の生産活動への包摂は別次元の問題である。

奈良においては、グローブミットが「未解放部落に集中して」いたとする馬原の指摘はそれ自体正しい。だが、「部落産業の本質に触れるもの」[馬原 1971：179] は何なのかの回答はない。馬原は、農業は零細で、従事する世帯数も少なく、全就労者約70％が失業・半失業という状況で、生活保護率も一般地域の7倍になっていると述べる。そして、これが「部落産業」労働者の低賃金の源泉だという[馬原 1971：184]。なるほど、「部落産業」と言われる仕事は、被差別部落全体の経済にとって、極めて影響力の小さなものであったわけである。

馬原は、「部落産業」と呼ばれる仕事を1皮革関係、2ビニール加工、3食肉関係、4屑物回収、5その他をあげ、「一見してわかるように、業種に特定の偏りがあることがわかる」[馬原 1971：187-8] と述べる。その通りである。業種を選ぶ根拠を示さず、農林漁業を意図的に議論ぜずそれ以外で被差別部落に存在する仕事を提示しないのだからそうなる。他の研究者同様、馬原がとりあげた例は、それは、ある特定の地域で特徴的に実践された「部落産業」にすぎない。

ところで、忘れてはいけないことがある。それは、「部落産業の本質に触れるもの」とはなにか、である。馬原は、明確に次のように規定する。「部落産業」において、生産手段の所有者が同時に直接生産者である零細業者は、生産関係から言って資本家階級にも労働者階級にも属さない、いわば中間的存在（半ブル・半プロ）であるという主張である[馬原 1971：189]。その結果大資本の収奪によって、「部落産業」の倒産が起きている。これが馬原の言う本質である。この規定は、加藤誠一の論文に依拠していて、加藤は一般的な日本経済における零細企業の生産について述べている。その是非の判断は、横に置く。馬原は、日本社会の一般的な傾向が「部落産業」の本質であると述べているにすぎず、結局本質は語られなかった。

3　『部落産業の実態と問題点』の問題点

原田伴彦は、部落問題研究の権威であった。その原田が、1970年、『部落産業の実態と問題点』と題した小冊子で「部落産業」について、「部落にとって、皮と肉は切り離しがたい存在」[原田 1970：1] であると述べた。しかし、「部落にとって、皮と肉は切り離しがたい存在である」ことを証明したわけではない。使用されたデータは、関西地区の、その一部の被差別部落の経済状態の一部を示したのであって、全体を示したわけでも

ない。その内の製靴や精肉産業の浮沈が、全国の被差別部落民全体の行く末を左右する存在であるとの主張も、結局、なぜそうなるのかを示していない。

『部落産業の実態と問題点』は、製靴産業にかんして、大阪市西成区のデータを示している［部落解放研究所 1970：27］。また、屠畜は、大阪府全体であるとしながら、向野地区を示している［部落解放研究所 1970：132-9］。この論文では、他の職業・産業に携わる人々については、触れていない。

4　上田一雄による「部落産業」と「生産関係」の議論

上田一雄は、前項の『部落産業の実態と問題点』にも関与した。そして、「未解放部落をして未解放たらしめている社会的条件は　―中略―　半封建的、停滞的な農村の社会構成の生産的基盤の分析」［上田 1954：62］に求めるという立場をとっていた。上田の議論は、1985年刊行の『部落産業の社会学的研究』に集約される。それは、1957年から1961年のあいだに発表された論文の集成である。

上田によると、被差別部落を共同体として、「部落産業」は、生活の共同性を規定するとして次のように4点にまとめた［上田 1985：3-5］。(1)部落産業は、共同体の物質的基盤としての生産関係を構成する。血縁、婚姻、家の系譜関係による系列化とともに、生産関係がもたらす階級関係・階層関係が部落共同体を形成する。(2)部落産業は、部落のもつ社会的・経済的諸条件と、すなわち、被差別部落内の慢性的な失業・半失業人口と、家族ぐるみの分業による協業を条件とするが、それは、労働力のソーシャル・ダンピングを引き起こす。資本は、前近代的生業的労働力の搾取から生まれる原資蓄積による零細資本である。それは、伝統的な「雑業」経営の形態により形成された。資本の有機的形成は低位であり、下請け、家内労働、見習い、内職による生産である。部落自体がこの生産工場となっている。資本と労働の関係は、非主体的で、血縁・系譜・姻戚・その他共同体諸関係がその基底に存在する。この上に親方＝職人関係が構成される。(3)「部落内に資本の存在、すなわち部落産業の形成が見られないところ、すなわち「雑業」型の被差別部落では、共同体としての社会構造の解体とスラム化の傾向をたどり、スラムの具体的形成の社会的・経済的基調となっている」［上田 1985：6］。そして被差別部落外資本との競争での敗北は、それへの従属を顕著にし、業界存立の危機と被差別部落共同体のスラム化への解体、生活危機をもたらす［上田 1985：13］。(4)以上の状況のもと、部落産業は、現代の資本制社会体系から疎外されたところに存在する。資本と労働は、共同体内部に凝集させられて、階級関係に無自覚なので、近代的な労使関係が成立しない。これらが、共同体としての統一性を形成する。

上田は、馬原同様、奈良県の被差別部落を対象にした調査において、3カ所の被差別部落で皮革運動具生産に従事する人々が多いことから、多様な職業をAからEに5分類し、Aを部落産業、Bは「雑業」就業者、CをA以外の産業経営者、Dは部落産業外就業

分野の雇用者、Eを農業専従者に分類している。その調査地域全体の構成比率を表1として引用した［上田 1985：34］。それによると、奈良県の「部落産業」にあたる分類Aの内容は、靴製造販売者、靴職人、革製運動具職人となっている［上田 1985：34-5］。奈良県

表1　上田による皮革業就業者構成比

	分　　　　　類	実数	比率
A	部落産業関係就業者	6,666	33.2%
B	雑業関係就業者	6,111	30.4%
C	部落産業・農業以外自営従業者	2,128	10.6%
D	部落産業・雑業関係以外雇用者	3,134	15.6%
E	農業専従者	2,037	10.1%
	合　　　　　計	20,076	100.0%

小数点2桁以下四捨五入

は、上田の指摘の通り、製靴を中心として皮革関連の仕事に従事する被差別部落民は多い。だが、たとえば、大和郡山市の被差別部落（男性）の就業では、農業専従者が最多で41.7%になり、次いで全皮革関連事業従事者は、36.8 %（製靴のみでは31%）になる。

　ここで、上田の「部落産業」の定義を再確認しよう。それは、「部落共同体の物質的基盤」となるものであった。それをこの奈良県に当てはめると、奈良県では野球のグラブやミット生産など皮革に関係する産業に圧倒的多数の就労者が被差別部落にいて、収入を得ている、ということである。それは、少なくとも50%前後の就労可能者が、そこで働き収入をえているということになろう。わずかな人数がいくら高額の収入をえても、「部落共同体の物質的基盤」になるとは言えない。そのようにみると、それらの産業への就業者が50%を超える被差別部落は、61被差別部落中6カ所で、率にして9.8%である。次に、上田が奈良県にかぎって、これらの仕事を「部落産業」として定義したとする。そして、普遍的に「部落産業」が「部落共同体の物質的基盤」として存在しているのか、否かをみると、まったく存在しない被差別部落が15カ所ある。上田は、これを就業者率に反映させていないので［上田 1985：40］、これを含めて再計算をすると、就労者50%以上は、7.8%に、就労者25%以下の被差別部落は、50カ所で65.8%になる。これらは、1962年のデータである。いったい、いわゆる「部落産業」が「部落共同体の物質的基盤」と言えるには、どの程度を満たせばよいのだろうか。

　また、1918年奈良県靴職製造人数を上田は、3カ所のデータを引用する。すなわち、大久保、飛騨、西田中の3部落で、靴職製造就業者はそれぞれ、18名、0名、0名、全就業人口409名中わずかに18名である。最大は日稼業279名、農業175（自作・小作）である［上田 1985：174］。このデータによって上田はこれらの被差別部落地域が、伝統的靴の生産が部落産業として生活の基盤として有力であったと述べている［上田 1985：175］。しかし、現実の「共同体の物質的基盤」は、農業と日雇いなのである。

　上田は、革製運動具生産に関係する被差別部落として、奈良県河合村西穴闇、三宅村上但馬もあげている［上田 1985：4］。その上で上田は、『部落産業の社会学的研究』において、奈良市東の坂、西の坂、御所市元町、小林、桜井市、吉野郡吉野町、大和郡山市などをはじめとして、奈良県内の革製運動具業を主とする「部落産業型」に分類した被差

別部落についての調査をまとめている。上田が作成した一覧表によると、それは28カ所になる［上田 1985：44］。「部落産業型」とは、1967年政府調査における「部落の類型」にしたがって、1971年の政府調査から「世帯主の産業別世帯構成」を上田が分類し示したものである。その類型別一覧表［上田 1985：47］によると、奈良県内の上田調査における全75部落の内部落産業型及び準部落産業型とされる被差別部落は、18地区にすぎない。その比率は、表32［上田 1985：48］として示され、あわせて24％である。

　さらに履物の生産が主たる生業であるとして、高知県南国市の野中をあげている。壬申戸籍を参照したデータでは、54.1％が農業である。履物業は、22.4％存在した［上田1985：60］。残りは、職名があり、「雑業」とは言えない。この被差別部落の履物業は、上田にとっては、「旧藩時代以来、最近に至るまで部落の基幹産業としての地位」［上田1985：75］にあったとする。しかも、生産品がめまぐるしく変化し、かつ富をえた人たちの農民化の動向がその業者たちにあった［上田 1985：76］ことを認めているにもかかわらずそのように言う。上田によると高知県では、履物業は、他の近隣被差別部落には存在せず、野中のみに見ることができる特徴である。比較した５カ所の被差別部落の農業比率が74から82％であるのにたいして野中は54％で履物業が22％である［上田1985：59-61］。この場合、農業を「共同体の物質的基盤」と呼ばない理由は、何であったのか。

　食肉生産にかんしては、大阪府羽曳野市向野、さらに、斃牛馬の処理権をもっていたが、食肉業を形成しなかった被差別部落として兵庫県西宮市芦原をとりあげた［上田1985：231-41］。そして、大正期のデータを用いて、大阪市木津北島町と西浜町を分析している［上田 1985：17-26］。これらからわかることは、上田がとりあげた「部落産業」は一部分の被差別部落の、そのまた一部で行われた生産活動にすぎない、ということである。

　本著では、ある特定の被差別部落にある特徴的な仕事が存在するケースがある（あった）ことを決して否定しない。それを他の地域と比較検討することなく、「部落産業」として一般化し普遍化することの危険性を指摘するのである。これは、厳に戒めるべき文化本質主義である。

5　田中充の主張

　田中充は、『部落問題・人権事典』の「部落産業」の項目を執筆している。事典は、ある仮説への回答であるといえる。事典は編まれ、そして引かれ、その回答が場合によっては、言説となる。それゆえ、『事典』とその執筆者の説を検討することは重要である。ここでは、『事典』の解説のみではなく、田中の論文から「部落産業」論を見る。まず『事典』によると「部落産業」は、３つの産業部門からなっている。(1)封建時代から続く業種（皮革、竹製品）、(2)近代以降の業種（靴、食肉、グローブ・ミット）(3)戦後に成立した業種（人造真珠、廃棄物処理、建設・土木）である。これらの「部落産業」に従事する企業は、

過当競争が起きる、としている。

田中の議論の基本的な特徴は、主に2つある。その第1は、答申の日本経済の二重構造論に立脚していることである。第2に、部落産業は「部落共同体の物質的基礎」という上田一雄の見解を無批判的に長文の引用をする［田中 1981：32, 1982：20-1］ことである。

田中は言う。「部落の中小零細企業は、大企業があまりあつかわないようなものを扱う」［田中 1990：68］と被差別部落民が従事する業種の特殊性、特異性を強調する。では、一体何を扱ったのか。田中の言質は、一般的中小企業にもあてはまる。また、部落解放研究所が出版した『部落産業の実態と問題点』の9ページから括弧をつけて文章を引用し、近世の賤民身分が保持していた役務上の「特権」の主なものを皮革であったように主張する。しかし、その引用は、正確ではない。「封建時代、身分の犠牲において附随していた最低の生活保障・職業としての皮革＝部落産業が、資本主義的自由の激流の中で、部落外企業によって集約されていった」［田中 1990：67］としているが、引用元では、「部落民が、その犠牲の上に立って付与されていた最低の生活保障すら奪いとったのである。部落産業は資本の力に食いつぶされた。皮革産業もそうであった。穢多身分に付随していた職業としての皮革は、資本主義的自由の激流の中で、部落民から奪いとられていくのである」［部落解放研究所 1970：9］。引用元では、「最低の生活保障」が皮革のみを指していない。引用を改変することに何の説明もない。

そして、「部落産業の問題点」を以下のようにまとめている［田中 1981：36］。(1)殖産興業・富国強兵策のもとで近代的な移入された大工業にたいする保護奨励策は、伝統的在来固有の小工業、特に部落産業を犠牲にしてきた。(2)「解放」という名のもとで伝統的在来の部落産業が部落外資本によって収奪されていった。(3)「解放」にともなう金銭的保障はなく、それによって低賃金労働力源を形成していった。(4)代替的な新製品が旧製品を駆逐・淘汰した。(5)これらの部落産業の窮乏化による失業人口を、不安定でしかも悪条件・悪環境下での生産における低賃金労働として搾取・利用せしめ、差別の再生産構造を形成していった。その結果、大資本や商業資本に従属化したというわけである。

結局田中は、「二重構造論」と上田一雄の「生産関係論」を前提として、封建時代に保有していた伝統的在来固有「部落産業」が近代に入って大資本に駆逐されたことで仕事を失った被差別部落民は、殖産興業・富国強兵策の犠牲者である、という受難一般論を述べているにすぎない。

6　秋定嘉和の議論

部落解放運動史の専門家である秋定嘉和は、「部落産業」の種類について、馬原鉄男の説を採用している［秋定 1993：58-77］。そして、「部落産業」は、伝統的に賤視され、部落資本の投資と部落内賃労働の就労による産業の構造や生産関係が、前近代的性格を

もち［秋定 1993：76］（封建的）身分制的な差別構造を温存したまま、資本主義的諸関係に組み入れられている、と主張した［秋定 1993：76］。

　秋定の経済分野の論理は、逆転しているかあるいは的はずれである。秋定は、たとえば、被差別部落の皮革産業が、原材料の原皮を海外産に依存したことで、被差別部落経済が世界経済に従属したと考えている。また、部落産業を剥奪の仮説で論じているのに、「部落産業として賤視されたことが、一般資本＝労働力の流入をある程度阻止した」［秋定 1993：65］と主張する。これは、事実に反する。また、逆に言うと「部落産業」を守るには、ある程度の差別があったほうが有利だという論理である。さらに労働力と一般資本がなぜ等式になるのか。近代皮革産業は、一般の大小資本が創業し、ヘゲモニーを終始維持した。その中には、今日に続く著名企業もあった。政商は業界を軍事産業と結びつけ、その企業内労働組合も一般人たちが組織して先導した。

　皮革原材料の海外依存は、原皮輸入に加え朝鮮牛の圧倒的な輸入の問題がある。詳細は別に述べるが、被差別部落の経済が世界経済に「従属」したのではなく、朝鮮の経済が、被差別部落の経済を含む日本帝国主義の経済に従属させられたのである。また、秋定は、食肉市場の「特殊性」を後進性の文脈でとらえる。そもそも、秋定は、日本経済が植民地主義の時代、帝国主義段階にあったという意味がわかっていない。だから農村の被差別部落の議論を意図的に回避する［秋定 1993：58-9］。また、府県の統計資料から特定産業のデータを「部落産業」のデータとして示している［秋定 1993：124-6］。

7　宇野理論に立脚した大串夏身の産業分析

　大串夏身は、被差別部落の産業・職業を明確に「部落産業」とは概念化していない。東京の被差別部落をフィールドにした「産業資本主義成立期における部落産業と都市下層社会」において、「部落産業」を被差別部落民の「雑業」という文脈で使用している。被差別部落差別の仕事は、横山源之助らの描いた下層社会が抱えるおびただしい「雑業」の実態に即している［大串 1980：49-62］とする。しかしながら大串は、その「雑業」の内、産業資本成立期の東京府における「製革、革細工、靴の人口統計」などに注目し、被差別部落系資本の敗北と部落内の失業・半失業人口を基盤とした長時間労働と低賃金によって、それらの産業が生き延びる過程が、被差別部落のあり方を決定づけたと論じる［大串 1980：70］。

　大串の視点は、おおむね3点である。1つに、宇野弘蔵による帝国主義段階論により、皮革産業における独占資本の形成（1907年、日本皮革）の解明を試みた。皮革・製靴は圧倒的に非被差別部落の資本で始まり、明確に、被差別部落内の資本にたいして優位であった。それに敗北しつつ「雑業」被差別部落資本が生きながらえてきたのは、被差別部落内の失業・半失業人口を基盤とした低賃金と長時間労働が存在したからである。その2つに、同時に日露戦後の恐慌、民需の減少と被差別部落内業者の倒産、関東大震

災による打撃のプロセスがその後の被差別部落の将来を決定づけた。3つに、都市労働と「雑業」の文脈で「部落産業」をとらえた。皮革職工の増加、低賃金、長時間労働と搾取を問題にした。

8　沖浦和光と「竹細工の発見」

沖浦和光は、「300を超える」農村の被差別部落を訪れ、農業とは別に、もう一つの部落独自の仕事を「発見」した。それは、農耕用、日用の「竹細工」であった。沖浦は、「竹細工」が、近世以来の「部落産業」であるとしている［沖浦 1991：183-5］。この問題は、第3章で詳細に批判する。

9　杉之原寿一及びほかの議論

杉之原寿一は、膨大な部落問題研究を残した研究者のひとりである。その研究の関心は、被差別部落民の就労にかんしては、常に被差別部落内部の階級構造にあった。それは、彼の全20巻の著作集をみれば容易に理解できる。

一方、「部落産業」として被差別部落の職業・産業を理解したのは、比較的早い時期の研究においてである。しかも、固定的に観察するのではなく動態として理解した。奈良県橿原市の被差別部落の「部落産業」について、まず、大正期の水牛ボタンの隆盛から衰退へ、それにかわる製靴、それに平行した皮ボタン生産の導入、1960年なかばでのそれらも衰退する過程を記述している［杉之原 1983：333-4］。また、(1)「部落産業」を全くもたない、(2)一度はもったが衰退した、(3)資本主義経済によって発達したという被差別部落と産業の3類型を示した［杉之原 1984：10-1］。

しかしその後、姫路市をフィールドとした杉之原の研究は、地域の歴史的条件に規定された皮革産業の特質をおさえ、皮革業を地域産業としてとらえた［杉之原 1986］。そして、製靴産業が栄えた神戸市の1991年調査においては、就労構造には、被差別部落民の就労業種についての分析はしたが、具体的な職種については言及しなかった［杉之原 1997：42-67］。

そのほか中西義雄は、皮革産業は「封建時代の昔から部落民の商業として、今日まで続いてきた、伝統産業である」としている［中西 1978：148］（傍点＝小早川）。近代によって成立した皮革産業という奈良を例にした杉之原のような動態的視点が希薄であるといえる。

上記、1から8までの被差別部落民が従事した（する）産業・職業にかんする先行研究が一つのトレンドを形成しており、それらの論考を検討することで、本稿の目的には十分である。また、9については、別の機会にさらに検討を加えたい。

F 伝統的産業論とは何か

1 「剥奪仮説」と「伝統的」産業論

　被差別部落民が従事する産業・職業で「部落産業」論者に共通する業種の認識は、屠畜（精肉）、皮革、製靴や竹細工などである。そして、これらは、被差別部落が近世の穢多非人の時代から、伝統的に実践的してきた職業であるとするものもいる。多くの論者が展開したこの「部落産業」論は、科学的にはたんなる仮説にすぎない。そして、それらが、近代社会の成立によって剥奪されたという文脈で議論する。フーコー流にいえば、いわば「剥奪の仮説」である。

　被差別部落民が従事した仕事が「伝統」であるというなら、科学としての部落問題研究は、エリック・ホブズボウムの「伝統は近代の産物」であるという議論を回避することはできない。実際に、精肉や製靴にかんする職業は、前近代には存在しない。横山源之助は、職人に靴、革細工などが「新しく起こりたる」産業・職業として、「東京府下の小工業である」［横山 1898：64］と述べている。ならば、「伝統」に立脚する「部落産業」論者の主張は、たとえばこの横山を批判しなければならない。それは議論の手続きである。しかし、「部落産業」論者たちは、「伝統」と定義できる手続きを経ているわけではない。

　再確認するが、原田伴彦は、明確に、「もっと端的にいえば日本資本主義の競争的市場の中で、大資本は、部落産業としての皮と肉を奪い去り、つぶしてしまいつつある」［原田 1970：1］、あるいは、「（明治新政権は、）部落民がその犠牲の上に立って付与されていた最低の生活保障すら奪い取った（傍点＝小早川）。部落産業は、資本の力に食いつぶされたのである。―中略― 　穢多身分に付随した職業としての皮革は、資本主義的自由の激流の中で、部落住民から奪い去られていった。」［原田 1975：9］と「剥奪の仮説」が証明されたかのように明確に述べている。原田によると穢多の「職業」は、どうやら近世において、差別を蒙る犠牲の代償として「支払われた」（傍点＝小早川）という意味であったらしい。これらは、田中充らの論文に引用され、定説化している。

2 近代皮革産業と被差別部落

　「部落産業」の議論のほとんどは、東京府浅草の弾直樹の事業を議論する。

　弾は、旧幕府時代の皮革扱いの「特権」に依拠し、新政府になっても皮革生産を個人として取り組んだ。1870年、兵部省のバックアップで皮革製造伝習授業及び軍靴製造伝習授業御用製造所（以下、弾の伝習所）を開設する。この頃、三越則兵衛（三越百貨店の前身）の所有する皮革の加工を引き受けている。伝習所開設に際して弾は、和歌山藩出身の神奈川県大参事に、アメリカ人フレルチアルレスを紹介されている［皮革産業沿革史編纂委員会 1959：123-4］。弾の伝習所は、弾の配下の人たちにたいする授産事業

であったのは周知である。弾の事業は失敗に終わった。この事実を見ると広い意味で弾は、「部落産業」を「剥奪」されことになるかもしれない。しかし、失敗の原因は、従来の「特権」に固執した経営戦術上の誤りであった［皮革産業沿革史編纂委員会 1959：134-5］。経営の失敗は、経営者の責任であることもまた、真実である。1871年の法令の発布は、斃牛馬の皮革処理の「特権」に依ろうとした弾の思惑を最初から拒否した。なぜなら、その「特権」こそ、かつての身分制を象徴する一つだったからである。新たに始まった皮革産業は、ヨーロッパ方式で「屠牛馬」の皮革を原料とした。この点において、日本では非伝統的皮革生産であった。

　新しい枠組みでの皮革産業は、始まった時点で伝統的皮革業を凌駕することになったが、それが、被差別部落民の弾直樹から近代皮革産業を奪ったことにはならない。新政府の兵部省が弾を支援したことは、むしろその逆の行為を行ったことを証明している。そして、弾の伝習所出身者は、熟練者となり各地で活躍したことにも、伝習所が体制に組み込まれた存在であったことを表している。どうじに「伝統的」従事者たちは、皮革産業の近代化を積極的に受容したのであった。

　改めて確認するが、弾直樹（だけ）が近代皮革産業の創始者ではない。皮革生産の「近代」は、和歌山藩の西欧からの技術移転によって始まる。当時和歌山藩士であった陸奥宗光や、カール・ケッペンらによって提起された軍靴などの皮革製軍用品を自給する計画に基づき、1870年に「和歌山商会所西洋沓仕立方並鞣革製法伝習所」（以降、伝習所）が設立された。彼らは、プロシアから講師を招聘した。この伝習所からは、皮革産業全体を牽引する人材を輩出する。伝習所は、1872年に民間企業となる［安藤 1973：17-8］。廃藩によって、藩兵が解体されたからである。1873年には名古屋・広島の両鎮台の軍需品を受注したと言われる。和歌山藩の事業は、武士身分の失業者にたいする授産事業として始まった。創立当初の伝習生は、すべて士族出身で、第1回の伝習生は、百余名であった。近代的皮革生産をめざしたのは、和歌山藩に限ったことではなかった。詳細は不明であるが、静岡藩でも武士の授産事業として皮革生産に着手したことが分かっている［皮革産業沿革史編纂委員会 1959：124］。創業者をカテゴライズする馬原鉄男などの研究方法は、国家の産業にたいする欲求を見ていない。

　「部落産業」の定説が、「剥奪の仮説」に立って、被差別部落民が資本主義的な競争で、「部落民がその犠牲の上に立って付与されていた最低の生活保障」が奪い取られたとするなら、「部落産業」がどのようにして「部落共同体の物質的基盤」や「共同体が形成されるところの基盤」になったのだろうか。近代以降、皮革産業に被差別部落民が多く存在したと主張することは、「剥奪」を主張することと矛盾している。弾直樹の事業は、市場で敗北したのである。市場での勝敗は、市場に被差別部落民が経営し労働する企業が存在したから生起するのである。無論、敗北の一因に部落差別が関与することはある。この場合、被差別部落民の企業経営や就労が社会的問題であると主張することもできる。

しかし、被差別部落の企業が勝利する場合もある。また、ある企業を「従属」させる場合もあれば、させられる企業ある。それは、資本主義的生産が分業によって成立するからである。

　明治政府は、江戸幕府の鉱山や造船所などの資産を基本的に継承した。しかし、それらを単純に封建制の延長線上で引き継いだのではない。世界が帝国主義の時代に近代を迎えた日本の特殊性に規定されて、国家が積極的な殖産興業策を導入し、その支配のもとにそれらの施設をおいた。洋式の官営工場を造り、それを新たな事業参入者の模範とさせた。皮革産業にも模範となる官営工場を設営した。政府は、西南戦争財政難のため、1880年に官営工場の多くを民間に売却した。それは、破格の安値であったために、財閥形成を促進し、遅れてきた帝国主義国家建設を容易にした。この時流に乗って、佐野藩の砲術助教であった西村勝三は、脱藩後武器商人となり、多くの事業に失敗したのち、大村益次郎のすすめで靴製造業に転じた。西村は、帝国主義軍隊の創設にともない政商として、製靴業を成功させた。越後長岡藩村上勇雄は、山県有朋軍に敗北し東京に出て、母、兄弟とともに神田に靴業を開業した。西村の櫻組に対抗して、神田に創業した村上勇雄靴店は、郷里長岡から多数の士族を呼び寄せ職工として雇用した。村上は、靴組合のために長期にわたり尽力した［皮革産業沿革史編纂委員会 1959：218］。工業用革ベルト生産をはじめた新田長次郎は、1857年5月29日、伊予国温泉郡山西村（現愛媛県松山市山西町）の比較的経済的に豊かな本百姓で庄屋の次男として生まれた。村上勇雄のもとで靴工となった長岡藩の士族・島粛三郎は、のちに櫻組の城常太郎が起こした「労働組合期成会」の常置委員となっている。城の実家は、鉄砲鍛冶までこなした鍛冶屋であった［牧 2006：12-3］。財布革細工工と知られた上原勇七は、13代続いた郷士であった［皮革産業沿革史編纂委員会 1959：185］。製靴労働者の労働運動においても、被差別部落民以外の経営者・職人・職工たちがメイン・ストリームにいた。

　産業世界の非常に困難な位置で生産活動をしていたとしても、被差別部落民は、帝国主義的経済構造の中に確実に包摂されていた。産業外産業などありえない。もちろん、参入の障壁と経営上の困難が、受注や資本金の不足によるとき、そこに部落差別が存在することは十分予想される。

3　皮革産業の"部分"としての生産活動

　大串夏身によると、近代初期東京府の皮革製品生産は、以下のようになる［大串 1980：34-7］。伝統的手法で鞣した皮革[10]を使用した製品は、革煙草入、革胴締、革提煙草入、革細工、革馬具、革鼻緒、太鼓で、総生産額の9.7％にすぎない。その他で伝統的鞣革を使用している可能性がある生産品を加えても13.7％にしかならない。すなわち、1871年の法令がでた翌年には、近代的タンニン法による製品が86.3％で、市場をほぼ席巻していた。被差別部落の業者の総生産額の占める割合は、26.4％に過ぎなかった。こ

れが明治後わずか4年後の1872年の状況である。1877年第1回内国勧業博覧会には、東京府内被差別部落の皮革関連業者が21社（者）出品している。12社（者）が製靴業で、これに弾直樹の「弾北岡組造靴所」が含まれる。明治以降の創業は、15社、不明4社、明治前2社で、近代の創業が主流であった。この21社（者）は、9社の被差別部落外の問屋の支配下にあった。

　さらに、1900年時浅草の皮革産業の状況を大串は、以下のように分析する［大串1980：70］。東京府で製革、革細工、製靴業に就業していたものは、不明な官営工場の従業者以外の私設工場を合わせて東京府全人口の0.17％にあたる3,300人であった。「部落系資本家」が経営する工場は、全工場数9の内2工場であった。従業者数は、43人であった。弾直樹の「弾北岡組造靴所」は、既に被差別部落外資本の支配下であった。1897年になると、被差別部落の業者の80％が被差別部落内で営業し、その規模は1工場あたり10人以下であった。1900年の浅草のみを見ると、2人以下の事業者が製革70％、革細工35％、製靴50％であった。

　1898年の浅草全体の産業構造は、製造業17業種（皮革系2）、卸商26業種（皮革系4）で、非被差別部落系の経営者が皮革業に従事するケースもある［大串　1980：72］。皮革関連事業者は、圧倒的に少数派であった。1900年、全東京府の皮革業従業者数にたいして浅草の従業者数の占める割合は、2,558名にたいして1,126名で44％を占める［大串1980：69］。すなわち、浅草のような限られた空間を切り取って分析すると、事業所の一部である皮革関連事業を営む被差別部落民が多くなる。おなじ被差別部落でも浅草を離れると状況は異なる。1905年の玉姫「特殊小学校」児童の保護者367人中、皮革関連に従事したのは、20人にすぎない。あとは人力車夫をはじめとする「雑業」であった［大串　1980：75］。

　以上から、東京の皮革に関係する産業は、その近代の出発点において「部落外の資本家に従属しその運命を託し、矛盾を一身に負うこととなる」［大串　1980：37］。そして、この傾向は、1870年代後半から1990年代中期にかけて、より顕著となった。被差別部落民が「矛盾を一身に負う」のは、皮革産業に限らず、また、現在においても、一般的に同様である。それは、被差別部落民の一部が従事していた広範な産業全体のヘゲモニーを誰が握っているかという問題からきていることにつきる。このことから言えるのは、わずかな近代的産業とその技術革新が、近代被差別部落に、産業上、複雑な階層関係を構築し、ネガティブに作用したことである。

4　皮革生産の技術革新

　皮革製品生産が、産業として発展するのは、技術革新が一つの契機であった。タンニン剤の国内調達が、和歌山藩が招聘していたアドルフ・ルオボウスキ・ウォルティーが原料を発見したことによって可能となった。原皮の塩漬けによる保存法もルオボウ

スキの指導によった。この技術が全国へ波及した［安藤 1973：23］。クロム鞣しも和歌山で始まった［安藤 1973：34-5］。この西洋式の非伝統的製革法が現在につながる皮革生産法である。技術革新は、産業構造はもとより、社会全体のパラダイムをも決定する。技術革新は、常に権力として用いられ、労働者を支配する道具となる。

　伝統的手法の皮革生産は、技術継承という意味で兵庫県の一地域で存在するのみと聞く。この日本式の鞣しと、西欧からの技術移転で確立した近代的タンニン法とはまったく異なる方法であり、製品も異なったものである。それは、日本の伝統医学である和法と西洋医学を同一に論じることができないのと同様の問題である。

　加えて、近代日本の皮革産業は、最初から資本主義的生産として始まった。ところが、「部落産業」論者たちは、皮革の仕事は差別を受ける賤業という文脈でのみ議論をしてきた。それは、田中が「日本では、皮革や食肉などの産業が差別されてきた」［田中 1990：66］。と述べていることに端的である。あるいは、非被差別部落民が皮革生産にたいして差別意識をもっていたという。では、和歌山藩や静岡藩の武士たちや、皮革を保管した三越、政商・西村勝三らは、皮革に関与する「被差別」性とどのように向き合ったのか。だれもこのことには沈黙している。被差別部落の職業起源説は否定されて久しい。答申もその文脈上にある。ところが、特定の職業が差別を受け、その職業を被差別部落の人々の最低限の「生活保障・職業としての皮革＝部落産業」［田中 1990：61］というなら、それは、否定されたはずの職業起源説を復活させたことになる。

　屠畜や精肉など特定の業種を伝統的な「部落産業」としてみなすなら、それらは、全国の被差別部落に、一般的傾向として「部落共同体の物質的基盤」や「共同体が形成されるところの基盤」たるだけの量的な広がりが観察されるはずである。答申によると被差別部落は、4,160地区、総被差別部落民人口1,113,043人［内閣同和対策審議会 1965：6］であるが、少なくとも全国的に、「部落産業」と指定された業種によって維持される「伝統産業型」被差別部落が一般的には存在しない。むしろ、1925年、1930年、1935年の「職業変遷の状況」では、零細であっても、生活の糧であった農業従事者が常に50％を超えていて、工業の4％［内閣同和対策審議会 1965：57］を圧倒している。被差別部落世帯の農家率は、国全体農家率の下落とともに下落しているが、それでも農業の占める割合は、依然として高い。大阪の被差別部落にかんする論考では、しばしば皮革産業を「部落産業」として採り上げられてきたが、それでも「南王子村は農業を基盤とした村であったことが、『奥田家文書』で明らかになった」また、斃牛馬処理の仕事をしたものがいたが、それは、草場株を所有するもののみであった［乾 1985：76-7］。ちなみに、乾によると、南王子村の年中行事は、農村のそれと比較して特別の差異はない。ゆえに、農業は被差別部落の「伝統的」産業となる。

5　部落問題の議論における「半封建制」論と「二重構造」論

　重複するが答申は、「同和対策事業」の実施という政治性を前提としている。同和対策審議会は、法の制定から予算・予算執行の是非を含めた審議をすることを課せられていた。精密調査の対象は、全国4,160カ所の被差別部落にたいして、わずか16カ所にすぎない。最初から何らかのアファーマティブアクションを実施する含意があった。この意味で、「答申」は、明らかに政治的産物であり、すべての面において科学的であったとはいえない。また、当事者の解放運動団体が、答申をどのように解釈し自らの利益の梃にしていくのか、という問題と、部落問題研究の対象にすることはまったく別の問題である。この研究上の立場が、部落解放を支持することを妨げるものではないことはことさら言う必要はない。

　答申は、部落差別の存在理由として、「半封建的生産関係」にある国全体の農業の構造が背景にあると指摘し、被差別部落の農業が一般的な農業状況よりさらに後進性をもつと主張した。また、日本農業は、「資本主義の原理とは異質」であり、被差別部落民は、停滞的過剰人口であり、「経済秩序外的存在」に陥るとした［内閣同和対策審議会 1965：55］答申の見解の理論的批判はなかった。その上で、日本経済の「二重構造」論が論じられた。すでに述べたが、秋定は、資本主義と部落問題の核心は、「寄生地主制の評価が、資本主義的であるとか、半封建的であるとかという問題」としながら「その内容の検討は次の機会にまわし」［秋定 1993：60］、結局、その解を示していない。部落問題研究の「二重構造論」[11] は、根本的には、日本経済、社会の「半封建的」性格を背景として、被差別部落に生起する経済的格差の解釈として現れていた。

　「半封建的」とは、マルクスがイギリスをモデルとして描写した資本主義で起きたような農村の解体がなく、日本資本主義はその解体されず残存した農村を一方の軸足として成立していたとするものである。これは、世界史的に帝国主義の段階に遅れて出発したという日本帝国主義の特殊性を無視した理解である。繰り返しになるが、日本が近代を迎えたとき、世界はすでに帝国主義の時代であった。農村を解体して労働力を産出する必要がなかった。なぜなら、より安価な労働力が海外に存在した。農民を労働者にかえ、国内の労働市場を徹底して成熟させる必要もなかった。そして当時の先進的技術と設備を輸入したために日本の生産は最初から省力化された。すでにアジアはその市場であった。資本は、投機目的で農地を買いあさった。その資本は、やがて山林に投資され、そのブームが終わるとアジアへと向かっていった。これが侵略である。日本経済が、マルクスが描いたモデル同様の動向を示さなかったからといって、日本が半封建的生産関係にあったということにはならない。

　田中充は、二重構造問題を、⑴日本経済の量的拡大期に起きた賃金格差と、⑵大企業と中小零細企業間にある生産設備の格差、⑶大企業による系列化、⑷国際化に対応する大企業のさらなる大型化を反映した下請けの大型企業化、であると説明する［田中

1990：65-6]。それは、「日本の産業・企業の階層構造」というピラミッド形の図にして説明している。それをそのまま図1として転載する。階層は、巨大企業、大企業、中企業、小企業、零細企業によって構成され、日本では99.6％の企業は、中小零細企業に属している［田中 1990：62］という。ピラミッドの最底辺である零細企業のさらに「その最末端に部落の企業がおかれている。」これは、わが国経済の

図1 日本の産業・企業の階層構造

「構造的特質」［田中 1982：15］（傍点＝小早川）であるともいう。図1によると、全人口100万人強しかいない被差別部落のそのまた極めて一部の人たちが経営する企業が広大なピラミッドの最底辺を形成していることになるのだが、そのわずかな企業で広大な底辺をどのようにして形成するのか。この議論はトリックである。

　日本の経済の不均等発展がもたらしてきた格差のことをいっているのなら、格差の第1は、企業のスケール、その第2は、企業の設備の格差、第3は、勤労者の所得の格差である。そして第4の格差は、日本経済の構造的特質である。特質というとき、他国の経済構造とのあいだに明らかな差異が認められるということである。では聞こう。この格差の構造のどこに「日本的特質」が存在するのか。何が二重になっている一重目なのか。そして、二重目は何か。そして、これらのことが明確になっていない。図1にしたがって、巨大企業を第1層として見るなら、零細企業は第5層となる。それなら、階層の設定いかんでいくらにも「重層構造」は増える。

　欧米にも企業間の規模的格差は、存在している。それは、日本よりも激しい現実となっている。アメリカ合衆国は、中小企業大国である。イギリスも380万存在する企業の内88％以上が4人以下を雇用する企業である。ドイツは中小企業が増加している。イタリアでも中小零細企業に依存する経済が存在し、日本同様に地場産地、産地集積型の生産構造が存在する。すなわち、たんに中小零細企業が多いというだけの状況は、どの資本主義国にも存在する。どの国家においても格差は激しい。ヨーロッパやアメリカと同様の企業間の格差を二重構造とする見方をするなら、日本社会全体の構造的特質を導きだすのは難しい。

6　「生産関係」とは何か

　「部落産業」論者の特徴的な論理のもう一つは、上田一雄に特徴的な「生産関係」論である。「部落産業」は、部落共同体を形成する物質的基盤としての生産関係を構成している、ということである。上田は、「部落産業」は、現代の資本制社会体系から疎外された

ところに存在しているともいう。次に、部落内に部落産業の形成が見られないところでは、スラムが形成される基調となっている、というのである［上田 1985：6］。そして被差別部落外資本との競争での敗北は、それへ従属することを顕著にし、業界存立の危機と被差別部落共同体のスラム化への解体、生活危機をもたらす［上田 1985：13］。これが、上田の主要な論点である。

では、「生産関係」とは何か。

生産関係は、生産手段の所有を巡る人と人の関係性のことである。マルクスは、生産関係について次のように述べている。「生産関係は、その総体において、社会と呼ばれるものを、しかも一定の歴史的発展段階における社会、独特の性格をもった社会を作る。古代社会、封建社会、ブルジョア社会は、そういう生産関係の総体であって、それと同時にそれぞれ人類の歴史上の特別の発展段階をあらわしているのである」［Marx 1849＝1953：45］。すなわち、この社会にある生産関係は、基本的に資本主義的生産関係であり、それ以外の生産関係が被差別部落の産業・職業を巡って成立しているのではない。資本制社会体系から疎外されたところに被差別部落の生産活動が存在するなら、それはどこのなんという体系においてなのか。それが「半封建的生産関係」だとすると、生産手段をもつものは、誰なのか。土地を所有したのはすでに金融商業資本などの資本主義的セクターの人々や企業ではなかったのか。

マルクスは、こうも言っている。「黒人は黒人である。一定の社会関係のもとで、はじめて奴隷になる」［Marx 1849＝1953：44］。これはあまりにもよく知られた言葉である。被差別部落の物質的基盤の生産関係が成立しているなら、その生産関係によって人は部落民になることになる。社会全体が資本主義的生産関係によって成り立っているもとで、日本人のある特定の人々が、地域のコミュニティから引きちぎられるように被差別部落民になっているのである。仮に、「生産関係」は、マルクスとは異なる概念で使用しているというなら、その概念を明確に規定するところからはじめる必要があった。しかし、それは見当たらない。

G　小　括

以上、見てきたように、「部落産業」とされる産業と被差別部落の関係は、特に敗戦後に構築されたものであったといえる。あえて、もっとも就業率が高い農業を「部落共同体を形成する物質的基盤として」見るなら、農業は、「部落産業」になる。しかし、だれもそうは考えない。中央融和事業協会で活動した山本政夫の出身地は、圧倒的に漁業者が多数の地域で、山本自身は網元の息子であった。江田島の牡蠣養殖は被差別部落の経営者が支配的であるが、それは「部落産業」とはいわない。しかし、馬原も秋定も意識的

に農林漁業を議論から排除した。それは、皮革生産にかんする職業を、被差別部落の受難の歴史に接合するためである。

被差別部落民が従事した産業・職業は、文字通り多様である。それにもかかわらず、全国の被差別部落でも極めて少数の被差別部落で実践される皮革産業などが、「部落産業」と名指しされる。農業者が統計的にもっとも多いにもかかわらず、あえて、食肉、皮革、竹製品が「部落産業」だと名指して、被差別部落を特徴付けようとするのは、事実上、文化本質主義である。「部落産業」論者は、ある特定の被差別部落を調査したのであって、全国の被差別部落を特定したのではない、というかもしれない。しかし、「部落」とは、一般的抽象的な言語である。

被差別部落は、かくかくしかじかの特定産業と関係があるのではなく、産業・職業は、極めて多様で「雑多」なのである。さらに、いかなる産業内のセクターもマルクスのいう分業に他ならない。それゆえ、広く資本主義全体と被差別部落民の生を貫く糧の問題として論ずべきである。

校　註

1　明治時代初期、福山市松永町で始まった下駄産業は、隆盛を極めた製塩に起源をもつ。桐ではなく、製塩用の木材を流用して製作した下駄は、非常に安価であったために全国的に有名になった。機械化による大量生産は、さらにコスト面で有利にした。生産のピークは、1955年（昭和30年）頃で、年間5,600万足を記録し、全国一となった。下駄の需要が激減し今日でも、国内生産高の50％を占めている。主力企業は製塩で財をなした「地元名士」の経営によっていた。木履（ぽっくり）の生産も広島県各地で盛んであったが、これも被差別部落における生産者はほぼ皆無であった。

　1970年から80年にかけて、広島県外の解放運動の活動家や研究者から、しばしば松永の下駄生産と被差別部落の関係について質問を受けたことがある。少々辟易とした。そもそも、その質問は、履物を賤業とする考えや下駄生産を被差別部落の専業する先入観によっていた。余談だが、当時江田島を「穢多島」と勘違いする人もいた。

2　ラウジ自転車は、たとえば、1914年の『両備軽鉄便覧』に全ページ広告が掲載されたことなどから備後地域において、一般的によく知られた自転車であった。ゆえに、「ラージイッポンガケ」はよく知られた隠語であった可能性がある。現在、ラウジ自転車を知る人はほぼ皆無であるが、「ラージイッポンガケ」は、あるコミュニティでは差別表現として残っている。他所では理解されないので、密かに差別するには「十分すぎる」ものであった。

3　たとえば、「プテキャン」は、軽音楽関係者の一部で使われる。芸能界で用いられた逆さ言葉の「応用」である。プテキャンは、キャプテン。キャプテンは船長（センチョウ）。そしてその逆さは、チョウセン＝朝鮮人となる。ジャズ界の一部においては、Fはギターの第4弦で、そこから被差別部落を連想させる表現を、酒田さんは聞いたことがあると証言する。

4　ここでは、経済産業省の見解に立っている。産業は、経済の基本単位で、経済主体である企業が集合して産業を形成している。産業は、集合体である。産業は、構造である。すなわち、産業は、1個の全体であり、かつ、部分である。産業を構成する要素には、働きがあり、位置があり、関係がある。産業を構成し、成立させている要素は、第1に経済主体、第2に市場、第3に労働力、第4に貨幣、第5に原材料、第6に商品、生産財、第7に法や制度およびインフラストラクチャーである。これらの要素が複合的に作用して、産業を成立させている。

5　『全国民事慣例類集』は、新政府が民法を編案する資料であった。当時の人々のさまざまな自然法、慣習法などの調査であった。調査は、1876年から1880年にかけて実施された。調査方法は、調査員を各地に派遣する方法がとられた。アメリカ人で「お雇い外国人」ジョージ・W・ヒルのアイデアだといわれている。調査は、調査員の資質や知識にも影響されたが、「農工商穢多非人ノ別」は、計量的なデータはないが、当時の賤民身分の土地所有と租税など権力との関係や一般農民との関係、またそのことにかんする地域差が記されている。

6　「未解放部落」の用語は「被差別部落」と併存した時期があった。また、今日でも完全な死語となっているわけではない。「未解放部落」を使用しない論理は、資本主義的支配のもとで、どの階層であっても解放された人民は存在しない、というものであった。

7　従来、被差別部落民がほそぼそと暮らしを立てていくための見返りの少ない職業を「雑業」と呼んできた。「雑業」は、分類が困難である雑多な職業という意味でもある。その使用には、「生業」を「まともな仕事」としたうえで、その対語とする意識が働いている。だが、分類が困難、というのは、自己の職業を「まともな仕事」をする研究者の勝手な思い込みである。歴史的に被差別部落民の中には、複数の職業をもつものが存在した。その場合、彼・彼女らの主たる収入源としての職業分類が困難かもしれない。さらに、仮に職業の分類が困難だとして、そのことが部落問題の記述に「雑業」として記さなければならない積極的な意味はない。彼・彼女らの命をつないだ仕事を「雑」の一文字でひとくくりにすることは、そもそもある種の職業にたいする蔑視であり、ステレオタイプで見ていることであり、オリエンタリズムである。しかし、これと代わる言語はない。本研究では、「雑業」に括弧を付け、艱難辛苦を生き抜いた手段として敬意をもってとり扱う。

8　マルクスのルンペン・プロレタリアートの定義は、一定ではないが、『ルイ・ボナパルトのブリュメール18日』によると以下のような職業の人々である。「なんで生計を立てているのかも、どんな素性の人間かもはっきりしない、おちぶれた放蕩者とか、ぐれて冒険的な生活を送っているブルジョアの子弟とかのほかに、浮浪人、兵隊くずれ、前科者、逃亡した漕役囚、ぺてん師、香具師、ラッツァローニ、すり、手品師、ばくちうち、ぜげん、女郎屋の亭主、荷かつぎ人夫、文士、風琴ひき、くず屋、鋏とぎ屋、鋳かけ屋、こじき、要するに、はっきりしない、ばらばらになった、浮草のようにただよっている大衆、フランス人がラ・ボエムと呼んでいる連中」である。(大月文庫版 p.89-90)これに加えて、最終的には「政治的に変節しやすい」あるいは「犯罪に走りやすい」「信用ならない」「反革命の温床になる」と共産主義運動から排除すべき存在であった。当時の被差別部落民の多くは、上記の職業に従事するものもいたが、おおかたは地域を出ることなく、農業に従事していた。また、日本の社会主義運動の中核を担い得る存在でもあった。

9 「部落解放全国研究集会」は、部落解放同盟中央本部が主催し、2014年には第48回目を開催した。全国の解放運動の実践家、教育関係者、各級の行政職員などが参加し、差別の現実とそれとの取り組みをテーマごとに報告し討議する。「研究」は学術的研究ではなく、部落解放運動実践の交流を主目的とする色彩が強く、被差別部落の質的実態把握には有効である。

10 旧来の皮革鞣し法は、原皮を数日間河川に晒し、微生物の作用によって毛根をゆるめ、刃物により毛をこそぎ脱毛する。皮の厚さを均一にするために鉋（かんな）で内側をすく。いったん天日乾燥したのち、塩となたね油を加えて空打ちし、さらに日光に晒しながらもみほぐす。これが「鞣す」という作業である。再度、天日乾燥したのち、細工に適した形状に裁断する。

　これにたいして、近代的なタンニン鞣しは、初期は植物性タンニン剤を使用した。タンニンを革の中心部分に浸透させるため、染料が深く浸透しやすくなる。現在では、クロム鞣し（通称：Wet-Blue（ウェットブルー））が多用されている。タンニン鞣しとクロム鞣しを組み合わせたコンビネーション鞣しも行われている。クロム鞣しは、見た目に、切り口が青白色であるのでタンニン鞣しと区別がつく。柔軟性、伸縮性に優れ、タンニン鞣しに比較すると撥水性と耐久力がある。熱にも強い。衣料用に適している。製造コストも低い。ただし、その名の通り、クロム剤は、酸化するときに、有害な六価クロムに変化する。

11 二重構造論は、敗戦前後を問わず、「学説」として唱える研究者が多かった。敗戦後は、有沢広巳が主に主張した。日本の産業が、著しく発展する近代的企業と、その逆に、近代化に乗り遅れ停滞する企業の二重構造と見た。中小企業が非近代的な部分であり、日本経済を停滞させている。この見解が、政策に反映され、1964年の『中小企業白書』は、「二重構造と格差問題」がキーワードであった。この議論には、日本資本主義が、独占資本、巨大軽工業、中小企業のヒエラルキーを設定するという問題がある。中小企業は、巨大資本に従属するもとしてとらえられる。この場合、中小企業は反独占の観点を強調されるきらいがあった。そうであっても、中小企業は労働者からの搾取と収奪を行うという意味で、巨大資本と同様なのだが、二重構造論はこの側面を軽視していた。さらに、誤解があるのは、中小企業を総じて、隷属性と非生産性で論じたことであった。1960年代に入ると、積極的中小企業論が現れた。中小企業を独占の被害層としてではなく、資本主義一般の論理から論じられた。しかし、部落問題研究では、1980年代に入ってなお、二重構造論への依拠傾向が存在した。

第2章　広島地域の屠畜・製革製靴産業具体像

A　体制転換期の身分と職業

1　広島県地域の皮革生産と穢多（革田）の収入

　近代の被差別身分の「役」は、広島藩では革田[1]役で、その内容は、第1部第1章で述べたとおりである。それにたいする給米は、豊田郡下市「下市村覚書」にある革田役を見ると、次のようになる。牢の清掃（入牢者がある場合）＝1人1升、入牢者1人について警備＝頭革田に2升、小頭以下5名に各1升、牢舎の警備（昼夜二人＝1人2.5升、犯罪者追捕＝1人1升、刑の執行＝1人2升、このほか夜警は、村の負担による報酬の対象であった。記録には、夜警にたいして、1軒平均年間（1819年）、13.8斗が支給されている。経済的には、革田役だけではなく、農業の意味も大きかった。注視すべきは、革田は、死ぬままに遺棄されたのではないことである。同郡の寛政の差出帳によると、革田は、村の相互扶助組織である社倉[2]に包摂されていた。

　革田も穢多も、居住する地域によって、穢多役以外の他にさまざまな仕事に従事した。農地をもつ者も多かった。入会権をもつ人もいた。免除の地域もあったが、年貢米をおさめた地域もあった。

　耕作以外の仕事もあった。よく言われているのが、斃牛馬の処理である。これも社会的な義務として担っていた。農耕馬の屠殺は、禁止されていたので、穢多・革田が屠殺に従事したことは、公式にはありえない。もっとも、全国的に見ると、イリーガルに牛を落として食用にしたり、皮革の価格が高騰したおりに畜牛を屠殺したりするものがあった。それは、穢多がそのようなイリーガルな行為を恒常的に行ったというわけではない。あくまで、病死、老衰などで死亡した牛馬を穢多が処理したということである。

　しかし、毎日のようには、牛馬は都合よく死んでくれない。しかも、当時の農業は、人力化の方向にあり、脱有畜農業の方向にあった［速水 2003：136, 293］。また、おおまかに言えば、ほぼ一村あたり1カ所の被差別身分の居住地域があったので、斃牛馬の処理から得られる皮革などの副産物でその村の穢多・革田の糊口を凌ぐことは、不可能であった。一般的に、村人の牛馬が死ぬとそれは、所有の権利が消滅し、革田が無償で引き受ける。しかし、その処理ができるのは、すべての革田ではなく、処理権すなわち草場権、旦那株をもつ者だけであった。それは、革田集落内で権力をもつ者のみが扱った。ゆえに、斃牛馬解体の技術も一般的ではなかった。その利益によって、土地を所有する革田が存在したことが現在の三原の事例にある［三原市同和地区実態調査団 1973：

92]。具体的に斃牛馬からどの程度の収入が可能であったかを見ると次のようになる。

1879年の広島県の統計を幕末とほぼ同一とみなす。県全体で、年間、斃牛馬は、1,322頭であった。同時期の穢多、革田、非人の人口は、広島藩と福山藩をあわせると約27,600人で、これも変化がなかったものとみなす。年間1人あたり0.05頭分の皮革生産である。雄牛皮革の平均重量は、1頭11.1kgである。1800年代中期の大坂の皮革元買い価格は、1kgあたり銀で18.8gであった［上田 2005：63］。要するに年間、1人あたり銀10.5gにしかならない。

それゆえ、恩恵に浴すことがなかったほとんどの人たちは、他の仕事にも従事した。地域によっては、葬儀において遺体の埋葬や荼毘に付す仕事であった隠亡[3]や、勧進[4]などもそれに含まれる。勧進は、経済的困窮時に増加したことがわかっている。また、加賀藩や関東のように新田開発に従事した地域もあった。

要するに、穢多役以外に、生活を支えた仕事は、実に多様であり、かつ地域性に富んでいた。

2　斃牛馬処理、肉食は禁忌だったか

近世において、斃牛馬を処理する行為は、賤業であったとされる。しかし、これについての議論はそのように言い切るほど単純ではなく、これを賤視しない地域もあった[5]。動物の（死体）解体が一般的に「賤しい行為」とされたという言説は有力とされる。それは、近代以前、食肉が禁忌とされた、という言説と関係し、殺傷を含めた動物の解体という行為が賤しい行為であった、という言説と結合している。ここからはまず、問題を斃牛馬、野生動物屠殺、肉食、皮革生産と加工などの関係で検討する。肉食は、禁忌であったのだろうか。

近世において「日本における食肉の禁忌は、確かに近世社会に最高潮に達していた」［原田 2005：149］というような一般的な見方は、「近世は鎖国であった」という見方同様に、前近代の文化を排除するイデオロギーによって、近代になって言説化したこと（されたこと）にすぎない。確かに江戸時代の一時期には、建前としての食文化から食肉が廃れたこともあった。しかし少なくとも戦国時代には、来日するポルトガル人が増加し、キリスト教の布教が盛んになり、それにしたがって食肉も普及した。元来、食肉の慣習自体はキリスト教の教義とは無関係であった。

ところが、日本人が食肉を慣習化することにたいして、キリスト教を攻撃する政権や競合する宗教によって教義と食肉が結びつけられ、キリスト教攻撃の材料にされた［平野 1997：240-1]。5代将軍吉宗が、生類憐れみの令や殺生禁止の高札をたて、触穢令まで出したというよく知られた事実は、現実がそのまったく逆であったことをよく表している。鹿、猪、兎、狸、さらには猿も食していた。そして、明治になって一気に肉食が一般化し、食肉生産が急激に増加するのは、おおっぴらに牛馬肉を食さなかったものの、

獣肉が、一般的に食用になっていたことが背景にある。ゆえに肉食への抵抗は少なかった。ヒアリングによると、戦後になっても猿の脳を食用にしていた地域もある。さらにおどろおどろしいことだが、野焼きの火葬で、餅に死体の脳をつけて食した証言まである。これは、非被差別部落での証言である。隠亡がいなかった地域のこうした出来事は、カニバリズムであり、タブーであったために絶対にそのコミュニティの外部には出なかった。ゆえに、証言のみで実証的にこれを明らかにするのは難しい。

　証拠だった事例としては、動物考古学の立場からの研究がある。松井章は、日本人が建前では、食肉を忌避しつつも、いつの時代も金もちが金を出せば牛肉を食することができ、また武士も同様に秘密裏に牛肉、猪、犬を食していたと指摘している［松井 2005：140-1］。食肉や皮革に関与することを穢として、歴史的に忌み嫌ったという言説は、事実に反する。福山市にある草戸千軒町遺跡調査は、犬肉が中世の人々の一般的な食料であり、食肉忌避は、近代の構築物である［松井,茂原 1995：297］ことを証明している。中国渡来の仏教には、肉食を忌避する思想があったが、日本の民衆に一般的ではなかったと、波平恵美子は述べている［波平 1985：152］。

　宮本常一は、広島県土師のダム開発に際して行われた民俗調査で、火縄銃を2丁発見している［宮本 2011：48］。農民が一揆を起こす場合、基本的に刀剣などの武器を使用することはなかった。ましてや火器の使用はなかった。つまり火縄銃は、狩猟用であった。狩猟対象は、地域柄、猪、鹿、兎などであったと思われる。火縄銃は、一揆の武器にはならなかった［藪田 1992：182］のである。動物は食用に供された。こうなると波平の説はますます妥当となる。仏教的思想によって屠畜、皮革が卑しいとされたというのは、そもそも疑わしい。それは、公的な場における食肉を忌避したこと意味しているにすぎない。近世に肉食禁忌の思想が一般的だったとするのは、近代による創造された観念にすぎないのであって、少なくとも、人々のもつ「穢観」と食肉の禁忌を結びつけることは合理的ではない。また、宗教的観点からも穢は、エートスになっていなかった。

3　皮革取り扱いは、賤民の専業であったのか

　システムとして弾左衛門を通して皮革が幕府に上納されていたために、皮革、革製品の生産は、穢多、もしくは革田が、専業で従事したと考えられている。しかし、必ずしもそうとばかりいえない。『承応町切絵図』（1654年）［広島市中央図書館 1990：101］と『天和町切絵図』（1683年）［広島市中央図書館 1990：135］には、革屋町の地名が見える。近隣には道具屋町など職業にちなんだ町名が見える。前者には18軒、後者には16軒の革屋を名乗る商家が記されている。商家が通りを挟んで向かい合っている。各店は、その間口と奥行きが記され、主の名はたとえば、革屋彦三郎と記載している。この地域は、広島城下の町割が完成した時期におかれた東西両革田の居住区とは異なる。町割のまったく中央部の商業ゾーンである。現在、大規模な商店街の入り口にある。広島県

庁も近く地下街にも近い商業ゾーンの中心である。革屋町が歴史的に革田の居住区であったことはない。

　幕末の徳島藩では、在郷で名字帯刀、500石の禄をもつ「奉公人」層に属する武士が、諸革取締役の担い手となることを藩に願い出ている。この出来事は、1844年のことであった。士分での諸革取締役は、確かに異例であるといえる。従来、穢多身分の諸革取締役は、1％の「世話料」をとっていたが、名乗り出た人物は、これを無料として、自らが大阪への輸出を取り仕切ることで利益を得ようとした。この方法は、従来の皮革を扱う人々の利益追求に有益であると彼は主張した［町田 2013：30-1］。皮革、皮革製品については賤視する傾向が一部にあったであろうが、資本主義社会の確実な到来を前に、あらゆる商品が「他のどんな商品とも魂ばかりではなく、肉体をも取り換えようとたえず身構えている」［Marx 1867＝2005b：130］という時代の到来に際して、商品が平等に動きはじめたことを意味している。やがて封建制という障壁が取り払われようとし、旧穢多、革田身分以外の人々が被差別部落民の専業と考えられた産業への参入を暗示するものである。和歌山藩でも、広島市中の革屋町と同様の町があったことがわかっている。賤民身分以外の人々と皮革の関係はないものとする、つまり皮革＝賤民という構築された観念での従来議論には、重大な弱点がある。皮革生産すなわち、斃牛馬の解体、屠殺解体を賤しいとされた人々が行っていたとして賤視されたとするのであれば、生産された皮革がなぜ穢たものとして認識されなかったのだろうか。広島、和歌山、徳島の例は、それ以外の事例が発掘されてはいないのだが、だからといって、それだけのことをもって特殊な例とする理由はない。

4　斃牛馬処理の権限移動と屠畜

　一方、旧穢多や革田が担った斃牛馬の処理権については、1875年12月6日、熊谷県大区会議[6]において、「斃牛馬処分法」と題した議案が審議されている［松沢 2009：84-6］。すなわち、斃牛馬の処分、処理にかんする権限は、すでに旧穢多から大区区長へ移管していた。この議案が、大区の意向に添って実施されたかどうかは不明である。しかし、地方議会レベルで斃牛馬処理の公的管理が求められる状況が到来していたことは確実である。ちなみに、大区会では、1874年に「盆踊り廃止」「獅子舞の事」「祈祷の事」などが建議され、地方においてこれらの旧習を排除しつつ近代化を実現しようとした文化的政策の一面が理解できる。村々では、旧来の慣習は、それまでとは異なる近代化の文脈で再解釈をしないと存在が許されなくなっていった。

　近世における斃牛馬処理は、取り締まり規則、村々における慣習、人々のまなざしなどに差異があった。しかし、明治以降、あらゆる生産の近代化と管理が国家のもとにすすめられた。その一つは、食の欧化政策であった。廃用牛を牛鍋やスキ焼で食することが、明治初期に一般的になった。その需要にこたえるために、1873年から1875年にかけ

て、地方都市にも屠畜場が設置された。1880年代半
ばには、兵庫、滋賀、三重、山口、愛媛で、食用目的
での牛の肥育が始まった。加えて、家禽の肥育も始
まった。1886年に、牛肉は、軍隊の食糧に導入され、
日清、日露の戦争から帰還した元兵士たちが、市中
や家庭内で食し、表1に示すように消費が著しく拡
大した。

国家による管理のもう一つの理由は、衛生の問題
であった。食肉需要の高まりを受けて、屠畜場の衛
生が問題になった。広島県では、1872年、「屠畜場開
設方法について大蔵省達」を通達した。これは、中
央政府の政策を忠実に実践するものであった。それ
は、(1)屠畜場の位置を人家から離れた場所に隔離す
る。(2)病死牛の販売を禁止する。(3)牝牛の屠畜を禁
止（ただし12、13歳以上の老牛をのぞく）する。(4)
港から輸出するときは、地方官が立ち会う、という

表1　明治時代の牛肉生産量

年	成牛屠殺頭数	枝肉生産量 (t)
1877	34,000	－
1882	36,000	－
1887	105,700	－
1892	100,600	－
1894	143,900	19,500
1896	145,100	21,900
1898	157,900	24,300
1900	222,800	30,600
1902	196,900	27,200
1904	287,700	37,900
1906	158,500	23,900
1908	138,600	22,000
1910	246,700	38,800

（1978年日本肉用牛変遷史より）

ものであった。これと同時期、山口県では、「病牛・死牛販売の者があるため屠殺業に習
熟した者以外は屠牛を許可しない」との通達を出している。通達は、さらに今後屠牛を
職とするものは、住所氏名を指定した人物に屠法を学ぶことを求めている。理由は、病
牛は「人をして身命を誤らしむるに至」るので、許可制になるというものであった。そ
の後、屠畜場法は、1906年に現行法の原型となるものが制定される。それは、一貫して、
屠畜場制限主義に立脚している。屠畜場の設立は公設が原則である。食用目的の獣畜の
屠殺解体は、法で定められた屠畜場以外ではできない。（例外としては、自家用屠殺、切
迫屠殺が認められたが、解体は屠畜場内に限った。）法が屠殺を認める獣畜は牛、犢、緬
羊、山羊、豚及び馬の6種である。さらに、(1)市町村において屠畜場を設立するとき、そ
の他に既存の私立屠畜場があれば、地方長官はその施設の廃止を命じる。(2)内務大臣が
市町村に屠畜場が必要と認めるとき、その設立を市町村に命じる。(3)市町村の屠畜場廃
止は、地方長官の認許を必要とする。(4)市町村屠畜場の用地に必要な国有の土地は市町
村に譲与しまたは無償で使用させる。(5)私人に屠畜場の設立を許可するときは一定の
期限を付することを要する。

つまり屠畜は、公衆衛生の観点からも国家の管理のもとで可能で、ヘゲモニーは国家
にあり、私人の屠畜業に参入には厳しい条件を設けた。ここから見えるものは、現在か
ら見るとより抑圧的であった明治政府であったが、封建幕府の権力とはまったく異な
り、衛生思想のもとで、食を（肉食の普及を通して）豊かにし生を向上するという権力
の日本における登場であった。それは、だれが具体的な仕事を担ったかという問題が重

要なのではなく、屠畜の管理を国家がどのように実践したのかが、より重要な問題になった。そこで、次項で屠畜がどのように成立し管理されたかを見ていこう。もちろん近代以降も「部落産業」とされた屠畜に従事した人々が被差別部落に存在した。それを主に広島県地域の被差別部落の人々と仕事について分析することで検討する。

B　都市と屠畜場と被差別部落

1　屠畜場（食肉センター）の現在——広島県の場合

　2015年現在の広島県内における屠畜場は、表2のように3カ所にしかない。全国では472カ所（1993年総理府調べ）である。それらは、基本的に公設であるか、公共性の高い団体によって運営されている。被差別部落と屠畜場や屠畜が、いわゆる「部落産業」として深い関係性を保ってきたかのように主張されるものの、現在の3カ所の屠畜場の所在地は被差別部落と関係がない。それらの施設で屠手として従事する人たちの出自については、本人が自己申告する以外誰にもわからない。したがって現在では、これらの施設で行われる屠畜と被差別部落を関係づけることは困難であり、また無意味なことでもある。仮に、屠畜を「部落産業」だと言うなら、表2からは、第1節で述べた「部落産業は、部落共同体の物質的基盤としての生産関係を構成し、それによって、共同体が形成されるところの基盤になっているものである」という上田一雄が提唱し多くの研究者が追認してきた「理論」と矛盾している。その矛盾は、「理論」そのものが破綻していることからきている。

表2

屠畜場名	設置者	枝肉確認表発行者
全国農業協同組合連合会広島県本部 三次食肉加工センター	全国農業協同組合連合会代表理事会長	全国農業協同組合連合会広島県本部 三次食肉加工センター
広島市と畜場	広島市長	広島市
福山市食肉センター	福山市長	福山食肉センター使用者協議会

2　屠畜場の設置と屠畜の開始

　屠殺と屠畜場は日本の近代とともに始まる。屠畜場はまず、1865年外国人居留地に開設されたことは周知である。次いで開設された屠畜場は、1869年大蔵省通商司直営の築地牛馬会社であった。これは、旧武士の授産と産業振興のために政府が直接関与したものであった［持田 1991：1］。この会社の運営は失敗しその結果、屠畜場への民間参入が可能になった。ここで、確認できるのは、屠畜場設置と屠殺が事業として開始されることにかんして被差別部落民とそのコミュニティに内在的な理由があったわけではないことである。

屠畜場数は、中央融和事業協会の集計では、1929年の段階で、全国的に見ると、計550施設であった。内訳は、市営327施設、町村営197施設、私営26施設であった［中央融和事業協会 1932：151］。同年の広島県内の屠畜場は、広島県統計書ウエブサイト版によると14カ所であった。そのすべてが市町村の経営によっていた。屠畜場数が14カ所ないし15カ所になるのは、1910年であった。それは、1906年の屠畜場法の成立によっていた。これは、国家及び広島県当局が屠畜場の設置と管理、食肉の生産を厳しくコントロールしていたことを表している。この段階になると、個人の自由意志で産業としての屠畜に投資することが完全に不可能になった。

　しかし、屠畜場法で設置場所、箇所数が固定化するまでには、屠畜場の地理的位置の変動は頻繁であったといえる。市群単位で見ると、屠畜場の新設廃止が交錯している。それを『広島県統計書』『広島県統計年鑑』から抽出し、さらに持田紀治が示した江波村の屠畜場などを一覧に表すと表3になる。この表は、市郡内の屠畜場所在町村の始業年度と廃止年度操業期間を示している。ただしこれは、所在年と所在地を記した統計書のみを集計している。屠畜場数がピークに達するのは、1897年で、38カ所の屠畜場が県内各地で稼働していた。表3が1893年度で終わっているのは、1894年以降は、統計資料に具体的な町村名の記載がないからである。

　一般的に広島市の屠畜場は、福島町（川添村）所在の施設が最古であるかのように言われることがあるが、実際はそうでない。江波村の屠畜場が最古であった。また尾長村にも存在した。

　ヒアリングでは、たとえば、表3にはないが、芦品郡新市町に屠畜場が存在したという証言があり、設置場所の変更・移転が続いたと思われる。屠畜場は、すべての市や郡に設置されていたわけでもない。広島市にかんしては、川添（福島）町の屠畜場が残り、1913年広島県統計からは、改めて2カ所の屠畜場が登場する。それは、陸軍糧秣支廠が統計に含まれるようになったからである［持田 2003：34-5］。同一市町村内でも施設設置場所が移動した例もある。それらの理由については不明である。

　確実に言えることは、(1)屠畜場が設置された被差別部落があったが被差別部落民がその運営にヘゲモニーをもっていたわけではなかった。また、(2)被差別部落外に設置されたところもあった。(3)被差別部落民が従事した例も、しなかった例もあったことである。次にそれらを検討しよう。

3　竹原市忠海の屠場について

　表3にある豊田郡忠海村（現在の竹原市忠海町）の屠畜場を考察しよう。この屠畜場は、1882年に始まり、1891年に生産の報告が途絶える。1912年には、忠海村には、富中早三郎名義で経営者されていた屠畜場があった［東洋皮革新誌社 1912：7］。屠畜場跡地には、富中早三郎の顕彰碑が建っているが、その21年間の状況は、不明である。富中早三郎に

表3 屠畜場設置場所変遷

市郡	場所	72	73	74	75	76	77	78	79	80	81	82	83	84	85	86	87	88	89	90	91	92	93
沼田郡	江波	■	■	■	■	■	■	■	■	■	■	■	■	■	■	■	■	■	■	■	■	■	■
広島市	川添				■	■	■	■	■	■	■	■	■	■	■	■	■	■	■	■	■	■	■
	尾長											■	■	■	■	■	■	■	■	■	■	■	■
	観音																				■	■	■
安芸郡	府中											■	■	■	■	■	■	■	■	■	■	■	■
	荘山田												■	■	■	■	■	■	■	■	■	■	■
	吉浦														■	■	■	■	■	■	■	■	■
	江田島															■	■	■	■	■	■	■	■
	瀬戸島																		■	■	■	■	■
高田郡	吉田											■	■	■	■	■	■	■	■	■	■		
	坂																				■	■	■
	小田																					■	■
豊田郡	忠海											■	■	■	■	■	■	■	■	■	■		
	小原											■	■	■	■	■	■	■	■	■	■		
	下北方												■	■	■	■	■	■	■	■	■		
	真良												■	■	■	■	■	■	■	■	■		
	小谷											■	■	■	■	■	■						
	本郷											■	■	■	■	■	■	■	■	■	■		
	鍛冶屋											■	■	■	■	■	■	■	■	■	■		
	東野											■	■	■	■	■	■	■	■	■	■		
	大長											■	■	■	■	■	■	■	■	■	■		
	清武														■	■	■	■	■	■	■		
	川源																				■	■	■
佐伯郡	玖波											■	■	■	■	■	■						
	柿浦										■	■	■	■	■	■	■						
	高井								■	■	■	■	■										
	中地								■	■	■	■	■										
	五日市 (五海市)														■	■	■	■	■	■	■	■	■
	佐方														■	■	■	■	■	■	■		
	中村														■	■	■	■	■	■	■		
	津田																				■	■	■
御調郡	尾道											■	■	■	■	■	■	■	■	■	■	■	■
	三原										■	■	■	■	■	■	■	■	■	■	■	■	■
	貫 (御調？)																			■	■	■	■
賀茂郡	下市											■	■	■	■	■	■	■	■	■	■		
	楠谷											■	■	■	■	■	■	■	■	■	■		
	堀越											■	■	■	■	■	■	■	■	■	■		
	河流											■	■	■	■	■	■	■	■	■	■		
	浄福寺											■	■	■	■	■	■	■	■	■	■		
	津久茂新開											■	■	■	■	■	■						
	広																■	■	■	■	■	■	■
	助実															■	■	■	■	■	■		
	(土實)																				■	■	■
	乃美尾															■	■	■	■	■	■		
	御薗宇																				■	■	■
	西志和																				■	■	■
深津郡	藍田 (吉津)											■	■	■	■	■	■	■	■	■	■		
	本庄																			■	■	■	■
	木之庄																				■	■	■
三次	三次										■	■	■	■	■	■	■	■	■	■	■	■	■
三上	庄原												■	■	■	■	■						
高宮	城村													■	■	■	■	■	■	■	■		
	中原																				■	■	■
世良	川尻															■	■	■	■	■	■		
芦田	目崎															■	■	■					
三谿郡	吉舎																						■

ついては、地元の人ではないことのみが分っている。また、1909年に旧忠海町屠牛場が設置［忠海郷土史研究会 1990：39］されている（移管ではない）ので、東洋皮革新誌社の資料とも若干の矛盾がある。

　旧忠海町屠牛場は、1991年まで存在した。取材したところでは、そこに働くひとは被差別部落出身の男性で、職業上の身分は地方公務員であった。精肉業者が牛を連れてきて、ここで屠畜解体してもらい、その屠畜料金を支払い、持ち帰るという商習慣であったようだ。従事したのは、この男性が1人だけである。1934年の記録では、年間、牛雄牝合算して416頭、豚11頭が処理された［荒木 1935：43］。広島県統計資料ウエブサイト版による同年屠畜頭数は、427頭で、豚は11頭であった。

　忠海の被差別部落は、もともと300世帯ほどの規模だったという証言（2013年）がある。しかし、1818年＝114名、1873年＝180名（壬申戸籍）、149名、1933年＝79名、1973年＝40名となり［竹原市同和地区実態調査団 1975：36］、300世帯説は根拠を失う。近世には、白鞣革を素材として、革製品を製造した。武具を主として生産したという。明治の初期には、「革細工33、雪駄3、革商売1、農業5世帯」で、屠手はいない。これは、壬申戸籍から算出したデータである。2013年現在、2世帯の規模にまで縮小している。減少の理由は、武具生産にかわる仕事がなくなったからと説明される。

　なお、同郡の多井地区には、個人経営の屠畜場があったと言われるが、公営移管が認められず1909年に廃止されたようである。1975年の被差別部落の実態調査を見ると、「部落産業」とみなされた「皮革・同製品製造業」者が竹原市全体で293名中1人あり、それは、全体の0.3％であった。農業は、30.6％で建設・製造工業に65.9％の人たちが就労していた［竹原市同和地区実態調査団 1975：245-423］。屠畜場で被差別部落民の就労が認められ、製革もあったが、近代以降の被差別部落の生活の基盤となった産業は別のところにあった。

4　都市計画と屠畜場——尾道市の場合

　屠畜場と被差別部落の関係が希薄であった一例は、尾道市にあった。尾道市は、1924年尾道市営屠畜場の移転を計画するにあたり、新浜から、市の西端吉和町字オノ原から福地浜にかけての無人地帯を選んだ［内閣府 1938：5］。それは、市全体の都市計画の一環であった。都市計画には、屠畜場の新築移転に加えて、尾道市運動公園、尾道市都市計画街路事業があった［尾道市都市計畫課 1940：11-26］。運動公園は、「皇紀2600年記念事業」でもあった。

　元来、尾道市屠畜場は、御調郡西村村営であったが、1920年12月、御調郡吉和村が20万円で権利施設器具の一切を買収継承。1924年御調郡吉和村の尾道家畜株式会社がそれを賃借移転。1937年4月吉和村と尾道市の合併により、尾道市の経営となった［青木 1977：336］。すなわち、尾道市の新旧屠畜場は、地方公共団体の公営事業であった。こ

第2章　広島地域の屠畜・製革製靴産業具体像　　　145

の屠畜場は、2000年3月閉鎖されるまで続いた。尾道市によると、廃止の直接の理由は、老朽化に加え、改正屠畜場法の基準が厳しくなり、O-157をはじめ、伝染病への対応能力が欠如していたことであった。

　尾道市が1970年に刊行した全市被差別部落の調査資料によると、全調査対象131人の中に屠畜場勤務者はいない［尾道市 1970：127-32］。この調査は、職業移動も集計しており、その中には、1人であるが、兵役以前に「屠殺工」であった人がいる。その人は、尾道市外からの移住者であった［尾道市 1970：134］。1913年と1922年に広島県は、『広島県部落調査』を公にした。1913年の尾道市長からの報告では、尾道市の被差別部落で屠畜に従事するものはいない［広島県 1913：9-10］。1922年調査にも尾道の報告はない。いずれも調査時点で、尾道市の屠畜場に関係する人は、被差別部落の中にはいなかったことになる。

5　福山市の場合

　福山市農林水産部農林水産課によると、福山市の屠畜場は、1936年市内本庄町の芦田川堤防近くに設置された。法の定めにしたがって設置主体は、言うまでもなく福山市であった。本庄町には、被差別部落がある。しかし、屠畜場はその被差別部落とは相当の距離があった。そこに被差別部落民が従事していたか否かは、不明である。なぜなら、1967年に中津原町に移転し、現在では、そこに屠畜場があったことを記憶する人は少ない。1913年の『広島県部落状況』をのぞいて、本庄町の被差別部落民が従事した仕事を記述した敗戦前の資料は見当たらない。その『広島県部落状況』に、現在の福山市に相当する沼隈郡の各町村と深安郡の各町村の報告に屠畜場及び屠畜に関与する人は記載されていない［広島県 1913：31-45］。

　現在の福山市では、牧場から製品化まで一貫処理できる畜産会社が2社ある。どちらも調査対象ではない。1971年総理府の調査から福山市が算出した「同和地区内の事業所は101」でその中には屠畜はなく、精肉店が6軒あげられている。その内5軒にたいしてヒアリングを行っている。それによるとこれらの事業主は、経営者としての経験は、1人が11年で残りの人たちは、3～4年にすぎない。「産業としては新しく興ってきた」もので、その要因が「急速な消費生活の発展」であると結論づけている［福山市同和対策審議会 1972：145］。福山市が2013年に集計したところでは、屠牛頭数ベースで、2012年10,774頭／年にたいして、1971年4,458頭／年、移転の年1967年のデータは、1,840頭／年である。屠畜場の稼働日を当時の労働環境から300日として計算すると1971年は約15頭／日、1,967年は約5頭／日にしかならない。それゆえ、福山市市内で食肉生産は、そもそも産業にカウントできるようなレベルに達していない。上記報告書は、それでも急速に発達したと述べている。そして、その食肉事業者たちは、世襲的ではなかったが、まったく根拠なく世襲だと断定している［福山市同和対策審議会 1972：145］。フィー

ルドワークで知りえたある精肉店の経営者は、大阪の被差別部落出身であるが、もともとは精肉とは関係がない仕事に就いていた。広島県に来て再就職した会社が、非被差別部落出身が経営する中堅の精肉会社であった。そこで仕事を覚え、独立して現在に至っている。こうした例は少なくはない。それでも、精肉を被差別部落の「伝統的産業」とするのは、被差別部落民はかくあるものとする本質主義的である。

6　広島市の場合

　改めて広島市の屠畜と食肉生産を検討する。旧広島市内福島町には、川添村と言われた時代の1876年から屠畜場が設置されていた。しかし、より古い1972年創業の培根商社という会社組織の屠畜場が江波にあった。培根商社は、牧場も所有していた。この屠畜場は、屠畜場法改正により1909年、官営に移行した。そのため培根商社には、江波の屠畜場廃止にたいする保証金が1,500円、福島町で新たに培根商社の施設を設置することにたいする保証金として4,000円が支払われた［持田 1991：15］。つまり、江波と福島で屠畜場が稼働し、江波の屠畜場については、1872年から少なくとも1909年まで稼働していたことになる。培根商社以降も、広島市内の屠畜業は増加する。そのほとんどが川添村に存在した。社名、所在地、規模を示すと表4のようになる。これらの多くは、被差別部落民の経営によっていなかった。ちょうど1884年時の「商売戸数」の記録が広島県統計資料に残っている。それから食肉と皮革に関係する事業者を抽出すると、食肉に関与する全事業者は魚、鳥類を含むが4.5％、皮革に関与する事業者は0.15％にすぎない。広島県では、これらの仕事が産業として、ほとんど発展をしていないことを改めて理解できる。

　1922年の広島県の記録では、福島町は、戸数769、人口約3,400人で広島県最大の「密集部落」で「住民は靴工屠夫労役を主な生業とし、下駄表鼻緒製造を副業」［広島縣内務部縣治課1922：15］としている、と記述された。しかし、実際

表4　広島県内屠畜会社一覧（1872 - 1884年／単位 円）

社名	所在地	業種	創業年月	資本金	株数	株主組合人員	利益
培根商社	沼田郡江波村	屠畜	1872・7	?	?	?	?
培養社	広島区川添村	屠牛	1872・7	500	5	5	165
牧牛商社	安芸郡矢賀村	屠牛	1873・8				
滋有商社	広島区川添村	屠牛	1875・4				
牧牛社	広島区川添村	屠牛	1881・7	300	4	4	146
滋養社	広島区川添村	屠牛	1881・7	500	2	2	82.5
養生社	広島区川添村	屠牛	1881・10	178	2	2	73
拡養社	広島区川添村	屠牛	1882・4	800	2	2	82.7
健養社	広島区川添村	屠牛	1882・11	500	3	3	150.3
保延社	広島区尾長村	屠牛	1883・1	165	2	2	42.5
永養社	広島区川添村	屠牛	1883・11	500	2	2	191.5
殖牛社	神石郡油木村	殖牛	1883・12	20,000	135	9 (役員)	980
周養社	広島区川添村	屠牛	1884・6	420	11	11	52.8
精商社	広島区川添村	屠牛	1884・9	500	3	3	128.9

第2章　広島地域の屠畜・製革製靴産業具体像

147

の状況はこれと
は異なっていた。
その『広島県部落
状況』のデータか
ら作成した表5を

表5　広島市内被差別部落職業比率

	農	工	商	漁	力役	官吏	雑	計
戸数	27	30	187	0	264	0	435	943
割合	2.86%	3.18%	19.83%	0%	28.00%	0%	46.13%	100%

参照されたい。データには、尾長町の世帯も含まれている。ただし、同資料には200世帯とあり、計があわないが、これで被差別部落住民の職業についてアウトラインは理解できる。屠畜業への従事は、通常「工」に含まれる。では、表5の30世帯は、すべて屠畜業であったのだろうか。当然そうではない。なぜなら、「工」には、その他の製造業も含まれるからである。皮革生産もこれに含まれるのだが、広島の被差別部落には皮革の生産はほとんど育たなかったことがこれによっても更にわかる。「商」には、食肉販売が含まれる。しかし、同様にこの数字は、食肉販売のみが相当するのではない。膨張しつつあった福島町の商業は、福島町が市場であったので、衣料品店も食料品店も雑貨店もあった。行商人もいた。「力役」は本来、国家から課せられる使役の意味があったが、ここでは、たんに建設労働者や港湾荷役などの肉体労働を意味しているようである。「雑」は、おそらく現代流に言うと非正規雇用者で、仕事があれば臨時で引き受ける階層を意味していると思われる。つまり、広島市内被差別部落の農、力役、雑としてあげられた約77%の人は、福島町内にあった屠畜場とは「無関係」で生業をもっていたといえる。「工」の戸数が少なすぎるとの指摘［伊藤 2003：31］もある。しかし伊藤が、中国新聞の記事から引用して指摘するように、1922年当時の屠畜頭数は、1日あたり48.9頭で、それを60人で処理していた。これも伊藤が指摘するように、屠畜場で働く親を子どもが手伝い、多少の小遣いになるようではあった［伊藤 2003：25］。表5は、戸数で統計がとられている。したがって、従業者の家族によるシャッドー・ワークが戸主を支え仕事を維持していた。それゆえ、表5のデータは、誤差があったとしても、許容範囲とみなすのは妥当である。

　ところで、広島市内で生産された食用肉は、どこに販売されたのだろうか。重要な販売先は、缶詰生産者であった。缶詰工場は、福島町を取り巻くように40以上の事業所が稼働していた［広島市郷土資料館 2015：15］。海外にも製品が販売され、広島市は、缶詰の一大産地となっていった。1907年に年産294,000円であったが、1923年には、2,944,500円まで生産がのびた。1923年の広島市内での屠畜実績は、総数20,945頭で、生産食肉は、6,493,877斤2,604,351円の生産になった。そのほとんどを広島市内の缶詰工場が購入した［持田 2003：35］。言い換えると、福島町内の人たちが、生産した牛肉を直接消費者に販売したとしても、的的には非常に少なかったと推測できる。それゆえ、福島町内には、食肉販売よりも化成工業に有力企業、業者がいた。

　それは、『明治之光』に福島町の惨状を訴えた1917年第6巻の投稿にも現れていた。

それによると、当時、福島町には有力な4社の工場があった。工場は、缶詰、乾血肥料などの人造肥料・化成工場、皮革などであった。人造肥料・化成工場の原材料は、屠畜場からでる血液、骨・筋などで、これらは無償であった。投稿者は、福島町内の4大工場の経営者が、労働者から過酷な搾取を行っていると訴えている。工場経営者の富裕層は、最大60名ほど存在した。そして、屠畜場から得られる利益を独占し、住み込みで家庭教師を雇うことができても、同じ被差別部落の労働者階級に、利益を分かつことはしなかった。(第1部第2章を参照されたい)『明治之光』で非難された業者の永田は、永田峰松のことで、人造肥料、牛皮筋骨類化成業、毛皮貿易業を営む者であったが、被差別部落の出身ではない。

1920年頃の日雇労働者の日当は、全国平均2円1銭であった[週刊朝日 1988：173]。靴工の平均日当は、平均2円であった[警務局 1925：2-5]。広島市内被差別部落の77%の世帯主は、この賃金で働き、月28日の労働が可能であったとしても月57円しか手にできなかった。これから製靴労働者の月収は、日雇労働者とほぼかわらないことがわかる。しかし、1929年時、屠夫の日当は、平均で1.7円となっていた。つまり、屠畜から派生する仕事によって高額所得を得る一部のものと多数の労働者のあいだに大きな経済的格差が生まれていたわけである。

この時代の広島市内の被差別部落生活水準を納税からみると、納税戸数は、383戸で納税戸数率は、40.6%である。土地家屋を所有しない被差別部落民は、800戸とあげられている[広島県 1922：巻末表]。143戸に資産保有者にたいする戸割りの課税があり、残りの240戸の所得は、何らかの就労によったと考えられる。当時は、事業所の所得は非課税で、それは内部留保されたので、所得や資産保有の格差は、被差別部落内でさらに開いていったと考えられる。それは選挙権を有する人々の割合でも現れている。1919年の一般的な選挙権保有者は、5.5%になっていたが、福島町では、国政選挙で3.7%、県会議員選挙まででは、5.3%であった。

確かに、福島町には屠畜や食肉生産に関与する人々が暮らしていた。屠畜場内の労働者もいた。しかしそれは、上田一雄が定義した「部落産業」の概念にはほど遠い。「部落共同体を形成する物質的基盤としての生産関係を構成」してはいないし、福島町の「部落産業」は、現代の資本制社会体系から疎外されたところに存在するのではなく、むしろ資本の蓄積が貧困を生み出す資本主義の法則を忠実にトレースしている。

広島県当局の福島町にたいする認識は、被差別部落をより悲惨で原始的な存在として見ようとするバイアスがかかっていた。たとえば、「部民には固有のトラホーム最も猖獗を際むる」[広島県 1922：18]と衛生状態について報告している。しかし実際のトラホームの患者は5名であった[広島県 1922：巻末表]。本来被差別部落に固有の疾病などはありえない。ヘレン・ケラーの家庭教師であったアン・サリバンもトラホーム罹患し、夏目漱石も患者であった。つまり、広島県は、被差別部落を極端に特殊な地域

第2章　広島地域の屠畜・製革製靴産業具体像　149

であるという観念を増幅した。

7　呉市の場合

　呉市の中町の被差別部落にも屠畜場が存在した。ここの屠畜場と被差別部落の関係も、近代被差別部落を考察すると極めて重要な事例[7]である。1907年『呉市街の略図』の中町に相当する場所は、町名もないたんなる斜面であった。二河川の対岸に海軍の射撃場が見える。1916年発行の『呉市街図』には、射撃場の南側に公園と野球場が建設されている。二河川には橋がかかりわずかな道路がそれに続いている。しかし、町名の記載はない。1935年の『最新大呉市街図』には、射撃場は海軍刑務所に変わり、橋をわたると屠畜場と刑務所が記載され、さらに開発地域として示された最奥部分に火葬場が設置されている。この頃に町名が中町になっている。これらの地図から容易に想像できることは、屠畜場の設置は、被差別部落が形成される以前であるということである。

　1889年に海軍鎮守府が完成し、呉市は急激な発展をとげた。それにともない屠畜頭数も急激に増えた。1887年の屠畜頭数は、2頭／日であったが、1888年に年270頭、1892年554頭、1902年には4,840頭へと飛躍的に増加する。この1902年に、中町に新しい屠畜場が操業をはじめる［小早川銀宗 2001：119-21］。前述の市街地図の記載にはタイムラグがあるが、いずれにしても、住む人がなかったこの場所へ一業者が屠畜場を設置した。その後市中に散在していた3カ所の屠畜場は、市当局によってここに集中することになった。

　では、屠畜場で働いたのはどのような人々であったのか。それは、非被差別部落民の従事も非常に多かった［小早川銀宗 2001：122］と、聞き取り調査は明らかにしている。表6を参照されたい。呉市の被差別部落から屠夫として働いたのは、10世帯にすぎない。このデータを参照すると、中町の屠畜場経営が軌道に乗ったと考えられる1920年頃の屠畜場で働く人々にかんする小早川銀宗の見解は妥当である。しかも、中町の屠畜場は、呉市の経済的・政治的事情によって設置されたものである。同じ域内に、火葬場、刑務所、野犬処理場、後産処理施設、墓地などが続いて設置され、居

表6　呉市被差別部落職業構成

職業	戸数	割合
漁	90	29.70%
魚商	11	3.63%
職工	75	24.76%
日稼	36	11.88%
製靴	17	5.61%
屠夫	10	3.30%
獣肉販売	9	2.97%
下駄直し	8	2.64%
店員	8	2.64%
古物商	7	2.31%
物品販売	5	1.65%
農業	4	1.32%
沖仲仕	2	0.66%
薪炭商	2	0.66%
鍛冶	2	0.66%
羅宇仕替	2	0.66%
青物	1	0.33%
軍人	1	0.33%
辻占	1	0.33%
人力車夫	1	0.33%
周旋業	1	0.33%
大工	1	0.33%
麻裏製造	1	0.33%
製皮	1	0.33%
船乗	1	0.33%
桶屋	1	0.33%
薬種商	1	0.33%
結髪	1	0.33%
無職	3	0.99%
計	303	100.00%

小数点3桁以下四捨五入
（『大呉市民史』1920年頃）

住が進む過程で被差別部落と見なされたのである。

　広島市も呉市も軍都であった。それに規定されて産業が発展し、職業が多様化してきた。市内の屠畜場で生産された食肉は、直接軍用に加工された。しかし、軍以外の需要もそれに対応する生産活動が起こるのは必然である。経営者も労働者もその地域に成立した地場産業の特色にその身をなじませて自らを形成する。

8　屠殺頭数が語ること

　次に各地の屠畜の実施状況を検討する。表7は、『朝鮮牛輸入状況』（朝鮮総督府衛生統計1937年版）、広島県勧業年鑑などによって作成した家畜牛の生産、屠畜、朝鮮牛の輸入についてまとめたものである。年代については、閲覧できる朝鮮総督府の資料と比較可能な年代を抜粋した。朝鮮牛は、釜山で積み込まれ宇品港に荷揚げされた。朝鮮牛は、他に東京、神戸など日本側の主要港に荷揚げされ、屠畜場へと移された。表7の各年の屠殺頭数には、広島市の宇品にあった糧秣支廠で屠殺した牛が含まれる。それは、毎年約7,000頭であった［広島市郷土資料館　2003：49］。それらは、軍用缶詰めなどに加工された。糧秣支廠では、主に国産牛と冷凍輸入肉が使用された［広島市郷土資料館 2003：57］とされるが、運搬される牛の写真には、体格の小さな成牛が写っていて、それが朝鮮牛であった可能性もある。いずれにしても、広島市内で屠畜されたものに次ぐ頭数が、軍用施設で屠殺され加工されたということになる。そして、表7の朝鮮牛比率からも理解しえるところだが、朝鮮牛の存在なくして軍用を含めた広島の食肉需要を満たすことができなかったということである。それは、日本全体でもいえることであっ

表7　広島牛生産・屠殺頭数と輸入朝鮮牛（広島県のみ）

年	保有頭数	生産頭数	屠殺頭数	輸入朝鮮牛	屠殺総数	屠殺頭数／日	朝鮮牛比率
1926	97,047	16,385	24,606	7,246	31,852	106	22.7%
1927	96,137	16,314	26,294	7,278	33,572	112	21.7%
1928	95,207	15,624	29,907	9,214	39,121	130	23.6%
1929	94,940	16,006	32,067	6,827	38,894	130	17.6%
1930	95,309	15,811	25,516	2,750	28,266	94	9.7%
1931	96,527	16,606	28,695	3,264	31,959	107	10.2%
1932	96,304	16,759	34,799	5,369	40,168	134	13.4%
1933	97,014	17,756	35,140	7,647	42,787	143	17.9%
1934	99,259	18,566	27,942	9,500	37,442	125	25.4%
1935	102,377	21,189	27,686	10,461	38,147	127	27.4%
1936	104,220	23,948	28,335	12,340	40,675	136	30.3%
1937	103,885	24,536	25,491	11,505	36,996	123	31.1%
1938	104,967	25,127	29,834	12,152	41,986	140	28.9%
1939	106,483	25,591	27,063	15,227	42,290	141	36.0%

た。すなわち、軍用、民生用を問わず、植民地主義との関係において、屠畜食肉の議論が必要となる。

その他の牛は、県内各地の屠畜場で屠殺され精肉された。屠畜場をでた枝肉は、生肉のまま販売されるものや、広島市内には多くの缶詰工場があり、それらの加工に供給されるものも多くあったことは前述の通りである。1929年を例にすると、広島県内で屠殺した家畜は、24,606頭であった。それらが各地の屠畜場でどのように屠畜されたかは、表8によってわかる。表7とはやや誤差がある。広島市福島町の屠畜場と宇品の陸軍糧秣支廠で計24,849頭が処理された。中央融和事業協会が調査した福島町における屠殺頭数は、14,155頭であった［中央融和事業協会 1932：153］。それとの差、10,694頭が糧秣支廠分となる。したがって、福島町の屠畜場では、屠畜場稼働日数を300日／年とすると36.6頭／日となる。前出の1922年当時より屠畜頭数は増えたが、福島町の屠畜場での頭数は減少した。

屠畜場の収入は、屠畜場使用料が主要となるので、福島町にあった広島市営の屠畜場のそれは、年間19,250円となる。すべての牛を屠畜場所属の屠夫が処理し、屠畜収入をすべて賃金に充当したと仮定する。屠夫の日当が1.8円であったので、常雇いの屠夫はせいぜい30人強しか雇えない。この意味で表5に示されたデータは合理的だといえる。

同じ中央融和事業協会の調査では、広島市の屠畜場が直接雇った屠夫は、16人、屠畜業者付屠夫145人、見習18人と記録している。その人件費は年間15,600円を見込んでいた。1日平均5.6頭にたいして、屠畜場付屠夫16人と見習18人は、適切な人数であるが、屠畜業者付屠夫145人については、屠殺の絶対量から見ても疑問符がつく。周辺に存在した約40社の缶詰工場から派遣されてきた労働者をすべて屠夫としてカウントしたと考えるとつじつまがあう。そしてその人々が、すなわち「部落出身のものが大部分を占め」［中央融和事業協会 1932：153］るものの、すべてが被差別部落出身者ではないと、中央融和事業協会も認めている。業者が直接雇用した屠夫はまったく不明である。このように屠畜頭数から見ても、屠畜が「部落産業」として、「部落共同体の物質的基盤と

表8　1929年　各屠畜場処理数

屠畜場位置	屠畜場数	屠殺総数	牝	牡	頭数／日
佐伯	1	54	5	49	0.2
山県	1	345	8	337	1.2
高田	1	227	4	223	0.8
賀茂	1	346	23	323	1.2
豊田	1	625	112	513	2.1
御調	1	2,029	1,407	622	6.8
世羅	1	467	34	433	1.6
芦品	1	522	137	385	1.7
双三	1	564	63	501	1.9
比婆	1	245	60	185	0.8
広島内福島	2	24,849 (10,694)	3,816	21,033	82.8 (35.6)
呉	1	4,994	3,044	1,950	16.6
福山	1	1,674	1,000	674	5.6
計	14	36,941	9,713	27,228	123.3

しての生産関係を構成」したと言えるものではない。数多くあった仕事の一つにすぎないのであった。

　屠畜には植民地問題が基底にあることの他に、軽視してはならないことがある。それは、すでに述べたように、軍需産業としての食肉生産であった事実である。主食は米であったが、副食は、貯蔵性や運搬性の面から缶詰が脚光をあびた。宇品の陸軍糧秣支廠は、戦時のための陸軍の兵食を生産し、備蓄していた。缶詰などの兵食には「賞味期限」があり、保存期限が迫った缶詰は平時兵食に回った。戦時兵食のストックが優先されるために、民間の缶詰工場の製品を購入し、平時食の不足分にあてた。内製化が本旨だったために、調味料なども常に自家生産していた［広島市郷土資料館 2003：49］。安原美帆は、兵食生産の機密性、関係資料の焼失などによって、その実態は知りえないとしている［安原 2003：10］。しかし、安原論文と並んで編集された図版解説中の1940年集合写真には857名の職員が写っていて、その半数弱の人は、缶詰工場で働く女性のようである［広島市郷土資料館 2003：50］。また、施設は、屠畜場、缶詰工場、倉庫、搗精工場、缶詰用木箱製作所の生産施設に加え、託児所、診療所が完備していた。海岸倉庫には当然鉄道の引き込み線が引かれていた［広島市郷土資料館 2003：52-62］。つまり、巨大な陸軍糧秣支廠があり、さらにそれでも賄えない軍需があり、冷凍肉の輸入や一般市場の缶詰にも依存したことから、広島地域全体としては、屠畜は、明らかに軍需産業の一部であり、「部落産業」論の概念ではとらえきれない次元にあったことが理解できる。言い換えると、軍需産業の一部分を一部の被差別部落民が担ったといえる。さらに食肉産業自体、皮革同様、やがて物資統制の対象となり、国家の管理下におかれた[8]。

　中央融和事業協会は、内務省社会局の指導のもとに、都府県単位の融和団体を統合することを通して、被差別部落民を国家のもとに組織した。国家の産業・経済対策を通して、被差別部落民を国家の目的にそって動員した。それは、農村における副業の奨励を主要な内容としてであった。広島県共鳴会は、中央融和事業協会の意を受けて、80種類以上の副業を地域の被差別部落に奨励した（第1部第4章参照）。その中には、その関連産業、あるいは皮革関連の事業は一切奨励されていない。共鳴会の『共鳴』に屠畜、食肉生産にかんする記述を見ることはほとんどない。屠畜場からは、主要生産物である食肉と副産物の皮以外に内臓、血液、骨などを産出する。たとえば血液は化成肥料として利用価値が高い。内臓は油脂が生産できる。骨も利用価値は高い。それらの利用は、副業として十分な価値をもつ。既述のように、広島市福島町では、副産物の加工によって高い利益をあげる人たちがいた。にもかかわらず、地域における副業として、共鳴会がそれに言及しなかったのは、屠畜や皮革にかんする産業が存在したとしても、規模は小さく、さらに生産は、産業主体としての国家の管理下[9]にあったからである。もちろん、副産物の加工には、一定の設備投資が必要で、農村副業には適さなかったという議論も可能である。しかし、広島市には授産所などの施設が各地に設立され、被差別部落にたい

する投資が行われたのは事実である。そして、都市部では、被差別部落側の自己投資も可能であった。1935年の事業費県内計43,151円の内、国庫負担は、4,617円にすぎない［共鳴 1935：43号］。だとするなら、少なくとも広島県内に14カ所ないし16カ所維持された屠畜場から産出する副産品の二次利用を提示することが可能であったはずである。それが実践されなかったのは、屠畜場そのものが被差別部落民の労働によって成り立つ場合があったとしても、それ以上のことではなかった。

C　広島県の皮革関連産業——特に製靴と被差別部落

1　広島県皮革製品生産の概略

次に改めて、皮革生産、皮革関連商品の生産について検討する。

基本的に、広島県内では皮革製品の原材料となる鞣しは継続してはほとんど行われなかった。グラフ1を参照されたい。牛皮のみを取り上げると1915年から1918年と1924年にやや高くなるがその他の年は、目立った生産がなかった。その他の皮革は、豚、兎などであり、これも牛皮のピークが過ぎたのちの2、3年がピークで後は牛皮と同様であった。特に敗戦後はほぼ皆無であるといっても過言ではない。突然ピークが訪れ衰退した理由はよくわからないが、いずれにしても広島県内では皮革生産が困難であったことは分かる。したがって、広島市の『市勢要覧』にある皮革及び皮革製品の項目は、製靴業が中心となっていると考えて差しつかえない。

ここでまず、1932年の中央融和事業協会公表のデータに基づき、被差別部落内製靴産業のアウトラインを確認しておく。1929年の時点で、主要靴メーカーを中心とした資本金20万円以上の非被差別部落のメーカーは、7社で占めていた。それらの本社は、東京に集中している［中央融和事業協会 1932：79］。生産額の70％以上を、東京、大阪、愛知、京都、兵庫、福岡、北海道、広島、静岡、神奈川の10道府県の生産者で占めている。東京は26.2％、大阪は14.6％であった。

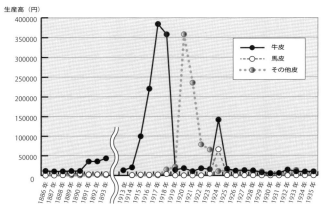

グラフ1　製革（広島県）

広島はといえば、わずかに2.6％で生産額は、557,162円にすぎなかった。その他の道府県の生産高もすべて1桁である。すなわち、靴は、本来生産地には極端な偏りがある生産品であった。全国の製靴製造工場数は、7,185、職工数、16,625人、1工場あたり2.3人である［中央融和事業協会 1932：80］。製靴も地域が限定され、東京と大阪の地場産業であるといえる。大資本の工場生産にたいして被差別部落内の生産方法は、ほとんどが手工業の家内生産である［中央融和事業協会 1932：82］。中央融和事業協会の大阪府内製靴業分析による限り、1931年の製造業者100人（卸売製造30人、小売製造70人）で職工数690人（男655人、女35人）、失業者35人である［中央融和事業協会 1932：84］。つまり、全職工の4％にしかならない手作業労働者が全国シェアの14.6％を占め、全国の第2位の生産量を誇っていた。広島県内の2.6％については、被差別部落が存在しない北海道の3.3％よりも低く、地域経済に影響力のある産業とは言いがたい。また、中央融和事業協会は、被差別部落の占有率も調査していない。

2　広島県内の皮革製品生産と被差別部落

　職人と職工の違いはなにか。自分の道具を所有し、自らの裁量で材料となる原皮を仕入れ、加工し、製品の大部分、または部分のすべてを1人で生産できる職能者で、マネジメント面でも独立している技能者を職人とする。職人は、職工とは区別される。職工は、靴製作場の経営者が所有する設備・道具を使用し、与えられた材料を加工して製品を作る。職工も長期の経験的熟練によって卓越した技術を有している。要するに賃金労働者[10]である。このように言うのは、職人のもつイメージによって、従来の研究者がある種のバイアスの影響を受けていると考えるからである。親方が道具や材料など生産活動の必需品のすべてを準備するなら、そこで働く人は、職工であり労働者である。それを職人と認識するなら、その人たちの賃金労働者性を無視することになる。

　以上を前提にして、広島県内の各地の製靴業を考察する。広島市の被差別部落で製靴業が、そこに暮らす人々の生活と経済について、上田一雄の示した部落産業概念を満足させる意味で存在したところはない。

　表9は、1911年の広島県統計資料から引用した製靴業のデータである。呉市と広島市でかろうじて製靴業としてまとまった人数が見える。広島市では、2カ所ある被差別部落の双方で製靴業が営まれていた。詳細は後述するが呉市でも、すでに示した表6のように、製靴業に従事する人たちがいたのは事実である。広島市の場合、その技術は、伊藤泰郎によると神戸から持ち帰られた［伊藤 2003：27-8］とされる。しかし、伊藤が参照し引用した、神戸で技術習得をした当事者の証言とは、すべて伝聞またはその伝聞によるものである。先に掲げた中央融和事業協会の資料では、神戸を含めた兵庫県の製靴産業シェアは、全国の4.5％であった。

　軍隊には、常に軍靴の需要があったが、それを広島の被差別部落内業者が受注するこ

表9 1911年 製靴業製造戸数、職工数及び生産高

郡　市	製造戸数	職　　工			数　量	価　額
		男	女	計		
					(足)	(円)
広　島	14	44	—	44	18,230	58,336
呉	21	35	—	35	20,000	60,000
尾　道	2	4	—	4	520	1,820
安　芸	5	10	—	10	1,280	3,525
安　佐	4	7	—	7	1,200	1,680
賀　茂	1	1	—	1	100	300
豊　田	1	5	—	5	350	3,400
深　安	4	7	—	7	1,750	3,500
神　石	1	1	—	1	30	120
双　三	1	2	—	2	140	560
比　婆	1	1	—	1	30	60
合　計	55 (57)	117 (119)	—	117 (119)	43,630 (44,320)	133,301 (134,011)

（広島県統計資料の誤りを反映させたデータは（　）内に記した）

とはなかった。『芸備日々新聞』は、ロシアが発注した大量の軍靴を受注したことで、福島町に新たな工場の建設予定があり、広島市の製靴業が活況を呈すると報道したが、この工場が実際に建設されたのか、その地名、社名、工場名などを伊藤も記述していない。福島町の製靴は、手縫いであったので［伊藤2003：28-9］、機械による規格品の大量生産を要した軍靴生産にかんして現実的には直接の受注はありえない。軍用靴は、広島ではすでに、陸軍工廠の専用工場における機械生産によっていた。

　水平社運動に関与した岩井常吉は、本人の労務手帳[11]によると1905年に生まれ、1920年から広島市大手町1丁目の自宅で製靴修行をはじめた。1924年から一時期、広島市己斐町で自営業者となった。1932年には、自営をやめて広島市十日市町の大橋靴店に製靴工として就職した。1938年には、被差別部落外の下柳町にあった東亜製靴工業所に再就職して、職業名は靴縫工、作業内容は軍靴製造、職業上の地位は職長であった。下柳町は、現在の中区銀山町、橋本町あたりで福島尾長両町からは距離があった。

　従業戸数の具体的データは次のようなものがある。1936年尾長町の住民が提出した「公営住宅陳情書」では、工業　103戸（製革及皮加工、履物製造修理その他）があげられている［尾長町協和会　1986：51］。1920年、『広島県部落状況』では、尾長と福島を合わせた工業戸数は、27戸であった。つまり、15年の間で、尾長町のみで戸数は76戸、3.8倍に工業従事者が増加したことになる。こうしたデータは、批判的に再検討が求められる。

3　広島市の敗戦後製靴業のデータの矛盾と言説

　次に敗戦後の広島市の状況に言及する。まず尾長町の被差別部落と製靴業にかんするデータの疑問から取り上げる。

　広島市全体の被差別部落のみのデータは、伊藤泰郎によって示された「広島市の部落における職業別人口構成」（1950年）、広島市尾長町協和会によって示された「職業分類」（1948年）と「同和教育資料・尾長地区の実態調査」（1952年）などをおいて他にはない

と思われる。それらによると、1948年の尾長町の靴工と靴修理を合わせた人数は、141人であった。1949年の広島市全体の皮革・皮革製品生産に従事する人は、245人であった。

1950年の段階で、伊藤が集計した「広島市の部落における職業別人口構成」によると尾長、福島を合算した靴関係者は、510人である［伊藤 2003：32］。ただし、工業統計とは生産のみをいうので、ここでは靴修理を除外して検討する[12]。すると製靴関係者は180人となる。その内訳は、尾長153人、福島27人である。1950年の『広島市市勢要覧』では、工場数に、従業者数243人（個人事業主7人を含む）で、生産に従事したのは193人であった。1951年では、76事業所で労働者280人となっている。これにも3人未満事業所も計算に入っている。これらに被差別部落の靴工180人が含まれるのである。それぞれの年度から差し引き推計すると、65人から100人は、被差別部落外の製靴工になる。ところで1950年当時、510名から180名を差し引いた福島町の靴修理従事者が330人もいたとすると、この人たちはどこで仕事をしていたのだろうか。革靴を履く習慣が一般化していない時期に、どこで誰の靴を修理していたのだろうか、不明である。

1952年、尾長町「市教委実態調査報告」の生業調査表［尾長町協和会 1986：91］では、全就労者486人中、製靴9、靴工137、靴修理32となり、『轍』の筆者は、「伝統的な靴関係の職種」への従事者の多さを指摘している。これは、世帯主に加え、家族の就労者を含んでいる。靴修理を同一のカテゴリーに入れることには疑問があるが、この分類に従うと、全体に占める割合は、36.6％になる。広島市の『市勢要覧』によると、1952年の工業調査結果表「皮革及び革製品」項目では、従業者数322人である。尾長町の169人を差し引くと残る153人に福島町の製靴工が含まれることになる。この人たちがすべて福島町であると仮定すると、福島町の製靴工は、1950年からの2年間に5.7倍に増加したことになる。

1959年、広島市厚生局社会課「広島市同和対策資料」中の職業構成表［尾長町協和会 1986：94］によると尾長地区の靴皮革関係従業者数は225人で、全従業者数716人の31.4％となる。その説明では、「尾長地区は、大半が製靴皮革関連者である」としている。同年の『市勢要覧』では、全市の「皮革同製品」従業者数は167人である。つまり、尾長町単独で「皮革同製品」従業者数が全市集計を遥かに上回ることになる。なお、出荷額は、145,172,000円で全工業生産額の0.3％にすぎない。

仮に、『市勢要覧』などの公的資料に誤りがあり、『轍』や『福島の歴史』のデータを正しいものとしても、尾長町や福島町を「靴の町」として認定できない「事実」に気づく。そして、全体を通して言えることは、両被差別部落には、広島県内の他の被差別部落とは、やや異なる状況として製靴に従事する人たちがいた、というのみである。それは、被差別部落全体の経済に影響を及ぼすものではなかった。少なくとも産業としての量と質の双方において、上田一雄が定義したような「部落産業」が存在したとは言いがたい。

また仮に、被差別部落調査のデータが正しいとする。すると現実の尾長と福島は、

人々が抱いているイメージとはさらに異なる。尾長の方がより、製靴業が盛んであったにもかかわらず、福島を皮革と肉の街、あるいは靴の街とするイメージが定着している。そして福島町の靴「職人」にかんする数々の証言は、『市勢要覧』などの公的な調査と著しく異なる印象を与える。伊藤が引用した証言では「靴に携わっとる人というのは80％くらいはおったんじゃないですかね。」あるいは、「私らが小さい時、小学校くらいまでは全盛期、どこの家でも靴やってましたよ」［伊藤 2003：34-5］とされる。巨大な被差別部落の3,000人近くいた有業人口の80％がたった1種類の産業に従事するとどうなるのか。この類いの証言を無批判的に受容すると、巨大な職人集団が福島町にいたことになる。同様のことは尾長町でもあったと予想されるので、職人集団はさらにふくれあがる。1960年広島市『市勢要覧』の「皮革及皮革製品製造業」は、72事業所192人の従業員で195,398,000円を生産したことを記録している。当然3人以下の事業所を含んでいる。

　証言がまったくの虚偽であるということではない。しかし、彼・彼女らはその頃子どもであり、狭い子ども世界が自分のすべてであったので、そのような記憶となっていると考えられる。「製靴業の被差別性」「福島の悲惨な暮らし」という被差別部落民の受難史が「広島県の水平社運動発祥の地」という抵抗の観念が結びついた結果とも考えられる。元靴職人や関係者たちは、必ずしも自分たちの仕事を悲惨な文脈のみでとらえているわけではない。靴が「飛ぶように売れた」［伊藤 2003：33］、あるいは「23年頃から人を増やして」［伊藤 2003：36-7］盛況であったと語るのは、製靴が主要な仕事であったという回答を求められていることを知っていたからである。やがてそれは「真実」に成長し、大きな物語となる。その物語を受け取る側は、80％もあった「つらくみじめ」という観念で受け取っているのである。要するに、その被差別部落の仕事にたいする観念は、極めて恣意的に構築されたということになる。そして、尾長町の被差別部落を考察しても、皮革生産の規模を参照すると被差別部落と強く結びついた職業・産業のイメージはやはり構築されたものだといえる。

4　呉市の製靴とその販売業

　表6で示したように、呉市においては、1920年頃、戸数で17の製靴に関与する人たちがいた。それは、全体の5.6％であった。しかし、『大日本皮革及皮革製品業大鑑』によると呉市には47の皮革製品製造販売業者が存在した。

　その内訳は、表10のようになる。この資料は、業者名、当時の住所が詳細に記載されているので、(1)現在も継続して営業している、(2)業態をかえて事業している人について調査した。その結果、(1)(2)とも該当する人たちある

表10　呉市内皮革製品製造販売業者

業　　種	業者数
牛馬革製造販売	3
甲皮製造	5
調革	0
靴製造	6
靴製造販売	30
靴販売	0
鞄販売	3
馬具製造販売	0
馬具販売	0
袋物製造販売	0
その他	0
計	47

（『大日本皮革及皮革製品業大鑑』1912年から）

いは遺族を見つけることはできなかった。次にその名簿にある業者中の被差別部落出身者について調査した。調査は、部落解放同盟広島県連合会呉市協議会事務局長に依頼し、協議会議長をはじめ被差別部落内部の血縁関係にも詳しい人たちによって確認してもらった。その結果、47の業者はすべて、現在の呉市内被差別部落民とは無関係であることがわかった。

　では、表6にある「製靴」の不可思議なデータは、何を意味するのか。それは、長年地元で部落解放運動を続けてきた、M.Sさんが、「うちの方じゃ、修理じゃったけぇね」と語ったことにあらわれている。反復するが、正確な表現をすると靴修理は製造業としての製靴関連の仕事ではなく、サービス業の一種である。すなわち、呉市内の被差別部落では、製靴産業のメイン・ストリームで活動した人たちは、極めて少なかったということである。

　呉市の被差別部落での製靴または靴修理にかかわる技術の伝来については、他の地域と同様にけっして明確ではない。やはり、技術のルーツとして神戸や浅草という地名が聞かれたが、偶然訪れた「旅の靴職人」から修得したという言い伝えも残っている。3年ないし5年が技術修得に要する期間である。だとすると、この「旅の靴職人」は、長く逗留していたことになる。

D　福山市の製靴業と被差別部落

1　現在の製靴業と靴小売業

　2015年広島県統計資料ウエブ版によると、福山市で4人以上の「なめし革・同製品・毛皮製造」の項目に該当する企業は、3社存在する。調査年度によっては、2社になる。3社の内1社は、広島化成系の企業で、有名ブランドのスポーツ・シューズを製造している。また、1社は、明治期、下駄のメーカーとして出発した企業である。残る1社は主に女性向けの靴を生産する従業員は30人前後の企業である。3社とも被差別部落とは関係はない。市町村合併によって、福山市に編入された地域の全人口は、約47万人である。それにたいして、被差別部落は約40カ所、人口は約5,000人[13]と推定できるが、現在の福山市の被差別部落に靴メーカーは存在しない。

　参考のために、敗戦後の皮革・製靴業の福山経済での位置を『福山商工会議所五十年史』から作成したグラフ2と3で示しておく。福山市には、外部から非被差別部落の工場が移転したこともあった。福山市全体の事業所と比較すると地場産業と呼ぶことはできない。

　小売業にかんしては、被差別部落出身者が経営する靴の小売業がわずかに存在する。現在は、2社が確認できる。しかし、その他の小売業者は、非被差別部落出身者の経営か、

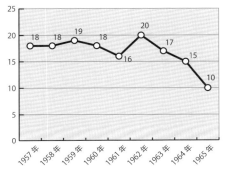

グラフ2　皮革等工場数推移

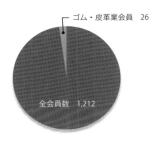

グラフ3　福山商工会議所業種別会員に
　　　　ゴム・皮革業者の占める割合（1953年）

あるいは、チェーン店展開する大手小売業の支店である。製靴関連産業が、福山市の被差別部落に特徴的な仕事であるとはいえない。

　非被差別部落出身の靴小売業者が被差別部落出身の同業者を公然と差別し、また、ある銀行の従業員が、靴販売業者の子どもを差別したこともあった[14]。この意味で、部落差別が職業にかんする議論の前提になることは言をまたない。もちろん、製靴そのものを差別のまなざしで見る人もいた。しかし、そうではない人もいた。

2　敗戦前の靴製造

　福山の被差別部落の製靴業について、1910年代の皮革製品製造と製靴販売業者数にかんする記録にもとづいて調査した結果、17社（軒）存在した業者の内、被差別部落の業者は7社（軒）であった［東洋皮革新誌社　1912：西部5-7］。比率としては、41.1％で被差別部落出身の製靴と販売会社が少数派となる。同じく1912年の広島県統計ウエブ版におけるデータでは、当時の深安郡の製靴業は、製造業者戸数4、職工8、製造出荷量は年間、1,850足となり、金額ベースでは2,560円の生産であった。なお、前年の1911年のデータはそれぞれ4戸、7人、1,750足、3,500円であった。こうした事業所数の状況は、1921年まで続き1922年から上昇に転じる。生産量も販売金額も増加する。それでも、記録が残る限りでは、1933年が生産のピークで、製造業者戸数は12、職工18人、金額ベースで52,100円を生産した。もちろん、このデータが示す生産額のすべてが、被差別部落で生産されたとは言えない。なぜなら、東洋皮革新誌社のデータには8社の靴製造販売業者が記録され、明らかに非被差別部落の2社が含まれている。残る6社中には被差別部落の出身と特定できる人もいるが、出身が不明の人もいる。

　広島の県統計資料と東洋皮革新誌社のデータでは、食い違いがある。その原因は判然としない。理由がどうあれ、注目すべきは、敗戦前の福山市（深安郡）においては、明らかに非被差別部落出身者が経営する企業が靴の製造に携わっていたことがデータ上明

らかなことである。この地域にある被差別部落においても支配的な仕事ではなかったこともデータが示している。しかし、それを生業としてきた人たちがいて、結局「部落産業」言説が構築され、製靴が被差別部落の主要な仕事として「認知」されてしまった。そこで次に、その過程について考察する。

3 敗戦後の靴生産と販売

a 製靴「産業」の状況

三浦昇一は、1954年、福山市内7カ所に点在した被差別部落の約280戸から138世帯を抽出調査して、30戸の靴工がいたと述べている［三浦 1954：27］。もっとも多い職業は38戸あった農業で、靴工は第2位である。注意しなければならないことは、30世帯にはサービス業である靴修理が含まれていることである。三浦は、靴工は、自営の場合も「大きな資本をもつ靴店の下請け」［三浦 1954：28］でその地位は低いと指摘した。その7カ所は、市街地からやや離れたところに存在としているが、具体的な記述はない。また、138世帯についての詳細な説明はない。

1972年になると福山市は、被差別部落の大掛かりな実態調査をした。芦品郡、深安郡、沼隈郡の旧町村は福山市に編入されていなかったので、調査対象は、旧市内21カ所の被差別部落であった。その調査では、3事業主が「都市部に位置するA地区に居住し、（調査した）他の3地区には製靴業者は居住しておらず」［福山市同和対策審議会 1972：148-9］、すでに「消滅の危機」にあった。ただし、同年の総理府調査からの引用では、市内被差別部落の「靴製造業」は、全101事業所の内4事業所で約4％であった。仕事の種類は、46種類であった。

福山市同和対策審議会の調査は、製靴業を、食肉販売や履物、竹細工、藁細工とともに被差別部落の伝統産業の一つであるとしている［福山市同和対策審議会 1972：145］。これについては、第3章で詳細に批判する。ここでいう履物が何を指しているのか不明である。福山市で履物生産は、松永地域の下駄があげられるが、それは第1章の校註1で述べたとおり、被差別部落とはまったく関係をもたない。かつて製靴業を営んだ人の存在が確認できるのは、40カ所の被差別部落の中で4カ所である。その内、複数の靴職人が活動した被差別部落は、三吉町、深津町、新市町の3カ所である。残る被差別部落では、M氏が独りで製作していた。吉津の被差別部落自体が極めて少数点在型であったために、人口的に職人が増えようもなかった。2カ所の職人規模は、3〜5人といったところであった。

1972年の調査当時において、製靴が被差別部落で世代を越えて受け継がれてきた産業とは言えない。なぜなら、靴職人とされる人および製靴関係者は、第2世代までしか存在しないからである。

次項以降では、福山市の製靴業を具体的に検討する。

b　軍隊で習得した製靴技術

　1920年生まれのM氏が製靴の技術を身につけたのは、軍隊の中でのことであった。確かにM氏の父親は靴職人であり、自分の息子に工房を継がそうとしていた。しかし、M氏は靴の仕事がどうしても好きになれず、父親から逃げ続けていた。やがて召集令状が来て、M氏は、呉の海軍に赴任した。軍事訓練は大変厳しく、辟易していた。偶然、隊内で、靴工の募集であった。仕事の内容は、士官用の長靴などを作る特別な作業であった。父親から逃げ回っていたので、製靴職人としての経験はなかったが、応募してしまった。父親の仕事を見ていたので、海軍工廠では技術の上達も早かったと言う。敗戦後は、福山に戻り結局、靴を製造した。しかしそれは、長くは続かなかった。量産品が市場を席巻し手職人の手縫い靴が駆逐されたからである。M氏によると、1980年代には、零細経営では良質の材料を入手することもままならず、結局廃業してしまった。

c　新市町の製靴業

　新市町は、旧芦品郡に属していたが、2003年、福山市と合併した。表11、表12からもわかるように［新市町同和地区実態調査団 1979：55-7］、1979年において、新市町の被差別部落で製靴を営む人はいない。では、過去においては、どのような状況だったのだろうか。H氏（1955年生まれ）からの証言（2013年8月20日）では、それは以下のような状況であった。

　ヒアリングによると、新市町には製靴業に従事する人がいた。しかし、被差別部落の約300世帯で、製靴にかかわっていたのは、3世帯のみであった。H氏の父は、もとは下駄の鼻緒を作っていたが、途中から製靴になった。それは敗戦後のことであった。自転車や原付自転車で近隣の学校を回り、教職員を相手に営業をして受注していた。もう一軒は、U氏である。3人目の人は、不明である。製靴の仕事は、長く続かなかった。1960年代には、すでに、新市町の被差別部落では従事する人がいなくなっていた。H氏には、現在ではそれ以上のことはわからない。公的な統計の記録もない。製靴業が存在した期間は、20年にも満たなかった。調査時にはその痕跡すらなかった。加えて、すでに示したように、繊維関連の地場産業に、多くの新市町の被差別部落の人々が従事して

表11　新市町自営業主産業分野（1979年）

産業分野	人数	割合
卸小売業	23	32.9%
製造業	22	31.4%
建設業	11	15.7%
サービス業	6	8.6%
農業	3	4.3%
運輸通信	2	2.9%
分類不能	2	2.9%
不明	1	1.4%
計	70	100.0%

小数点2桁以下四捨五入

表12　新市町産業別就労者数（1979年）

産業分野	人数	割合
農業	12	2.91%
林業	0	0.00%
漁業水産養殖業	1	0.24%
鉱業	0	0.00%
建設業	35	8.47%
製造業	197	47.70%
卸小売業	80	19.37%
金融保険不動産業	1	0.24%
運輸通信業	20	4.84%
電気ガス水道業	0	0.00%
サービス業	38	9.20%
公務	29	7.02%
分類不能	0	0.00%
計	413	100.00%

小数点3桁以下四捨五入

おり、製靴は、伝統的でもなく、上田一雄の「部落産業」の概念とは、ほど遠い存在であった。

　H氏自身は、製靴はどの被差別部落にも一般的に存在していたと信じていた、と語る。製靴が被差別部落一般に存在する（した）産業・職業であったと当事者が信じ込んできたのである。

4　深津町の被差別部落の場合

a　靴職人の町とは言わない

　「自らの歴史は自らの手で」というタイトルの資料によると、被差別部落の規模は、1993年時点での世帯数は、28世帯。1970年頃は、約40世帯、敗戦前の53世帯に比較するとその人口減少は著しい。

　1940年代深津町の被差別部落内職業分類は、戸数ベースで、労働者24戸、工業3戸、商業2戸の計29戸に加え、靴修理が23戸、印刷工が1戸で計53戸となっている。工業の内訳は、製靴が2戸と印刷所が1戸であった。商業の内訳は、鳥肉売買1戸、セメント菓子1戸であった［部落解放同盟広島県連合会深津支部 1973：24］。セメント菓子がどのようなものだったかは不明である。地域の人にも記憶がない。

　靴修理業者として非常に多くの人がカウントされているが、これについては、疑問がある。長らく深津での部落解放運動に関与して自己の被差別部落を見続けてきたY氏は、2、3人の被差別部落の人たちが福山駅前で靴修理をしていた姿を見たのは間違いないが、被差別部落戸数の43％が靴修理に従事したことはありえないと語る。その一方で靴職人の戸数にかんしては間違いないという。

　ところが、深津の被差別部落は、長年「靴職人の町」［部落解放ひろしま編集部 1993：68-72］と言われてきた。福山市人権平和資料館においても、同様のストーリーで製靴にかんする展示をしている。実態とかけ離れた記述や展示と「部落産業言説」問題について質問すると、Y氏は、「私たちが、この地域を『靴職人の町』と一度も言ったことはないですよ」と答えた。深津の被差別部落には、製靴を生業にする人がいた。だからといって、「靴職人の町」は明らかに誇大な表現である。

b　製靴業の状況とくらし

　では、靴を生業にした人たちは、どのような状況でくらしたのだろうか。

　1935年生まれのK氏は、10歳頃から靴の仕事を習いはじめた。つまり、1945年、敗戦の年頃からであった。氏の記憶によると自らの経歴を含めた深津町の被差別部落の模様は、次のようなものである。ここで「靴職人」として活動したのは、戦前では2名、戦後は3名と底付士であった。底付士は多いときで6人ほどいた。底付は、主に女性の仕事であった。

K氏は、2世代目の「職人」として、父親の工房で働いた。工房は、1910年代半ば以降の創業であった。日清戦争期の軍靴需要高騰時は、創業していなかった。実質的に営業が展開できたのは、1920年代から1965年までの約40年間で、ピークは1949年以降の10年間であった。技術の習得は、浅草に出向いて習得した人、新見（岡山）に丁稚奉公に出て技術を身につけた人、神戸で習った人など、さまざまであったと伝えられる。従業者数にたいして伝承が多い。K氏は、新見で技術を習得したという叔父に教えてもらった。親からは習いにくい。父親の工房で仕事をしていたが、その父親から仕事を習ったことはなかった。

　製作する靴は、すべてオーダーメイドであったと言われる。ただし、三吉町のJ氏が「ブローカー」として営業し、市内全域にいた得意先から受注した靴も多く製造した。「ブローカー」という表現は、J氏自身が使用していた。正しくは、小売商である。

　工賃は、1950年代半ばで、1足1,200円程度であった。ピーク時で1日1足の生産が普通であった。当時の商習慣としては、「折り掛け」が常識であったので、小売価格は、2,400円と推定できる。もっとも出荷価格を決定するのは、父親の領域であったので、K氏には知らされていなかった。この価格は、大手メーカーが銀座三越で販売した代表的な靴の価格と比較すると割安であった。たとえば、1958年当時、スタンダード社のミリオンが3,000円、日本製靴のゼストは、3,500円、大塚製靴は、3,300円［大塚製靴百年史編纂委員会 1976：411］、1964年、大塚のボンステップ3,600円と4,000円［大塚製靴百年史編纂委員会 1976：583］であった。しかし、2,400円という金額は、銀行員の初任給が6,000円、国家公務員の初任給、7,700円の時代に、けっして安い金額ではなかったが、J氏が顧客を確保できたのは、支払いが割賦方式であったためであった。すなわち、1年割賦なら、月200円を毎月集金にいき、割賦手数料や利子は取らないという方法であった。

　1,200円の工賃も、当時の靴職人としては、けっして低いものではなかった。1954年大工の手間賃が1日640円であった。大塚製靴では、賃上げ闘争の結果、1975年改訂賃金体系で25歳基本給が31,400円となった。福山市の製靴業は、業者が少なく厳しい競争もなく、大量生産の製品が出回るまでは順調な経営が可能であった。

c　職人と職工

　K氏の証言では、一人前の靴職人になるための修行年数は、3年であった。これは、一般的な職人世界の独り立ちとしては、非常に早い。広島市の福島町の場合では、一人前扱いを受けるためには5年の修業を要した［伊藤 2003：39］が、これも、大工や板前などの職人が一人前扱いされる年数とは、比べ物にならないほど早い。それは、「親方と弟子の関係」といっても、職人ではなく職工であったからである。一般的にフル・オーダーの革靴は、発注主の木型を使う。それは、発注主が高齢となり亡くなっても保存される。なぜなら木型にたいして顧客は、料金を払っているからである、ところが、福山市の製

靴職人は、足を採寸後、ユーザーごとに木型をおこすことはなかった。彼らは、一つの木型を採寸に合わせて革を盛るなどの細工をして再形成し、それを使った。つまり、フル・オーダーの靴ではなく、職人の作業場を小工場だとすると、それらは、工場制手工業で、いわば、セミ・オーダー靴の生産であったと言える。材料となる皮革は、大阪から購入していた。職人という仕事は、材料に仕入れからマネジメントのすべてを自身の手で行う。材料の目利きでも相当の経験がものを言う。K氏の場合、福島町と同様、それは親方である父親＝経営者の仕事だった。その都度1頭分1枚ずつ仕入れた。生産を見込んだそれ以上の仕入れは、金額がかさみ資金繰りに影響があるので回避していた。糊や糸など他の材料は、福山市内の商店から購入した。だが、その価格などの記憶はK氏にはない。

d　地元企業の参入と製靴業の終焉

深津の製靴業者は、J氏の他には、松永町のTという業者からも受注していた。その業者の経営者は、被差別部落出身者ではない。戦前では、甲山からもまとまった注文がはいった。これらの発注先が、具体的にどのような企業であったかは、K氏は覚えていない。この理由も、マネジメントはすべて、父親が負っていたからであった。

K氏の工房経営は堅調であった。ところが、1960年以降急激に悪化した。1965年頃になると仕事がまったく来なくなった。K氏には何が起きているかが理解できた。ものすごく儲かっていた時代は終わった。儲けは、全部遊んで使ってしまった。K氏は、やはり後悔しているのだという。

仕事を失った彼らの行き先は、当面は、技術を活かすことができる企業へ就職することであった。深津の被差別部落でK氏のような営業形態で靴製作に従事していたN氏とG氏は、早川ゴム株式会社に就職した。K氏は、戦前、陸軍との取引で財をなした戸田本店に就職した。道具は自分もちであったので、職人として就職した。しかし、もはや、職人の時代ではなかった。やがて営業や販売業務に配属された。

すでに触れたところだが、靴修理世帯数の多さを否定する証言があったように、K氏が語るところでは、靴修理業の仕事は、専業者がいたのではない。元手も技術もいらない誰にでもできた仕事で、非常に流動的であったと言う。他の仕事と兼業で従事した。

早川ゴム株式会社がN氏とG氏を社員に採用したのは、1963年から革靴の生産に参入したことがきっかけであった[15]。早川ゴムは、1918年、ゴム履物の生産・販売によって創業した企業である。靴の需要が高くなり、それとともに早川ゴムは、従来主力輸出製品であったゴム製靴の生産を1965年に中止し、成長していた革靴のマーケットに参入した。生産ラインを建設し、設備を導入した。しかし、ゴム製履物と革靴はまったく異なる工程であり、革靴製造の知識を有した社員は皆無であった。そのため、熟練工を外部から招聘する必要があった。その欲求が、被差別部落の熟練離職者の雇用となっ

て現れた。三吉町の被差別部落にもほぼ同数の職人がいて、一部が同じラインに立った。
彼らは、生産ラインの要所要所で、従業員の指導をした。当時、早川ゴムで働いていた
久元満男氏の証言では、5、6人の被差別部落出身者が来ていたようである。彼らが被差
別部落出身であることは、職場でよく知られていた。それには、靴職人＝被差別部落出
身というステレオタイプも影響していた。

　時代は、早川ゴムの思惑どおりに、事業展開を許さなかった。2年後には、革靴製造か
ら撤退してしまう。同時に、ラインの指導者として働いていた人たちも再び仕事を失っ
てしまう。一方、戸田本店が量産品や有名企業のブランド製品を販売するようになり、
また、不動産業、店舗開発などへ進出し、業態を変えた。K氏は、職人として腕を振る
う機会に恵まれず、退職する。その頃、部落解放運動が、公務員への就職を促進する運
動方針をとり、福山市は「行政責任」としてそれに応えていった。彼らは福山市の現業
職に採用され地方公務員となった。1972年の調査にあった4製靴業者もほそぼそとした
営業であった。このようにして、福山市の小規模製靴業は短い歴史の終焉に向かった。

e　福山市およびその他のケース

　福山市での調査は、そのほかの製靴の技術をもったひとへのインタビューがかなわな
かった。物故者が多く、とくに前出の三浦昇一氏は、高齢の上病気療養中のところ、イ
ンタビューに答えていただくことなく永眠された。しかし、全体像としては、発生から
消滅までが概ね深津町の場合と類似していると推測している。三吉町の被差別部落は、深
津町の被差別部落といわば近隣の関係であるが、製靴を通しての交流はなかった。しか
し、製靴業の人々を早川ゴムの生産ラインへ技術者として紹介したのは、三吉町のR氏
だと言われている。

　ただ、9店舗の小売業の現役経営者、Y氏にはインタビューができた。Y氏の会社は、
祖父の代からのものである。製造は経験がない。渡航の目的は不明であるが、アメリカ
旅行から帰国した祖父が、軍靴の販売をはじめた。それまでは製靴と関係がなかった。
アメリカで、偶然軍靴を納入している企業が、大きい利益をあげていたことを目の当た
りにし、帰国後、それを事業化した。創業の動機そのものが、軍隊との関係において発
生している。1910年代ではなかったかと考える。その意味で、「伝統」とは関係がない。

　Y氏は、政治的信条を理由に一切の部落解放運動に参加した経験がない。しかし、イ
ンタビューに快く応じ、被差別部落出身者として受けた露骨な結婚差別について述べ
たが、氏にとって、家業を継ぐことと被差別部落出身であることはまったく関係がない
と言う。

　なお、御調郡M町やそのほかにも製靴業者がわずかにいたが、現在はまったくいない。

5　軍需と朝鮮人労働者

　ところで、福山市にあった歩兵第41連隊への納入を手がけていた戸田本店は、Ｋ氏の子どもの頃の記憶では、戦前は、製靴工場を所有していた。そこで働く労働者は100人規模で、朝鮮人労働者を「雇用」していた。彼らの待遇は、「奴隷のような状態」であった。孟宗竹を節々で切った器で食事をしていた。それはまだ幼いＫ氏の目に異常なこととして映った。1944年に戦時徴用が始まったが、戸田本店にいた朝鮮人労働者が徴用工であったかどうかは判然としない。Ｋ氏の記憶は、1943年頃のことと思われ、その記憶自体に疑問点もある。その解明は今後の課題としたい。さらに戸田本店は、九州からの「流し」の「職人」を雇用していたという。彼らは、非被差別部落出身者であったとＫ氏は言う。この点についても、今後の調査課題である。

　だが、現在の福山市靴販売業界で、結果として、堅調な業績を保っているのは、陸軍との関係構築によって業績をのばし資本を蓄積した企業のみである、ということが現実である。

E　被差別部落のしごとの実際

1　今日の被差別部落内自営業者

　屠畜や皮革生産は被差別部落全体の生活と経済に大きな影響をおよぼしていたわけではないことは、これまで述べた通りである。では、現実の被差別部落の職業はどのような構成になっているのか。ここでは、現在の状況から詳細に考察していく。被差別部落民が、なにによってくらしをたてているのかという現実こそ、被差別部落民存在を説明するもっとも重要で説得力のあることである。そこで、表13を参照されたい。2013年に部落解放同盟広島県連合会に加盟する人々の内、年度末に所得申告をした304名の個人事業主をまとめたものである。これは、同県連合会の企業対策部の集計に依拠したものである。この中には、法人は含まれていない。被雇用者として就労している人でも他に所得があり、国税の申告をした人が含まれる。分類項目は、ほぼ国の基準に基づいているが、製造業と卸・小売業にかんしては、「部落産業」とみなされてきた業種を分離し別項目を設けた。

　被差別部落の産業全体として考察するためには、この表13には限界性があるものの、本稿のテーマである「部落産業」とみなされている産業・職業にかんする傾向をある程度理解できると考える。もっとも多く従事している業種は、第4項の個人経営の建設業である。これは、工務店や請負で土木工事などを営業している人々である。次いで多いのは、13項の不動産業、物品賃借業である。これは表13中にも記したように、すべて貸家、アパート、貸地で収入を得ている人々である。これは、1項の農業が10人と少ない

ことと関係している。つまり、農業をやめて農地をこれらの賃貸物件に転換して、収入を得ているのである。たとえば、松永地域では、福山大学の開学後、需要が高まった学生向けアパートの経営に参入する人が増えた。また、何より、農業を取り巻く状況が悪化したことによって、早くから農業に見切りをつけ、借家・アパート経営に参入した人たちがいたことも理由である。

「部落産業」とみなされている業種については、第6項の製造業（なめし革・同製品・毛皮製造業）

表13　現在の被差別部落の職業分類

No.	業種分類	申告数	比率
1	農業、林業	10	3.29%
2	漁業	19	6.25%
3	鉱業、採石業、砂利採取業	5	1.64%
4	建設業	53	17.43%
5	製造業（なめし革・同製品・毛皮製造業以外）	21	6.91%
6	製造業（なめし革・同製品・毛皮製造業）	0	0.00%
7	電気・ガス・熱供給・水道業（水道工事業）	3	0.99%
8	情報通信業	0	0.00%
9	運輸業、郵便業	5	1.64%
10	卸売業、小売業（食肉販売以外）	27	8.88%
11	卸売業、小売業（食肉販売）	10	3.29%
12	金融業、保険業	0	0.00%
13	不動産業、物品賃借業（すべて貸家、アパート、貸地等）	52	17.11%
14	学術研究、専門・技術サービス業	2	0.66%
15	宿泊業、飲食サービス業	54	17.76%
16	生活関連サービス業、娯楽業（理美容、葬祭）	21	6.91%
17	教育・学習支援業	0	0.00%
18	医療、福祉	4	1.32%
19	複合サービス業	0	0.00%
20	サービス業（他に分類されないもの）（清掃、産廃）	13	4.28%
21	公務（他に分類されるものを除く）	0	0.00%
22	分類不能の産業	5	1.64%
	計	304	100.00%

が0で、第11項の卸売業、小売業（食肉販売）に10人の業者が見られる。後者については、すでに触れたが、敗戦後高まる需要を背景にして事業をはじめた人たちが含まれている。情報通信業、金融業、保険業、教育・学習支援業は0で、表13を見る限りでは、被差別部落というセグメントに、全体的傾向から見て偏りは確かにあると考える。しかし、これだけでは、それが被差別部落であるがゆえの偏りなのかはわからない。

ここで言えることは、被差別部落内にあって、被差別部落外にはないという「特殊」な産業・職業は一切ないという事実である。このことを、具体的な地域の被差別部落の状況で考察しておこう。

2　豊町の被差別部落とみかん農業

表14は、旧豊田郡豊町の被差別部落調査から抽出した。男女を問わず集計している1970年代初期のデータ［豊田郡豊町同和地区実態調査団 1973：152］から抽出した。豊町の大長みかんは、全国的に知られている。被差別部落でも、みかん栽培を営む人は、有職者の中ではもっとも多い。久比地域と大長地域の世帯内訳と農家率は、16世帯56.3％と3世帯37.5％となる。これを一般地域の農家率68.9％と比較すると被差別部落

の農家率は確かに低く現れている。所有する農地も、1戸あたり平均では、8.1反にたいして4.8反である［豊田郡豊町同和地区実態調査団 1973：160-1］。しかし、不利な条件のもとではあったが、その地域の主要産業、すなわち地場産業の一員であることと「部落産業」とされる産業には誰も従事していないことは明確である。いかなる場合も多様性はあり、みかん農業にかかわる機会がなかった人たちは、土工、日雇をはじめさまざまな仕事に従事して暮らしを立てた。

表14 旧豊田郡豊町職業構成（1973年）

職業	人数	比率
農業（みかん）	11	20.00%
農業日雇	4	7.27%
船舶機関士	1	1.81%
船員	1	1.81%
合板工	1	1.81%
土工	8	14.55%
団体役員	1	1.81%
大工	2	3.63%
店員	1	1.81%
日雇	5	9.09%
組合職員	1	1.81%
在学	4	7.27%
浴場	2	3.63%
無職	13	23.64%
計	55	100.00%

小数点3桁以下四捨五入

3 繊維産業と新市町の被差別部落

今日では福山市に合併された新市町は、縫製を中心とした地場産業がある。絣とそれを素材にしたモンペの縫製、デニム織布、作業服製造の工場から内職まで実に多様な事業所が存在する。デニム生産量国内生産第1位の企業も存在する。

この新市町内被差別部落の自営業者のデータについては、行政の調査から抽出し、すでに表11として示した。自営業者の64.3％は繊維関連の事業者で占められている。また、卸小売業も同様である。その一方で、すでに述べたように製靴など皮革関連の産業に従事する事業者はいない。ヒアリングでは存在した製靴業者は、この段階では存在しなくなっていた。それは、調査漏れではない。父親が製靴の経験者であったひとがこの調査に応じたことが明らかになっている。新市町の被差別部落の就労構造もすでに表12で示した。やはり、表11と同様の結論が得られる。製造業と卸小売業が被差別部落全体に占める割合は67.1％で、一般地域の同比率は全体では、約71％となる［新市町同和地区実態調査団 1979：38］。つまり、被差別部落が一般地域に比べて、やや低いものの、新市町の産業構造の中で暮らしを立てていることがわかる。ミシン縫製工が102名存在した［新市町同和地区実態調査団 1979：42］。この事実も明確に、被差別部落の仕事が地場産業のカテゴリーの中にあったことを示している。

4 多様な職歴——尾道市の被差別部落の場合

続いて、尾道市の被差別部落内自営業者、世帯主の技能別職種と女性の就労表［尾道市同和地区実態調査団 1970：131-2］から被差部落163名の就労状況を検討する。表15を参照されたい。従事する職業は、自営業者15、被雇用者38の職種にほぼもれなく分布する。その中でも溶接工、板金工がやや多く現れている。その理由は、尾道市の地場産業が造船業であったからである。仮に表中の雑役を雑業と「解釈」するとその人数は、19人となり、全体に占める割合は、11.6％で、とりたてて多いとは言えない。女性の就

表15 尾道市被差別部落就労状況（1970年尾道市調査）

分類	職種	A	B	C	D	E	F	G	H	I	女性	計
自営業	農業	2	1	1	1		1				7	13
	燃料商											
	クリーニング商											
	アパート経営				1							1
	養豚業					1						1
	熊手製造業							1				1
	畳製造業											
	板金工業		1									1
	鉄鋼工業			1	4							5
	運搬業									1		1
	土建業				1				1	2		4
	靴製造販売											
	飲食業									1		1
	パーマ自営										1	1
	保険外交										4	4
技能工	板金工									2		2
	造船工	1		2	1				1	2	1	8
	鉄工	1	1				1			1		4
	溶接工	2			1	2	1			4		10
	電気工										1	1
	トラック運転手		1							1		2
	バス運転手			1								1
	製缶工				1					1		2
	旋盤工						1					1
	塗装工									3		3
	ブルトーザ運転手								1	1		2
	配電工									1		1
	合板仕上げ工										2	2
	製菓										2	2
	看護師										1	1
職人	鉄筋組立工					2			2			4
	トビ職						1					1
	大工						1					1
	クツ職人									1		1
	調理師									2		2
	木工			1					1			2
	ミシン工										2	2
雑役	雑役夫	1			2		1			1	7	12
	土工		4								4	8
	失対			1						3	4	8
	行商									1		1
	廃品回収									1		1
	露天商									1		1
	内職										7	7
公務員	市職員		1	1	1	1						4
	市準職員		1							2		3
会社員	事務職		1	1	1						6	9
	工員										3	3
	食品加工										4	4
	バス車掌										1	1
店員	クリーニング商									1	7	8
	飲食店従業員										4	4
団体職員											1	1
	計	7	11	9	14	6	7	1	6	33	69	163

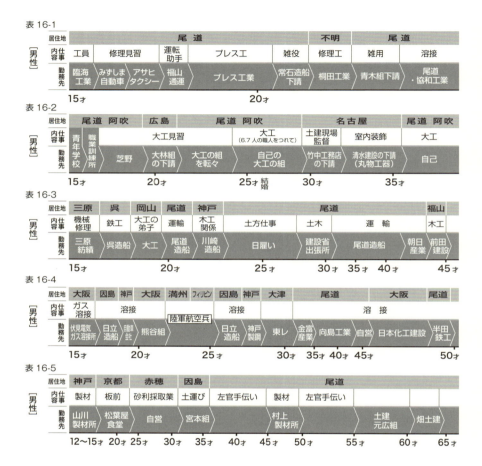

労は、69人で、全体で42.3％となっている。『報告書』は、尾道市の被差別部落の就労状況は、職人仕事や雑役が多いと指摘した上で、「公務員・会社員などのホワイトカラーにぞくする就労者は誠に少ない」[尾道市同和地区実態調査団 1970：130] と述べている。職種の多様性をみると、およそ就労が可能であると考えられたあらゆる職種に、人々が厳しい半生で、よりよい仕事と暮らしを求めて奔走する姿が浮かび上がる。

　その選択は、「部落産業」と称される仕事とは結びついてはいなかった。当時81歳の男性は、「鉄道工事土工→私鉄の土工→傘の修理→兵役→タクシーの客引き→自由労務→徴用工→兵役→行商→矢対→金属回収→入院→廃品回収業」[尾道市同和地区実態調査団 1970：133] の歴史を重ねた。50歳の女性は、「手伝→子守→病気→主婦→廃品回収・傘修繕→失対→野犬処理→傘修繕→無職」[尾道市同和地区実態調査団 1970：136] の仕

第2章 広島地域の屠畜・製革製靴産業具体像

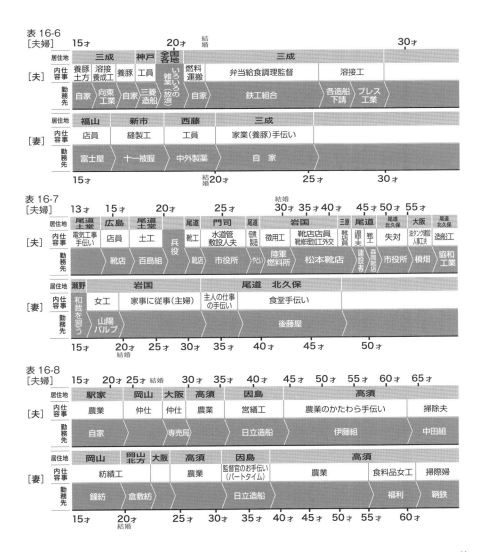

事史を歩んだ。もちろん生涯農業者として生きた人たちもいた。しかし、この2人は特別な例ではない。尾道市の被差別部落では、一般的であった。また、転職と移動を繰り返した人たちのライフ・ヒストリーを、表16-1から表16-9として引用しておく。いずれも、厳しい差別に起因する生活苦から脱出を求めて奮闘した姿を雄弁に物語る。

調査に回答した18歳から81歳までの男女271名は、兵役も含め、197種類の職種でのべ800回以上仕事をかえてきた。職種と従業人数を一覧にまとめると表17のようにな

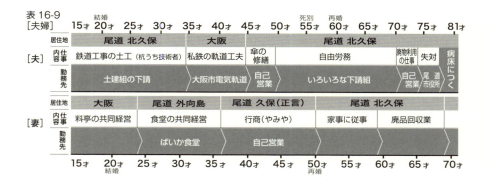

表16-9 [夫婦]

る。それぞれの仕事が、何度就労のために選択されたのかがわかる。回数が多いほど一般的な仕事であったと言える。尾道市は、造船や商業が盛んであったが、一方、農村も多く存在した。ゆえに農業も選択頻度の高い仕事であった。それでも10.8％にすぎない。次いで工員（女性では女工と回答する人が多い）で10.4％となる。つまりなめし革、同製品、毛皮製造業以外の製造業に抜きんでて被差別部落民としての特徴を示す職業はない。それは、すでに述べたように、当時の尾道市には造船業が存在したからである。さらに表18は、初職である。すなわち初めて就いた職業を一覧表にした。調査当時の世代・性別と職業を示している。これによっても、「部落産業」と称される産業・職業との密接な関係は確認できない。

ところで、すでに述べたが、尾道市には屠畜場が存在した。屠畜場経営や屠畜が「部落産業」であったとするなら、尾道市の被差別部落民が初職として屠畜に関連する産業・職業に職を得てい

表17　尾道市被差別部落業態別求職行動偏り表

No.	業種分類	就労者実績
1	農業・林業	98
2	漁業	5
3	鉱業、採石業、砂利採取業	8
4	建設業	92
5	製造業（なめし革、同製品、毛皮製造業以外）	224
6	製造業（なめし革、同製品、毛皮製造業）	13
7	電気、ガス、熱供給、水道工事業	6
8	情報通信業	0
9	運輸業、郵便業	27
10	卸売業、小売業（食肉販売以外）	48
11	卸売業、小売業（食肉販売）	3
12	金融業、保険業	4
13	不動産業、物品賃貸業（全て貸家、アパート）	1
14	学術研究、専門・技術サービス業	5
15	宿泊業、飲食サービス業	34
16	生活関連サービス、娯楽業（理容、葬祭）	45
17	教育、学習支援	0
18	医療、福祉	2
19	複合サービス	9
20	サービス業（他に分類できない清掃、産業）	37
21	公務員	5
21	公務（上記以外に分類される）	2
22	分類不能	109
23	無職	32
24	徴用	36
	計	845

表18　尾道市被差別部落民の初職

10歳代	男性	女性	20歳代	男性	女性	30歳代	男性	女性	40歳代	男性	女性	50歳代	男性	女性	60歳代	男性	女性	70歳以上	男性	女性
メッキ工	1		家事手伝い	3	3	土方	2		竹製品製造	1		電気屋	2		兵役	1		日雇	1	
工員	1	1	店員	3	5	職業訓練所	1		溶接工	1	4	農業	1		炭焼き	1		農業	7	3
養成工	1		溶接工	3	8	家事手伝い	1	1	兵役	3		工員	1	6	板前見習	1		家事		1
造船工	1		クリーニング	1		農業	1	2	鉄工	3		肉屋店員	1		店員	1		店員	1	
職業訓練所	1		職業訓練所	1		営業主任	1		工員	3	4	製畳業	1		板前	2		川魚漁	1	
家事		3	工員	9	5	鉄工	2		土方	2		製缶工	1		農業	7	8	鉄道工事土木	1	
車掌		1	養豚	1		靴工	2	3	養成工	1		鉄工	1		理髪	1		家事		1
事務		1	機械工	3		左官	1		闇屋	2		製靴	1	1	工員	1				
			車修理	1		塗装工	1		農業	5	4	家事雑役	5	4	雑役	1				
			洋服屋	1		店員	2		農業手伝い	1		鋲打	1		土方	1	1			
			板金	1		左官見習	1		下駄手仕事	1		配管工	1		新聞配達	1				
			ダンプ運転手	1		配達人	1		機械工	1		不定	1		清掃		1			
			製箱見習	1		工員	1	8	雑業	1	8	雑用	1		料亭経営		1			
			機械修理工	1		運転手	1		大工	1		丁稚奉公	1		紡績		2			
			店員	1		パーマ見習		1	店員	1		製菓見習	1		内職		1			
			バーテンダー	1		女中		2	機械修理	1	2	映写技師・弁士代理	1		女中		1			
			金属	1		箪笥製造	1		自動車修理	1		事務	1		家事		2			
			内職		1	紡績工		1	子守		1	造船工	1		紡績工		1			
			パーマ見習	1	2	子守		1	喫茶店手伝		1	女中		2	子守		3			
			ウエートレス		1				看護師		1	子守		1	畳表製造		1			
			縫製		1				タイピスト		1	家事		1	雑役		5			
			事務	1	4				内職		1	用務員		1						
			ミシン工		1				家事		4	帽子製作		4						
			看護師		1				製塩		1	手伝い		1						
			旅館手伝い		1				女中		1									
			バーホステス		1				ミシン工		2									
									食堂手伝		1									
									手伝い		1									
									寿司見習		1									
									和裁		1									
									廃品回収		1									

ても不思議ではない。しかし、そのような人は、表17中には認められない。

5　巨大企業と三原市の被差別部落

　　まず三原市の被差別部落の就労構造を表19によって確認したい。

　　この表は、1973年の三原市の実態調査によるデータ〔三原市同和地区実態調査団 1973：250-1〕を本研究の目的に添って簡略化した。三原市では、1890年当時、被差別部落に比較的大規模の地主がいた。1人は、田畑山林をあわせて、約25町歩、もう1人は、同じく21町歩であった。これは、広島県に50町歩以上を所有する大地主17名の平均、81町歩〔伊原 1952：57〕には及ばないが、農地の取得と集積が被差別部落でも進んでいたことを物語る。つまり、農業が、被差別部落の生活の基盤にとって、日本社会全体の構造との同質性を明確にしている。

　　三原市の被差別部落には、自営業の人々が少ない。農業を除く自営率は、11.0％で被

雇用者は、89.0％である。自営業者の内、「従来より部落産業と目されてきた靴・洋傘等の製造・修理・販売、食肉等の販売、し尿取り等の事業は8（16％）」［三原市同和地区実態調査団 1973：245］人存在していた。この数字は、農業を除いた自営業者を集計したもので、有業者全体で見ると1.5％にすぎない。この調査の認識では、「部落産業と目されてきた」産業の業種に注目する。ここでは、外来の「洋傘製造・修理・販売」までもが被差別部落に伝統的で特有の「部落産業」に数えられている。しかし、その理由は説明されない。いったい「部落産業」とは何なのか。それを誰が決定したのだろうか。

表19　三原市被差別部落就労状況

職種		人口	全人口比	有業人口比
職人労働	農業	89	12.4%	16.4%
	工場労働	167	23.4%	30.7%
	土建業	97	13.6%	17.8%
	非土建業	8	1.1%	1.5%
自営	土建業	16	2.2%	2.9%
	非土建業	33	4.6%	6.1%
商業	会社事務	10	1.4%	1.8%
	運輸サービス	53	7.4%	9.7%
公務員	事務職	8	1.1%	1.5%
	現業職	6	0.8%	1.1%
	失対事業	9	1.3%	1.7%
	三公社五現業	11	1.5%	2.0%
	教育関係	6	0.8%	1.1%
	医療関係	7	1.0%	1.3%
就労状況	不明	24	3.4%	4.4%
有業人口	計	544	76.1%	100.0%
家事		83	11.6%	15.3%
無職		88	12.3%	16.2%
	計	715	100.0%	

小数点２桁以下四捨五入

　この調査は、一般市民と被差別部落の有業人口の比較を行っている。それによると、工場労働にでは－3.1％、土建業では＋13.2％、商業、運輸、サービス業では、－16.4％［三原市同和地区実態調査団 1973：245］という差が指摘されている。これは調査団の執筆者も言うように、より近代的な産業に職場を求めることについては、被差別部落が不利な状態におかれていることを示している。しかし、それでも被差別部落の被雇用者は、工場労働者が最も多い。［三原市同和地区実態調査団 1973：244］。その理由は、この時代には三原市には帝人と三菱重工という大企業が業績を好調に維持しており、雇用を開発していたからである。仮に、帝人、三菱重工本体への就労が一般市民と比べて極端に少数なら、そのかぎりにおいて、差別に基づいた現象だと言えるかも知れない。しかし、これらの企業に直接的に雇用されていなくても、（どうじにこのことは構造的差別を現しているのだが）関連の企業が被差別部落の労働力を吸収していたのは間違いない。自営、被雇用とも土建業への従事が目立つが、これも工業生産にともなうインフラ整備への高い需要が背景にあった。また、全体の就労に市全体と比較してある種の偏りがあるにしても、三原市域の被差別部落民は、確実に三原市の就労構造に包摂され、「部落産業」とみなされた職種への就労は認められない。

6　造船業の発展と被差別部落——因島の場合

　市町村合併によって尾道市に吸収された旧因島市は、1969年当時、被差別部落は市

内11カ所にあり、その人口は634人であった。最大規模の被差別部落の人口は129人で、最小は5人であった。表20のA地区とI地区がそれらに相当する。その表20をみると、因島の被差別部落民が従事する産業・職業が理解できる。1969年の調査［原田 1969：131-2］から男女を区別せず集計した。技能労働者のうち、造船工、鉄工、機械工、電気工、雑業のうち造船雑役は、当時、好調な業績を維持していた日立造船を中心とした企業群からの仕事である。それらへの就労者だけで、就労人口全体の64％を占めていた。造船業は因島市の地場産業であった。

　因島市の表20にカウントされた人たちの初職について検討しよう。A地区とB地区に限って見ると、造船・鉄工を最初の仕事として選択したのは、徴用工として動員された人を1人含めて、29人であった。つまり、全就労人口81人の約35％が、人生初めての仕事として造船関連の産業に従事した。さらに転職2番目の仕事で、造船に関連した仕事についた人は、20人であった。ただし、女性の初職は、子守や「女中奉公」に出た（された）人たちが目立つ。30人の女性就労者の13人がそれに当たり、率にして43.3％になった。

　当時のヒアリング調査が残っている。対象は、A地区に住む人であった。生活は楽ではなかったが、「どの家も日立の本工として働いている」［原田 1969：69］と語っている。

表20　因島市被差別部落就労状況（1969年）

業　種	職　種	A地区	B地区	C地区	D地区	E地区	F地区	G地区	H地区	I地区	J地区	K地区	計
技能労働者	造船工	11	17	5	6	6	12	3			13	4	77
	鉄工	4					6					3	13
	機械工	2	1	1			3				3		10
	電気工	3		1			1						5
	自動車運転手	1		1				1					3
	船員	1					2				3		6
	洋裁			1									1
職人	左官							1					1
	調理師					1							1
小営業	鉄工所	1											1
	運送業				1	1					1		3
	理髪店	1											1
	物品小売				1							1	2
	按摩				1								1
	不明	1			1								2
事務職	公務員	1						1					2
	生協職員	1		1									2
	会社事務		1										1
農漁業	農業	2	2			1					2	1	8
	漁業	1											1
雑業	失業対策	2					1	2			3	1	9
	日雇	1	1	1	1								4
	土工	3		2	2						1	1	9
	廃品回収	3			1								4
	印刷雑役				2								2
	造船雑役			3	1	1					4		9
計		39	22	19	14	10	25	8	0	0	30	11	178

これをもって就労構造に差別がなかったというのではない。包摂と排除は表裏一体であり、個別の就職や職場では、個人を攻撃するような差別があったかも知れない。しかし上記データを考慮の上判断すると、被差別部落世帯の主たる所得者は、日立という大資本を頂点とした経済活動に労働力として包摂され、決していわゆる「部落産業」に閉じ込められていたとは言えないのである。1911年の日立造船株式会社操業開始以来、地場産業が育ち、その際、被差別部落も地場産業に包摂され労働力を供給した。

7　被差別部落の職業を規定するもの、制約するもの

　職業選択に際して、「部落産業」という選択肢が被差別部落民に、あらかじめ準備されてはいない。被差別部落の経済的な脆弱性は、当然、文化資本の蓄積に負の影響を与え、それが職業選択の幅を狭めるのは事実である。それは、地場産業の中の不利な、あるいは危険なポジションへの従事に押しとどめる作用の方が大きく、鉄鋼業が地場産業である地域の被差別部落では、鉄鋼業の「下位の部門」とされる業種への従事、就労が多くなる。そこが皮革産業を地場産業の町とするなら、それへの従事が主要になる。どうじに、それには非被差別部落民の関与も増える。

　産業が成り立つには、その産業に適した自然条件、社会的条件、政治的条件、人的条件がそろわないと成立しない。だから、被差別部落であるということのみを主たる社会的条件として「部落産業」は成立しない。

　ところで、被差別部落では、1970年代にはすでに公務員の増加が見られる。1980年代に入ると、その傾向は著しくなる。たとえば、尾道市の東端で隣接する福山市T町の被差別部落だけを見ても、118名の被雇用者の内、16名、13.6％は、官公庁の職員である。そして、表21は、1984年、自営業を含めた全165名の職業構成である。ここでも被差別

表21　福山市T町被差別部落職業構成　　　　　　　　　　　　　　計は引用元に準拠した

職　業	人数	割合
専門的・技術的・管理的職業従事者（教員、保育士、会社役員、看護師など）	12	7.3%
事務従事者（一般事務所事務員、集金人、金融、事務員など）	10	6.1%
販売従事者（販売店員、販売外交員、保険外交員など）	17	10.3%
農業・漁業作業者（植木職、造園師、家畜飼育人、農業者など）	5	3.0%
採鉱・採石作業者（採鉱夫、土砂採取人など）	1	0.6%
運輸・通信事業者（バス・タクシー・トラック運転手、クレーン運転手、電話交換手、郵便外交員）	12	7.3%
技能工、生産工程従業員（印刷工、製本工、食品製造工、縫製工、大工、左官、とび職など）	28	17.0%
単純労働者（廃品回収人、用務員、土木作業員、清掃作業員など）	44	26.6%
保安職業従事者（守衛、ガードマン、監視人など）	2	1.2%
サービス職業従事者（ヘルパー、理・美容師、キャディー、飲食調理人、ウェイター、ウェイトレスなど）	29	17.6%
その他	5	3.5%
不明	0	0.0%
計	165	100.0%

第2章　広島地域の屠畜・製革製靴産業具体像　　177

部落に特有の職業はない［部落解放同盟高西支部 1984：8-9］。表22-1、表22-2は、駅家町服部の被差別部落の現実である。もはや説明を要さない。もちろん屠畜、皮革関連の仕事に就業する人はいない。その福山市の1972年、1994年、2003年の調査から得られているデータを比較して見る。表23を参照されたい。いずれの年度も、福山市が実施した調査資料に依拠している。対象母集団の絶対数が年次によって、大きく変動しているので、職業の構成比の増減を見ることになる。まず、もはや自明のこととされるのは、「部落産業」とみなされてきた産業職業に従事する人がいないということである。さらに1972年と2003年にめだって減少している分野は、「卸・小売業・飲食店」のカテゴリーで、7.5ポイント減少し、また、次いで建設業は、6ポイント減少した。製造業にあっては、32.1ポイントから16ポイントに半減した。もともと規模

表22-1　福山市服部個人職業分布表

職種	人数	比率
農業	4	5.6%
土木自営	3	4.2%
建設自営	3	4.2%
運輸自営	2	2.8%
鉄鋼自営	3	4.2%
飲食自営	1	1.4%
被雇用者	20	28.2%
年金受給者	23	32.4%
無職	6	8.5%
生徒・学生	6	8.5%
計	71	100.0%

（2013年7月）職業分布

表22-2　被雇用者内訳

職種	人数
公務員	3
嘱託公務員	2
郵便	2
製造業	6
一般事務	2
看護・福祉士	2
派遣社員	1
営業職	1
内職	1
計	20

表23　福山市被差別部落職業構成比推移

第1次産業	1972年	1994年	2003年
農林業	6.9%	1.8%	1.3%
漁業	0.0%	0.1%	0.1%
第2次産業			
鉱業	0.1%	0.3%	0.0%
建設業	16.3%	15.3%	10.3%
製造業	32.1%	19.8%	16.0%
第3次産業			
電気・ガス・水道業	1.0%	1.0%	1.7%
運輸・通信業	4.8%	4.1%	4.6%
卸・小売業・飲食店	20.9%	14.8%	13.4%
金融・保険・不動産	0.6%	1.7%	1.6%
サービス業	16.9%	30.7%	39.2%
公務ほか	0.4%	8.6%	7.6%
不明	0.0%	1.8%	4.2%
合　計	100.0%	100.0%	100.0%
実数合計	765	1,737	1,087

は小さいが、第1次産業の衰退も顕著である。逆に、増加が顕著なのは、サービス業の22.3ポイントである。そして、公務従事者ののび率も特徴的である。1次産業の衰退は、日本社会の一般的傾向と同様の傾向を示している。第2次産業の傾向も同様である。

　公務労働、主に地方公務員とそれに準ずる仕事への従事は、一般地域の傾向とやや異なっている。1972年の調査では、被差別部落においては0.4％であったが、1994年の調査では、8.6％、2003年の調査では、やや減少して7.6％となっている。一方福山市全体の傾向は、2.0％、2.4％、3.0％という緩やかな増加であるが、被差別部落の場合は増加が著しい。これは、被差別部落の側に、部落解放運動の進展によって、公務員の仕事が、より安定した将来性のある仕事として認識され、積極的に求職をしたからである。そし

て、地方自治体も、その欲求に応えて被差別部落出身者に雇用の門戸をひらこうとした
からである。すなわち、部落解放運動という社会的現象を変数として、被差別部落民の
仕事獲得は、伝統的でも特殊でもない傾向を示す。ただし、だからといって、被差別部
落民が非被差別部落民の求職者と同等のチャンスがあるいうのではない。同じ仕事を
獲得する競争に被差別部落民は、その出自を理由として敗北してきた。所得、各種保険、
地位、就労内容などに差異が現れていることは、ここで使用した統計資料のすべてにお
いて現れている。この問題は、本研究のテーマとは異なる分野になるので、具体的には
述べないが、その差異にこそ差別が介在している。

　部落解放運動という社会的現象の影響で、被差別の厳しさにたいして独自の就労機
会、ビジネス機会を開発しようとするのは、当然のことである。そのような数少ない実
例の一つが、部落解放同盟福山市協議会が1979年に設立した福山管工事設備企業組合
がある。これは、設立5年間の記録を見ると、売上をのばすほど赤字幅が増えるという
経営状態で結局失敗に終わる。この企業組合とは別に、食肉産業への参入が計画された
が、実現しなかった。それは、起業するためのバックグラウンドが十分整っていなかっ
たからである。被差別部落の出身者だからといって、食肉産業を支えるノウハウや技術
をもっているわけでもない。水道工事の方が福山市の被差別部落にとってより現実的
な選択であった。言い換えると、資本主義社会では、特定のマイノリティやその団体が、
仮にある社会的現象をともなっていたとしても、それだけで産業の発生や発展に関与
することはほとんど不可能だということである。

F　小　括

　「部落産業」とみなされた職業・産業は、資本主義のもとでの近代化による技術革新
の過程で発生したものであることがいよいよ明らかになった。この技術革新こそ、社会
の構造的変化をもたらした。上田一雄は、被差別部落における生活の共同性を規定する
ものとして「部落産業」を定義した。しかし、それはまったく逆で、近代化による技術革
新は、被差別部落民の共同性の解体と貧困化を加速した。『資本論』には、イングランド
とウェールズのケースが次のように記されている［Marx 1867=2005b：113-5］。機械化
された大工業の分野で生産力が異常に高まるとそれ以外のすべて生産部門の労働力の
搾取が強化され、労働力の延長と高密度化がおこる。そうなると労働者階級のますます
多くの部分が、『奉公人階級』、つまり下男下女、従僕などの昔の「家内奴隷」が大量に再
生産される、と。その結果、有業人口約800万人にたいして、個人宅の下男下女と従僕が、
120万8854人に及んでいると述べている。すなわち近代化によって成長する産業が、奴
隷的従属を拡大再生産するのである。「部落産業」と被差別部落のスラム化が関係する

なら、それは「部落産業」が成立した地域で起きる現象になる。実際に、「部落産業」への投資がなかった被差別部落がスラム化したという例を聞かない。

　一方、屠畜、皮革、製靴などの仕事が、近代化のなかで創造されたにもかかわらず伝統的とされてきた。そして、それらに、非被差別部落出身者も積極的に関与した。国家が介在したことも明白である。そのなかで、被差別部落民の一部の人たちは、生きるために一つの手段として屠畜、皮革、製靴の仕事に必死で取り組んだ。それは、歴史的には、ほとんど一過性のものであった。被差別部落は、不変の実態ではなく、被差別部落が存在する地域の工業化や産業的運動の中で変化してきた（している）一つの点である。それは、空間を違えれば、また別の変化をしていく。ゆえに現在では、職業はさらに多様化している。

　いうまでもなく、一般的にも職業や産業は不変の実態ではない。常に揺らいでいる。「小さな町の靴屋さん」や「皮革工芸工房」そして「お肉屋さん」についても調査する機会があったが、非被差別部落の人たちが従事しているケースは多く、それらもまた業態の変更、廃業、倒産などを経て現在に至っている。たとえば、人口の急増にともない、地域の中から多様な生産・販売活動が発生し、その一つが製靴であった地域もある。そこには被差別部落がなかった。また、被差別部落の女性たちに趣味の革細工を教える講師が、非被差別部落民であるというケースもあった。その人は、皮革加工の専門家としても、メディアに登場している。

　それらの産業世界に、被差別部落がヘゲモニーをもつことはなかった。にもかかわらず、被差別部落と屠畜、皮革、製靴などが、過去から不変の実態であるかのような言説が、善意であれ悪意であれ、科学的に生み出され再生産されている。それは、明らかに文化本質主義である。

校　註

1　革田は、地域によっては記述が異なる。皮多、革多などを使用するケースもある。ひらがなの場合もある。ここでは、広島藩で一般的であった革田の記述を採用する。また、革田に課せられていた役については、革田役と記述する場合もある。本稿では、地域ごとの呼び名を使用する。

2　社倉は、富裕層の寄付によって賄われた義倉とは違い地域の役所あるいは民間が主体で義倉と同様の事業を行った。目的は、災害や飢饉に備えた救済組織であった。中には、朱子学の理念によって支配層が行った場合もあり、義倉と社倉の差異はなくなった。現在も継承される組織がある。

3　埋葬は、常に隠亡が執り行ったのではない。被差別部落のない地域での聞き取りでは村ごとの取り決めにしたがって、地域の人たち自身が行った場合も少なくない。たとえば筆者の地域では、葬儀に際して被差別部落民が特段の働きをしたことはない。また、「隠亡の返上」を行っ

た被差別部落もある。

4 勧進も地域によって定義が異なる。たんなる物乞いを意味するところもある。広島地域の勧進は、いわゆる角付け芸を演じることで金銭を受け取っていたと言われる。

5 『部落問題・人権事典』(部落解放・人権研究所)によると、草場株、すなわち斃牛馬処理権は関西と関東では性格が異なる。それぞれの地域でも、その内容は異なる。そして、関東では、百姓のあいだでは、斃牛馬の原皮にたいする禁忌、穢れ観は認められないこと、穢多の生活に占める斃牛馬からの収入は相対的に低かったことも記している。

6 明治政府は、1872年、府県のもとに大区小区制を実施した。それは、地域を「第5大区3小区」などと、すべて数字で表した。政府の意図は、江戸時代の庄屋、名主、年寄、大庄屋等を廃止し、それにかわる制度の制定であった。大区には区長と副区長をおき、小区には戸長と副戸長をおいた。しかし政府が任命した人たちは、結局江戸時代の村役人(庄屋・名主)や町役人(年寄など)、大庄屋であった。旧来の村名、地域名などの廃止は、人々の反感をかい1878年に廃止された。

7 近世の呉地方には、表24のように賤民身分の人たちがいた。しかしこれらは、近代における軍事都市化と都市再編で存在そのものが移転、消滅、また新たに構築されるというように構造的に変化した。この過程で、呉市の人口は、グラフ4のように急増した。また、軍事都市への再編後、現在の、呉市中心部、S町に被差別部落があった。非常に差別が厳しく、1915年S町の被差別部落の青年が自殺し、その7年後の1922年にも同じくS町の13歳の少年が鉄道自殺をした。この被差別部落もその後消滅したもようである。移転、消滅した被差別部落の人々のその後は、現在まったく不明である。軍事都市化と被差別部落の動態は、今後の研究課題である。

8 国家による皮革の統制は、他の物資同様1938年4月の国家総動員法以降鮮明になる。同年7月皮革配給統制規則決定、皮革使用制限規則決定、製革業者の革販売価格指定、原皮販売価格の指定などの政策決定が矢継ぎ早に出され、日本皮革工業組合聯合会設立などの諸組織が成立する。朝鮮台湾原皮移入株式会社も設立された。翌、1939年には日本皮革統制株式会社が設立され、東京原皮株式会社、日本原皮株式会社、名古屋工業用皮革製品工業組合、日本工業用皮革製品工業組合聯合会が次々組織され、ストップ令にて革と靴など公価が決定された。1940年7月

表24 近世革田戸数・人口(呉市史資料編から)

村名	年代	革田戸数	革田人口	全体人口／戸数
仁方村	1819	10	48	2,831/444
広村	1819	32	141	7,620/1,599
阿賀村	1819	8	58	4,921/959
庄山田	1814	4	19	2,476/482
和庄	1815	13	59	1,803/394
宮原	1815	17	90	2,622/530
大屋	1815	7	36	627/123
吉浦	1815	20	122	2,247/416
焼山	1814	3	18	1,233/73

グラフ4 呉市人口推移

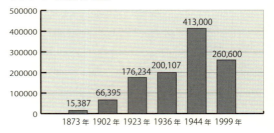

には、7・7禁止令にて牛革製靴が禁止された。1942年には、皮革統制会が設立され、皮革生産流通は完全に国家の統制下におかれた。初期には民需が許された皮革部門ではあったが、この年の『商工通信』42号と43号によると、科学局名で「皮革産業の整備刷新」と題した皮革産業新体制要項が周知徹底された。日本皮革工業組合連合会は、軍と商工省との間で、皮革産業の完全な統制を行うよう求められた。

9　1940年8月6日、農林省と商工省は、価格等統制令第7条の規定により肉類（牛、豚及び鶏肉）の販売価格を指定した。その後、1941年9月、生活必需物資統制令に基づき「食肉配給統制規則」が制定された。農林省も告示を出し、前年8月の告示を廃止し、新価格体系によって「肉類の最高販売価格」を示した。食肉は、皮革より物価統制が難しく、やみ価格による販売が横行したが、結局権力に近い軍人や政治家でないと入手困難な状況になった。こうした状況は、敗戦まで続いた。

10　カール・マルクスが規定した賃金労働者は、(1)人格的隷属関係からの自由で、自らの意志に基づいて労働力を販売することができる。(2)生産手段を所有していないので、労働力を販売する以外に生活することが不可能な人々のことである。形式的にではあるが、賃金労働者は、人格的に雇用者からは自由である。親方に弟子入りして、技術伝授の対価としてただ働きをし、独り立ちができるようになると修行の「旅」でさらに腕を磨き独立する、という職人を、賃金労働者とするのは疑問である。ある人が、賃金労働者であるか、否かは非常に重要な問題である。

11　労務手帳は、1941年から始まる労務統制下で、国民労務手帳令によって制定された手帳。住所、本籍、職歴、地位、保有資格、雇用保険などが記録されている。労務統制は、労務調整令を根拠とし、家業への転身を含め、自由な転職・退職のすべてを禁止した。同時に雇用者が被雇用者を自由に解雇することも制限した。1945年国民勤労動員令の公布とともに廃止された。

12　たとえば、鍋や釜の修理をする鋳掛屋という仕事があった。彼らは自転車などに修理道具を積んで街角で周辺の住人が持ち込む台所用品を修理した。彼らを、鍋釜を生産する工業従事者にカウントする人はいないだろう。靴修理という仕事は、靴を生産しない。鋳掛屋同様に、サービス業の一つである。にもかかわらず、靴修理（のみ）を製靴という工業に分類してきた従来研究は、そもそもステレオタイプに引きずられていると言える。

13　1980年代の福山市では、被差別部落ではない地域に部落解放同盟の支部が組織された。福山市内の被差別部落から転出した人、また市外の被差別部落から移住してきた人たちが組織したものである。彼・彼女らは「散在」と呼ばれていた。「散在」の人たちには、当時の日本鋼管株式会社に関係する企業に雇用された他市町村から来福した被差別部落出身者も含まれた。約5,000人というデータは、福山市の人口から、部落解放同盟福山市協議会が非公式に推論していたものである。当時、在来者がほとんどを占める同盟員は3,000人にせまっていた。

14　町の中心部にあったC靴店の経営者は、「商売敵」のB靴店の客を奪うために、「あそこはこれじゃけぇ」と4本指を示した。その客はその意味は理解できずにいると、「やっちゃんみいなものですけぇ」と「補足」した。その近隣にある銀行の従業員は、近所の子どもを指差して、「あの子はAの子どもなのでかかわらない方がよい」と、子どもをかわいく思い会話をしていた来

店者に「忠告」していた。A氏の名前はよく知られていた。英語表記の店名で靴を販売していた。差別は、職業ではなく、なにより出自にたいして発生した。

15　早川ゴムが被差別部落の有技術者をまとめて採用できたのは、被差別部落内のある有力者とコネクションがあったからだとN氏が語った。その人は、福山市議会の有力メンバーであった人とも個人的な関係が深かった。一般的に被差別部落と非被差別部落は対立的な存在として認識されるが、こうした背景を知ると両者の関係には「排除と包摂」のメカニズムが働いていることがわかる。こうした事例は、たんなる俗流の「裏面史」ではなく、「排除と包摂」の関係として考えるべきである。

第3章　被差別部落と竹細工にかんする言説批判

A　竹細工生産の歴史的実態と現実

1　課題意識

　ケミカル製品に取って代わられたとはいえ、それが醸し出すノスタルジックな雰囲気によって、生活用品としての竹製品は、今日でも人気がある。どうしても竹製品でないと、人の五感になじまない場合もある。華道や茶道の道具としても、竹製品は必須であるようだ。竹刀は、まさに字の如くである。それゆえ竹製品は、日本の「伝統」文化と結びついているように思われている。

　その一方、この竹製品の生産は、被差別部落民が「伝統的」に担ってきたといわれ、被差別部落の「文化」であるともいわれる。そしてこの観念は、たんなる伝承を根拠にしてではなく、部落問題研究の過程で得られた一つの「科学的な検証」に「裏付け」られている。権威ある事典は、「部落の伝統的産業で、鉢屋・茶筌・ササラと呼ばれた雑種賤民も竹細工を生業とした」［部落問題・人権研究所 1986：651-2］と解説している。部落問題の事典が項目としてとりあげ、このように説明すると、竹細製品製造という「産業」は、被差別部落が担ってきたいわば専業であったと宣告し、それはさらに確かな定説になる。

　本稿では、これにたいして、次のような問題を提起する。それは極めて単純である。竹細工の生産は、真に、被差別部落の伝統的産業であったのか。ここでまず、伝統産業の概念を明確に規定する。「伝統的」を主張する論考は、文脈から解釈すると、近代以前から連綿とした典型的な生産物としての竹細工の生産、という意味と解釈できる。これにたいして、本研究は、エリック・ホムズボームとテレンス・レンジャーが示した「伝統」論に立脚し、被差別部落の専業である竹製品の生産（に従事すること）が賤業であるという観念は、構築されたものであるということを実証する。無論、被差別部落のすべてにおいて、竹製品の生産が実践されなかったと主張するものではない。いくつかの被差別部落において、幾人かが、竹製品の生産に従事したことはあった。しかしそれが、「部落産業」であり、歴史的であり、「伝統」であり、「被差別の文化」である（あった）という観念と、その観念に基づく議論を批判的に検討するものである。

2　対象とする地域

a　地域と資料の限界性

　本稿が分析の対象とするフィールドは、第2章と同様に広島県を主としている。さらに岡山県、島根県にも言及する。その理由は、1つに、のちに論述するところであるが、先行研究である沖浦和光の『竹の民俗誌』がこれらの地域を主要なフィールドとしていることである。その2つは、資料的な制約である。歴史的に竹製品生産の全国的規模の調査は、国によって行われたことがある。しかし、被差別部落内部の竹製品生産の主体的状況がわかる資料は、限られている。

　ところで、本稿で扱う資料に限ったことではないが、特に行政資料は、本章の論点からは信頼できない情報を含んでいる場合がある。たとえば、広島県内務部県治課の『広島県部落調査』がある。このタイトルの調査は、1913年版と1920年版が確認されている。この2つの調査書は、従来1級の資料として、多くの研究者が部落問題研究に利用してきた。しかし、それらは、記載されている「事実」の裏付けをとり、あるいは他の資料と比較し検証をしたものではなかった。たとえば、広島市内被差別部落の戸数などに問題がある。極めて重要なことだが、『広島県部落調査』は、被差別部落を一般社会に同化させる対象としての「反社会的なるもの」［広島県内務部県治課 1920：緒言］であるという認識に立っている。これは、たんに差別的という水準ではなく、一般社会の向こう側にある反国家となりえる「野蛮」な異界を創造していることである。したがって、特に本資料には、批判的な視点が必要である。

　また、本稿では使用しなかった資料では「事実」として記載された事柄が、実際には存在しない場合もある。また、被差別部落が存在しなかった場所に被差別部落が存在すると記述する資料もある[1]。それゆえ行政資料は、なおいっそう批判的な検討とともに、フィールドワーク、あるいはその他の方法によって実証的に確認しつつ議論を進める。

b　対象とする時代

　上に示した立場から、本稿の対象とする時代を、近現代とする。しかし現実は、中国地域の竹製品の生産は、広島県熊野町における筆の生産を除くと、ほぼ皆無となっている。過去における竹製品生産の想像上の「事実」が「竹細工は被差別部落の伝統的部落産業」であるという言説によってのみ存在している。それゆえ、本稿は、否応なく被差別部落と竹製品生産の近世史に踏み込まざるをえない。そして、その歴史の検討を通して、言説がどのように構築され、それが現実世界にいかなる影響をおよぼしているかの検討に進んでいく。

3　対象とする竹製品

　竹製品とは何をいうのか。おおむね竹製品は、次のように分類できる。

(1)農作業用具、漁業用具（箕、笊、籠、魚籠）(2)日用生活什器（食器用笊、花器籠）(3)武具、竹刀(4)かつての鉱工業運搬用ツール[2](5)建築資材(6)鑑賞用制作物（工芸美術作品）

　これらの他、民芸品、玩具など他にも数えきれない商品群があるだろう。

　本稿で対象とする竹製品は、(1)、(2)、(4)に属する製品を基本とする。手作業による製品、すなわち竹細工である。(2)にかんしては、デザイン工房によるインテリア商品や、竹の用途開発や量産法の開発により、竹製品を生産する新たな企業もあるが、それらが生産した商品は対象外である。武具や建築資材、鑑賞用などの製品や商品群も対象としない。また、茶道具としての茶筅についても対象外である。茶筅は、一般的生活雑器としての多細工とは異なり、千利休から始まる茶道という独特の契機を有して成長してきた［宮川　1998：69］との説を採用するからである。鑑賞用としての花器も同様である。また、造形美を追求した展覧会などに出品される美術工芸作品も本稿の対象ではない。

4　竹細工と被差別部落

a　先行研究について

　被差別部落と竹製品の生産を主たるテーマとして取り組んだ研究は多いとはいえない。前述の沖浦和光の『竹の民俗誌』がまとまった著作である。それによると、日本人が日常生活や農耕、漁業において使用してきた竹細工製品は、主として被差別部落で生産されてきたとされる。沖浦の論点は、おおむね以下のようになる。

　竹細工・竹製品の生産者は、「『竹細工者（もん）』と差別された」と語る広島県双三郡三良坂町（現三次市）の石田淫源（繁春）の語りを根拠に、被差別者であった［沖浦1991：74］と断定する。それは、屠畜、精肉、製革、製靴などの産業・職業が部落差別と結びつきステレオタイプ、あるいはスティグマとなっているように、竹細工も被差別部落出身者を表すインジケーターとなっている（た）、という意味である。

　沖浦は、竹細工が被差別部落との結びついた、ルーツを『竹取物語』に求めている。『竹取物語』には、「賤しき工匠」という庶民にとって身近な存在［沖浦1991：158］の登場人物がいた。竹取りの翁は、持ち主のない山に入って竹を伐る卑しい民と見られていた。柳田国男の『竹取物語』解釈に依拠し、桶屋のように「竹細工」をし、箕や笊や籠などを作って売り歩いたものたちは、昔から貧しい賤民であった［沖浦1991：179］という。沖浦は、竹取物語の時代から、中世、近世を経て、竹細工の専業者が今日の被差別部落民と深い関係性が存在することを科学的論証ではなく、想像の文脈で記述する。その論証に代える事実は、300を超える農山村部の被差別部落をフィールドワークの経験であったという。もっとも沖浦は、「東日本の部落は数多く訪れていないのではっきりしたことはいえない」という条件をつけている。300の歴訪の結論が、次の6項目である［沖浦1991：185-6］。

　(1)西日本では、竹細工は、近世以来の被差別部落の伝統産業であった。(2)九州を筆頭

に、四国、中国地方（広島と岡山）の山間部から近畿地方にかけての被差別部落では、専業で竹細工に従事していた。(3)フィールドワークの結果、近畿の数百ある被差別部落の3分の1は、竹細工に従事したことがわかる。(4)それらの被差別部落での商品は、農具、生活用品である。(5)1960年代に化学製品の普及と農業の機械化によって市場を失った。(6)竹箕と賤民が強く結びついたにもかかわらず、歴史の表舞台に「箕作りを中心とした竹細工」が現れないのは、製作者たちが山奥の「歯せられざる窮民」＝被差別民であったからである。

　被差別部落民と竹細工の結びつきの傍証として、沖浦は、「サンカ」をとりあげる。山奥の「歯せられざる窮民」とは「サンカ」であるという。山の漂泊民である「サンカの人びと」は、「主に竹細工と川魚獲りを生業としていた。中でも箕作りが得意であった」と述べ、箕作りの源流が、「サンカ」にあると推論する［沖浦 1991：208-14］。「歯せられざる窮民」と竹細工を結びつけることは、竹細工の「異端性」を強調する。それは被差別部落と竹細工を結びつけるのに、効果的であった。科学的に存在が実証されたことのない伝聞にすぎない架空のマイノリティ「サンカ」と現実の竹細工にかんする議論は、科学にとって危険きわまりない[3]。

　沖浦は、訪れたという300を超える被差別部落の中から、西日本に所在する竹細工生産地をわずか3カ所しか示していない。それをもって、沖浦は、「竹細工は、被差別部落の伝統産業」であると断言する［沖浦 1991：185］。筆者には、沖浦が実践したほどのフィールドワークの経験はないが、広島、岡山、島根の被差別部落の職業・産業に関心をもち非被差別部落との比較調査をした結果、沖浦の認識には疑問を抱かざるをえない。もちろんこれらの調査した被差別部落には、現実に竹細工を実践するひとりの製作者がいる。また、過去において、竹細工で収入をえた人がいた被差別部落が確かに存在した。しかし、竹細工がこれら地域の被差別部落に一般的に存在し、「部落産業」と断定することが可能な状態で存在したとは考えられない[4]。

　被差別部落にたいする産業的なステレオタイプは、しばしば、現実には一般に従事するものが極めて少ないとされる職業の「特殊性」を創造して投げかけられる。それゆえ、何より現実に竹細工と被差別部落は、特別な関係を有しないことを実証することは、次の意味で重要だと思われる。1つに、竹細工と被差別部落の関係性を認める言説が何故、どのようにして成立したのかということ。2つにその言説が現代の被差別部落にどのような現実をもたらしているのかということを明確にすることである。そこで、沖浦が名ざしした岡山県と広島県そして島根県を中心に、中国地域における被差別部落と竹細工の関係から考察する。

b　竹細工の現実

　まず、現在の竹細工を巡る全般的状況を考察する。中国地域の竹製品生産は、今日、

広島県では熊野筆のみで、岡山県では勝山の生活用品を生産する少数の従事者を除いて、産業統計のデータとして現れない[宮川 1998：69]。また、「竹細工の工芸化と茶筅工芸産地の変容」の図表[宮川 1998：66]を参照すると、中国地域は、竹製品の原材料となる竹の産出量は、竹細工の産地とするにはあまりにも少なく、不適であることがわかる。この事実は、販売に供する大量の竹製品を生産との関係の議論にとって重要な背景になる。原材料において被差別部落と竹細工とはほとんど無関係であると推測が可能になる。

　広島県は、1935年までの『産業統計書』に竹製品のカテゴリーを設けていたが、戦後の1954年からの『広島県統計年鑑』では、それを廃止している。つまり、産業として議論することが難しい状態となっている。また、1936年から1938年の間の『産業統計書』は存在するが、竹製品の項がない。（なお、1928年から1953年の間の『統計年鑑』そのものが、存在しない。）つまり、竹製品は産業統計に対象とならない「生産量」なのである。しかし、冒頭で述べたように、言説のよって来たるところも問題にするのが本稿の目的である。そこで、時代を近代初期に限り遡り、竹細工・竹製品生産の全国的な動向と被差別部落における生産を調査した資料を検討する。

c　近代史の中の竹細工

　近代に入り竹細工生産を公的なテーマとして現れたのは、地方改良運動過程での、『町村是』の確立であったと考える。『町村是』は、1880年代後期から1910年代にかけて、在来・地方産業の振興をめざして、全国各郡、町、村で、産業の現状を調査して将来目標を定めたいわば財政、産業、教育を網羅した調査分析・政策集である。元農商務省次官前田正名が、国是は本来地域に根ざすべきという意図のもと、地方産業の振興をめざし、各自治体がそれぞれの「郡是」「町是」「村是」を編成する運動を提唱、これに応じた郡・町・村がそれぞれの『是』を編集した。内容は時代や地域に多様であるが、一般的には「現況」「参考」「将来」の3部からなる。厳密にいうと最後の「将来」の部分が『是』となる。将来目標を達成するために具体的施策を掲げた。「現況」とは、統計調査にあたり、「参考」とは産業の故事来歴、沿革調査にあたる。

　広島県では、『尾道町是』と『佐伯郡平良村是』が現存している。後者を参照すると、第2編現況・第7章・6工産物の項に、竹製品にかんする記録がある。製品の種類は不明であるが、数量は554個、278円の生産額であった[佐伯郡平良村 1923：75]。副業の項には、藁製品のみで竹製品はない。また、『是』の編では、将来性のある副業の振興策としての竹製品はない。[佐伯郡平良村 1923：228]。その理由は、竹資源が少なかったことが推測される。木材・薪の産出が年1万6千円を超えるのにたいして、竹素材は、498円[佐伯郡平良村 1923：73-4]にとどまっていた。

　一方、政府は、1910年代後半から1930年代中期にかけて、さまざまな副業について調

査し、『副業参考資料』として刊行した。調査対象は主に農村の副業であったが、海外の調査や植民地の副業調査も含んでいた[5]。いずれも、日露戦争後の経済危機を回避しようと採った政策であり、農山漁村経済更生運動が背景にある。それらの中の一つに、『副業参考資料第7　竹製品ニ関スル調査』がある。この調査書は、農商務省農務局が、1916年から1918年、竹製品生産について実施した全国の道府県の調査をまとめたものである。各道府県は、同一の調査項目について、年次ごと、製品別、地域別に調査をしている。1922年に出版された約800ページに及ぶ膨大な資料である。本稿では、まず、これをとりあげて検討する。

　当該資料の編者は、全体を「第1編　本邦竹製品の概況」、「第2編　地方別竹製品の状況」で構成した。「第1編　本邦竹製品の概況」では、21の項目について、概況を述べている。(1)種類及用途、(2)数量及価格、(3)主なる生産地竝其の品種及價格、(4)従業戸数及人員、(5)主業別副業戸数及人員、(6)販売の方法及取引の状況竝市名市日及その一箇年の取引高、(7)共同組織の現状、(8)竹製品の需給状況、(9)競争品の種類及市場に於ける現状、(10)時局後新に勃興したる製品名、不況の状態にある製品名及全く製造途絶したる製品名、(11)原料の主なる生産地、(12)原料の需給状況、(13)竹製品製造に使用する器具機械の種類、(14)副業的に最も盛に従事する時季及其の時季に於ける一人一日の平均労働時間、(15)竹製品生産の振不振の特殊事情、(16)竹製品の副業としての適否、(17)生産及販売上改善を必要とする事項、(18)竹製品と特殊部落の関係、(19)竹製品生産の其の地方経済上に及ほす影響、(20)従来の奨励施設及其の効果、(21)竹製品生産に関する将来の見込

　また、各地方、すなわち46道府県からは、次のような質問に回答させた。それを府県ごとにまとめて掲載したのが「第2編　地方別竹製品の状況」である。22項目の具体的内容は、次のようになる。(1)竹製品の主たる生産地竝其の生産品類及数量価格、(2)販売の方法及取引の状況竝市名市日及其一箇年の取引高、(3)共同組織の状況、(4)竹製品の需給状況、(5)競争品の種類及市場に於ける現況、(6)時局後新たに勃興したる製品名、不況の状況にある製品名及全く製造社杜絶せし製品名、(7)原料の主なる生産地竝生産量及価額単価（竹種別）、(8)原料の需給状況、(9)器具の種類、名称、用途、特徴、単価、販売先、(10)副業的に最も盛に従事する時季及其の時季に於て一人一日平均労働時間（男女別）、(11)一日八時間作業するものとして男女一人一日の最高普通製造高及所得、(12)主なる竹製品の収支計算、(13)主なる製造業者住所氏名又は名称、(14)主なる取引業者氏名又は名称、(15)大口需要者の住所氏名又は名称、主なる需要品類一箇年の需要額、(16)竹製品の振不振の特殊事情、(17)竹製品の副業としての適否、(18)生産及販売上改善を必要とする事項、(19)竹製品と特殊部落の関係、(20)竹製品生産の其他地方経済上に及ほす影響、(21)従来の奨励施設及其効果、(22)竹製品に関する将来の見込

　この資料は、あらゆる竹製品を綿密に種類別、地域別、年次ごとの量的調査を行わせているが、本稿が注目するのは、「特殊部落」と竹細工の「伝統的」関係の回答を積極的

第3章　被差別部落と竹細工にかんする言説批判　　　189

に誘導していることである。すなわち、⒂竹製品生産の振不振の特殊事情、（第2編では16項と18項）竹製品と特殊部落の関係（第2編では19項）である。前者では、竹製品生産が産業として不振に陥るのは、生産が「簡単」である竹製品が「経済界の高潮時代」に適応できない。需要が高くなっても、原料と人件費の高騰が零細な生産者を圧迫している。これらに加えて、「鳥取、島根、岡山、広島、香川、宮崎の各県に於ては古来特殊部落民の専業なりとして斯業を賤み嫌忌するの結果自然不振」に陥っていると述べている。後者では、被差別部落と竹製品生産が関係する地域を、東京、京都、長崎、新潟、埼玉、栃木、山梨、長野、山形、秋田、鳥取、島根、岡山、広島、香川、佐賀、大分、宮崎、鹿児島において「特殊部落と関係を有する」とし、前者より、大きく増える。島根、岡山、広島、香川、宮崎、鹿児島では、竹細工は、「古来より特殊部落民の因習的事業」で、一般市民がこれを「賤業視し嫌忌」していると報告している。つまり、この報告では、竹製品の生産販売が不振に陥っている理由は、46道府県の約40％において、主に被差別部落民が従事しているためだと述べている。竹細工、特殊部落民、因習が結合した「観念」が存在し、それが竹細工業の不振をもたらしていると説明している。

　次に、各道府県からの報告の詳細を検討する。すべての府県の19項にたいする回答の記述を一覧表にまとめると、表1のようになる。さらにそれを分類するとグラフ1のように5種類に分けられる。すると、実際に被差別部落の専業であると報告したのは、島根県、岡山県、広島県の3県のみになる。他は、被差別部落と無関係であったり、被差別部落と非被差別部落が、その社会的身分は関係なく生産していたりしたという報告になる。

　もちろん、島根県、岡山県、広島県以外、特にグラフ1のaとbの計73％の地域にある被差別部落で、竹細工がまったく実践されていなかったとは想像しがたい。しかし、これらの地域では竹細工は「特殊部落」の「伝統的」専業であるという観念は存在しなかったといえる。

　では、竹細工生産を専業と副業で行った場合、どのような差異があったのか。『副業参考資料第7　竹製品ニ関スル調査』から作成した表2は、1916年から1918年の3年分の副業生産額の全体に対する比率と、同じく従業者の比率や一人当たり年間生産高を示している。これによると、従事者が1年で生産する額は、副業の場合は年度毎に43.8円、17.2円、22.8円で、非副業の場合がそれぞれ、89.4円、120.2円、177.4円であった。非副業を専業と解釈すると、その生産には、団扇、傘骨のような工場における製品も含まれたと考えられる。専ら竹細工を行っていたのは、被差別部落であったとする言説にしたがい、それを表2の約8万人と仮定すると、被差別部落人口の約10％の人々が、1人当たり、1918年では156円、月額15円に満たない生産額であったことになる。ここから、材料費などの経費が出ていく。同年の日雇い労働者の1日賃金は、96銭でこれより低収入になる。ゆえに家内工業であったとしても、専業で行う仕事としてはありえない状態

表1 道府県報告による被差別部落との関係記述の抜粋

	被差別部落との関係	ページ
東京都	特殊部落と称するものに於いては従来下駄裏製造を主とスルを以て、竹細工をなすも極めて少なけれども今後この方面に於いても多少その製造区域を開拓し得べきを認む	86
京都府	本府に於ける特殊部落の副業は多く薬工品にして竹細工少なきも「八」と称する特殊階級に於いて最も多く生産せられつつある状況なり	95
大阪府	本府特種部落に於いて竹細工を本業又は副業とするものなしは（一字不明）表細工は最も盛なり	110
神奈川県	本県には特殊部落割合に少なく且つ特に竹製品を製出せるものなし然れとも将来は此の特殊部落に於ても又副業に従事せしめ其収益の増加を図らしむると共に其生活の改善をなすの要あり	130
兵庫県	本県に於ては特殊部落民の本業に従事するものなきにより何等の関係なし	145
長崎県	一少部分に於ては竹製品は特種部民の事業なるが如き観ある処なきにあらされとも一般に記すへきものなし	156
新潟県	従来竹製品は特殊部落に於いて製作すべきものなりとし一般に普及せざりし時代を存せり例令北魚沼郡小手名町の如き或は佐渡郡相川町の部落の如き何れも古来より籠又は筅を製作せり然れども近時之等の傾向は略消滅し特殊の状態を存置せず	180
埼玉県	筬の製造は、特殊部落民にかぎらるる地方ありその他の製品付ては関係なし	192
群馬県	特記すへき事項なし	204
千葉県	該当事項なし	222
茨城県	該当事項なし	242
栃木県	数年前足利郡山前村の特殊部落に於て筬製造者組合ありしも目下存在を認めす又上郡賀郡の特殊部落にて製造するものの内箕及岡持等は需要あるもその他は舊慣上忌避する傾向あり将来同部落にて竹製品の製造を奨励するは最も適当と認むると同時に上記舊慣の打破に就て相当指導誘引拔の方法を講するの要ありと認む	256
奈良県	竹細工は特殊部落に行われて居らざるをもって何らの関係を認めす	272
三重県	何ら関係なし	286
愛知県	特に記すへきものなし	300
静岡県	当該事項なし	319
山梨県	竹製品は特殊部落の最も適当なる事業にして殊に製作上歴史を有し従って其の技術向上せるを以て暫時改善の域に進みつつあり然れども近年養蚕業の発達に伴ひ此種部落に於ても之に従事するもの年々増加したる結果生産力暫時減退するの傾あり	336
滋賀県	本県に於ては特殊部落にして斯業を経営せるもの少なく特記すへきことなし	349
岐阜県	唯或一部落に於て竹皮を以て草履を盛に製作せるものあるのみにして特記すべき事なし	361
長野県	下高井郡夜間瀬村賀川（凡三百戸）及上水内郡戸隠村大字戸隠中社組（凡百戸）は交通不便の山岳地にして濃厚に適せす其の昔より殆んと全戸数斯業に従事し専業とするもの亦其七分を占む原料の供給は地方国有林及公私有林にして本業を以て生活の資源となし産業組合を組織し販路の拡張製品改善等に全力を傾注しつつあり	374
宮城県	特に記すべき項なし	368
福島県	該当事項なし	398
岩手県	該当事項なし	428
青森県	本県内には特殊部落なし	446
山形県	従来酒田町に於て専ら特殊部落の職業なりしか同町素封家本間光弥氏の尽力により近来一般住民中にも製作をなすものを生せり	462
秋田県	由利郡本庄町片町に於て古より特殊部落の作業とし四五人営み居れり	470
福井県	該当事項なし	484
石川県	該当事項なし	502
富山県	該当事項なし	515
鳥取県	本県に於ける竹細工は従来八屋と称する特殊部落民の事業なりしか漸次各種労働に従事する為之に従事するもの減少し代て一般営業者之に従事しつつあり	519

	被差別部落との関係	ページ
島根県	本県は竹林多く製品の材料割合に豊富にして有利なる事業と認め得らるるも由来本県の竹製品の製造業者は殆んと特殊部落民の独占事業なる状態にあるを以て動もすれば一般の斯業に従事するを嫌忌するの悪習あると販路の局限せられつつある等の関係上一般不振の現況に在り	538
岡山県	従来一般向の竹製品は特種部落により生産せらるるもの尠なからされとも鳳凰竹の洋杖、傘柄新製品に就ては何ら関係なし	550
広島県	十六項に記せる如く従来各地其殆んと特殊民の独占的事業となせる慣習あり	566
山口県	該当事項なし	581
和歌山県	特殊部落にて製造するものなきを以て関係なし	595
徳島県	該当事項なし	605
香川県	此の業は一般に特種部落民の職業として普通人は従事するを好まされと近来籠笊類を除く他は追々従業者を増すに至れり	617
愛媛県	該当事項なし	630
高知県	特殊民は古来竹細工を生業とせるもの多く地方によりては竹細工は殆んと特殊民の専業に属するの感あり古来より因習的に従事し相当特有の技能を有せさるものにして主業とせるもの副業とせるもの其に適当なる職業と認めらる	646
福岡県	地方に依りては特殊部落に限り行はるるものあるも特殊部落に於て生産せらるるものは概して其の地方に売行不良なるを以て主として簾、箕等の如き直接飲食物の容器とならざるものを製作せり而して全体に於て製造業者少数なり	664
大分県	宇佐郡にありては郡内製品の四分の一は特殊部落に係るも其他にありては普通部落に於て生産す又特殊部落に行はるる特殊製品の掲記すへきものなく且つ竹製品の普及奨励上特殊部落に対する一般の観念か何等の障碍を及ほさす	684
佐賀県	特に記すへきことなきも三養基郡大野部落に於ける竹細工は今より七八年前基里小学校長池田輝実及同区有志藤本宗実等努力により福岡県筑紫郡八幡村より竹箒製造教師を招聘し其の技術を習得せるを以て之れ迄疲弊の極めたりし同部落も前記両氏の熱心と不屈の精神は能く幾多の困難を排し其の製作を奨励したる結果目下三十二戸中専業とするもの四五戸副業としていとなむもの十四戸一箇年の産額四千円を算し竹箒製造に於て将来益々有望にして従来の如き税金滞納者其の跡を絶つに至れり	703
熊本県	本県内特種部落は竹細工を業とするものなし	718
宮崎県	十六項に掲記したる如く特種部落民多く従事するを以て一般に於ては賎業の如く做し之を厭ふの風ありしも近来其の有利なるを認め漸次斯業に従事するもの増加しつつあり	732
鹿児島県	藁細工を古来特種部落に於て製造し来たりし傾向あるに基き竹細工に於ても地方により今尚賎業視して之に従事することを好まさる傾向あるか如し	748
沖縄県	竹製品と特殊部落との間には特別の関係を認めす	760
北海道	該当事項なし	774

表２　竹製品生産額、従業者数の副業の占める割合

年度	全体生産額	副業的生産額	専業的生産額	副業の占める割合(%)	全体従業者数(人)	副業的従業者(人)	副業１人あたりの生産額(円)	専業従事者	専業１人あたりの生産額(円)	副業の占める割合(%)
1916	10,603,650	3,346,249	7,257,401	31.6	323,433	242,246	43.8	81,187	89.4	74.9
1917	14,568,655	4,362,141	10,206,514	29.9	338,103	253,198	17.2	84,905	120.2	74.9
1918	21,303,501	5,690,950	15,612,551	26.7	337,539	249,514	22.8	88,025	177.4	73.9

農商務省農務局編　『副業参考資料第７　竹製品ニ関スル調査』（1922年）より作成。副業従業者数は、男女を合算した。

で、上田一雄の「部落産業概念」とはほど遠い。副業としても検討の対象外の観すらする。

グラフ1のcのもっぱら生産を担ったとされる島根県、岡山県、広島県の被差別部落では、どのような状況であったのか。以降、被差別部落内の竹細工製産を検討する。

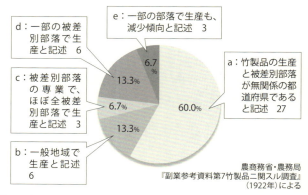

グラフ1　都道府県別被差別部落の竹製品生産

農商務省・農務局
『副業参考資料第7竹製品ニ関スル調査』
（1922年）による

5　中国地域の被差別部落と竹細工の実際
a　岡山県の場合

まず、岡山県の被差別部落と竹細工の関係を検討する。『岡山県産業基本調査書』（1922年、岡山県内務部調査）を基礎とした森元辰昭の研究によると、「竹及竹皮製品」を副業とするのは、610戸（0.9％）、従業人口851人（0.7％）、生産価格66,831円（1.2％）であった。また、賃製造に従事するものは、順に96戸（0.5％）、112人（0.4％）、7,829円（0.7％）であった。これらの郡市別生産状況は、20市郡中、小田、吉備、阿哲、真庭、久米の5郡［森元 2009：138-40］のみであった。真庭郡勝山の竹製品生産は、1860年代にその技術が確立したといわれている。敗戦後は、農具から花器へ製品転換し、比較的大きな産地となったが、実際の規模は宮川康夫の論文によると、1998年当時、16企業、16人、生産高2,500万円［宮川 1998：69］である。かつては、有力な産地で現在は、国指定伝統工芸である。ところが、『副業参考資料第7　竹製品ニ関スル調査』の報告には、真庭郡勝山村の竹製品の生産にかんする記載がない。1915年の副業としての竹製品販売用総生産額は、83,824円であった［農商務省農務局 1922：8］。さらに森元のまとめにある阿哲郡、久米郡の生産者の記載がなく、逆に森元の集計にはない御津郡、苫田郡の生産者が記載されている。勝山村の竹製品生産は、主要産地、主要生産者のリストにもそれは見当たらない。その理由には、所轄部署が、内務と農政と異なること、竹製品生産を副業とする戸数が極めて小さいこと、副業は季節性が高く生産高が低いと複数の副業に従事する場合もあり、観察の時期、視点によって見え方が変わることなどが考えられる。いずれの資料でも、竹細工に従事した人数と地域数は、けっして多いとはいえない。

1969年に開催された部落解放同盟中央本部が主催した部落解放全国研究集会において、部落解放同盟岡山県連合会の月田畝支部が、勝山地域の竹細工にかんする報告を

行っている。戦後需要の高揚は4、5年で終了し、生産者が存立の危機に直面、さらに竹工組合、輸出産業化の失敗を経て、同和対策特別措置法による支援に期待する旨の報告である［部落解放同盟岡山県月田畝支部 1970：300-3］。報告時点現在では竹細工の生産が途絶えていることも明らかにしている。ヒアリングでは、最盛期には、ある被差別部落で、勝山村の地域産業として存在した竹細工に従事する人たちがいたが、それは、大々的に企業化したものではなかった。その近隣には、竹細工に従事しなかった被差別部落も存在した。『副業参考資料第7　竹製品ニ関スル調査』中で、主要生産業者にリストアップされている者の中には、被差別部落外の人も含まれている。

　『部落問題・人権事典』でも採り上げている幕末期の『禁服訟嘆難訴記』によると、幕末1855年の倹約令にかんしての記述に、「村々庄屋、平百姓、皮多百姓、町人、隠亡末々に至迄」［青木・原田 1988：659］とある。つまり、皮多身分は、皮多（穢多）役を義務づけられると同時に、農業に従事し年貢をおさめていた。また、職務として、「番役」の多忙さもこの資料からうかがい知ることができる。「皮多百姓」としての耕作と「番役」はいずれが主たる「職」であったかは判別しない。しかし、少なくとも、幕末まで、「伝統的」な仕事として、竹製品を生産していたという記録はこの資料にはない。岡山県も他の道府県同様、竹細工とは無関係の被差別部落が多くあった。そして、一般農家でも、副業として竹細工を生産していたことも事実である。

b　広島県の被差別部落と竹細工生産

　山県郡壬生町（現・北広島町壬生）には、被差別部落で竹細工を行っていたことを示す1922年2月4日付の記録がある［山県郡千代田町 1998：508-15］。それは、「壬生町部落改善事業奨励金改善事業交付金申請書」である。書類は、壬生町長が広島県知事に宛てたものであった。壬生町は、部落改善事業を広島県に要求するとともに奨励金補助金の支給を要求した。肥料共同購入、井堀鑿、畜牛交換、地方信用会維持費の4事業費995円の要求と550円の交付金を要求した。その際、意見書が添付されている。それには、以下のような内容の記載がある。壬生町の被差別部落民は、1911年の国勢調査では、竹細工職が本業であるにもかかわらず農業と申告した。それは、竹細工が賤業と見られているからである。竹細工は、輸出品として有望で、「普通民」にも普及させ、壬生の産物として発展させたい「希望」があるので、時機を見計らって奨励したい。（被差別部落の）農業さえ盛んになれば「普通民と同等の地位」を保つことができるが、不幸にして、自作農は1人もなく、（小作で）耕作する面積も少ない。山林を所有しないので肥料を購入せざるを得ない。産業組合からも排除されているので、金肥は高額で、小作料と肥料代を差し引くと手取りはわずかである。狭小な耕作面積にもかかわらず、農家としての体面を保つため多数の牛を飼育している。とにかく1日も早く「お百姓」になりたがっている。

この文章を作成したのは、被差別部落に「殆ント近隣」に居住する人物となっている。その人物は、文脈から、該当の被差別部落内の当事者ではないと推察できる。この記述の内容と実際の被差別部落の状況はまったく異なる。戸数11戸、人口75人で、非農家はない。確かに自作は1戸、3反であるが、自小作を平均すると4反で、最大7反、最小2反である。竹細工は、副業で、8人が従事していた。つまり、職業は、経営に困難があったとしても、農業であり、竹細工は本業ではない。しかも、広島県統計書データベース（ウエブ版）によれば、竹製品の生産高は山県郡全体で、1904年2,092円、1920年3,860円にすぎず、この間大きな変動はない。その量的位置は、後の議論でも使用するグラフ2を参照されたい。この金額では、グラフ2の上で記録しようとしても、ほとんどグラフとして表わせない。ヒアリングによると、山県郡内の他町村では、竹細工と無関係の被差別部落が多く、また、被差別部落以外でも行われていた。この状況は、山県郡に限ったことではない。

次に、再び『副業参考資料第7　竹製品ニ関スル調査』にたちかえる。広島県の状況にかんする記述は、岡山県より、詳細である。まず、農商務省農務局が取りまとめた「第1編　本邦竹製品ノ概況」の中に、「共同組織ノ状況」の表には、賀茂郡広村にあった無限責任広販売組合の名が見える［農商務省農務局 1922：56, 561］。広村は、すでに広海軍工廠が設立されていた呉市に隣接し、それと取引がある人々が多く、軍事関連産業が盛んであった。広島県のデータベース（ウエブ版）によると、この無限責任広販売組合は、1910年の設立である。1900年に成立した産業組合法を根拠とし、農村改良運動を推進する村政をあげた官側主導の組織である。製品は海軍へも納入された［農商務省農務局 1922：560］。組合設立は、軍との取引には必須条件で材料の共同購入、製品の共同販売、規格の統一、価格協定、品質管理、金融、貯蓄奨励を目的とした［農商務省農務局 1922：52-6］。農務局は、広村の組合を優良組合としてリストにあげている。広村は、内務省の「地方自治新振興」を実践した功績によって、1910年に第1位の表彰を受けている［読売新聞社編集部 1911：30-1］。質素倹約、貯蓄の奨励などを村民に求め、行動指針の第一には、家業の精励、余暇の手工、飼育、栽培などの副業へ積極的従事があげられている［読売新聞社編集部 1911：5］。この組合は、全村的なものであり、事実、非被差別部落の生産者も加入している。広村には、二カ所に計80世帯前後の被差別部落があった。その内、3名が無限責任広販売組合を通して、竹製品を出荷している。

『副業参考資料第7　竹製品ニ関スル調査』には、広島県内の主要竹製品生産者名がリストアップされている。その中には、被差別部落出身者ではない生産者がすくなからず存在する。また、特に芦品郡、尾道市は明らかに非被差別部落の生産者が存在した。その芦品郡内のある複数の被差別部落では、副業として、養蚕、造園、砕石、繊維関係内職などにかかわり、竹細工に従事し、商品として出荷する人は、記録にもヒアリングにも現れない。

広島県内で、売上価格ベースでもっとも竹製品の生産高が多いのは、広島市である。主要な製品は、傘骨と傘柄、団扇骨で、計80,000円を生産している。広島市はすでに市内が工業化していたので、おそらく工場生産が主力であろう。広島市に次いで生産量が多いのは、26,000円の甲奴郡である。他郡の生産高が2,000円を中心に最高が7,500円、最低500円であることと比べると極めて高額である。ただし、賀茂郡は、2,500円であったが、これは、無限責任広販売組合のみの金額である［農商務省農務局　1922：559-60］。そこで、広島県統計年鑑と広島県統計書から、両郡の年次生産高をグラフ2にまとめ比較する。1904年は、木竹製品項中の木製品を除いたその他にあたる金額を竹製品として扱っていた。1907年と1910年は、工業製品統計が存在しない。1908年と1909年分は欠本である。

　広島県は、1913年と1920年に『広島県部落状況』を公にしている。これは、犯罪者の多い被差別部落の非文明と悲惨を強調し、差別の一因を被差別部落民の資質の問題として公言するものであった。同時に、広島県の部落改善事業を宣伝する内容でもある。その中には、多くの改善団体や改善事業費、交付金について述べているが、賀茂郡の項には、実績がある賀茂郡広村についても、無限責任広販売組合についても一言も触れていない［広島県内務部県治課　1913：19-21］。ここで、広村の竹細工は、被差別部落の専業ではないことがわかる。『大呉市民史』には、この組合が被差別部落を主体としたと述べられている［弘中　1956：132］。しかし、他の資料との比較検討から、また、組織の正確から非被差別部落民とのいわば「合作」と考える。

　『広島県部落状況』1913年版は、「県下特種部落状況」の第5項において、職業を概観している。「多数は農業に従事し竹細工、藁細工を副業とするもの多し、その他牛馬売買、小売行商、獣皮の精製、車夫、遊芸稼、靴直し、下駄直し、牛肉売買、日雇等に続き、屠殺、死屍の取扱等、卑賤なる業務に従事するもの亦少なからず。而して沿海部の者は、専ら漁業に従事し、他地方に出稼せるもの、中には高等の職業を営むものありて、無職浮浪

グラフ2　竹製品生産高（円）

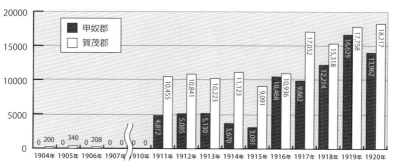

の徒は近年著しく減少したるを認む」と述べている。しかし、これらの職業は、次項以降も「住家」の項で「塵埃、煤煙、飛散部屋に満つる」状態の改善ができない「衛生」環境の悲惨さを説明するために述べられているにすぎない。その「雑多」な仕事の一部が竹細工であった。広島県が「卑賤なる業務」とするその定義、基準は極めて曖昧である。たとえば、藁細工である。これは、一般的に農家の「夜なべ仕事」や農閑期の副業として、自家消費用にも販売用にも生産され、賤業視する地域は、極めて少ない。農商務省農務局は、『副業参考資料第4　藁工品ニ関スル調査』を1920年に公表したが、藁工品と「特殊部落」の関係については、藁工品生産の「振不振ノ特殊事情」の項で答えさせている。その「前編　概況」では、一部では、藁工品生産を賤業視する傾向があるとしている［農商務省農務局 1920：49-50］。また、「後編　地方別藁工品ノ概況」では、藁工品生産の不振理由として被差別部落の関与をあげたのは、茨城、栃木、山梨の3県で、広島県は、藁工品と被差別部落の関係については、この『調査』ではまったく触れていない。

　本来、藁工品は、米作に関与していれば自給自足を基本とし、被差別部落でも非被差別部落でも生産していた。それは、宮本常一が、1968年にダム建設で水没する土師（現・安芸高田市）地域の民具調査でも明らかである。調査報告には、藁すぐり、藁打槌、菰がせなど多くの藁加工用具が掲載されている［宮本 2011：169-70］。すなわち、『広島県部落状況』で述べられた藁工品が卑賤であるのはまったくあたらないといえる。

　宮本常一はまた、この一連の調査報告で、竹細工についても述べている。すなわち、高田郡内の「竹細工にあたるものは限られていた」［宮本 2011：6］が、それは、『ダムに沈んだ村の民具と生活』の編者へのヒアリングでは竹細工を被差別部落と関係があると特定しているのではない。竹細工にあたるものが「各地にすくなからず」いて、行商で販売していたと述べている。土師へは、前出の壬生町の川東と岡山県からきていたようである［宮本 2011：30］。場所が特定できていないが、製品の特徴から判断すると岡山県の勝山であるようである。要するに竹細工も、被差別部落、非被差別部落を問わず、生産していたことになる。

c　島根県の竹製品生産事例

　沖浦和光が述べたように、また、『副業参考資料第7　竹製品ニ関スル調査』の第1部に言うように、島根県では、被差別部落が専業として竹細工に従事したとことになっている。

　多くの府県の回答が、具体的な生産者の所在地、氏名を列記している。これにたいして第2部島根県からの報告は、製造者の多くが「部落に点在し唯地方の需要を充たす」状況にすぎないので「特に製造業者として記載すへきものなし」としている［農商務省農務局 1922：538］。つまり、それぞれに地域で自家消費が中心の生産なので、記載しなければならないような他地区へ輸出する商品の生産者はいないという報告は、第1部の

第3章　被差別部落と竹細工にかんする言説批判　　197

説明と矛盾している。ゆえに、材料が豊富にあるにもかかわらず、「特殊部落」の関与で竹製品生産が不振に陥っている［農商務省農務局 1922：539］との説明とも矛盾する。

　農務省のこの調査は、1市13郡からわずか4郡しか調査をしていない。その4郡とは、八束郡、簸川郡、那賀郡、美濃郡である。これに対応する各郡内の被差別部落数、戸数、農業人口などは、表3に示したとおりである。それは、1918年、島根県内務部の『社会改良の栞』から算出した。自己所有の土地を耕作するもの、加えて小作にも従事するもの、小作のみに従事するもの、養蚕農家であるもの、林業と関係するものがいたことがわかる。当然、農耕用の牛馬を所有するものもいた［島根県 1918：5］。しかし、どの被差別部落も土地をもたず農業に従事しない人が目立つこともわかる。聞き取りでは、現在土地を所有しない被差別部落民も、かつては農地を所有したが、何かの理由で手放した、という証言があった（T氏2013年）。それは、1873年の地租改正以降、土地制度の改変や租税負担などに堪えかねた農業者が土地を手放していった日本の一般的状況と同様であるといえる。そのような人々は、農業が可能な人々の副業に相当する仕事に従事した。そしてその業種は、表4のとおりである。

　1926年のデータでは、島根県の薪炭生産量は、全国4位、15,234,997貫の生産量［大竹1926：2］であった。被差別部落の山林を所有する戸数は、自作農の戸数と同じ水準、あ

表3　島根県被差別部落農業戸数他（1918年　社会改良の栞より）

郡名	村数	被差別部落数	戸数	自作	自小作	小作	山林所有	養蚕
八束郡	26	53	235	56	18	30	48	1
簸川郡	39	74	346	21	36	41	27	38
那賀郡	31	67	223	5	10	45	11	1
美濃郡	20	50	105	17	54	25	67	5
飯石郡	14	27	104	14	17	17	28	4

表4　島根県被差別部落副業一覧

郡名	従事職業・産業（農業、養蚕、林業を除き、重複を避けている）
八束郡	弓弦、（洋）傘直し、屠手、竹細工、日雇、商業、漁業、藁細工、魚行商、餌餅製造、簔製造、郵便配達、瓦製造、白銀細工、理容、荷馬車引き、バテンレース、靴直し、棉打、買薬営業、呉服商、木賃宿、菓子商、
簸川郡	車夫、竹細工、商業、髷髪躾、日雇、遥葛稼、古物商、理髪、郵便脚夫、（洋）傘直し、屑物買、土臼製造、役場仕丁、按摩、弓弦、藁細工、女理髪、製造業、皮職（販売）、下駄表製造、小間物屋、雑業、奉公人、漁業、魚類商、飲食業、下駄直、荷車引、竹皮細工、呉服行商、塗物商、大工、鞄製造、靴製造、屠手、下駄直、火葬人夫、乞食、植木職人、
那賀郡	竹細工、商業、藁細工、牛乳搾取、馬車引、雑業、牛馬商、桶工、魚行商、瓦職、皮細工、漁業、郵便脚夫、牛馬売買、○銘建具（1字不明）、屋根葺、
美濃郡	竹細工、魚類商、馬車挽、乞食、物品販売、時計商、日雇、木工、荷車、大工、藁細工、皮細工、

るいは、それを上回る戸数があった。それゆえ、特産の薪炭生産に従事する被差別部落民が存在した。にもかかわらず、いずれの地域も薪炭生産と関係を示していない。なお、表3には、参考のために、田部家がほとんどの農地・山林を所有していたといわれた飯石郡を含めた。田部家は、山林25,000町、田地が1,000町、小作戸数1,000戸、牛馬1,000頭を私有し、島根県飯石郡のその大部分が田部家の領地[6]であり［東京放送 1969：25-32］かつ、たたら生産とも関係があった。このいわば土地が一極に集積した状況のもとで、仮に、土地の水利や日照など不利な条件下にあったとしても、被差別部落民は、土地を所有していた。

　農業、養蚕、林業以外の副業的職業は、極めて多様である。もちろん、竹細工に従事するものもいる。表4に示した郡内にある被差別部落は、極端な少数点在型である。それぞれの被差別部落の人々が多様な職業・産業に副業として従事した。つまり1人が複数の仕事に従事したことが資料からわかる。

　この地域の内、旧美濃郡内の被差別部落出身者へのヒアリングの結果は、次のような証言にまとめられる。(1)竹細工は、必ずしも被差別部落の専業ではなく、一般地域でも従事する人がいた。ある被差別部落で従事する人はいたが、それは、実際に『社会改良の栞』の記述より遥かに少ない印象である。(2)自作、自小作、小作として農業に従事した。(3)林業（杣＝そま）にも従事した。(4)それ以外に現金収入になる仕事を何でもした。いわゆる「雑業」で、けっして一つを専門的に従事したわけではなかった。(5)もっとも多い仕事は、日雇労働であった。この証言を『社会改良の栞』を1918年の農商務省のデータと比較して検証する。農商務省のデータでは、竹製品生産に従事する戸数は、島根全県で1,330戸であった。副業として竹製品生産に従事する戸数は、全県で758戸、非副業的生産者は、572戸であった［農商務省農務局 1922：40］。被差別部落の戸数は、上記『社会改良の栞』から、全県で2,289戸、自作、自小作、小作農家の計は、1,018戸で、さらに養蚕農家は、123戸であったことがわかっている。農家率は、49.8％になる。たとえば1,330戸すべてが被差別部落の竹細工生産者であるなら、『社会改良の栞』に報告された副業の種類は多すぎる。ゆえに証言の(1)は、合理的である。また、証言(2)も整合性がある。(3)については、表3にあるように、山林の所有者が存在した。(4)については、戸数より従事している仕事の種類が多い被差別部落も少なくないことからそのようにいえる。(5)については、日雇は数多い仕事の一つで、証言者の周辺でそのようにいえたであろうが、余りにも多く存在していたという主張は、やや主観的であるといえる。彼・彼女らの多くは、場合によっては複数の「雑業」とされる仕事に従事した。「雑業」には、需要が発生した時にのみに雇用可能な業種が多く、それによって専業で従事し生活を維持することは困難である。したがって、多くの場合は、兼業である。農業の他に兼業できる仕事に従事し、それは複数の場合もあった。非農家の場合も、複数の職業をこなした。ヒアリングでもそのような証言を得た。それらの職業は、農業、木こり、木工、大

工、時計商、古物商、日雇などがあげられたが、要するに生きるために「何でも」こなした。ただし、養蚕についての証言は語られなかった。

表5に示すように、いずれの郡も1世帯のみの被差別部落がもっとも多い。その世帯構成人数は、1〜3人であった。さらに、5世帯未満の戸数で構成される被差別部落が、一般的な状態であることもこの表から理解できる。このような状況で、表4のような多様な職業に兼業で従事している状態から、被差別部落特有の副業を特定するなど不可能である。仮に、1世帯の場合、1

表5　島根県被差別部落戸数分布

	八束郡	簸川郡	那賀郡	美濃郡
1戸	17	17	21	19
2戸	11	14	16	12
3戸	7	11	13	6
4戸	3	10	7	7
5戸	2	6	4	3
6戸	2	1	0	1
7戸	3	5	0	1
8戸	2	0	1	1
9戸	0	1	0	0
10戸以上	6	9	5	0
計	53	74	67	50

〜3人で単独の仕事に専念したからといって、それは、産業として成り立つための人口ではない。『社会改良の栞』にあるように島根県内で、竹細工に従事する被差別部落は存在した。しかし、竹細工を専業とする被差別部落が全体を支配するほどの量的な存在であったわけではない。島根県では広島県から竹製品を輸入していたのが実情であった。

これらの地域の被差別部落民が農業とともに従事した「雑業」のことごとくを「賤業」であるとするのは暴論である。彼・彼女らすべてが受けていた差別は、竹細工が「賤業」とみなされ、その竹細工に従事したからではない。

既述のように、『副業参考資料第7　竹製品ニ関スル調査』における島根県の報告は、14市郡の内4郡のみであった。県内で最大の被差別部落を有する松江市の報告がない。1918年当時の松江市には、9カ所の被差別部落があったが、確かに2カ所で竹細工が記録されている。しかし、それらも専業ではない。1戸のみの被差別部落も複数の仕事に従事していた。島根県の被差別部落民は、都市部においても、日雇人夫を基本に、古物商、草鞋生産、小間物商、食肉業、鍛冶職人［島根県 1918：5-17］などさまざまな仕事で前向きに生きた。

6　副業としての竹製品生産の意味

a　農家と副業

『副業参考資料第7　竹製品ニ関スル調査』はタイトルにあるように、またこれから算出した表2からもわかるように、すべての竹細工従事者の圧倒的な部分は、「副業」としての従事者であった。そこで、人々が「副業」として従事した意味を考察する。

まず副業の概念である。農業センサスによる農家の区分は、今日、「主業農家」、「準主業農家」「副業的農家」になっている。それぞれ、農業所得者が主（農家所得の50％以上

が農業所得）で、65歳未満の自営農業従事60日以上の者がいる農家、農外所得者が主で、65歳未満の自営農業従事60日以上の者がいる農家、65歳未満の自営農業従事60日以上の者がいない農家となっている。（調査期日前1年間に農産物の販売を行わなかった農家を含む。）「農業専従者」とは、調査期日前1年間の自営農業従事日数が150日以上の人、に区分される。主業も副業もどの階層の家族の誰が従事するかは、重要な問題である。しかし、残念ながら一部を除いて詳細な資料が存在しない。ゆえに本稿では、このような厳密な分類は行えない。そこで、農業、漁業を主業とし、主業従事以外の時間で、主業を補助する農耕、漁業用品の生産、または、その余剰品を販売する農家とその製品を副業農家、副業品とする。いわゆる内職もこれに含めることとする。

　農家が自家消費品の生産を副業化する契機は、現金収入不足である。米作は経費の投入が先行する。小作農家の場合、米作による現金収入はより少なくなる。それゆえ、すぐに現金化できる商品は、誰でもが手を出す。田原開起は、広島県中央部の一般農村の1年を記録している。それによると、1月から3月に入るまでの農閑期は、藁打ちに始まり、菰、俵を編み、メゴという天秤用の物入れ籠とソウケという名の籠を編む［田原2014：85-90］。メゴと物入れ籠は双方とも竹製品である。

　『やまの』によると、山野村（現・福山市加茂町）では、ほとんどの家で竹割り包丁を所有し、「かなり古くから」簡単な竹細工をこなした。山行きかご、肩荷かご、かたぎかごなどの目かご類は自家製であった。一部の家庭では、高い技術を要する笊、ホボロ、魚籠類、箕などを製作した。もちろん購入する家庭もあった。この地域に被差別部落はない。これは、注視すべき状況である。1910年代になると、御調郡から竹細工の講師を招聘し技術の更新を行っている。そして1921年、竹細工の技術指導者の養成事業として、大分県別府市の「竹蘭高等工芸学校」へ派遣された山野出身の受講生がいた。1928年から1951年まで、旧山野尋常高等小学校、山野中学校では竹細工が正課であった。［やまの編集委員会 1990：204-5］その結果、高い技術を習得し、多様な竹製品を生産した。

　山野村では自家消費用の生産を主たる目的としたが、余剰の製品をもち行商にでた生産者もいた。1991年に筆者が御調のある地域を取材したところ、当時、69歳の男性が竹細工の技術を継承していた。この男性の生家は、戦前から農閑期の副業として、「ざる、みかん籠や魚籠」を作っていたが、地域では誰もが「忘れかけていた」のであった［小早川 1992：5］。農家に魚籠は不要であるが、それは現在の福山市鞆町において販売した。この地域にみかん農家はない。ゆえに、みかん籠も販売用であった。この男性は、被差別部落出身者ではない。この地域と前述の山野町が講習をした「御調町の講師」と御調町の竹製品生産の関係は不明である。

　御調町に隣接する府中市が1968年に実施した被差別部落実態調査では、調査時に、15カ所の被差別部落の内、2カ所で各1名の竹細工従事者が記録されている［領家1969：127］。府中市に隣接する芦品郡新市町下安井には、冬になると竹製品の行商をす

る者がいた［新市町史編纂委員会 2002：1357］。その証言では、二つの地名が明らかに
されている。1カ所は、被差別部落を含む地域で、別の地名の地域には被差別部落はない。
下安井の事例は、1990年から2000年の間に、高齢者へのインタビューと民俗文化財調
査によっている。

　鞆町への魚籠の行商も含めて、それは、彼らの副業であった。隣町や日帰りが可能な
地域で販売をしていた。地元で販売したという記録や証言はえられなかった。行商で顔
見知りがいなければ、掛け売りにする必要がない。被差別部落も非被差別部落もとも
に、こうした背景をもって、竹細製品を生産し販売した。最初から販売目的で生産した
人もいるが、専業で従事した人のデータや証言はなかった。戦前は、都市部であっても、
床屋、屎尿処理、家屋の修理などそのとき払いではなく、盆暮れ払いのところが多かっ
た。岡山県のある被差別部落では、「隠亡」に従事したが、盆暮れになると、寺院に集金
に行った[7]のと同様の慣習であった。

　副業の業種には地域性があった。自給にせよ仕入れにせよ、何より真竹の供給がなけ
れば、竹細工は成立しない。生産に充てる竹がない場合は、人々は他の副業に取り組ん
だ。芦品郡福田村（現・福山市芦田町）にある被差別部落は、農業が主業であり、L字型
の母屋に付属する牛舎では農耕用の牛を飼育していた。2階には蚕棚があった。敷地近
くには桑を植えていた。竹細工は行っていなかった。芦品郡は、三大絣の一つ備後絣発
祥の地で、染色、織布、縫製を副業とする農家が多くあった。被差別部落も同様に、こ
れにも従事した。服部村のある被差別部落では、裏山から花崗岩を切り出していた。こ
れは、「部落産業」ではなく、地域全体の仕事であった。また、別の被差別部落では、早
くから「勤め人」として月々の現金収入を得る人もいた。農業を捨てて、他の職業を生
（正）業とする人たちもいた。一家をあげて他地区に移動し、生鮮食料品の販売業を経営
した人たちもいた。福相村の隣村、宜山村出身の人が大分県別府市で竹細工職人として
名をあげている［大谷 1978：92］。この人は、被差別部落民ではない。大分県宇佐郡では、
全体の25％を被差別部落で生産したが、その他では、「又特殊部落に行はるる特殊製品
の掲記すへきものなく且つ竹製品の普及奨励上特殊部落に対する一般の観念か何等の
障碍を及ほさす」［農商務省農務局 1922：684］という状況であった。

　なお、豊田郡豊町の大長において、みかん収穫作業に使われた竹籠には、朝鮮製が
あった。大下得也は、大長みかんの収穫に大勢の朝鮮人労働者が来島して重労働に従事
したことを発掘した。そして、当時の背負子も発見している［大下 2008：229-31］。当
時の朝鮮人が使った籠は、彼・彼女らが朝鮮から持ち込んだ自前の籠であった。背負子
のサイズも背負ったまま休憩がとれる独特の形状も彼・彼女らのオリジナルであった。
朝鮮人労働者は、日本人の3倍の重量をみかん山からおろしていたので、日本製の籠で
は弱くて、長期間の過酷な使用に耐えることができなかった。

b　非農家の副業

　敗戦前の日本では、副業は極めて一般的であった。それは、農村、山村、漁村の貧困を主因として行われたものだけではない。階級、階層を問わず、副業をする人はいた。竹を大量に使う四国、丸亀における団扇生産は、江戸時代の武士階級の内職として出発している［宮川 1998：69］。三味線には皮革が使われたために、それが賤業との言説があるが、これにも武士がかかわっていた。吉原真里は、音楽教育法で世界的に知られるスズキ・メソッドの創始者鈴木鎮一の「父方は武士の家系で三味線の製作を手がけていた」［吉原 2013：62］ことを明らかにしている。鈴木鎮一は、1898年の生まれである。永藤清子は、明治期から大正期の年収1,000円以上の中流家庭で、裁縫、刺繍、編物が内職として受容された過程と、その職種の変化について論じている［永藤 2014：1-4］。労働の条件、素材の確保や気温、日照など生産に関係する自然条件、生活様式などと関係し、動機こそそれぞれ異なっていたが、あらゆる階層の人々が副業に勤しんだ。

　要するに、被差別部落も、非被差別部落も、自然的条件、社会・経済的条件によって、各々が合理的とする副業に取り組んだ。近代社会においてある一定の階層が、専業として取り組んだ特定の副業など存在しない。

7　被差別部落の産業組合と竹細工生産

a　地方改良運動と副業

　人々が副業に従事するようになるのは、人々自身の内在的条件のみに規定されるわけではない。特に農村における副業は、前近代から引きずってきた人々の慣習のように見える。しかし、近代の農村は「自然的」な営みで維持されたのではない。「いわゆる農繁期に対する農閑期は、何らかの手工業的生産を農業と結合せしめることを自然ならしめるのであるが、資本主義は、この農業と自然的に結合された手工業を分離し、自己の確立の基礎として発達して来たのであって、それは農業にとってはいわば資本主義的経営に不適当なるものを残された産業として、しかも資本主義的工業生産の発展とともに、その生産量の増進の圧倒的影響のもとに、自らも資本主義的商品生産経済に体制的に組みいれられることに」［宇野 1959：152-3］なったのであった。しかし、日本の農村解体は、イギリスモデルのように進行せず、土地所有にたいして貨幣財産として現れた資本が、土地を主要な生産手段とする農業を直ちに支配することができなかった。それゆえ、国家は、農村に介入し続け、さまざまな政策と具体的な実践を行わなければならなかった。「近代国民国家は、その資本家的再生産過程において農業をも全面的に必ずその国内において資本家的に確立せんとするものではないということはここで特に注意しなければならない」［宇野 1935：40］。

　日本は、日清戦争で得た賠償金を基礎に金本位制を確立し、繊維産業を中心に産業資本が躍進した。しかし、実体経済は、綿花輸入の決済により正貨が流出し恐慌へ向かっ

ていた。内債と外債によった戦費の利払い、特に外債の利払いと、紡績の原料綿花の輸入により正貨が流出した。朝鮮や満州への綿布の移出や輸出は増加したが、貿易収支は大幅な赤字であり、日本経済は危機的状態となった。

さらに日露戦争では、負債によってまかなった戦費の償還が大きな財政的危機となっていた。その危機から脱出策の一貫としてとった対被差別部落政策は、大きく3種類あった。(1)すでに成立していた産業組合法を根拠とした産業組合運動の組織化と農村の工業化　(2)1903年頃から地域の各被差別部落においてはじめられた部落改善運動の利用と1909年からの地方改良運動　(3)農山漁村経済更生運動と対被差別部落政策である部落経済更生運動である。それは、地方改良運動から農山漁村経済更生運動へと連動していた。

宮川正人の研究によると、日露戦争は、負債によってまかなった戦費を償還する資金の捻出だけではなく、戦争によって勝ち取った一等国としての地位を維持するため、将来の経費が必要であった。この日露戦争後の課題を政府は、日露戦争勝利の根拠であった「挙国一致」を将来国家の理想形として認識した。すべての価値基準は、国富の充実に収斂された。しかし、現実の日本は、戦争遂行と膨張政策とそのための財政政策によって疲弊しきっていた。そこで、政府は、地方改良運動を興して農村改革し、それを国富充実の根拠としようともくろんだ。その内容は、町村行政組織と神社の関係を再構築し、国家神道によるイデオロギー的統治と地方財政の再構築を通して、国富政策を実行する政策であった。国家のために、共同一致の精神で自己の職業に忠実で勤勉に邁進し貯蓄に精励することを人々に求めた。これはまた、戊申詔書の意図でもあった［宮川1973：3-24］。財源を確保するために納税組合を設置し、各村落が保有する部落有林野を強制的に町村へ統一することで財源を確保させようとした。町村の再編を視野に、各町村へは、「町村是」の策定とその成文化を命じた。同時に官僚の理想とする農村像のモデルとして、「模範町村」を選定した。国家の目的に適応する国民、すなわち国家の目的を主体化した「良民」を再生産するために小学校教育が再構築された。青年会は、農事中心から、勤勉、矯風を目的とした活動体に変更され、地域横断的な若連中から、町村ごとに縦割りの青年団組織に改変され、小学校の良民再生産教育と連動した。産業組合を積極的に組織させ、地域の人々の共同体化をはかった。これらを喫緊の課題として、地方改良事業講習会を開催し、大量の地方における実践的指導者を育成しようとした。地方財政、農事改良、普通教育、青年教育の分野で細分化したプログラムを実施した。それは、1909年から1912年の間に5回開催され、細目は、各12項目から20項目になり、その中に2回の「副業の奨励」が含まれていた［宮川 1973：28-9］。また、国と県のそれぞれの段階で地方改良事業に積極的かつ優秀な結果をもたらした模範町村を認定して「国家のための共同体」モデルとした。前述の広島県賀茂郡広村における無限責任広販売組合の事例は、国レベルの模範町村としての第1回認定例であった。『佐伯郡平

良村是』を見ると「現勢編」にも実践計画を示した「村是編」に工産物に加え副業の報告、計画が詳細に示されている［平良村 1933：75-7，227-30］。まさに副業は、国・地方をあげた課題となっていた。

　地方改良運動は、旧来型の農村を資本主義的に解体し帝国主義国家の基礎とすることを意図したが、官僚たちの理想のようには、経済体としての農村は解体できなかった。それゆえ、農村再生のための「副業奨励」が地方改良運動の課題となった。そして「模範町村」選出の経済的基準も副業の成否であった。「町村是」は、短時間に昂まった一種の運動［不破 1979：87］であり、調査と計画、その執筆に多くの地方官僚が長時間、労働力を支出したが、そのことを通して地方行政は、完全に「自治」を喪失した。「模範町村」はまた、人々に勤勉、倹約などを求めるとともに、事業の振興や補助金などの政策を与えた。それを通して、人々の権力への屈服を容易にした。

　副業のもっとも一般的なものは、養蚕だったといわれるが、地域性を反映し、それに限ったことではなかった。問屋制家内工業が残存する地域では、織物業の一翼を担うことは、農家の経済状態からすると、もっとも現実的であった。広島県が、1911年に公表した調査によると、24種類の主要な農家の副業をあげている。将来性があるとされた副業は、畳表、織物であった［広島県 1975：353-6］。この種の副業は、敗戦後もしばらく継続して取り組まれた。ただし、竹細工は、この24種類に含まれていない。それは、グラフ2によってもわかるように、農家副業として飛躍的に竹製品の生産性があがるのは、1916年以降で、それ以前は、原材料の安定調達も難しい状態であったためと考えられる。

b　部落改善運動と副業

　明治末期以降、警察官などによる部落改善団体が組織された地域の都市部における代表が福島町であるなら、農村部において代表的な地域が、甲奴郡である。

　甲奴郡内では、1900年頃から矢野村浄園寺住職、波多野将庵が郡内被差別部落民の「道義心向上」を意図した啓発活動を実施している。これは、記録に残っている限りではもっとも早い融和主義的運動である。この後、1902年、一心会という改善団体が組織された。1906年には、上下警察署長、舛川義臣が郡内3町村の被差別部落で郵便貯金を指導し、1913年には、甲奴郡内3町村の被差別部落が共同で有限責任本郷信用販売生産組合を組織した。この組合の設立年の記録では、甲奴村で1913年5月から5カ月間、3名の講師を雇い竹細工講習会を開催し技術を取得した［広島県 1913：53-4］。この組合によって、3カ所の被差別部落は、それぞれ属している町村を通して、県知事から表彰され100円の奨励金を受けた。これらの地域における活動は、甲奴郡長からも風俗改善、納税、竹細工生産の功績によって、選奨を受けている。これを機に1913年、部落改善団体として、奨善社が組織された。奨善社は、無償で道路の補修工事を請け負うなどの活動によって、1916年には、内務大臣表彰を受ける。笊作りの講習会を開催したとの記録

もある。この講習会は、1909年から1912年の間に5回開催された地方改良事業講習会の地域における実践であった。1917年になると、奨善社とは別に、自彊会という団体が麻裏講習会を開催している［小早川 1980：22-31］。

一般農村に組織化された産業組合も部落改善運動の一環として、被差別部落にも持ち込まれた。この点について、井岡康時は、1900年以降の『産業組合』誌中にある被差別部落関連の記事を中心に分析し、明治期には、「地方改良運動の一環として産業組合が推奨されることはあっても、部落改善をめざして産業組合を設立するよう部落に働きかけることはなかった」［井岡 2008：5-9］としている。だが、有限責任本郷信用販売生産組合が、井岡が言うように部落改善を働きかけるものではなかったにせよ、それは産業組合法を法的根拠とした地方改良運動の過程で組織されたものである。『甲奴町郷土誌』の竹細工工業の項には、「大正2年産業組合法により」「当時の郡役所原田郁郎、溝辺速雄、上下町槇岡藤太郎」の尽力について言及している［甲奴町郷土誌編さん委員会 1971：20］。当時、主たる生産者であった折口信夫氏の子息の証言では、非被差別部落の人たちも竹細工生産に関与していたので、被差別部落に特有の仕事ということには抵抗がある、と述べる。1925年、有限責任本郷信用販売生産組合は、農商務省農務局の優良組合事例として紹介されている。

有限責任本郷信用販売生産組合は、被差別部落を核とした生産組合であったが、それはあくまでも1913年に郡役所主導で組織されたものであった。それゆえ、原材料仕入れ、生産から集荷、輸送、販売、売上金回収の全プロセスには、一般地域の人々も現在流に言えばステーク・ホルダーとして関与していた。グラフ2が示すように生産のピークは1919年で、1932年には業績不調に陥り有限責任本郷信用販売生産組合を解散した［甲奴町郷土誌編さん委員会 1971：20］。

第2次世界戦争敗戦後、上下町の竹細工生産が復活したといわれるが、1954年から再開された広島県の統計には、竹製品にかんするデータは見られない。1954年の統計に竹と関係する製品は、唯一、筆が掲載されている。理由は、単純である。竹細工が復活していたとしてもその生産高が極めて小さかったことと、従業員数が4人以下であった場合統計には現れないことである。

部落改善運動や部落経済更生運動における奨励という名の広義の強制によって、導入あるいは再構築された竹製品の生産は、敗戦後の「自由」な新たな生産活動によって、非合理的な存在となった。電化製品の普及は、食品保存用具としての笊や飯籠を時代遅れで不必要な家庭用品とした。現在ではそれらの生産はまったく見られない。

8　農山漁村経済更生運動と竹細工生産

a　経済更生計画と副業としての竹細工

地方改良運動の政策自体は、日露戦争の外債の償還や、重工業製品輸入を通じた大幅

な貿易収支赤字に苦しむ日本経済を好転させる要因にならなかった。1914年からの第1次世界戦争によって好況にわいた日本経済は、繊維や電力業界の好調に加えて、商品投機に引きずられ土地投機・株式投機が盛んになり物価は高騰した。それは、バブル経済の様相であった。しかし、1920年、株式の大暴落を引き金として、昭和恐慌が勃発した。政府は、この危機を打開する有効策をもたなかった。それゆえ、1932年から、再び倹約、貯蓄、勤勉を基本にした運動に活路を見いだそうとした。そして農山漁村経済更生運動が始まった。農村の再建を掲げ、産業組合と農事実行組合などの農民組織のさらなる強化が図られ、自力更生、生活改善、勤倹貯蓄が推奨された。村内の団体はすべて農山漁村経済更生運動に包摂し、在郷軍人会、青年団、小学校がすべて動員された。指導者育成にかんしては、中心人物、中堅人物[8]が選定され、あらゆる階層が動員された。中心人物とは、村長、小学校長、産業組合役員、農会役員、篤志家などで自作農をかねる人が多かった。部落ごとに自小作農民から中堅人物が選ばれ、理想的農民のモデルとなった。当初、経済再建政策であった農山漁村経済更生運動は、結局、小作争議の抑圧、農村の経済・生活的、また、イデオロギーの一元的管理の機関となった。

　さらに農山漁村経済更生運動は、経済更生村を指定し、地方官僚には、自村の経済・産業分析と更生計画の立案『農山漁村経済更生計画書』としてまとめあげることが求められた。それは、町村の位置、面積、自然的条件、水源、人口、階層に始まり、納税状況、全農業生産物の生産量などが小集落単位で記載された非常に詳細なものであった。当然、その中には副業の現状分析と将来性、発展計画が含まれていた。また、農村の工業化を掲げて、副業の生産性をあげようとした。大河内正敏は、農村工業化を次のように位置づけている。それは、移民政策と同様、農村の過剰人口のはけ口として、半農半工の村を造り副業の工業化［大河内 1937：58］を図るとするものであった。そして、1928年には、農林省が京都大学に命じて、金属製品の代用素材として、木材と竹材による製品の開発を行った。19種類の木竹代用製品の内、竹製品は12種類であった［農林省経済厚生部 1929：1-31］。1930年頃になると、報知新聞社などの民間団体からも副業の奨励が行われるようになった。奨励された業種は、養兎、養鯉、うめ、金魚、桑紙、椎茸、家鴨、豆腐、養蜂、農民美術、養蛙、下駄、花卉、籐細工、柳細工、そして竹細工などである。それらは、商品の解説から経営のノウハウに至るまで詳細に解説された。副業の奨励の目的は、「大都市の勤労者やその妻子の持ち合わせて居る労力というものが、少しの無駄なく」活用され、危機打開のための「産業振興を企画」する［報知新聞社通信部 1930a：2-3］というものであったが、それは農村の余剰な労働力にも向けられていた。竹細工については、資源の豊富さと多様な利用法を説き［報知新聞社通信部 1930b：225］、実用籠の収益の高さ［報知新聞社通信部 1930b：229］に言及している。当時、人数が20万人以上存在するという職人数の多さも、竹細工の容易さ［報知新聞社通信部 1930b：242］を説明する材料であった。ちなみにこれらのガイダンスでは、当然、広島、岡山、島根

の各県の竹細工についても触れているが、それには被差別部落との関係は、触れられていない。被差別部落人口は、1935年当時、999,687人とされる［部落解放・人権研究所 1986：1243］ので、20万人もの職人が被差別部落に存在したとは考えられない。

こうした背景をもってまとめられた『農山漁村経済更生計画書』には、町村内の副業について竹製品、竹細工の現状とそれを副業の一つとして導入する方向性のあるものが多い。1934年には、広島県内で、25の町村が『農山漁村経済更生計画書』を手がけた。それらから竹細工に関係する実績と計画を一覧にすると次ページ表6のようになる。けっして大量ではなかったが、多くの町村の多様な副業の中に竹細工・竹製品の生産が行われていたことがわかる。なお、甲奴郡矢野村については、既述の有限責任本郷信用販売生産組合による生産額から記載されている。これは、行政的には、一般的事業として認識されていたからである。その他は、町村全体の計画として記述されている。

b　部落経済更生運動と副業奨励

1932年、農山漁村経済更生運動は、被差別部落には特別に部落経済更生運動として導入され、政府は地方改善応急施設事業を開始した。中央融和事業協会は政府に対応して、その実践を指導した。「産業経済に関する施設要項」を策定し、「建国の大義に則り」挙国一致、自力更生を掲げて部落経済更生運動を進めていく。それは、農山漁村経済更生運動と相似形の運動であった。ただし部落経済更生運動は、都市部の被差別部落も対象とした［岩谷 1935：1］。産業経済調査会委員長、中央融和事業協会理事、社会局社会部長の肩書の富田愛次郎は、「産業経済施設は、わが国一般産業経済の圏外に出づるものではなく」［『共鳴』復刻委員会 1997：282］という認識を示した。「産業経済に関する施設要項」は、(1)組合事業の奨励、(2)産業施設並技術の改善、(3)副業指導、(4)職業補導、(5)金融施設、(6)移住指導、(7)経済生活改善、(8)経済的進出上の障害除去からなり、さらに細目に分かれている［『共鳴』復刻委員会 1997：283］。

なお、副業の奨励は、日本が植民地とした朝鮮や中国東北部、いわゆる「満州国」の農家にたいしても奨励された。朝鮮においては、「始政以後に於いて新副業として現出した其の効果最も著しきは縄、叺、莚の製造なりとす」と述べ朝鮮の文化として生産されていた旧来品の生産を廃止し、日本式の副業を奨励した。その際、講習会、品評会を開催し、統一規格を持ち込んだ。副業製品は、この3点以外に、草鞋、莞草畦、蓆、柳行李、竹細工、簡易農具が農産物とともに示された［朝鮮総督府殖産局 1929：134-5］。

c　広島県共鳴会と副業奨励

部落経済更生運動は、被差別部落にも農事組合を積極的に組織し、産業組合に加盟させようとした。また、被差別部落の更生モデル指定や中堅人物の指定も、農山漁村経済更生運動が一般農村にたいして行った施策と同様であった。月刊誌『更生』を発刊し、

表6 『農山漁村経済更生計画書』中の竹・竹製品ついての記述

郡町村名	副業記載事項		巻	ページ	被差別部落の有無
	実績	計画			
安芸郡畑賀村	なし	なし			
安芸郡水内村	まぶし(蚕具の一種)550枚、39円 林業生産 竹82束63円 工業生産 竹工品97円		上	17-18	11戸
		藁細工、竹細工、簡単な農産加工奨励		32	
		竹林改良、竹細工奨励、竹製品自給		55	
佐伯郡玖島村	竹林8反(私有地) 副業生産 竹製品3戸価格330円 1戸あたり110円		上	25 27	15戸
		草鞋草履の生産着用奨励		38	
		竹の改良		62	
		竹製品の増産 竹製品の自給、販売目標		64	
		竹の改良毎年一反造林		62	
佐伯郡原村	副業生産品 竹細工30円		上	5	2戸
		増産奨励 青年会の活動 竹細工		13	
		竹林の改良 竹林の実地指導会		19	
		模範竹林の設置2カ所			
佐伯郡大野村	工業生産物 竹細工 生産額1,250円、原料費413円、設備費30円、1カ年労働日数410日、村有竹林20丁		上	16	13戸
	私有竹林15.21丁			18	
	竹林産物需給 竹林生産金額222円、消費金額1,890円 購入1,668円 竹皮85円、8円、販売5円			22	
		木、竹、工芸品の郷土化研究、移出販売研究		77	
安佐郡中原村	山林生産価格 竹ノ皮138円、竹1,370円		上	5	
		模範竹林の設置、竹林の改良 良質竹の販売、竹細工講習会開催		35	
山県郡雄鹿村	職業の種類異動 竹細工2-3で1名増。(ただし、職業別戸数には記載されないので、家業ではない。)		上	6	部落あり
		茶、竹の新規栽培		74	
山県郡八重町	竹材生産15円49銭		上	18	
高田郡来原村	副業生産物 しんし 43円生産戸数17		上	13	
		竹細工 竹林増殖 竹細工講習 自家用、販売用の生産		64	
		竹林経営講習		69	
高田郡船佐村	孟宗 25円		上	18 61	
		加工副業 竹加工品 農家経済の更生 品目=笊、ホーキ、塵取、桑籠、籠類、竹箕、その他農用品			
賀茂郡郷田村		竹林標準伐採量2,000、竹林造成	上	32	

郡町村名	副業記載事項		巻	ページ	被差別部落の有無
	実績	計画			
豊田郡豊田村		森林状況 竹林私有90反 竹林の改良	下	37-39	
		放任状態の竹林を改良し、竹製品の自給自足		40	
豊田郡名荷村			下		
御調郡今津野村	竹細工 金額280円		下	5	
		竹林五カ年増産計画、竹、竹皮、筍(表組)5年後計912円の生産目標		18	
		竹林増産に関する計画要項 竹林肥培管理改良指導 加工計画		18	
御調郡坂井原村		竹林 利用価値のなき竹林の改良	下	48	
		竹林の造成 孟宗の市場搬出(増産計画表組)		49	
		苦竹林の改良(表組)		50	
		竹細工講習による自給自足		51	
		9月竹細工講習		52	
御調郡岩子島村			下		
世羅郡小国村			下		部落あり
世羅郡津名村	竹林10町	副業の余力がない?	下	10-11	
		林業計画 竹林		41	
		荒廃竹林の更新、増産(計画表)講習会により、竹製品の自給自足、商品化		42-43	
		過去の講習によって技術をもつものがいる。そのものによる講習 将来の副業化			
沼隈郡水呑村			下		
沼隈郡赤坂村	林産物 タケノコ120貫		下	8	
		竹林の改良 孟宗竹		54	
深安郡春日村		竹林の改良	下	57	
		木竹その他の産物搬出処分		58	
芦品郡福相村		少ない竹林	下	34	部落あり
		竹林の有料種への転換			
甲奴郡矢野村	竹製品15,000個、労働日数5,000日一人1日3個			6	部落あり
		竹林造成 竹材、筍		22-23	
		竹箕は村内三大副業の一つ			
		副業の首位、竹材確保、他村産出の竹材移入阻止		23	
		製造戸数の増加、現在一部落のみ 産業組合の促進		24	
		下谷部落で竹製品を製造		30	
双三郡神杉村	竹林4.1反			3	
比婆郡山内西村		竹林9反		26	

注・『農山漁村経済更生計画書』は、町村ごとの報告書を広島県が2分冊に合本にした形式で、ノンブルが独立している。故に、表中のノンブル数は、通しになっていない。被差別部落の有無は、筆者の調査を加えた。

中堅人物や「更生事例」の情報を掲載した。中央融和事業協会傘下の融和団体は、この運動に参加した。中堅人物には水平社の社員でもあった人も含まれた。「中堅人物養成講習会出席者名簿」を見ると、水平社の著名活動家を散見することができる［『共鳴』復刻委員会 1997：486］。中堅人物たちは、敗戦後被差別部落内の経済、生活改善にも重要な役割を得た。中央融和事業協会は、1929年から1931年、全国の被差別部落における職業・産業を調査し『部落産業経済概況』を公にした。1932年には、厳島において中国5県から中堅人物ともくされる人たちを集めて、部落経済更生指導者講習会を開催した。広島県共鳴会から16名が県の職員とともにそれに参加した。その人たちは、部落経済更生運動の忠実な担い手となった。『共鳴』はこれ以降、被差別部落民の自覚、自力更生を掲げて、農事実行組合の活動を推進する。ただし、この部落経済更生運動は、移民の奨励を一つの柱に据えており、植民地主義的な運動でもあった。

「地方改善事業補助規定の交付並びに依命通牒」は、地方融和団体を通して被差別部落にも詳細が伝達された。副業については、次のような内容が伝えられた［『共鳴』復刻委員会 1997：283］。それは、「農村工業化に拍車」［『共鳴』復刻委員会 1997：397］をかける将来有利な業種への再構築を意味していた。

　(1)副業の指導
　　　イ、従来の副業中、将来有利なりと認めらるるものは之を保護すること　ロ、地方実情に応じ、適当なる副業を起こさしむこと　ハ、指導機関を設け、有利なる副業の研究指導を為すこと
　(2)副業の奨励
　　　イ、原料の購入、生産品の販売等に関し之が指導斡旋をなすこと　ロ、共同作業場の設置並機械器具の購入等に関して、いっそう奨励助成すること　ハ、講習会、協議会等を開催し、之が指導を為すと共に技術面の向上を図らしむこと　ニ、農会、産業組合等と十分なる聯絡を執り、原料の購入、生産並販売の合理化を図ること

そして、副業として奨励されたのは、次のように分類された。(1)食料品：瓶詰、缶詰、漬物類、食用油、醸造品、製粉、製麺、乾燥蔬菜、果実、肉乳卵加工品、水産物加工品(2)衣料品：繭加工品、織物布綿加工品、編物繊維加工品、綿物加工品、毛皮、羽毛加工品　(3)什器雑貨：木工品、竹工品、金属加工品、粘土加工品、紙加工品、セルロイド加工品、ゴム製品、工業用精油類、その他雑工品、部分品付属品とされた［『共鳴』復刻委員会 1997：397］。

副業指導はこの年からすぐにはじめられた。影響下にある各被差別部落へ導入を積極的に指導する。それは、本著の第1章第4節の表2を参照すると運動の活発さが窺える。全84部落が69種類の副業に取り組んだ。竹細工は、甲奴郡内3町で一産業組合であったが、表2では各町村での講習をカウントしているので、実質は、11カ所になる。

第3章　被差別部落と竹細工にかんする言説批判　　　　211

　全体的に端的にいうと、業種は極めて多様である。副業導入が不可能な被差別部落は、出稼ぎにまで行っている。備後絣の一大生産地であった新市町では、32戸が絣や麻裏にかんする副業を手がけた。要するに、地域全体の自然条件や主要な生産活動に規定されて、被差別部落の副業が成立した。そして、副業として成立する条件には、導入する際の手軽さが欠かせなかった。もっとも、多く見られるのは、精米精麦であった。それは、被差別部落の多くは、農業の占める割合が大きいからであった。精米精麦も新案特許が取得されるなど機械化が進み、主業に直接隣接する業務で手軽に取り組むことが可能であった。製縄機の発明と普及は、藁縄の量産化にとって好都合であった[9]。これらの機械設備の購入には、助成金も与えられた。

　竹細工について実習が行われたのは製作方法を知るものが多くはなかったからである。従来、被差別部落に技術や実績が存在したなら、改めて実習に取り組む必要はない。すでに生産の実績があれば、わざわざ講習会をする必要もない。沖浦和光がとりあげた三良坂町でもこの部落経済更生運動の過程で、共鳴会が竹細工生産の講習会を開いていた。それは、1933年に「共鳴会主催による竹細工講習会が三良坂町公会堂を会場として開催され」た［黒田 1998：400］。仮にそれ以前から「伝統的」な仕事として存在していたとしても、国家の意図を主体化した融和運動はそれを、再構築し、一般化したものである。戦後解放運動の中で竹細工を再開し、現在唯一の作家である石田溯源は、自らの祖父の代から竹細工を行っていたと述べているが、被差別部落全体の副業となったのは、共鳴会による導入以後のことである。そして、竹細工が被差別部落に特有の仕事であった可能性も低い。山本政夫は、1930年の座談会[10]で「部落所在地の一般のものがやっている副業―竹細工とか柳行李とか―を部落のものにやらせることが成功したとのことです。他に面白いものは模造真珠の製造でした」［山本 1930：45］と述べている。ちなみに前出表2にある養狸、養兎は、毛皮採取用の養殖事業であった。特に養兎は一般農家で盛んな副業で実践され、主な用途は、軍用防寒具であった。

　共鳴会で活動していた河野亀市は、その活動とは別に、自らが代表となって三良坂授産場を開設している。1931年のことである。屑繭から節糸を生産する事業であった。県からの補助金も受け、生産機器、技術導入をおこない、農閑期の副業として成立させている。これには、第1章第4節で詳細に述べたように、方面委員会が関与している。河野亀市は、資産家で篤志家であり、自ら出資を惜しまないところから、権力側からは融和事業のモデル的人物であった。副業の奨励は、官、半官半民、民の3者が複合的に、あるいは重層的に導入を行っていったのである。被差別部落は、権力行為が交差する点であったと言える。

　中央融和事業協会の『更生』には、「模範青年として共同作業場を建設し、製蓆、製莚、自家用醤油の共同醸造、稲麦の共同脱穀共同乾燥共同調整を行っていた」一青年の活動を2回にわたって紹介している。まず、1936年1月の第6号では、竹細工製品生産につ

いての記述はなかったが [中央融和事業協 a 1936：20-4]、5月の第8号で「内山農業実業組合の事業は、—中略— なお将来は、発動機を備え、竹製品、製縄、脱穀等の仕事にまで手を広げようと計画しています。」[内山 1936：34] と述べている。さらに写真には、組合の作業場で竹製品を生産する様子が記録されている。つまり部落経済更生運動が組織した内山農業実業組合が、新たに竹製品製造を導入したのである。

　竹細工を実践する人たちが被差別部落に存在した。けれども、それは専業とはいえない。『更正』21号「栄えある若き開拓者」欄では、山手村の岡興一と山手中組について紹介している [中央融和事業協会 1938b：47]。戸数35、人口233人、本業は農業で、日雇、荷車引き、ホゴの製造、砂利採取を副業としている。岡興一自身は、菰、叺、ホゴ、薄荷油の仲買などに従事している。つまり、農業を主たる職業として、多くの人たちが副業に従事したのである。

9　竹細工の終焉と残った観念

　以上から、次のようなことがいえる。

　竹細工・竹製品の生産者は、被差別部落のみに偏在したのではない。農村の一般的な副業の一つであった。

　いかなる農家も多忙であった。機械化されていない時代の農業は、もともと世帯の全員労働という性質があったので、自家消費分以上に副業によって市場で交換する商品生産を目的意識的に引き受けることは大変困難であった。11月から2月の農閑期に従事するか、女性たちや子どもたちの夜なべ仕事でもあった。しかし、国家の主導のもと、地方改良運動や部落改善運動の中で被差別部落の一部では、竹細工が産業組合運動の組織化とともに導入された。さらに、農山漁村経済更生運動と部落経済更生運動の中で、権力を主体化した融和運動の実践が多くの副業を被差別部落に持ち込んだ。その副業の一つに竹細工があった。仮に、竹細工の生産が、封建時代から存在した「伝統」的技術によっていたとしても、農村の構造を変えた政府の運動で近代的に再構築された。大量生産が可能になったのは、他の地域からの技術移転があり、行政や半官半民の団体が介入して、そこでも、共同組合などの組織が構築されたためであった。

　導入された副業としての竹細工生産は、長期間続くことはなかった。敗戦後も継続した場合も、高度経済成長の1960年代にはすでに、商品市場からも自家消費としての生産からも消え去った。それは、農漁村の機械化、家電商品普及やケミカル素材の什器が一般的に普及し、竹製品にとって代わったからである。さらに、アジア諸国から輸入された、圧倒的に安価な竹製品が市場において優勢となったからである。

　被差別部落に残ったものは、竹製品の生産は広島県においては、父親の代で途絶えた工房を1980年代に再興したひとりの竹細工師と、竹細工は被差別部落の伝統的な専業であり、賤業であるという構築された観念であった。

B　だれが観念を構築したか

1　竹細工と被差別部落を結合する観念のマトリックス

　本稿は、前項までに竹細工は被差別部落の伝統的な仕事であるということは、事実とは異なり、構築された観念であると論じてきた。では、その観念は、どのように構築されたのか。ここからは、観念を構築したマトリックスについて論及する。ここでは、マトリックスは、被差別部落と竹細工が強く接続しているという観念を創る社会的状況と定義する。それは、社会的機関、論文、研究者、新聞記事などの複合物であり、同和対策事業、解放教育も含まれる。そして当事者の語ることも、当事者団体の組織とその行動も含んでいる。政府とその官僚、融和運動、部落解放運動、同和（解放）教育運動などの言質や出版物、展示などが具体的な検討対象となる。

a　国家による観念の創造

　竹製品の生産と被差別部落を接続したのは、まず国家権力であった。すでに考察したように、それは、『竹製品ニ関スル調査書』における各道府県からの報告を無視、または、曲解によってなされた。農務行政は、経済的危機の中で、農村の工業化と副業を奨励するにあたり、生産高と収益性の「不振ノ理由」を被差別部落民が従事していることを理由にあげた。被差別部落の「後進性」や一般市民の被差別部落を忌避する態度が生産不振の要因になっているという。すなわち、マイノリティの関与が日本資本主義不振の一因をもたらしたと主張したことになる。そのようなことは、資本主義の成り立ちから見て本質的にありえない。

　国家権力がそのように主張したのは、農村の工業化政策のもと、軍需で逼迫する金属の代替えに竹素材を使用することが求められたからである。そして、国家の求めを満たす新たな技術・製品の開発が求められ、竹製品生産へ新たな企業や個人の参入を促す必要があった。その参入を促す際、怠惰で原始的な生産に甘んじる「2等国民」たる被差別部落によっては国家の需要を満たすことができない。ゆえにその主張は、1級国民である非被差別部落の人々が国家を主体化し、積極的に竹製品の生産と市場に参入するべきだという意識を醸成するイデオロギーとして有効であった。

　この政策は、竹製品生産から被差別部落民を排除するためではなかった。勤勉、預蓄奨励とセットの産業組合や積極的な副業としての推奨は、むしろ、被差別部落の生の営みを「保障」した。その結果、被差別部落の「伝統性」と現実的生産は、揺るぎない事実として、『竹製品ニ関スル調査書』に伝統的産業として記述された。それらは、竹細工生産と被差別部落が伝統的に深く繋がっているという観念が形成されるマトリックスの一つとなったと考えられる。

b 「科学的」言説の創造

　竹細工製品の生産が「部落産業」であるという「科学的」言説は、部落問題の研究者によって構築されてきた。

　沖浦和光は、本稿冒頭で述べたように、竹取物語に依拠し、竹細工が中世以降の被差別部落に伝統的な専業であると述べた。そのとき、近代・現代の被差別部落が歴史学的に、経済学的に、社会学的に中世からの連続性を具体的に論証しようとしなかった。また、伝統とは何か、についても説明することはなかった。沖浦が結論を下す根拠は、結局のところ、「300に及ぶ被差別部落を訪問した」ことから得たたんなる印象であった。けっして、それは科学的な手法とはいえなかった。

　また沖浦は、「部落産業」を定義した上で議論を行っていない。それは一般的に認められている上田一雄の「部落産業」の定義に照らすと矛盾が現れる。「竹細工は部落産業」であるとするなら、竹細工は、何度も述べたように「被差別部落という共同体的社会生活の基調を形成し、被差別部落民の生活の基盤を形成しえる普遍的一般的職業・産業として存在してきた」ということになる。しかし、これまで見てきたが、竹細工は、被差別部落を含めた農村と一部漁村における副業の一つであり、しかも被差別部落共同体の生活の基盤を形成したことなどなかった。また、身分と職業が一致する「役の体系」として封建時代を考察した場合、穢多役・革田役に竹細工生産が、身分的・社会的役＝義務として存在したという根拠を、沖浦が示したわけではない。沖浦は、近代・現代の被差別部落を中世以降の歴史的連続の文脈で捉えるが、竹細工が同じ文脈にあるとする根拠になりえる事実はない。

　さらに沖浦は、日本の近代化過程で、封建的役の体系が解体されることによって構造的変化を遂げた被差別部落において、竹細工が部落産業・職業として、どのように変化してきたかも論じているわけではない。要するに「竹細工は、被差別部落の伝統産業」であるという言説に科学の装を施しているにすぎない。あるいは、古代の物語と無理矢理接続する単なるロマンティシズムである。

　赤坂憲雄は、沖浦の「竹取物語」に依拠する議論を積極的に評価する。その上で、江戸期の「弾左衛門由緒書」には箕の製作についての記述があると竹細工と穢多身分の関係について述べる［赤坂 2000：13-4］。だが、「弾左衛門由緒書」に記載されているのは、「箕」ではなく「蓑」であり、藁製品の雨具である。そして「弾左衛門由緒書」は、偽文書である[11]。

　また赤坂は、材料の竹がないためにそれに代わる素材としてイタヤカエデ[12]などで箕の生産をした地域では、箕の生産にたいして差別や賤視の影響がなく、竹を利用する箕の生産に差別が集中するのは、竹がもつ呪術性に根拠があるとする。竹と穢れを結びつけ、「中世に、穢れの除去をキヨメ役として担った非人たちは、自ら竹の箒を作っている。そこでは、竹に穢れを祓う呪力が認められていたのではなかったか」［赤坂 2000：22］

と推論する。確かに、中世にはキヨメといわれる人々がいた。だがその人々が「役」として存在したとはいえない。網野善彦は、全著作中41カ所で清目（キヨメ）について言及しているが、その中でキヨメ「役」には、まったく言及していない[13]。仮に、赤坂がいうキヨメ「役」が存在したとして、それがどのように現在の被差別部落と関係があるのかをまったく説明せず、単純な連続的歴史として述べている。

　さらに赤坂は、被差別部落と竹細工を媒介にした身分関係があったとしている。その上で、「薩摩半島の箕作りは、昔から被差別部落の専業」［赤坂 2000：23］であったと述べ、穢れ、竹細工、被差別部落を結合する。また、赤坂は、箕が、縁結びの呪力を帯びる道具として登場する狂言『箕潜』の物語から、箕がある文脈におかれたとき妖しい性のにおいがすると、賤民存在と「妖しい性のイメージ」を一つの「文脈」で読み解こうとする［赤坂 2000：14］。その「文脈」とは、どのような文脈なのであろうか。

　秋定嘉和は、竹細工は、中国、四国、九州など関西地方の被差別部落が中心で、他の地方では一般農村の副業と混在した状態であったとしている［秋定 1993：69］。この議論の後半は、事実として正しい。しかし前半は、沖浦の域を出るものではない。中国、四国、九州など関西地方の現実は、政府資料によっても、明らかに竹細工は普通の一般的な副業であった。また、中国地方における生産も本稿で扱ったデータが示す通りであった。秋定は、「竹細工＝被差別部落」という観念の虜になっていて、その観念をいったん否定する仮説を立てることが科学であることを忘れている。

　村越末男は、高知県幡多郡大方町の被差別部落の職業について論じている。「板の間の家では昼間は竹細工をし、食事時には竹屑を除けてその場で食事をとり、夜になればまたそこで寝た。流木をひろい、竹屑をひろって飯を炊いた」［村越 1977：119-20］と村越は、回顧する。この被差別部落は、彼の出身地である。村越は、大方町における被差別部落の職業について論述する際、「部落産業」という用語は使わず被差別部落内で被差別部落民が従事する仕事・職業を論じている。大方町の万行においては、「幕藩体制下さながらの土地所有からの疎外と、資本主義的生産関係からの疎外、失業と不安定な労働と半失業状態と、わずかながらの竹細工、すもぐりという状況から抜けきることなく、依然として差別され、基本的人権を奪われた形態の中にあるということである」［村越 1977：116］。しかし、実際の職業の分布は、村越の示すデータでも、漁業66.1％　無職20.8％　竹工業4.8％である［村越 1977：125］。村越の記述からは、この被差別部落における竹細工の位置づけや製品の流通などについては、何も読み取れない。村越の論文にある就労は、結局、縫製業、土木請負、飲食小売、屎尿処理などを主とし、それは自身によって一覧にまとめられている通りである［村越 1977：175］。

　以上見たように、竹細工にかんする研究者たちの「科学的」記述は、竹細工が被差別部落と伝統的に結びついているとしながら、それが、どのように結びつき、生活を支え、今日の被差別部落にどのような影響をもたらしたのかを論じるには、ほど遠い水準に

あるといえる。とりわけ、竹細工に従事する被差別部落が比較的多い、あるいは、沖浦や赤坂が被差別部落の専業であったと断言している地域についても、そのような地域的特色があった根拠や具体的なる基礎資料もまったく示さない。しかし、彼らのもつ研究者としての権威や「実績」は、すでに従事するものが存在しないのに、マトリックスとして、「竹細工は部落産業である」という言説を生産した。

c　アーカイブの生産

「科学的」研究と平行して、竹細工と被差別部落の関係を記述したさまざまな物語が生産され蓄積・収蔵された。解放教育の実践者たちは、現実の被差別部落に竹細工生産が皆無となっているのを無視して、竹細工と被差別部落をより強固に結びつけた。そしてそれを拡散させていった。非被差別部落の竹細工生産をまったく顧みない研究者たちの言説は、竹細工の実践者たちを含め部落解放運動の「理論的裏付け」になった。

それはとくに、三良坂町と上下町において顕著であった。農業従事者であったこと、他の副業にも従事したこと、融和運動によって（再）構築されたことなどは一切無視され、竹細工は「部落産業」の典型として抽出された。それは、竹細工に従事したことが被差別部落一般の伝統的現象である、という文脈でも語られた。そして、それらは大きな物語として、アーカイブとなった。竹細工と被差別部落の関係を表すこの地域以外の公立博物館における展示も生まれた。福山市が運営する福山人権平和資料館には、竹細工が被差別部落の産業であるとする常設展示がある。この展示は、石田淫源作の竹籠に、竹細工が多くの被差別部落の一般的な伝統産業であったという文脈で説明がつけられている。

これらアーカイブの内、印刷物は、公的私的を問わず生産された。公的には、広島県教育委員会が刊行した書籍も含まれる。それらのいつでも閲覧可能なアーカイブは、たとえば、表7のようになる。アーカイブの内実を問うべき出版物の塊でもある。これらは、それぞれの一部が複写されさらに拡散した。

『したたかに　生きるくらしに根ざして』は、広島県同和教育研究協議会が出版した書籍である。割石忠典は本書の冒頭で、石田淫源の発言を引用しつつ、竹細工を文化として再解釈し、昔日をなつかしむのではなく「発展・向上」の視点で世間一般に竹細工の再評価をせまることを強調する［割石 1989：14］。すなわち、竹細工という「伝統」を明確に現代社会に再構築するという。

『上下町史』は旧甲奴郡上下町が編纂し刊行し

表7　アーカイブの一例

資料名	年	著者	出版社
したたかに　生きるくらしに根ざして	1989	加藤　明	広島県同和教育研究協議会
竹細工に生きる	1990	黒田明憲 他	解放出版社
上下町史	1991	加藤　明	甲奴郡上下町
広島県の諸職	1993	編集委員会	広島県

た公式の総合的な歴史書であり、民俗誌の著作でもある。多くの町村が歴史書や地域誌編纂に際して、部落問題の記述に積極的であった時代の出版の一つである。これには、竹細工についての記述があるが、その文章のほとんどは、『したたかに　生きるくらしに根ざして』の転載もしくは流用である。いわばコピー＆ペーストで著述にかかわる者の倫理に悖る。そして、ある行政権力が、公式の見解として、竹細工と被差別部落にかんする言説を反復することが人々の観念の構築に影響を与えている。

　『広島県の諸職』は、副題にあるように、広島県教育委員会が広島県内の民俗的な伝承技術を広範囲に調査し、書籍に編纂したものである。広島県の150カ所から技術者を選び、保有する技術の概要をまとめている。さらにその内の6名にインタビュー形式で、技術の習得、仕事への思い、今後の発展などについてまとめている。その中に、石田溽源と折口信夫が名を連ねている。石田のインタビューには、三良坂町の調査員に任命されていた末広憲爾が実務者に同行している。折口の場合には、折口自身が『広島県の諸職』の調査員であり、実務者がインタビューを受けている。

　『竹細工に生きる』は、石田溽源と加藤明の共著として、解放出版社が出版した。石田には黒田明憲がインタビューをして、それを編集している。石田にとっては、『したたかに　生きるくらしに根ざして』の内容を補強するものであった［石田 1990：4］。加藤も前作以上に上下町における竹細工の物語化を実践した。

　これらの出版物は、歴史学的な装いで、その内実は、史実に基づいた論証に重きをおかない物語になっている。

d　物語化する歴史

　上記すべての著書は、上下町の竹細工生産の創業者として大木村吉という人をとりあげている。加藤明は、1815年生まれの大木村吉が「15才頃に在所を離れてひとり、備前の国へでかけていって、『竹細工』を習い数年後には帰ってきて在所に広めた」との伝承にたいして、行き先が備前ではなく備中勝山（現・岡山県真庭市勝山町）であると主張する。その根拠は、唯一、上下町の主要生産品である「角飯籠」と備中産のそれとの類似性をあげている［加藤 1898：69-70］。ところが、その一方で、「十数年を旅で過ごし、その間、備中・美作・備前を渡り歩き」［加藤 1990b：252］（傍点＝小早川）と約2年の間に、大木村吉の技術獲得過程の「事実」が変化している。その相違についての説明はなく、加藤のこの問題にかかわる姿勢に疑問を抱かせる。習得地域、習得年数とも見逃すことができない相違である。

　加藤は、村吉が技術を習得したとする勝山には、従業員800名を超える竹製品工場が1998年の時点でも存在するという［加藤 1998：69-70］。加藤は、この工場の規模、所在地の「データ」をその後出版された『上下町史』にもそのまま使っている［加藤 1991：276］ので誤植ではない。しかし、この工場の規模にかんする根拠を提示していない。そ

こで本稿は、現地を調査したところ、そのような大規模工場は、現在も過去においても見いだせなかった。前述のように確かに勝山は、竹細工の産地であった。しかし、このような大規模の竹製品を生産する企業はない。

勝山地域の竹細工の製造技術・技法が完成したのは、1860年頃とされている。生産が隆盛を極めるのは、近代に入ってからである。つまり村吉は、勝山の技術が確立する約30年前に勝山にいたことになる。この地の主要製品は、必ずしも加藤が類似性をあげた角飯籠とはいえない。「大ぞうけ」(伏せた形が亀に似ていることから「だんがめぞうけ」とも呼ばれる)が主力商品であった。ほぼ1斗の容量があることから、籾などの穀物の運搬・計量の容器として用いられた。また、その強さと使い勝手のよさから、農家の必需品であった。現在の勝山では、パン籠や盛り籠、花器なども作られている。生産は、他所から移住してきた1名の技術者に依拠している。

大木村吉は、1899年に没している。ところが加藤の「物語」では、1913年に組織された上下町で有限責任本郷信用販売生産組合が、もとは大木村吉のアイデアと指導で組織されたとする。有限責任本郷信用販売生産組合は、政府の地方改良運動や部落改善運動導入の過程で、産業組合法に則り郡役所の指導で組織された竹製販売組合であることはすでに述べた。加藤には過剰な思い入れがあり、「『産業組合の歴史』は即『被差別の文化の集大成』という偉大な遺産」[加藤 1989：64]との見解を示す。そして、有限責任本郷信用販売生産組合の名称に「竹細工」という名称を使うことができなかったことの中に差別の厳しさがある、と言う[加藤 1989：76-7]。組合は、差別に抗議する「人間平等を祈念する魂の叫びを基底に据えた組織的行動である」と断言する。

有限責任本郷信用販売生産組合の概要は、既述のとおり、権力が関与していた。甲奴共立更正組合は、部落経済更生運動の一貫であり、これも権力の意図通りであった。そして、竹細工の技術は組合設立時に5カ月間の講習を経て習得したものであったこともすでに明らかになっている。

『甲奴町郷土誌第1集甲奴地区編』の筆者には加藤のような主観的な願望がないので、創業者とされる大木村吉についての記述については、伝承と口述のみによっているとことわっている。この資料は、竹製品生産のピークが1919年であるとするなど、広島県の統計資料を比較参照しても、正確である。

加藤は、歴史にフィクションを混入した。『竹細工に生きる』は、「文化・歴史・物語」という副題がある。部落差別の撤廃という問題意識による歴史的内容の出版物であるので、「物語」は、フィクションとしては読まれない。ところが、加藤が示した「事実」は、ほとんどがフィクションで、自らが抱いている被差別部落民についての観念にそった創造物である。それが善意から発していたとしても、虚偽には違いない。「物語『三が村』の知恵」[加藤 1989：75-8]は、それを端的に示している。加藤の創造した「三が村」は、横山、森ノ木、本郷の3カ所の被差別部落を指している。地理的に隣接しあう被差別部

落が運命共同体として、共同の行動を起こすべきであるという主観的願望に基づき、加藤によって1980年代につけられた架空の地名である。そこには、「伝統」や歴史的根拠もなく、単純な情緒として差別に抗うことだけが存在している。「三が村」が実在の呼称であるかように述べられているが、そのような呼称は存在しなかった。

　加藤は、学術的な客観性が担保されるべき『上下町史』にも、あたかも「三が村」という固有名詞が実在であるかように構築した共同体の概念をもち込んでいる［加藤 1991：278-9］。原稿の使い回しによって「三が村」と竹細工の物語は、教師という知的立場から生産した、一種の「科学的」言説である。竹細工創成期の物語が創造され、それは、受難の歴史が神聖視されることで、批判を受けつけなくなる過程で言説化しマトリックスの一つとなった。

e　無視された権力の介入

　有限責任本郷信用販売生産組合は、横山竹細工生産販売共同組合・森ノ木竹細工生産販売共同組合・本郷竹細工生産販売共同組合として出発した。加藤は、この3組合がそれぞれ1890年に活動を開始したと主張する［加藤 1989：74］。しかし、実際の設立年は、1913年である。『副業に関する優良組合事例』には、1913年設立の有限責任本郷信用販売生産組合員を3地区別に示している。隣接していても、行政区が異なるため内実は別の組織になっているのである。グラフ2からも判断できるように、1890年頃の竹製品は、データとして表れる生産量ではない。組合は、明確に信用、販売、購買、利用の4つの事業を目的としていたので、1900年に制定された産業組合法を根拠にしている。このことからも、加藤の「1890年説」は成り立たない。

　有限責任本郷信用販売生産組合は、その法を根拠にした部落改善運動や地方改良運動のもとでの日露戦争後の経済のたて直しの政策であったことは、何度も述べた。そして、有限責任本郷信用販売生産組合は、その後の農山漁村経済更生運動、部落経済更生運動のもとでの活動へと引き継がれた。それは、加藤の言うような「『産業組合の歴史』は即『被差別の文化の集大成』という偉大な遺産」といった性質のものではなく、被差別部落民に、通俗道徳の強制と貯蓄・副業などを奨励することを通して、国家に有益な産業・職業を創造し、模範となるべき被差別部落民像を創造する政策であった。同時にその政策は、一時期であれ、その被差別部落の人々の生活維持するものとなった。

　加藤の誤解は、「部落経済更生運動」が何をめざしたのか、またその意味を理解する初歩的段階で決定的なミスをおかしたことに由来する。加藤は、甲奴共立更生組合の書類を写真で示し、「更生の二文字に差別を見よう」［加藤 1989：89］とキャプションを入れている。加藤は、「部落経済更生運動」が実践された時代を対象にしているのに、その運動にまったく触れていない。「部落経済更生運動」は、翼賛運動に続く政治的プロセスを形成したが、加藤の文脈ではその歴史的意味を理解せず、「反社会的部落民の更生」すな

わち「犯罪者の更生」という意味で理解しているのである。経済更生とは、経済の再構築という意味で使用されていたことすら理解していない。有限責任本郷信用販売生産組合などの諸組合は、部落経済更生運動と、日本の農村全体に一般的に実施された農山漁村経済更生運動などと連関する施策であり、加藤は、権力によって導入されたことを無視した。仮に、有限責任本郷信用販売生産組合が、加藤の思い描くような自主的運動の「偉大な遺産」であったとしても、それは、「農村の工業化」のスローガンのもとに「組合法」を根拠に、疲弊した農村を再構築した権力装置として機能した。

　加藤明は、旧甲奴郡における被差別部落民の行動が、三好伊平次が指導した美作平民会の運動と同質の「運動」であると主張する。そして、それとのつながりを勝手に創造し、部落改善運動として規定している［加藤 1989：74-5］。確かに、1890年代になると広島県内でも部落の有力者や官憲・地方行政家らによる部落改善運動が見られるようになる。しかし、三好伊平次の運動と同質であると規定するには、根拠がない。旧甲奴郡におけるこのような被差別部落にたいする初期の働きかけは、すでに述べた。奨善会などの改善団体を被差別部落に組織した舛川義臣は、赴任先ではことごとく部落改善団体を組織し融和運動を起こした。1910年からの20年間に、甲奴郡内には部落改善団体が4団体存在したが、これも権力による組織化の一環であった。

　部落改善運動を広島県全体で考察しても、自主的な被差別部落民の反差別運動は、1902年の広島控訴院判決、1903年、広島に拠点をおいた前田三遊が芸備日々新聞に「天下の新平民諸君に檄す」を発表した頃からのことであった。

2　創造された「伝統」と「二重の受難」

　沖浦、加藤、黒田といった被差別部落の「竹細工の発見者」たちは、竹細工が「被差別部落の伝統的産業である」と規定した。彼らは、伝統とは何かの議論を省略し、竹細工が、いつのことか分からない遠い昔から、被差別部落民によって途絶えることなく営まれてきたと主張をした。そして加藤は、沖浦のように、『竹取物語』を持ち出し、石田涇源を「新版・竹の長者」［加藤 1990a：250-1］とたたえた。にもかかわらず、近世以前にさかのぼって、旧賤民たちの竹細工生産について何も論じられなかった。彼らがとりあげたケースは、世代としては近代の2世代で、ほそぼそと生産した時期を含めても40年ほどにしかならない。それ以上は、推測しかできない。人々が「伝統的」と思い込む事柄が、実際は近代に構築されたという事実はいくらでもある。

　確かに被差別部落民の竹細工生産者は、差別にさらされてきた。しかし、それは、竹細工生産の従事者であったからだと言えるのであろうか。非被差別部落民も、商品として竹細工の生産に従事し、行商に従事した。それは、石田涇源の両親と同様であった。折口俊夫は、「戦後になっても社会意識の中に竹細工に対する差別は存在していました」と語っている［広島県教育委員会 1994：369］。この当事者がこのように抱いた個人の

感覚そのものを間違いであるとは、誰も言えない。しかし、竹細工の仕事が差別の対象であったとするなら、普通民の竹細工従事者は、どのようなまなざしを受けたのであろうか。加藤や黒田が科学的認識をもって竹細工と被差別に言及したのであれば、この問題も彼らの課題になっていたはずである。

かつて副業として竹細工を営んだ人たちのほとんどは、それを放棄した。中国地域の竹製品の生産が「皆無」と言える現実とその理由は、本章冒頭において書いた通りである。美術工芸作家の作品以外で国内産竹製品は、二度と市場で優位に立てない。それは資本主義の宿命である。被差別部落民の生産者が仕事を離れた理由も、それに従事していたのでは、「食えない」という経済的理由にほかならない。販売が好調の時期には、仮にそれが被差別の要因であったとしても、竹細工生産に従事していた。それは消極的な従事であったかもしれないし、その逆であったかもしれない。

ところが被差別部落における、竹細工の「解放性」の発見者たちは、その仕事が屈辱的だったと真っ先に考えた。そして、産業・職業と部落差別という二重の受難の一象徴として竹細工を位置づけ、「反部落差別」の位置から、すでに消滅しているにもかかわらず、その職業・産業を誇りに反転して生きることを推奨し賞賛する。そのとき竹細工は、あたかも被差別部落と非被差別部落を分かつインジケーターであるかのような、構築された観念をともなっている。「竹細工の発見者」たちは、竹製の日用雑器を生産する仕事に将来があるとは思っていない。だから、石田には、美術工芸作品の製作を推奨しなければならなかったのである。だが、その道も、石田自身が回顧するように、美術工芸作品の制作はたやすいことではなかった[石田 1990：42-3]。

加藤が描いた二重の受難「物語」は、歴史の中に紛れ込み、いつしか立派な「事実」に成長した。それは、司馬遼太郎が書く物語が日本の近代史の「事実」として構築されていった大衆的状況に似ている。

3　当事者による竹細工の言説

竹細工に従事した折口俊夫は次のように述べている。竹細工は「需要が少なくなって売れなくなった昭和35年（1960）頃まで」続いた。「竹細工をする人も少なく」なり、「大阪万博のあった昭和45年（1970）の少し前から竹細工そのものがまったく売れなく」なった[広島県教育委員会 1994：368]。折口の子息の証言では、1965年には、折口は竹細工を離れ、土木関係の仕事についていた。この時点で上下町における竹製品の生産は、皆無となっていた。

ところが、商品としての生産が皆無になった1970年以降、「部落産業の歴史」と「被差別の文化」にかんする議論が始まる。折口は、1973年、第7回部落解放全国研究集会の行政闘争3の分科会「独占の圧迫から部落産業を守り発展させよう」において、「〈報告〉その2」を発表した。テーマは、「竹細工の歴史から学ぶもの」であった。その場で折口は、

「私たちの部落では、角飯篭を製造していますが、古老の記憶とその口述によれば、年代的には確実な資料がない矢野村深江の大木村吉という人の創案にかかる角飯篭が今日の隆盛をきたしたようであります。」[部落解放同盟上下支部 1974:260] と述べている。つまり、すでに生産が皆無状態であるのに、今後の生産維持が困難性であるとの予想をしつつ、「今日の隆盛」を報告したのである。

　また、三良坂の石田涇源の証言は、極めて曖昧という意味で興味深い。石田は、父についての質問に、祖父は、渡船の船頭で、父は、人力車夫であった。竹細工は、「客のいない合間に親子で」[広島県教育委員会 1994：356] 製作していたと述べている。竹細工は、少なくとも2種類もっていた仕事の一つであり、文脈からは、副業であったといえる。この被差別部落では、37軒が兼業で、3軒が専業で竹細工に従事者し、後者の1軒が石田の祖父と父であったともいう。37軒は、「竹細工と百姓や漁業」に従事した。漁業は内水面漁業、すなわち川魚漁師であった。他の仕事との両立は不可能だと言う祖父の考えで、「竹細工1本にしぼった」[広島県教育委員会 1994：358] という。人数の多い子どもを養うにはよりよい選択であったとしている。しかし、最近のインタビューでは、祖父が大病をして治療費を捻出するために土地を借金の抵当にいれた結果、他人に手放したと語っている。他人とは河野亀市のことである。少なくとも石田の家は、農家として土地を所有し副業として竹細工を実践していた。しかし、竹細工の専業者となった石田は、竹細工に従事した人々が、「竹細工もん（者）」と蔑称で呼ばれたと述べ、さらに「本章の冒頭で紹介したようにササラモノ」と蔑まれた[14] とも述べている。

　石田涇源の場合は、前述したように、竹細工を引き継ぎ再構築する契機は、父の死であったと回顧している。しかし、実際はある教師の影響が大きかった。別の記録には次のような一文がある。「父の死後、解放運動を通じて知り合った黒田明憲さん（元三次市立八次小学校校長）から石田さんは常々叱責を受けた。『いけんのう、あんたのお父さんが11人の子を育てることができたのは竹細工のおかげじゃないか。そういうのを捨てるゆうことじゃいけんじゃろう。』というのが黒田さんの口癖であった。しかし、石田さんは、土足で心の中に踏み込まれたような気持ちになり、聞く耳を持たなかった」[部落解放ひろしま編集委員会 2001：114-5]。それから13年を経て、石田の黒田にたいする「思い」は、変化する。すなわち、「土足で心の中に踏み込まれたような気持ち」を語ることはなくなり、そのような助言を得たことに感謝するという。

　2001年のインタビュー当時、石田は自宅に併設した個人の作業場で作業をしていた。2002年になると旧三良坂町が「みらさか竹工房　はなかご」を設立し、石田は、作家として近隣の人々に竹細工を教授するようになった。それとともに、多忙な日々を送っている。「黒田先生の助言はありがたかった。」という変化は、文字通り、自己の内に「竹細工の伝統」が構築されたことを意味している。経済的な問題も含めて環境の変化が背景にある。

当時、部落解放運動は、被差別部落の経済的悲惨を解決するために、被差別部落内の経営環境や労働環境の改善に力を入れていた。貧困の問題を「産業」の概念で議論することは、零細企業の経営支援策の樹立、あるいは税制における「部落対策控除」などを求めるものであった［部落解放同盟奈良県連飛騨支部 1968：210-1］。

　折口や石田の「語ること」は、すべてが内在的な問題の表現ではない。自己の経験と意思からのみではなく、彼らをとりまく政治性を反映し、したがって権力構造が存在し作用している。「事実」はそれらの関係性によって再読され、構築されていく。

C　結　語

　屠畜や皮革産業屠と同じように、ウエブ・サイトでは、竹細工が被差別部落の産業・職業であるとするものが見られる。『歴史と世間のウラのウラ』（2002年11月15日開始）は、「箕（み）と竹の歴史」の項で、「広島県では世間は「竹細工」＝「部落」と見ていたという」と記述している。その引用元は、沖浦和光『竹の民俗誌―日本文化の深層を探る』と広島県同和教育協議委員会編『したたかに　生きるくらしに根ざして』であった。ただし、このウエブ・サイトの管理者は、「江戸、明治、大正時代には、箕の生産は部落外の産業であった」こと「第2次大戦中に海軍の飛行場を建設するため土砂を運ぶ皿籠の需要が生じ、それをきっかけとして加西市の部落における竹細工が始まった」とことわっている。

　『オグララ工房雑記』（2007年1月開始）と題するサイトの主宰者は、竹細工に関心を寄せて、「竹工芸も被差別部落問題と結びついている事を知った。そういえば京都にも多い。昔は摂津にも多かったのではないだろうか」（記述時期不詳）と述べている。『民俗伝承拾い上げたい辞典』というブログでは、豊後大友氏六世孫・寒田親将直系子孫・藤原姓近藤流寒田鑑秀末裔と自称する管理者が、「竹と差別　海の道・竹の道　竹取再論」（2012年6月）で「広島県では世間は「竹細工」＝「部落」と見ていたという」と記している。このブログは、『歴史と世間のウラのウラ』（2002年11月15日開始）と誤字もそのままなので、いわゆるコピー＆ペーストである。

　以上のような例を探し出すのに困ることはない。すなわち、沖浦などの研究者、また加藤、黒田らのような実践者からの言説が、引用され拡散している。上記サイトの運営者や管理者に悪意があるとは言わない。だが、「科学的」言説に基づくステレオタイプを生産、再生産していることは否めない。それは、「被差別部落の文化」のイメージを構築することでもあり、文化本質主義に道を開く。

　では、なぜ科学者や解放教育の実践家、そして当事者も誤謬を克服できないのか。それは、そこに部落の特殊性を必要とする人々のエコノミーがあり、彼・彼女らが、部落

の「特殊な産業」とその「構造」を必要としたからである。ウエブ・サイトの管理者たちが悪意の人たちでないと同様に、本稿でとりあげた研究者も実践者も悪意の人ではない。しかし、彼らの権威ある「科学的」研究のパラダイムが、いかに善意に満ちていても被差別部落民にたいするステレオタイプを生産し続けることが合理的とする立場に生きているだけである。

校 註

1 　1925年、広島県社会課が公表した『郡市差別事件一覧』では、芦品郡駅家村上河原に14戸の被差別部落にたいする差別事象が記録されているが、上河原という土地に、被差別部落は存在しない。

2 　ユネスコ"世界記憶遺産"に登録された山本作兵衛が描いた炭坑の絵画にも竹製の運搬用ツールが描かれている。佐賀県の場合、ヒアリングによると、重労働によって激しく消耗する運搬用の背負子生産に従事する人たちは、最盛期500人程度はいたようである。そしてその生産は、被差別部落とは関係がなかったといわれる。

3 　「サンカ」は、かつて民俗学の立場から柳田国男がしばしば、論述したことで、実在に信憑性があるように考えられているが、それは警察情報に依っていた。「山窩」の物語を流布した三角寛の娯楽小説上の「証拠」はほとんどすべてがねつ造であった。近代国家は、人口で人民を統治するので、広島県では、旧革田身分を、一般農民とは別に招集をかけて壬申戸籍に組み込んだ。「サンカ」の戸籍制度への包摂への具体的なプロセスを誰も言及しない。近代に入り野宿者、乞食が取り締まりの過程で「サンカ」としてカテゴライズされたが、これは、乞食のさらに下の遺棄すべき階層として表現するために権力が使用した用語である。

4 　この場合「部落産業」は、上田一雄の概念を指している。「部落産業は、部落共同体の物質的基盤としての生産関係を構成し、それによって、共同体が形成されるところの基盤になっているものである。血縁、婚姻、家の系譜関係によって、部落内の系列化が起こる。生産関係における階級関係・階層関係が部落共同体を形成する。」との主張を特に批判的に見ている。

5 　国の副業調査は、50種類に及び徹底していた。現在その調査資料には次のようなものが残っている。『冬季間農家副業調査』帝国議会、第1『露国ノ手工業』農商務省農務局 訳編 農商務省農務局 1919年、第8『副業的季節移動労力ニ関スル調査』農商務省農務局,農商務省農務局 編 農商務省農務局 1922年、第16『副業ニ関スル優良組合事例』農商務省農務局 編 第4『藁細工ニ関スル調査』農商務省農務局 同編1919年、農商務省農務局 1925年、第17『副業生産品ニ関スル調査』農林省農務局 編 農林省農務局 1925年、第18『副業生産品々目別調査表』農商務省農務局 編 日本産業協会 1925年、第6『余剰労力調査事例』農商務省農務局 編 国産時報社 1921年、第5『漁家副業ニ関スル調査』農商務省農務局農商務省農務局編 1920年などである。資料集には、海外事情、国内事情の詳細を報告もあり、それには、『満州国副業調査書』（満州国産業部 満州国産業部大臣官房資料科　1900年）なども見られる。

6 　出雲地方の地主制にかんしては、高橋幸八郎『島根県における小作制度と田部家（鉄師）の 構成並びに農地改革の影響』（財団法人農政調査会、1952年）、有元正雄「山陰における地主制の構造」（内藤正中編『近代島根の展開構造』名著出版、1977年）などがある。

7 　これは、寺院側からの証言である。現在90歳を超えた女性が独身時代のことである。盆前と大晦日が近づく頃「隠亡さん」が集金にきていた。「隠亡さんが来とってじゃけぇ、はよ、支度したげにゃいけんよ」と家の中では話していた。「隠亡」にたいしては当事者がいないところでも丁寧に扱っていた。しかし、彼らは明らかに差別を受けていた。

8 　「中堅人物」には、実際に有能な人物が多く、副業のアイデアを提案する力量や被差別部落内外で起きる人々との間の問題を解決する調整力があり、人望もあった。彼らは、敗戦後も地域の指導的役割を担った。しかし、彼らはけっして融和主義を乗り越えたわけではない。敗戦後の「活躍」を観察すると、融和運動が、権力の意図として、戦前、戦中、敗戦後を通して、長期的な展望をいかに有していたかが見えてくる。

9 　1909年出版の土井吉十郎編『九州沖縄八県聯合共進会特許取得紀要（第13回）』に、農業関連機械の特許出願が報告されている。精米製穀機、製縄機はそれぞれ複数記録されている。『大分工業高等専門学校紀要』第45号では、1945年直後の製造と思われる製縄機の復元研究が報告されている。簡便な機械の普及は、副業の奨励を受容し、農民自らがより過酷労働に身を置くための環境を整えた。

10 　この座談会では、「特殊職業」「特種産業」（皮革産業を指している）の凋落と、導入される「雑業」という文脈で論じられている。三好伊平次が農業中心に論じるのにたいして山本政夫は、近代主義者らしく、脱農業、農村の工業化の文脈で議論を行っている。さらに「自覚論」の立場から、被差別部落内の金融などの矛盾についても批判的見解を呈している。

11 　職業について記載された「弾左衛門由緒書」中の文書は、「頼朝公御証文写」（治承4年庚子9月）である。それには、以下の職業が記載されている。
　　　長吏　座頭　舞々　猿楽　陰陽師　壁塗　土鍋師　鋳物師　辻目暗　非人　猿曳　弦差　石切　土器師放下師　笠縫　渡守　山守　青屋　坪立　筆結　墨師　関守　獅子舞　蓑作り　傀儡師　傾城屋　鉢叩鐘打
　　「弾左衛門由緒書」はたびたび記されたが、弾左衛門支配の根拠である「頼朝公証文」は書式などから江戸中期以降の偽文書と判断される。たとえば、上記職種中、筆結は書をしたためる際の筆の製造であったが、それは農民の仕事であった。幕府官僚たちは、それを承知しながら弾左衛門の主張を根拠あるものとして認め、その支配権を公認し続けた。

12 　竹の少ない秋田県では、イタヤカエデが箕や籠の素材として利用されている。特にオエダラ箕は、珍重する人が多い。オエダラ箕生産と被差別部落は特段の関係はない。

13 　網野善彦の著作については、2008年から2009年にかけて岩波書店が出版した『網野善彦著作集』を参照した。本稿の目的とは異なるので詳細には述べることはできないが、網野善彦は、キヨメといわれた人々が、近代・現代の賤民である被差別部落民に継承されたとか、現代人にもあるという「ケガレ意識」の起源が、この時代にあったなどと論じていない。あくまでも日本の

中世史に限って厳密に理論展開をしている。

14 蔑称とされる「竹細工者」と「ササラモン（ノ）」という呼称は、石田淫源に数度確認したところ、確かに侮蔑の意味でこのように呼ばれていたと証言した。前者の場合は、その職業にかかわる人たちが全体だったのか、被差別部落のみであったのか不明確である。副業として竹細工に従事していた非被差別部落民にも人々が多くいたが、この呼称がその人たちも指したのかは不明である。「ササラモン」と呼ばれたことについても疑問が残る。「ササラ」は、一般的に竹や細い木などを束ねて作製される道具のひとつである。「簓」と書く。洗浄器具として用いられる。別に、楽器や日本の伝統的な大衆舞踊用打楽器のササラがある。木片もしくは竹片をつないだ伴奏楽器（リズム楽器）であり、それを用いる音曲や舞踊をも「ササラ」という。現在でも民俗音楽の演奏に用いられることがある。「ササラモノ」とは、そのような楽器を用いる音楽の演奏者で、石田がいうような、竹細工に従事する人を「ササラモノ」と一般的に呼ばれたことを他では聞かない。

部落解放・人権研究所編の『部落問題・人権事典』でも、「ササラモノ」は、その打楽器としてのササラ奏者を意味していて、竹細工生産者を指しているとは述べていない。

第4章 「部落産業」の今

1 権力と観念の構築

　屠畜、皮革生産、製靴、竹製品生産などの産業・職業は、日本の近代化の過程で現れた。被差別部落の一部で営まれたその職業・産業も、現実には近代以降に（再）構築されたものである。そして、その産業の近代化が実践され、それにしたがって被差別部落の一層の悲惨な現実をもたらした。それらの産業のメイン・ストリームにあったのは、常に非被差別部落系の（大）企業であった。実際にそれらに従事する被差別部落民は、きわめて少数である。にもかかわらず、被差別部落民が専業としていたとする言説が、一般市民の間に今日も存在している。それはまた、いまも拡大再生産されている。その言説を構築した（する）ものは、大別すると以下のようにまとめられる。

　第1は、敗戦前の国家権力である。

　この第2部第3章において、敗戦前の農商務省が自身の集積したデータを無視して、竹細製品の生産が被差別部落の専業であると結論づけたことを明らかにした。全国の道府県の報告では、専業としても副業としても非被差別部落での生産が主流であった。それは、被差別部落に竹細工生産産業として後進性の責任を求める予定された結論であった。そのうえで国家は、融和運動をとおして、竹製品生産を被差別部落の副業の一つとして導入した。

　そのような竹製品生産と被差別部落にかんする予定された結論と同様のことは、皮革製品の生産においても言える。1911年、農商務省農務局は、ある報告書を出した。それにおいて、皮革産業の発達は戦争の帰結だとしつつ、全国の大工場がわずかに2、3あるのみで他は規模が零細だとした。その製革業が未発達の理由は、仏教伝来以来の肉食の禁忌と皮革を用いることが好まれず、製革を賤業として極めて卑賤な階級に属するものの手に一任されてきたからだとした［農務省農務局 1911：49-50］。つまり、その未発達の原因を賤民身分に帰したのである。この主張は、日清日露戦争時に見られた皮革の需要拡大状況に対応する技術力の確立と生産体制を増強したいとする国家的な欲求から、普通民の優越的立場を強調し、生産の近代化と活発な参入を促しているよう読める。ところが、現実の近代製革産業は、その出発時より近代化しており、軍事用製品は、非被差別部落資本の日本製革株式会社、民生用は東洋製革株式会社の独占状態にあった［農務省農務局 1911：53］。仮に、産業停滞の原因を語るなら、それは、極端な独占様態にあったというべきであった。

　日本の皮革生産は、海外からの技術移転と国家の保護がなければ、創業すら不可能で

あった。弾直樹の起業も、政府の支援とともに、彼の元「手下」が近代的技術を習得した
ことで可能であった。伝統的皮革生産技術に依拠したのではない。明治初期の浅草に存
在した皮革製造業9社の内7社が、非被差別部落外の経営であった。こうした事実を無
視して農務省は、産業低迷の責任を被差別部落に求めた。その技術力の革新は、結果と
して被差別部落の生活を脅かす道具となった。さらに，産業上の階層化、あるいは階級
的対立を促進した。

　第2次世界戦争の泥沼化のなかで、政府は、皮革生産を「高度国防国家建設上重要産
業にして特に軍需充足」に不可欠な産業であるので、「総力の発揚に努め」、「機構の改
廃整備」を国家が積極的に「事態対策には遺憾なきを期す」とした［科学局a 1942：12］。
そして、皮革の輸出入、国内集荷は、すべて日本原皮株式会社を頂点として行う［科学
局b 1942：6］ようになり、完全に国家の産業となった。それでも、敗戦後の国家が示し
た1965年の答申は、都市部の被差別部落において、全般的に「何らかの伝統的産業を営
んで」（傍点＝小早川）いたとし、その業種の筆頭には、屠肉業、皮革業、製靴業などを
あげた［内閣同和対策審議会 1965：11］。

　言説を構築させた第2の要因は、非被差別部落系の皮革関連企業の言質にある。

　大塚製靴株式会社は、1870年に佐倉藩藩士であった大塚岩次郎が製靴技術を習得し
たことから始まる。そこには、日本の近代産業の独り立ちを急ぐ政府の手厚い保護や
指導があった。現在の大塚製靴は、創業来140年を超える企業である。その大塚製靴が、
1952年、創立80年記念式典を開いたが、その祝辞で登壇した元陸軍被服本廠長藤田順
は、「川口男爵が大塚（岩次郎）さんに一つ靴の仕事をしっかりやらんかと勧めた。明治
の初年頃には靴の商売をやれなどというと、あまり気分をよくしなかったようです。し
かるに大塚」［大塚 1976：32］は、川口の言を引き受けたと述べた。「気分をよくしなかっ
た」のは、被差別部落の職業としての偏見を指している。実際は、大塚岩次郎が「勧めら
れてはいった」のではなく、勧められたとされる時期にはすでに製靴をはじめていた［大
塚 1976：32-3］。そのことを大塚製靴は、「未解放部落の主産業」としての「世間一般の
偏見を越えた理念を確立した」［大塚 1976：29］と、賤視観を乗り越えた元武士である
大塚の先取性、近代性を強調するために「後進的な被差別部落」を援用しているのである。
大塚製靴の歴史は、東京大学名誉教授土屋喬雄の献辞［大塚 1976：5-15］、同、大河内一
雄の序言［大塚 1976：16-23］によって、「科学的」に権威性が担保された。皮革・製靴に
かんする偏見は、権力の中枢にあった藤田のような人たちによって、後年拡大再生産さ
れ言説化したものだといえる。

2 記述される「被差別」とステレオタイプ

　第3の要因は、ある政治的恣意のもとに記述された善意の著作物である。

　それは、音楽などの文化的領域でも起きた。大学闘争が高揚した1960年台後半、いわ

ゆるプロテスト・フォークソングがブームとなった。岡林信康は、そのカリスマであった。彼が発表した『チューリップのアップリケ』は、製靴業の父をもつ少女が「なんぼ早よ起きても」「靴とんとんたたいてはる」父親のつらい生活と、帰らぬ母を思う悲しみを描いた。歌詞には、「部落」の2文字はなかったが、直接結婚差別を歌った『手紙』とともに、当時は、確実に反体制派にも部落差別の厳しさを想像させた。どうじに被差別部落と製靴と貧困の関係が持続し、その観念が揺るぎないものとして定着する契機を与えた。

　その一方で、戦後の部落問題研究の研究「成果」が、大量のアーカイブとして生産され流布した。それは、絵本、一般書籍、雑誌などのメディアに広範囲に及ぶ。既に竹細工については、とりあげているので都市形成と被差別部落について「歴史的」に既述した『絵本もうひとつの日本の歴史』を例にとりあげる。

　同著は、河原を舞台にして被差別部落の歴史を展開する。差別があまり厳しくなかった古代が出発点である。稲作と狩猟の古代、物乞い、カネたたきなどが発生する中世、鍛冶、皮作りが始まる中世後期、石工、刀鍛冶、鉄砲鍛冶、よろいづくりが盛んになる16世紀戦国末期とつなげられる。河原は、近世城下町へ発展し皮田村ができる。猿回し、鳥追い、人形まわし、万歳などが発生する。17から18世紀の農村部では、副業が発展する。江戸時代には太鼓作りが発展する。賤民は、役負担として警史を担い、くづひろい、雪駄直しを生業とする。皮田村では皮革製品製造が発達し、そこが被差別部落につながるという文脈で絵本は進行する。絵本の著者は、被差別部落の発生のメカニズムを易しく解説したかったのだろうが、このような歴史をもつ被差別部落は、極めて稀である。

　河原から遠方の農村では農業に励み、その足らずを「雑業」で埋めあわせた。どうじに筆者は、穢多役を担った人々が村々に多く存在したことを無視している。そして、中世、近世の賤民が現在の被差別部落に連綿としているという説明も非科学的である。中世以前の街並みが、残存する例は多くはなく、むしろ消滅した都市もある。草戸千軒遺跡がその例である。「河原」に成立したこの中世都市には、この絵本のような状況はない。犬肉食をとりあげたように、賤視観はこの絵本のようには形成されなかった。当時この草戸千軒町に賤民がいたと仮定しても、その人々と、芦田川河口にある現在の福山市の被差別部落とのあいだに関係はない。この絵本は、ステレオタイプをさらに再生産する。

　『被差別の食卓』は、著者上原善広の「あぶらかす」体験を出発点にして、アメリカ合衆国ハーレムのソウルフード、ブラジルの奴隷料理、ブルガリアとイラクのロマの食物、ネパールの被差別カーストの食事をルポしている。これらの国や地域のマイノリティと「食卓」を見聞し、最後に日本の被差別部落の「食卓」に言及する。「被差別部落の食卓」にのせられる干し肉の一種「さいぼし」、内臓料理、牛の腱を煮て出てきたゼラチンとともに固めた羊羹状の「こうごり」、豚の内臓を揚げた「あぶらかす」などの現在を、大阪の被差別部落に訪ねている。こうした素材を使った料理は、屠畜場のある地域ではポピュラーであったのかも知らない。広島市にも「あぶらかす」がある。「せんじがら」と

も言う。内臓をスープに仕立てた「でんがく」がある。豆腐の田楽とは無関係で、一説には、「でんがく」という屋号の被差別部落の女性の工夫に依るとされる。他の地域には見られない料理である。「せんじがら」は、高速道路のパーキングエリアなどで販売していることもある。

　これらの食材を多くの被差別部落民が「被差別の食卓」にのせていたのかと言うと、そうではない。農村の被差別部落では農産物が、漁村の被差別部落では魚介類が食卓にのぼっていたのは誰にも想像できる。山間の被差別部落では、川魚漁よる漁獲が蛋白質の補給源であった。ただし、これも被差別部落に特徴的な文化ではない。泥鰌や鮒は、農家の身近な食物であった。その捕獲のための竹性の道具もそれぞれもっていた。広島県北部の江の川水系に近い被差別部落の一部では、川魚漁に従事した人たちがいたが、太田川水系の川魚漁[1]は、一般地域の漁労者によっていた。

　上原にとっては、「さいぼし」や「あぶらかす」などは自身の味覚の原体験であり、また、自らの出自と不可分な文化的体験としての「被差別の食卓」であっても、他の被差別部落では、まったく無縁の存在である人もいる。上原の著書を読んだ1951年生まれの被差別部落の女性は、「こういう本が、私たち被差別部落民のイメージをつくっているのなら、迷惑なことです。こんな食生活は全く経験がありません」（2013年）と語った。1980年代、広島県の部落解放運動周辺の人々の間で、「せんじがら」が被差別の歴史と関係する食物として、注目をあつめたことがあった。福山市では、それらの人々の間で、広島市で仕入れた「せんじがら」が販売された。もちろん、すでに「せんじがら」体験をもつ人もいたが、体験をもたない人も大勢いた。その販売活動は、たちどころに「被差別の食卓」を構築した。

　上原は、確かに「東日本の被差別部落ではほとんど知られていない。西日本でも中国や四国、九州までいくと―中略―食べていないところも多い」と上原の原体験の食生活と異なった食生活があることを示唆する［上原 2005：169］。要するに「被差別の食卓」と特定できるものはない。それは、多様なのである。「被差別の食卓」が「普通の食卓」とまったく同様の地域の方がはるかに多く、後者もまた被差別部落の一文化である。

　なんびとも上原個人の体験を否定することはできない。それと同様に上記の女性の発言も否定できない。しかし、彼女のような多くの人々の普通の生活は、上原の体験のように、人々の「興味」をひくことがない。何の変哲もない生活にこそ、非常に貴重な事実が埋もれているのに。

　「東京の部落問題」は、弾左衛門、皮革、製靴、屠畜をキーワードとして記述されることが多い。とくに、部落問題の解説、啓発を目的とする場合、これらが強調される。その一例が『部落に生きる　部落と出会う　東京の部落問題入門』である。この冊子ではまず、屠畜場で働く人と皮革生産に従事する人のインタビューに誌面の多くを割いている［「部落に生きる　部落と出会う」編集委員会 2010：11-9］。これらは被差別部落の

人々が生きることへの心情を吐露していて非常に興味深い。心も打たれる。しかし、働く人へのインタビューや手記はこれ以外にはない。つまり、現在の東京の被差別部落の労働を、屠畜と皮革生産の労働に代表させた。

その上で、通史は「革作りを担う民間の集団の登場」から始まる［「部落に生きる　部落と出会う」編集委員会 2010：40］。そして弾左衛門支配の文脈で記述される。一方で、農地獲得、その過程を通して新たな被差別身分集落が形成されたことにも触れている［「部落に生きる　部落と出会う」編集委員会 2010：48-9］。被差別部落の形成と農地獲得拡大は、日本社会が農業社会であるという特徴からしてももっとも重要なことである。しかし結局、太鼓を含めた皮革関連の仕事と関係付けられた記述で近世は終わる。この冊子は、近代の記述も被差別部落と職業・産業の問題が大きな部分を占めている。ある地域にフォーカスすると、部落解放運動に参加する人の中は、屠畜、皮革、製靴に関与する人が多く見られる。しかし、全体を見ると、被差別部落の歴史も現実もそれらの人々が代表するとは言えない。

さらに、本研究のフィールドに直接関係したもっとも典型的な2例を示す。1例は、研究書に関係する。

割石忠典は、20世紀はじめの福島町の職業・産業状況について次のように記述した。「当時の福島町の人びとの仕事は、『食肉』関係と『靴』関係が中心であった。人びとは、『食肉』『靴』の仕事関係で日常的に移動し情報を交換し交流していくのである」［割石忠典 2009：452］。福島町に屠畜場が存在し、そこで働く人がいたのは事実ではある。しかし、割石の見解は、度々引用した『広島県部落状況』のデータとも矛盾する。こうした「科学的」言説が、ある特定の職業と被差別部落を不当に結びつけてきた。人口4,000を超えた被差別部落で、割石の言うような状況が存在したとするなら、被差別部落史を根本的に書き換える必要がある。割石の論文を掲載する研究書は、部落問題をはじめ人権問題の「科学的権威」である大阪人権博物館が編集し出版した。

2例目は、博物館展示に関係する。福山市人権平和資料館は、小規模ながらコンスタントに事業を行い人権啓発に貢献している。だが、その「伝統的職業」の常設展示も、部落問題研究の「科学的成果」に則っている。すなわち、竹細工の展示と同様に、製靴が被差別部落で広く営まれた職業である、という文脈で示されている。資料館が建設され、展示がはじまった頃には、製靴は福山市内の被差別部落に存在しなかった。展示はそれには触れていない。「被差別部落の文化」として「春駒」の展示を含めた職業にかんする「科学的展示」も、想像された伝統に基づき、「部落産業」言説を拡大再生産している。それは、第2節冒頭でとりあげたインタビューに現れている。こうした展示が、被差別部落と製靴、竹細工、門付を等式で結ぶ。そしてそれらを主たる職業として構築する。なお「春駒」は、第5章で詳細を論じるが、「被差別部落の文化」として文化本質主義的に（再）構築されたものである。

これらのすべては、善意で実践されている。極めて真剣に部落問題を解決するという意図のもとに書かれ、また実行された。

3　善意のメディアと屠畜

第4の要因は、善意あるメディアの問題である。

『週刊金曜日』920号（2012年11月）は、『週刊朝日』が、大阪市の橋下徹市長の出自を被差別部落とした記事を批判した。その批判は、当を得たものであった。しかし『週刊金曜日』は、別の記事で被差別部落を説明するのに、太鼓職人の北出昭の人権学習での講話から、「太鼓をはじめ、歌舞伎や演劇等の大衆芸能は、明治時代に入るまで主に被差別部落の民が担ってきた」を引用し、次のパラグラフでは、「牛を『割る』人がいなければ私たちは肉を食べられず、皮革産業も成り立たない。だが、現代でもと畜業にたいする差別意識は根強」［野中 2012：21］いと述べた。北出昭は、7代続く精肉店を経営し、太鼓屋「嶋村」代表でもある。人権学習では、「おじさんのところは肉屋さんです。—中略— おじさんが生まれた所は貝塚。被差別部落の出身です。近くの高校では、他の親から『あそこには近づくな』と言われててたんや」と自らを語っている［野中 2012：21］。

翌2013年、同誌は、「いのちと仕事」という小特集を組み、映画『ある精肉店のはなし』を採り上げた。この映画の監督、纐纈あやとの対談で、田中優子は、「被差別部落にもふれていらっしゃいました。『差別がある』という理由でこれまで向きあってこなかった —中略— ことが残念に思える映画でした」［田中, 纐纈 2013：24］と精肉店と部落差別が不可分な関係として映画に描かれたことを積極的に評価した。そして、「江戸時代あれは、河原の仕事でした。川の中で内臓を洗い、河原近くの木につり下げて解体していく。仕事の内実は、江戸時代とさほど変わらないようでした」［田中, 纐纈 2013：25］と述べている。この映画は、大阪府貝塚市に最近まであった屠畜場と北出一家を精肉、太鼓作りの仕事を通して描いている。北出一家は、前出の北出昭の家族である。纐纈は、「木につり下げ」、牛を解体する方法を「完全な分業制」［田中, 纐纈 2013：25］の現在では希有な存在だとも言う。要約すると、北出一家は、江戸時代と同様の非資本主義的な非屠畜に従事している、ということである。

確かに記事は、その映画作品が、北出一家が懐く、屠畜・精肉の仕事にたいする誇りを抱いていることを伝えている。個別の北出一家は、非常に真摯に仕事に向き合い、差別と闘ってきた。このことも伝えてはいる。だが、それは、屠畜・解体・精肉・製革を想像された被差別部落の一般的で主たる職業・産業として接続してしまう。屠畜・解体・精肉・製革に従事するひとは、被差別部落内外に存在し、そして自身の職業に対する個人の感覚は、これらの職業に限らず多様である。だから、被差別部落の中に高い公務員指向の状況も生まれたのではなかったのか。

和太鼓製造に携わる製造所は『週刊金曜日』で野中がとりあげた大阪府だけではなく、

北海道から九州にまんべんなく80社程度存在する。これらすべてが、被差別部落と関係しているのだろうか。被差別部落にたいするイメージは、このようにして善意のもとで固定化してきた。

『週刊朝日』が被差別部落民を悪の権化として描いたのなら、『週刊金曜日』は、被差別部落民を「美しい受難」として描いた。

4　人権教育と屠畜場労働の教材化を巡って

近年、「屠畜は人権教育のテーマ」とする傾向がある。食肉業の教材化を部落解放に資するという趣旨のようである。内田龍史は、「部落問題学習における食肉業の学習と意義」について次のようにその視点の1つを整理している。「牛をわる作業をする人の心には、牛をいとおしむ心」［内田 2009：14］があり、学習のねらいの1つは、「食肉労働者の命にたいする温かい心にふれ、自分の生活をふりかえること」［内田 2009：16］であると指摘している。「血も涙もない屠畜場労働者」というスティグマに「温かい労働者」を対置したのであろうが、それは逆のラベリングをしたにすぎない。このような議論は本質主義に道を開く。そもそも温かいか冷たいかという主観的問題を「そう感じなさい」と教えるのは、三流の宗教家が説く通俗道徳の推奨である。われわれは、肉を食すとき、感謝にかえて商品の価値、すなわち労働にたいして対価を支払っている。

視点をかえるとヒンドゥにとって、牛の屠殺は神の教えに背くことであり、モスレムにとって豚は毛の一本まで忌避の対象である。否応なしに国際化が進行し、ヒンドゥやモスレムも子どもたちが日本の学校に通うようになる現在、牛や豚を屠殺することを人権教育の教材にすること自体に無理がある。それは、部落差別、レイシズム、エスニシティを知るものであれば当然の知識である。ヒンドゥやモスレムの子どもたちも、屠場に連れていくのだろうか。

5　被差別部落の仕事の現実を通して

上記諸事例は、どれも一部にすぎない。それらは、屠畜、皮革、製靴、竹細工などを、被差別部落を理解するための典型的な好材料として示している。しかし、そのそれが真に典型であるか否かは議論されない。一方で、被差別部落の多様性が唱えられるが、では、どのように多様なのか。

ある事柄を理解するのに、一つの事例が普遍的だとするには、たとえば帰納法などの一定の手続きを経て科学的になる。現代社会に生きるマイノリティを理解するのに、ある特定の仕事や芸能をもって理解することが不可能なことは自明である。幾度も述べてきたが、食肉、皮革、製靴、竹細工に関与した被差別部落がなかったわけではない。しかし、それらは被差別部落外でも行われている。芸能人や暴力団員には、在日朝鮮人とともに被差別部落出身者が多いと言われてきたが、本研究の約3年の過程で芸能人

や暴力団員を排出した被差別部落やその家族に出会った経験は、1人の芸能人の家族と元ヤクザの人がそれぞれ1人のみであった。もう1人、芸能人の伝聞があったが、確実性のない情報であった。前者の男性が職業に芸能界を選んだ理由は、所属していた学生ロックバンドがスカウトされ、その後、性格俳優として堅実な仕事をしているとのことである。そこには芸能に関する「被差別部落の伝統」は見当たらない。元ヤクザの男性については、直接、インタビューを行うことができた。それは緒言で述べた通りである。

　本研究で訪れた被差別部落に暮らす人々の圧倒的な人々は、会社勤めの傍らで農業に勤しむ人たちであり、漁業の人もいた。大企業から零細企業に勤務する人たち、不動産管理で生計を立てる人たち、地域の中小零細堅企業の経営者たちなどもいた。現代の被差別部落には、何一つ典型的な職業・産業と言えるものはなかった。被差別部落にあって、一般地域にない職業もなかった。結局、従来の部落問題研究が職業・産業について論証したことは、ある地域の被差別部落に、食肉、皮革、製靴、竹細工に関与した人も存在したこと、にすぎない。

　兵庫県の企業団体で理事長をつとめるYK氏は、「部落産業」にかんするインタビュー（2013年7月）に違和感をもたれ、「いつ私が部落産業などと言いましたか？」と返答した。彼は、被差別部落の皮革業は、「隙間産業」であり、食うために、一般資本と関係するなかで、見よう見まねで始め、より多くを稼ぐために起業したにすぎないものである、と主張する。だからといって、本著は、それがすべてだと主張するのではない。

　比較的に皮革製造業者が多いとされる東京都全体を観察すると、鞣革製造の事業所数は、2001年に113事業所を数えたが、2010年には42カ所まで減少した［東京都立皮革技術センター台東支所 2013：23］。2011年、牛馬皮の輸出入を見ると、輸入5,462,598（千円）にたいして輸出は2,210,338（千円）となり、日本は、3,252,260（千円）の入超となっている。つまり海外異存にシフトして、国内生産が圧倒的に縮小している［東京都立皮革技術センター台東支所 2013：4-17］。また屠畜頭数も緩やかな減少傾向にある。内澤旬子は、国内生産の豚原皮80%を生産する墨田区では、1980年代を境に手間賃の安い国へ原皮が輸出されるようになり、かつ皮鞣しの工場で働くのもアフリカ系外国人ばかりだと述べている［内澤 2007：228］。つまり、現在は、ここにも経済のグローバリズムと日本国内におけるエスニシティを色濃く内包した問題が存在する。同様の報告を、部落解放・人権研究所のウエブ・サイトにある「第2次食肉業・食肉労働に関するプロジェクト」（2007年1月13日）で小山謙吾（スローターハウスデザイナー）が行っている。関東では芝浦と横浜、近江八幡から姫路の地域で差別が厳しいことを強調しつつ「全国的にみると北海道や東北のと場では、それほど特殊な業種といった感じを受けない。九州も、特にと場内の写真を撮ろうとすると、一緒に写りたがる人も多く、外国のようなイメージを受けた。北関東は黒人やブラジル人が働いていて、インターナショナルな雰囲気を受ける」と述べている。

第 4 章 「部落産業」の今　　235

　このような現実の中で、「部落産業」に固執することは、一方で理解者が現れる可能性があっても時代的現実、地域的現実とはまったく異なるカテゴライズを被差別部落民に付与し、結局そのように認識することでスティグマは深刻になる。

　「被差別部落の多様性」はよく聞く言葉である。しかし、多様性を記述するのは極めて困難である。それは、多様性の内にある一つの事例を記述することが、予期せざる結果を招くからである。食肉、皮革、製靴、竹細工を記述した人たちの期待とは逆に、それが被差別部落を表象する「揺るがぬ」インジケーターとなり、本質主義的認識を拡散している。

校　註

1　沖浦和光に代表されるように、川魚漁を被差別部落民やサンカなどのマイノリティの職業とする傾向がある。しかし、どの地方でも鰻、泥鰌、鮒、モロコなどの淡水魚は、農家の人々が自ら漁をして食したことが明らかである。本研究では、関東地方の農村で漁労を確認している。道具類の大きさや、細部のディテールにはちがいがあっても、基本的なデザインは共通している。材料に竹を使用したことも共通である。広島県の北部で大がかりな被差別部落の内水面漁業が営まれたとは事実であり、その意味についての研究は重要であるのは疑いない。なお、本著では、マイノリティとしてコミュニティを維持したというサンカにかんしては、既述のようにその存在自体を虚構であると断定する。

第5章 「被差別部落の文化」言説の批判的研究
──いわゆる門付けの音楽社会学的分析──

　文化の意味は、曖昧である。その曖昧さを問題にすることを忘れて、「被差別部落の文化」が「研究」され、また語られる。その研究者や語る人たちは、音楽や芸能がなぜ文化と呼べるのかを証明しない。「部落文化」論は、被差別部落の伝統とも結びつけられる。そして、その伝統が近代による創造であることを想像もしない。たしかに、人は多様であると言われ、被差別部落（民）も多様であると言われることがある。しかし、そのことと「伝統」、「文化」の差異を抽出することは別の問題である。むしろそれは、非被差別部落民のあいだに、文化本質主義という罪過をもたらす。後期近代は、多文化主義の下で、メカニズムとしての文化本質主義がマイノリティを悪魔化する。それは、「被差別部落の芸能」を説くところからも始まっている。

A　本稿の目的

　本稿では、狭義の「文化」としての音楽と被差別部落の関係について取り扱う。その前提として被差別部落の文化についての私見を述べる。

　被差別部落民と非被差別部落民のあいだに、エスニックな差異は存在しない。

　エスニシティによって文化の基本が決定されるとするなら、被差別部落民の文化は、あきらかに日本人のそれである。被差別部落民の文化と非被差別部落民の文化に若干の差異があるとしても、それはサブカルチャーとしての差異にすぎない。被差別部落民の文化があるとしても、それは、日本文化に包摂されたものである。

　同和対策審議会答申に基づいて実施されたアファーマティブ・アクションは、被差別部落民を政治的に国民へ統合するものであった。そして、被差別部落民に国民的自覚を促すものであった。しかしその一方で、答申を根拠にした運動の一部では、被差別部落民と非被差別部落民のあいだにある違いを尊重するという口実のもと、文化的な差異を強調するという傾向を生んだ。また、制度運用の過程で、被差別部落民にたいするスティグマが、質的変化を遂げていった（第3部第1章参照）。

　したがって被差別部落民は、つねに変化する差別と闘争せざるをえない。具体的に結婚を例にとろう。結婚の民俗的様式という点において、被差別部落民と非被差別部落民のあいだに差異はない。あるとすればそれは、経済的理由による生活程度の差異や個人の嗜好による差異でしかない。しかし、被差別部落民と非被差別部落民のあいだに結婚

話が出たとき、身分的差異が問題にされることがある。そこには、虚構の民族的、民俗的あるいは文化的差異も含まれる。結婚が成就したところで、それに至るプロセスは、被差別部落民にとって不安との葛藤であり、闘争である。また、親戚づきあいなどを忌避されたりする。被差別部落民間での結婚では、そのような葛藤はない。しかし「結婚相手は、はじめから部落民と決めていた。」と、部落解放運動の指導者も告白している。これが安心を求めた結果の結婚で、差別の回避であったとしても、闘争の一形態である。部落解放の父として畏敬される松本治一郎は、酒、煙草、博奕、ネクタイに加えて妻帯を五禁として、生涯これを貫いたが、[髙山 2005：694] この意味は重要である。

　部落解放運動に身を置く者は、「合理的」判断に基づいて闘争する。一方、運動にかかわらない被差別部落民も、一族が生きぬくための闘いを行う（第3部第2章参照）。賃金労働者は、資本と闘争する。被差別部落民は、賃金労働者の差別意識と闘争する。差別意識との闘争には、貧富の別も、地位の別もない。ときに、自由と平等を標榜するリベラリストや社会主義者、共産主義者も、被差別部落民の闘争の対象となってきた。被差別部落民は、自覚するとしないとにかかわらず、客観的にはつねに差別に向き合い、闘争している。青木秀男は、被差別部落の文化の一つとして、「解放文化」について議論している［青木 2010］。歴史を見据えた見識ではある。しかし、被差別部落の闘争が、どれも「解放」と結びついているわけではない。そもそも、いまだにだれも、「解放」についてのイメージすら描ききれない。したがって、4,200を超える全国の被差別部落の文化とは何かと問われると、それは（広義の）闘争の文化であると答えるしかない。本稿も研究というかたちの文化的闘争の一つである。

　本論に入ろう。本稿の目的は、門付けの分析を通して、「被差別部落の文化」に関する定説を批判することにある。「被差別部落の文化」は、ときに「被差別の文化」と言い換えられる。それは、文化そのものが差別を受けているという意味なのか、あるいは被差別者の文化という意味なのか、その両方なのかは曖昧である。また、「差別によって奪われた文化」という意味でも用いられる。いずれにしても、もともと文化の概念が曖昧で、多様であり、そのためその使われ方も多様である。本稿は、このような文化概念のもつ曖昧さを考慮することなく被差別部落の文化を決めつける従来の議論についても、批判を試みる。

　本来、被差別部落もそこに暮らす人々も多様である。また、被差別部落を離れて暮らす人々も多様である。そのことは、ドミナントな日本人と変わらない。にもかかわらず、被差別部落の文化はドミナントな日本文化と異なるという言説が、広く流布している。今日では、ことさらに差異の発見が求められ、そこに構築主義的な文化論や文化本質主義が動員されている。本稿は、そのような現実をもたらした原因についても考察する。

B　問題の所在

1　門付けと被差別部落

　門付けは、家々を巡り、門先で祝詞や唄と舞を演じ、それへの対価を稼ぐ労働であった。「春駒」は、たいていは親子で、正月と旧正月に演じられた。踊り手は、小さな木製の馬頭を持ち、唄い手に合わせて舞う。唄は、家内の安全や繁盛祈念の祝詞からなる。「ほやま」は、「穂山」と書く説もあるが、意味はよく分からない。ゆえにここでは平仮名で表記する。内容はきわめて一般的な仏教説話である。夭折した子どもは親不孝であり、三途の川を渡って成仏できないとされる。親を思って賽の河原で石を積む。積み上がる直前に鬼が現れて、それを崩してしまう。子どもは泣く泣くふたたび石を積むが、また鬼がやって来る。この見返りのない行為を延々と繰り返す苦しみを子どもに与える。やがて地蔵菩薩が現れて子どもを救うという物語である。

　安芸漫才の「大黒舞」は、中世風の衣装に短刀を帯びて、正月に一般地域の家庭に招かれ、悪魔払いと年徳神の招来を祈願するものであった。地域によりやや異なる唄や踊りだったようであるが、基本的には同じ内容である。ラフカディオ・ハーンは、島根県の「鉢屋」の大黒舞について述べている。それによると、大黒舞の様子は、笑いが出るほどのくだけた内容で、調子が揃っているわけでもなかった。演目は、「八百屋お七」「小栗判官」「俊徳丸」などで、「純文学の見地から言えば、雄渾な想像力を現しているわけではなく」、それは、「日本国中どこでも聞くことのできた」（傍点＝いずれも小早川）もので、「日本の本領と言うべき詩歌からは、だいぶほど遠い」ものであった。ゆえにハーンは、「あまり下卑たひょうきんなことばは、翻訳を差し控えておいた」［ハーン　1975：664-5］と述べている。

　門付けは、既述したように、民家の門先、時には座敷での公演を原則とするものであった。この点、数え歌や子守唄とは異なる。1985年頃、部落解放同盟中央本部が開催した「たたかいの祭り」をきっかけに、そこで演じられた「芸」が、被差別部落を出自あるいは原郷（沖浦1984）とする「被差別部落の文化」であるとされるようになった（と思われる）。それらは、近世の被差別民の（副）業としてあったが、それらに文化的な意味が付与されたということである。尾道市での「春駒」の復活も、1984年に始まっている［部落解放同盟広島県連合会北久保支部　2005：21］。大黒舞はやや遅れて、1980年代後半に復活されている。

　なお、門付けは労働であって芸能ではないという議論があるが、それについては、本稿の目的から外れるのでここでは論じない。ここでは、1、門付けが、被差別部落で生まれたものであったのかどうか。2、どの被差別部落にもあったのかどうか。3、そのシナリオや音楽的構造が、被差別部落（民）と不可分の関係にあったといえるのかどうかについて問う。そして、4、それが被差別部落民とドミナント日本人との本質的な文

化的差異であるといえるかどうかについて問う。これが、本研究の課題意識である。

2　音楽と文化の区別

　ところで、被差別部落で「祖先から継承された」とされる芸能や音曲は、なぜ文化といえるのか。青木は、被差別部落の文化について、「文化の中身の分類は・どのようにも・可能である」（傍点＝青木）［青木 2010：73］と述べている。たしかに文化とはいかようにも解釈可能なものであるが、フィリップ・V・ボールマンがカルチュラル・スタディーズの立場から示した見解は、重要である。ボールマンは、音楽はある一定の「時間内での音の配列」をもっている、「音楽的構成物」が文化に関連した「内因的な性質や、外因的な性質をもつ」ことを解明したものはない、音楽の側から「音楽と文化をひとつのものとして語ることは容易ではない」と述べている［Bohlman 2003＝2011：47］。マックス・ウェーバーやテオドル・アドルノ、ジル・ドゥルーズ、フェリックス・ガタリらも、社会学や哲学から音楽を研究しているが、文化として論じているわけではない。これらの音楽理論はすべて、音楽の構造と社会の関係性について議論すべきだと述べている。

　本稿では、これらの方法を借りて、門付けをいったん文化論から切断する手続きをとる。その上で、それらの音楽的構造の分析を行う。これまで、文化と理解されてきた歌舞音曲の音楽的構造が、被差別部落で固有に生まれ、さらに被差別部落民を主たる担い手として継続されているのかどうか。それを検討した後で、音楽が文化と等式で結ばれるならば、門付けの音楽実践は、文化論に包摂されるということになる。

3　文化的剥奪の仮説

　「被差別部落の文化」論は、何ものかに文化が「奪われた」という認識に立ち、「文化の喪失」について議論する。遠回りになるが、音楽も含めて、この問題について検討しておく。2008年1月22日、国際人権規約連続学習会において、中川幾郎が「世界人権宣言と文化権」という報告を行ったが、その要旨には次のようにある。「表現することでコミュニケーションが生まれ、コミュニケーションによって新たな知識が蓄積されて、その知識が新たな表現を生み出すような循環型でなければ人は文化的存在にはなりえないのです。この観点から考えれば、被差別部落の人々が差別によって文字を奪われたということは、文化的に生きる権利を奪われたことになります。他の非識字者－在日韓国・朝鮮人や障がい者なども同様の立場でした。もっと広い視点では子ども達の芸術教育軽視の風潮も文化権の侵害だと言えます。これらの点から文化が人権と深く関係していることが理解できるでしょう[1]。」

　被差別部落の非識字率は、国民全体のそれと比較して高いと言われる。1990年の国勢調査では、国内の非識字率は0.2％であった。一方、1993年の政府調査によれば、被差別部落の非識字率は、次の通りであった。日本語がまったく書けない＝2.2％、漢字も少

しなら書ける＝8.0％、カナなら書ける＝3.4％、日本語がまったく読めない＝1.6％、カナなら読める＝2.8％、漢字も少しなら読める＝6.6％である［部落解放・人権研究所 1986：466］。1990年の国勢調査のデータが、機能的非識字を意味していると考えるかどうかで、データの比較と解釈は、異なったものになる。この比較は重要であるが、それにはデータが不足している。そこで、およそ10％の被差別部落民が、機能的識字の能力をもたないと仮定する。非識字者は、差別とそれによる貧困や疾病のため学校教育を受ける機会を失った人々である。ゆえに、「教育を奪われた」人々であるということができる。しかし、残りの90％の被差別部落民の識字能力は、何によって培われたのだろうか。それは、近代の教育制度、すなわち学校制度によっている。近代教育は、識字にフォーカスすると、教育の場に被差別部落民を労働力の再生産、あるいは国民化のために、包摂しようとつとめたのであり、排除と包摂を二項対立的にとらえる剥奪論的仮説に合理的根拠があるとは言えない［小早川 2010：85-6］。

多田恵美子は、被差別部落の女性にたいする聞き取りと120曲を超える採譜の仕事が、「『部落の文化は奪われている』といった考え方が強かった頃だったので『唄なんかない』『そんなことしている暇があったら、もっと生活につながる運動せんか』というのがおおかたの反応」［大阪歴史人権資料館a 1993:381］のもとで行われたと回顧している。すなわち、「唄なんかない」とは、被差別部落の文化が奪われたという言説に基づいて語られたものにすぎない。唄うことへの抑圧があったとするなら、それは、被差別部落の文化についてのマスターナラティブによる抑圧であったことになる。実際には、大阪の被差別部落の女性たちは、生活の機微と感情を表現する唄を唄うことに積極的であった。つらい労働をひとときでも和らげるために、唄は有用なものであった。生活に根ざして唄うことが文化であるとするなら、被差別部落の文化が奪われたという言説は、解放運動によって構築されたものであることが明らかになる。女性たちは、「自分たちのメロディー[2]」をもち、生活感覚に適合した唄を積極的に取り入れている［大阪歴史人権資料館a 1993：6-7］。被差別部落の文化をめぐる剥奪仮説は、多田のような音楽を文化とみなす立場からも、誤りであることが分かる。

三宅正晃は、広島県の県北地域の、途絶えて久しい大黒舞（安芸漫才）の「復活」について、次のように述べている。「近代以降、安芸漫才が消滅したが、それはたんに「『仕事を奪われた』というにとどまらない。労働と密接な関係にあり、人と人との関係の中に具体的にあった『誇り』も奪いとられた」［三宅 1994：126］。ゆえにそれを復活することは、被差別部落民としての「誇り」を回復することでもあるという。1876年、明治政府は、門付けを禁止した。芸（人）は登録制となり、政府の統制下に置かれた。このような禁止と統制だけをみれば、剥奪ということになる。いわゆる「解放令反対一揆」が発生した原因は、農民が政府の近代化政策に反感を抱いたことにあったが、同時に、被差別部落民の「放漫」も、当時の農民の反感を招く原因であった。「放漫」とは、旧来の身分

的秩序や差別的慣習にたいする侵犯を意味した。尾道市のある被差別部落では、近代に入って、火葬や埋葬にかかわる「隠亡」の役割を「返上」することを宣言して、人間としての誇りを得ようとした。穏亡も門付けと同じく、この地域では一部の近世賤民の仕事であった。近代に入り、人々は、その仕事を放棄することで、誇りを回復しようとした。明治政府が禁止したことも手伝って、実際に門付けを見ることがなくなった。門付けは児童労働でもあった。それは子どもにとって重労働で、また屈辱的な仕事であった。どのようにしてでも、その屈辱から逃れることは、切実な願いであった。この意味において、国家による禁止を積極的に受容する内在的根拠は、被差別部落においても整っていたと考えられる。フィリップ・アリエスは、プロテスタンティズムや国家権力が、子どもに学校へ行くように促すことができたのは、家庭の中で意識が変化する準備が整っていたからだと述べている［Ariès 1973］が、それは、ここで採り上げた現実にもあてはまる。時代はまた、資本主義的な生産技術が発達し、門付けによって豊作や幸福を祈願する必要が消失しつつあった。こうした歴史の転換点を、二項対立的に、しかも「誇り」という心理的要因を混在させて、問題を剥奪仮説へすりかえてはならない。

　ミッシェル・フーコーは、近代社会の権力と生の保護について論じ、その端緒を社会契約論に見いだした。19世紀になると、「死なせるか、生きるがままにしておくか」という主権の原理が逆転されて、「生きさせ、死ぬがままにしておく」権力が出現した。この権力は、国民に生を与えようとするものであり、死ぬのはやむをえない場合に限られた［Foucault 1976＝1986：174-83］。近代国家は、あらゆる国民を生かす方向に権力の技術を行使するようになる。だからこそ、非識字者が一貫して減少し続けたわけである。被差別部落の女性たちの唄についての証言も、このような文脈で受け止められなければならない。

C　音楽的分析の方法と分析の立場性、社会的意味

1　門付けの音楽的構造
　次に、「春駒」、「ほやま」、「大黒舞」の音楽構造について、それぞれの曲を構成するスケールによって検討する。そのような方法の合理性を、次のように考える。
　マックス・ウェーバーは、その著『音楽社会学』において、西洋音楽が、オクターブと12音階、和声によって合理化される過程について論じた。彼は、西洋音楽以外の音楽が合理化されなかった理由を、スケールと和声の観点から説明している。すなわち、音楽と社会の関係を研究する場合、音楽そのものの構造の解明が重要なテーマとなる。ある民族に特有とされるスケールの分析において、スケールと民族言語のアクセントやイントネーションとの、あるいは楽器の特性との関係が問題となる。そのような意味で、

音楽は社会（学）と親和性をもつ。

この立場に立てば、スケールの抽出と分析により、音曲や音楽が、ある固有の集団、エスニックまたはマイノリティを表象するものであることを、条件付き[3]ではあるが、明らかにすることができる。分かりやすい例として、（図1）に示すアフリカ系アメリカ市民に特有のブルーノート・スケールがある。遠回りになるが、具体的説明をしておく。ジャズは、ブルーノートとビハインド・アフタービートのリズムの構成要素からなる。さらに付け加えると、インプロビゼーションも特徴として挙げられる。また、沖縄人のスケールも際立った特徴をもっている。（図2）を参照されたい。これは、基本的に沖縄以外ではみることができない。今日、音楽は相互浸透によって、「独自」な痕跡が消失しつつある。かつての文化的境界線は不鮮明になり、積極的なコピーも増えている。また、「黒人音楽」が白人によって白人社会に越境したり、他の国や地域で模倣されたりする。しかしそれでも、そのような様式は、他にないし、様式の基本的な変化もない。バブル経済の絶頂期、ハドソン川に浮かんだボートで在米日本人が盆踊りを開催した。アフリカ系アメリカ市民の乗組員は、肩をすくめて、「理解できないが、多分俺たちのブルースのようなものなのだろう」と語った。この違和感は、スケールの違いからくるものである。ブルースも、ジャズと同様、アフリカ系アメリカ市民に独特の音楽様式である。ブルーノート・スケールで、12小節を2回繰り返す、すなわち、歌詞は12小節分を2度繰り返して、1コーラスとなる。使用コード（和音）は、3種類が基本である。それは単純で、日本人にも愛好者は多いが、彼・彼女らのように演奏することは簡単ではない。

ところで、多田が言うように、音程やリズムの「ゆらぎ」は西洋音楽にはない特徴である、ということを理由に、西洋音楽のスケールによって解析することに否定的な考え方も成り立つ［大阪人権歴史資料館 1993b：5］。しかし、西洋音楽においても、スケールを外れていて採譜が困難という「独自性」は、いくらでもある。たとえば三連符である。ジャズの場合、楽譜上の三連符は、（図3）のように演奏される。またベンドやショートグリーズダウンなどの奏法は、楽譜に表すことが困難である。ブルースには、短3度、減5度、短7度といった微妙な音があり、それはクオーターと呼ばれ、ブルース独特の「音」として言語や楽譜では表現できない。絶対音Aは、440ヘルツであるが、たいてい442ヘルツ、もしくは443ヘルツを基準に調音して演奏される。さらに、C調でいうとCとDのあいだに半音がある。これは、同音にもかかわらず、C♯とB♭というように2つの表記の仕方がある。ピアノでは1つの黒鍵であるが、バイオリン、チェロなどの弦楽器の場合、美しい音の流れを得るために、曲の流れに応じて、2つが異なった音程で演奏されることがある。交響曲では、作曲の意図を指揮者が再解釈して演奏する場合が

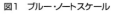
図1　ブルー・ノートスケール

図2　沖縄スケール

図3　三進符の例

あり、この時、スコアとは異なる音符の配列となる場合がある。ゆえに、音符に表現できないことが、「西洋音楽にはない特徴」とはならない。したがって、本稿が取るスケールを分析する方法は、合理的ということができる。

このとき問題になるのは、西洋音楽の、それ以外の音楽にたいする「優位性」の問題である。ここでは、西洋「クラシック音楽の全領域を、現状(ステータス・クオ)の構造を維持する支配様式として」[Said 1991=1995：128]認識した上で、そのスケールを日本音楽の比較分析の尺度に利用する。ウェーバーは、「5／7」という音程（「自然的三全音」natürlicher Tritounus、すなわち、増4度（日本のリュートである琵琶で「純正」に調律された唯一の音程）は調和音として作用することができる）[Weber 1895=1967：28]と、西洋的音程を日本音楽にも適応して研究している。アドルノは、ヨーロッパのクラシック音楽にたいする態度に比して、ジャズやロックに批判的であった。また、民族音楽を演奏するものと「下層民の喧噪」を峻別した。それは一面、商業音楽として存在する軽音楽を、資本と大衆の関係において理解する試みとしては意味があったが、アドルノは、大衆音楽にたいする還元主義者であった。彼は、音楽と社会の分析は、下層民にたいする警鐘に付随するものとし、その世界に限るという立場でいた[Adorno 1962=1999：54-84]。ドゥルーズとガタリは、「リトルネロ(リフレイン)こそ音楽の内容(起源ではない＝小早川)」であり、「リトルネロのモチーフは不安、恐怖、悦び、愛、労働、行進、領土など、さまざまであり得る」[Deleuze & Guattari 1980=1994：344]と述べ、シューマンを例に、幼児期のリトルネロとの関係を指摘している。本研究は、西洋音楽のスケールの概念を用いる。加えて、洗練と非洗練（習熟と未習熟）という概念も用いる。だからといって、西洋音楽にたいして大衆の音楽を劣った存在としているのではない。

以上の考察を踏まえて、議論を進めよう。ここから、本稿の考察対象のスケールについて考察していく。それは、1993年3月27日から28日に、広島市で開催された第38回部落解放女性集会で収録した「春駒」「ほやま」「大黒舞」のビデオ録画からの採譜によって導き出した。ここでは、西洋音楽のスケールによって記述された邦楽のスケールと、「春駒」「ほやま」「大黒舞」を構成するスケールを比較する。まず、「ほやま」の楽譜は（図4）に示している。採譜に際しては、多田が経験したことと同じような「ゆらぎ」があった。しかしそれは、演奏の様子から習熟度の問題であると考えられる。「ほやま」のスケールは、日本音階の律旋法であることが分かる。律旋法は

(図5)に示している。このスケールは、わらべうたや民謡など、日本の「伝統的」な音楽に一般的にみられる。採譜した演奏では、前半でメジャーに聞こえたり、4分の3拍子が4分の4拍子に聞こえたりしている。これらも、転調や変拍子ではなく、習熟度の問題であると考えられる。ちなみに、「君が代」は、このスケールで成り立っているが、ここから、音楽の権力性をめぐる重要な議論が展望される。おそらくその議論は、本格的な文化論が始まることになるだろう。

「春駒」の採譜は(図6)に示している。このスケールは、(図7)で示すような呂旋法に該当する。主旋律にたいして合いの手が入る。矛盾するBの音が使用されているが、この部分全体をブリッジ(いわゆるさび)として考えると合理的である。呂旋法は半音進行を保有しており、半音を忌避する日本音楽の一般的傾向と異なる傾向を指摘したウェーバーの分析に合致するものである。[Weber 1956=1967：182-7]。呂旋法は、かつては雅楽の基本的音階とされていた。

最後の大黒舞は、(図8)で示している。これは、いわゆる「よなぬき」スケールである。7音を使うスケールの内の4番目と7番目の半音が排除される。今日の商業音楽において、伝統的な日本の音楽形式として[4]多用されている。演歌や歌謡曲の多くがこれに当たる。

このようにみると、被差別部落に継承されたとされる「春駒」「ほやま」「大黒舞」の性格を決定づけるスケールは、日本の音楽に一般に存在し、使用されてきたものである。大黒舞について付け加えると、それは、長期にわたり途絶えていた歌舞を、残された資料をもとに再構築したものである。それは、想像によるものであり、かならずしも「伝統」に依拠して演じられたものではない。この意味で、それは「創られた伝統」である。それはまた、コマーシャリズムによって流布される音楽や、学校教育によって身体化される音楽の影響を直接受けている。

以上のことから、次のことが言える。分析に用いた「被差別部落の伝統芸能」の音楽的構造と、一般的な

図6 春駒

図7 日本の呂施法

図8 大黒舞

「伝統音楽」に本性的な差異は認められないこと、さらに、途絶えていた、あるいは衰退していた芸能が近代の西欧音楽（教育）を基礎に構築主義的に再興されたのである。

2　創造される「被差別部落の伝統」

　「被差別部落の文化」とされる音曲は、その物語の構成や音楽的構造からみて、実際には、日本に一般的に存在するものであった。それは、被差別部落を原郷とする芸能ではない。仮にそれが近世以前の被差別民によって創造されたものだとしても、近代・現代の被差別部落民との歴史的連続性を過大に認めるわけにはいかない。現在の被差別部落は、近代に入って（再）構築されたものである。

　文化の混淆については、多くの研究者がすでに議論している。レヴィ・ストロースは、「文化の進歩は、諸文化の提携の関数」（傍点＝レヴィ・ストロース）[Lévi-Strause 1952＝1970：69]であるとした。また、エドワード・サイードが述べたように、国境を隔て、大陸を隔てていても、文化が純粋な状態にあることなどあり得ず、その境界線は重なり、たがいに「からみあう歴史」をもっている[Said 1993＝1998]。近代とはこのような時代であり、何人もこれから自由ではない。

　ところが、この傾向が強まるとともに、人々は、おのおのの音楽の伝統や歴史性の探究に傾倒し始める。そして「伝統」が発明される。川元祥一のような「研究者」は、芸能が「賤民の中、あるいは部落の中だけで生まれたのではない」[川元 2010：106-7]としながら、本来、被差別部落の「伝統」としては疑わしい芸能を「伝統的芸能」であると「理論化」したと述べている。これこそ「伝統の発明」の典型であろう。エリック・ホブズボームは、伝統が創造される意味について、「近代の大衆社会を観察するものを絶えず惑わすものである。『創り出された伝統』は重要な社会的、政治的機能を持っており、その機能がなければ、そうした伝統は存在することも確立することもないだろう。しかし、伝統はどの程度操作可能なのだろうか。何らかの操作のために伝統を利用したり、実際に創り出そうとしたりする意図は明白である」[Hobsbawm 1989＝1992：60-461]と述べている。

3　被差別部落と音楽・芸能

　では、「春駒」や「ほやま」、「大黒舞」が表現するものはなんであろうか。それらの音楽的構造や音楽的実践は、社会的カテゴリーとしての被差別部落民の存在をどこまで表現しているのだろうか。現代の音楽やパフォーマンスは、たがいに影響し、干渉しあっているが、それらは、特定の社会階層のライフスタイルや信条と関係している。エルビス・プレスリーとパット・ブーンは、同時期に人気を博したポピュラー音楽のパフォーマーであるが、当時のアメリカの白人の親は、娘や息子がエルビスのファンになれば不安に思い、パット・ブーンのファンになれば胸をなで下ろした。パット・ブーンは、敬

虔なキリスト教徒として知られた人物であった。「清潔」な優等生のイメージと、折り目正しい唱法が、白人社会の意識や価値観を表現していた。これにたいして、エルビス・プレスリーは、白人と黒人の人種的・文化的矛盾、労働者階級とブルジョアジーの軋轢、都市と地方の対立という、今なお続くアメリカ社会の矛盾を背景にして、人気を得ていた。それゆえ、パット・ブーンを支持する階層は、黒人と隣接して富裕層に不満を抱く労働者階級に支持されたプレスリーのロックンロール音楽や、プレスリーのいかにも「下品」に作動する身体を嫌った。小西二郎は、ポール・ウィリスの "Profane Culture,"（「落ちこぼれの文化」(1978)）、の研究を通して、労働者階級の若者の音楽的傾向について、次のように述べている。「初期のロックンロールが、motor-bike boys にとって真正な (authentic) 潜在的意味を歴史的に付与されたという歴史的条件がかかわってくる。つまり彼らが聴くロックは、親の世代の音楽とは異なり、暴力的なまでに活動的でセックスアピールが強く、そのことが伝統的な価値を破壊するという社会的意味を帯びている。そうした暴力や攻撃性や反社会的感情で特徴づけられるロックが、音楽の一つのジャンルとして彼らにとって利用可能なものとなったのである。以上のようにロックのこのような『二重の対応性』すなわちロックの先在的な社会的浸透とその特有な客観的構造は motor-bike boys のロックへの傾倒を十二分に明らかにする」（小西 1995：222）。ここに、現代音楽の分析の基本的な方法が示されている。

　これにたいして、被差別部落民が生業とした門付けが、被差別部落民の感情や社会意識の全体を表現しているとは考えられない。まず、4,200余あるとされる被差別部落で、はたしてどれほどの被差別部落の、どれほどの人々が、これとかかわっているのだろうか、とくに生活の基盤となるほどの芸を継承してきた人々は、どれほどいたのだろうか。次の問題は、パフォーマンスとしてのレパートリーが決定的に不足していることである。音楽やパフォーマンスが、特定の社会階層と関係があると認めるためには、ある程度のレパートリーが必要になる。パット・ブーンとエルビスの例や、ウィリスの研究にみられる階級と音楽の関係では、次次と作られる新しいナンバーが、メディアによって伝播され、他の誰かによってカバー＝再生産されることが前提である。生産の量的拡大があってはじめて、音楽やパフォーマンスに社会的な「所属」や性格が与えられる。

　現代の芸能者は、ほとんど職業的な表現者である。彼・彼女らは、洗練された表現力を訓練によって身につけている。ルシー・グリーンによると、近代以降、音楽教育の制度が確立されたにもかかわらず、音楽実践をする人口は減少している [Green 2011：303]。すなわち、専門的で職業的な演奏者が増加した。これが現代の音楽状況といえる。音楽実践によって、農業などの生産を促すのではなく、音楽自体が生産的となる。この観点からすれば、被差別部落の「伝統音楽」を演ずる人は、現代の音楽実践者とは言いがたい。彼・彼女らは、再構築された「伝統」音楽を演じている。彼・彼女らは、創造された新たな「伝統」音楽を演じることで芸能そのものを生産するというより、イデオロ

ギーや言説の（再）生産にかかわっている。

D　産業職業と文化的差異

1　差異と被差別部落民像

　次に、被差別部落と非被差別部落の文化的差異を主張する研究を批判することで、本稿を補強する。

　政岡伸洋は、「被差別部落の民俗は部落外と比較すると多くの共通点をもっているが、部落内に際立ってみられるものも存在する。例えばムラの中心的存在としての真宗寺院や若者集団やその活動が非常に顕著であること、大部分のムラ人は、農業のほかに複数の生業に携わっており、ここにいわゆる部落産業が含まれている事実など、これまでのイメージとは異なる被差別部落の民俗実態が明らかにされ」ている、と述べている［政岡 1998：22］。藤井昭は、広島県内の被差別部落と民俗芸能の深い関係について論じ［藤井 1987：148-56］、「『部落内にのみきわだって存在する』民俗を認め、それが『文化』や『人間』復権の手がかりになる」と述べている［藤井 1995：58］。しかし政岡は、被差別部落に「伝承される民俗が稲作文化を基盤とするので部落差別の異質性の面だけでは語れない」［政岡 1998：23］と主張している。また藤井は、「被差別部落に伝承された民俗のほとんどが、『部落外』にも普遍的に存在しており、民俗基盤に『差別』の壁はない」と述べている。藤井は、被差別部落の民俗や「伝承文化」において、被差別部落と非被差別部落のあいだに基本的な差異はないと言いつつ、なお差異の存在を主張し、その差異が人間の根幹にかかわるとまで述べている。これらの研究においては、その差異が被差別部落の存在を決定している本質的なものであるのかという問題は、言及されない。政岡は、「部落産業」が差異の表現であると述べているが、「部落産業」という概念自体が曖昧で、それは、被差別部落に発生している問題総体としての議論を誤らせる。それは、資本主義の分業を意味しているのであって、被差別部落が社会・経済的のあいだに分ち難い本質的差異をもつということではない。本当の問題は、被差別部落と非被差別部落の民俗の差異を指摘し強調しながら、その差異がどのようなものであり、何によって生じているかを論じないところにある。そのような怠慢は、イデオロギーとして差異の存在を主張しているだけのことであり、政岡は、虚構の差異を生産している。こうした研究者の「知」は、被差別部落が文化的差異の宝庫であるかのような言説の源泉となっている。

　「被差別部落の文化」は、多様な解釈が可能である。それはどうじに、被差別部落民の存在も多様であるという意味である。漂泊し、芸能を生業としていた被差別民もいた。しかしそれは、前近代の賤民とされた人々の一部にすぎない。彼・彼女らの末裔だと言われる人々もいる。しかしその芸は、近代に入り、ほとんど途絶えた状況にあった。近

代の被差別部落民の多くは、農業に従事した。建設現場の肉体労働などの仕事に従事する人々もいた。屠畜、食肉、皮革、製靴などの仕事に従事する者もいたが、彼・彼女らは底辺労働者であり、その当時には、その産業社会のステーク・ホルダーであるとは言えず、産業のメイン・ストリームにはいなかった。それらの産業に資本を投下し、経営に参与した人のほとんどは、非被差別部落民であった。芸能にしても同様である。繁華街でギターを抱えて流しの歌手として生計をたてる者もいたが、そこには非被差別部落民もいた。被差別部落には、その仕事を歓迎する者もいれば、嫌悪する者もいた。旅の芝居一座に加わる者もいた。しかし、それを見物する被差別部落民の方が、圧倒的に多かった。それは、非被差別部落民にいろいろな人がいたのと同じであった。このようなことは、被差別部落民の日常生活と、彼・彼女らの語りに注目すれば、たちどころに理解される。

　青木は、文化を定義することの権力性について論じた。代弁行為の限界とその行為自体の傲慢さについても論じ、定義する主体の問題を明確にした［青木 2010：65-6］。その上で、被差別部落民の文化を「生の営みの基底をなす」ものとして規定し、その多様な「文化の中身」を３つに要約した。一つ、伝承文化：①伝統的な仕事および風俗習慣、二つ、生活文化：②伝統的な仕事に由来する仕事、③近代に現れた仕事、三つ、解放文化：④差別および貧困との闘い。さらに、このうち最初の伝承文化は、「祖先より継承された仕事に由来する文化」であるとして、３つの分類を提示した。それは、工芸、芸能、風俗習慣である。工芸は、皮革、太鼓、履物（草履、雪駄）、生活用具（竹、藁、木の製品）などである。芸能は、（祝い事、春駒、獅子舞、漫才、太神楽など）である。風俗習慣（歌舞、儀礼、伝説）などである。次の生活文化には、伝統的仕事に由来し、近代に現れた仕事、製靴、グローブ・ミット、鞄、スリッパ、サンダル、精肉加工など、新たな需要に応じて現れた仕事である、建設、土木、自動車・家屋解体、破棄物・屎尿処理、清掃、行商（青物、雑貨、寝具）などである。最後の解放文化は、「惨めの価値群」を反転させた「誇りの価値群」を基軸とする文化であるとしている［青木 2010：73］。

　ここでは、本稿の目的に対応して、主に伝承文化の３分類について検討する。

　伝承文化が、生の営みの基盤をなすとは、考えられない。なぜなら、それは、政府によって禁止され、そのことを人々は受け入れ、途絶えて久しく、被差別部落民にその記憶さえなく、また、生活を支えるほど多くもなかったからである。もっとも、記憶が、研究により、または解放運動により構築されることはある。本稿でとりあげた「春駒」「ほやま」「大黒舞」の例は、その典型である。詳細は別の機会に論ずることにするが、他の芸能の場合も同様である。さらに言えば、青木が挙げた太神楽は、中世から続いたとされる芸であるが、江戸末期には寄席芸となり、今日では寄席芸人でさえ演じる人がいなくなった。もとより、近代・現代の被差別部落とは関係がない。次の生活文化についてもこうした仕事に就く人々に焦点を当てる点では、青木の主張に同意できる。とくに

第5章 「被差別部落の文化」言説の批判的研究 ——いわゆる門付けの音楽社会学的分析—— 249

「建設、土木、自動車・家屋解体、廃棄物・屎尿処理、清掃」という仕事に就く人々に関するテキストも多い。しかしそれが本当に被差別部落民の一般的傾向と言えるのだろうか。青木も認めるように、被差別部落にもっとも多い職業は農業である。農業従事者にとっては、農業が「生の営みの基底をなす」ものになるはずである。「伝統的芸能」だけをもって被差別部落を理解しようとしても、木を見て森を見ない喩えのように、120万人を超える被差別部落民存在の理解にはおよばないように思える。昨今、武士の文化を継承する人などいないにもかかわらず、「日本人の武士性」がどうのという議論がかしましい。「被差別部落の文化」の議論も、これとよく似ている。

　ここまで、物語などの文芸的観点、音曲の構造的観点から、門付けについて検討してきた。その結果、その物語的・音楽的な構造は、被差別部落に固有のものではないということが明らかになった。それは、異なる文化のあいだに同質の部分があるということはなく、同じ文化の枠内にある事柄だということである。「内閣同和対策審議会答申」は、長らく部落問題の基本的な公的文書として重視されてきた。それによると、被差別部落民は、日本国民であり日本民族の一員である。すなわち、被差別部落民は、同一文化の枠内にあり、かつ日本社会の最も底辺から経済を支える構造的存在として貧困の内にある人々とした。日常の言語を例にとると、被差別部落民が話す「方言」は、その地方の非被差別部落民と同じ発音、アクセント、イントネーションのものである。だとすると、文化を分かつほどの音楽的差異があるとする主張は、どこから生まれるのだろうか。あるいは、なぜ軽微な差異が本性的差異であるかのように語られなければならないのか。文化的差異を主張する人々は、なぜかこのような答申の認識を批判しない。

　被差別部落民にたいする非被差別部落民のイメージは、彼・彼女らの「遅れた」意識やまなざしにより決定されるのではなく、「知」により決定されている。青木の表現を借りるなら、そこには権力行為が介在している。その成立も存在の様式について、多様な被差別部落民につきまとうステレオタイプの多くは、科学的「知」が関与して固定化され、また再生産されている[5]。「被差別部落の伝統を創造する知」が一方にあって、被差別部落の女性が唄ってきた唄が「部落の唄」というフィクションに接続される。そしてそれが固定化される。彼女たちが唄った唄は、旋律・歌詞ともに、他地域の盆踊り唄、子守唄であり、古い歌謡曲から直接取られたものである。それは、盗作や借りものといった次元の話ではなく、厳しい労働をする時、あるいは、生活の中で、それを唄わないでいられないものであった。それは、彼女らが、そうした文化と関係のある職場、地域などに包摂されていたということを意味している。

　部落差別は、スティグマやステレオタイプのかたちで現れる。被差別部落が芸能の「原郷」であると主張するとき、多様である被差別部落民の存在を、「部落民とはこのような存在である」という、画一的な認識の枠組みを与えることになりかねない。「原郷」は、「洗練されない物事のルーツの息づく地域」という意味である。最先端の文化が実践

されるような都市には「原郷」はない。そこに差異を認める合理的な根拠はない。部落問題はポスト・コロニアルの問題とは異なるが、それでもアーニャ・ルーンバが述べた「原始性という言説が『新世界の原住民』を取り巻いている」(Loomba 1998=2001：144) 状況がもたらした帰結は、大きな示唆を与えてくれる。「被差別部落の文化」についての言説は、洗練された高級文化(ハイ・カルチャー)にたいする素朴(野)な劣等文化を二項対立的に描き出しかねない。そうすることで、交差することのない他者というイメージを定着させ、増幅させかねない。

2　受難の歴史と音楽＝まとめにかえて

　ところで、これらの芸能が、部落差別の撤廃に理解を寄せる人々に共感をもって迎えられていることは、たしかである。しかし、そこには条件がある。それは、つねに「受難の歴史」のテキストとともに演じられ、語られている。華やかなメジャーの芸能と比べて(演歌はそうではないが)、その「原郷」から出たはずの被差別部落の芸能は、つらく、暗い受難の歴史の額縁にいれられる。本稿で使用した録画から、演奏部分のみを第三者に示したところ、何を演じているのかさえ理解されなかった。音楽関係者は、演者が練習不足ではないかと指摘した。そのように理解されるのは、鑑賞する側の部落問題認識に問題があるからではない。芸能の評価を問われているときに、鑑賞する側の部落問題認識の欠如を批判することは、ユダヤ人排斥を主張したワーグナーを優れた作曲家として評価する多くの評論家や聴衆をナチスの信奉者だと非難するのに等しい[6]。

　芸術や文芸作品は、どのように鑑賞し、解釈しようと自由であるが、テキストは、それに解釈の枠組みを提供してしまう。水田しげこは、詩集『春駒』で、幼少期の体験を優れた詩作品に表現し、部落差別の深刻さを世に問うた。しかし、水田の春駒体験と受難には、さまざまな解説が加えられた。その解説は、被差別部落民のモデル・イメージの形成に「貢献」した。「春駒」は、被差別部落民一般とフィクショナルに接続され、画一的な物語が生産されていった。言い換えると、「知」によって増幅された受難のストーリーをともなわずして、「春駒」(鑑賞)は成立しない。すなわち、門付けは芸そのものではなく、見るものと演じるものの関係性をめぐる、社会的な構築物になっている。アドルノは、音楽祭などで行われる公的な演説をとりあげ、そこで音楽の独善が唱えられ、音楽上のナショナリズムが鼓吹されることに言及した[Adorno 1962=1999：306]。テキストや音楽状況について検討するうえで、この説は傾聴に値する。

　『星影のワルツ』という歌謡曲は、一時期、被差別部落出身者が制作したものとされた。ある被差別部落出身者が、メディア関係者に、自分が制作したが著作権を売り渡したと嘘をついた。仕方なく別れることが恋人のためになるという悲恋物語は、『手紙[7]』とオーバーラップして、結婚差別を連想させた。受難の歴史と虚構が結びつき、「真実」として流布された。悲恋と差異は、いとも簡単に結びついていった。それを検証しようと

第5章 「被差別部落の文化」言説の批判的研究 ──いわゆる門付けの音楽社会学的分析── 251

思えばいつでもできたが、受難を好む「知」はそれをしなかった。

　トランス・ナショナルの時代といわれる今日ではあるが、実際には国境線は厳然としてある。この状況下で被差別部落と非被差別部落の文化的差異を創造することは、ドメスティックに新たな境界を設定することにも等しい。伝統の発明と差異の発見は、一瞥したところ「違いを認め合う」という正当な要求のように映るが、結果として、被差別部落と非被差別部落の関係を文化的な二項対立の中に置いてしまうのである。マルクスは、抑圧されながらも自己を、したがって他者を抑圧する存在として、資本主義の労働者階級を描いた［Marx 1844＝2010：94-100］。被差別部落民は階級ではないが、創造された伝統や文化的差異を認め、それを担うことは、自己をさらに抑圧することになる。そして、非被差別部落民の文化との差異を強調することは、日本人と異なる日本人として自己を仮構し、自己の解放運動が、抑圧されつつも他者を抑圧する無自覚の植民地主義時代をもたらし、世界史的にも自己の解放運動を正しく位置づけることを妨げることになる。

　一方、伝統の発明と差異の発見は、非被差別部落民のあいだには、多文化主義の下での文化本質主義という罪過をもたらす。ジョック・ヤングは、後期近代において、文化本質主義がマイノリティを悪魔化するメカニズムについて論じた［Young 1999＝2007：245-308］。ヤングの分析対象は、アメリカのマイノリティであるが、マイノリティの悪魔化は、日本においてもすでに始まっている。本著では、警備保障会社の社員が、安全を商品化するために、被差別部落民を治安の対象に仕立て上げ、危機や不安が商品化されるプロセスをつまびらかにした。それ自体ここで批判した文化の問題ではないが、それも重要な背景となっている。

　フーコーは、権力とは本質的に関係性であるとして、人間が取り結ぶ日常の中の統治性を見た。そして、大きな統治権力、すなわち国家やその政策は、この諸関係の中にしか存在しないと述べている。そして、「知」がどのような効果を及ぼしているかが関心事であると述べている。要するに、文化と権力は容易に繋がり、大きな権力（国家）がそこで顔を出す。被差別部落の文化の研究は、文化の意味規定、および「知」の領域でどのような結果を生むのか。今そのことが問われている。そして本章では、被差別部落の「文化」をめぐる言説を生産する行為の社会的意味関連を問う必要性を明らかにした。

校　註

1　日本帝国主義は、強大な軍事力を背景に、朝鮮民族の言語や文化を剥奪した。また、アイヌの言語や文化、沖縄の言語や文化についても同様である。アイヌや沖縄人の価値観や生活様式、慣習には、日本人のそれが侵犯している。被差別部落の場合、これらの民族が受けたと同様の「剥奪」があったわけではなく、同列に扱うことはできない。被差別部落民は、本国では被差別

者であっても、植民地および他民族にたいしては、強大な軍事力の側にあり、男性は戦場で他者を殺戮する軍人として、女性は銃後を守る母性として訓育された。この観点を抜きに、在日コリアンやアイヌ、沖縄人の「剥奪された文化」の回復を語ることはできない。ゆえに近代の被差別部落の文化も語ることができない。

2　多田の著作にある「女性たちの唄」には、一般の民謡や流行歌の歌詞をそのまま「引用」したものも多い。どのような唄であろうとも、彼女らの労働や苦しい生活を支えたことは否定できない。とはいえ、「自分たちの歌」という概念は、明確にすべきである。部落解放運動、また労働運動において、運動の歌には、有名な歌を替え歌したものが多い。また、外国の革命歌を翻訳したものも多い。「歌は文化」であるとするなら、なぜオリジナルな文化を創造できなかったのかを解明しなければならない。

3　筆者は、現代の音楽で、マイノリティを出自とするものであっても、ドミナントとのあいだにおいて、また他のマイノリティとのあいだにおいて相互交渉があったことを認めないのではない。例えば、アフリカ系アメリカ人の音楽は、すでに他のカテゴリーとクロスオーバーして久しい。しかしスケールのもつ特徴は、その出自の痕跡を十分留めている。

4　半音を避ける「よなぬき」の五音スケールは、日本の場合、西洋音楽のスケールを用いて半音の使用を避けたものである。それは、演歌や歌謡曲というカテゴリーが商業主義的に確立してきた過程で、一般的になったと考えられる。呂旋法と同一視されることもあるが、それは厳密には異なる。

5　『監獄の誕生』は、権力、知、主体のあいだの関係をめぐる研究であるが、フーコーは、その中で、近代社会の監視は、社会科学が身体を統制しながら観察するという実践によっているとしている。人間についての情報はすべて、科学的な「知」＝言説として体系的に集められたものであり、それは、新たな統治を生み出した。

6　ナチズムと音楽をめぐる問題、とくにワーグナーに関する議論は、過去の問題ではない。理想として求められた美しい旋律が、差別的イデオロギーと結びつき、他者の存在を認めないところまで行き着く。かりに音楽を文化として認めるとして、昨今論じられている「被差別部落の文化」も、排他的イデオロギーと無縁ではない。なお、ワーグナーとナチズムの関係を論じた鈴木淳子の『ヴァーグナーと反ユダヤ主義』（アルデスパブリッシング）は、ワーグナーのテキストとスコアに基づく論考であり、興味深い。

7　それは、カリスマ的なフォークソング・シンガーであった岡林信康が、1969年、部落出身女性が結婚差別に晒される様子を表現した歌である。岡林には、他に部落差別をテーマにした「チューリップのアップリケ」がある。これらは、放送禁止の歌となった代表例といわれた。しかし、放送禁止にされたという事実も、禁止するよう求めた圧力があったという事実もない。

第3部　現代の部落差別解釈と理論的問題

第1章　静かな部落差別
——ネオ・リベラリズムと差別の再生産——

　日本が福祉国家からネオ・リベラリズムの国家へ移行する過程は、「内閣同和対策審議会答申」（以下、答申）から、「同和問題の早期解決に向けた今後の基本的なあり方について」（以下、意見具申）への移行過程でもある。この間、一般市民の被差別部落にたいする感情、部落問題についての意識は大きく変化した。それは、一部の言説にあるような楽観的な変化ではない。いっそう差別的でネガティブな方向への変化である。ネオ・リベラリズムの自己責任論は、部落問題の個人化による被差別部落民への新たなスティグマの付与、明確な敵意、さらには被差別部落を治安対象とすることを主体化した労働者を出現させている。この状況は、一般的な上からの権力論では理解できない統治を示している。一方、被差別部落民にも、ネオ・リベラリズムのイデオロギーを身体化する者も現れている。また一切の被差別を語らず、沈黙に身を置く被差別部落民の姿も見受けられる。

　これら双方は、被差別部落の諸相を根本的に再編し、部落差別を再生産するものとして立ち現れている。そして再編過程の軋み音は、楽観論者の差別解消過程論の合唱に掻き消され、静かに呻いている。

A　本章の目的

　本章では、差別事件（事象）を扱うが、それを分析することに目的はない。本稿の仮説は、部落差別が軽減され、解消に向かっていると〈社会（科）学〉によって繰り返される言説が誤りであること。そして、その言説は、部落解放運動が求める〈成果〉を満足させる幻想でしかなく、研究者の自己弁護的・主観的評価であることを解明する。この言説は、被差別部落にたいし、自らに内在する権力の統治機能を起動させた。そして、部落差別を隠蔽する作用を及ぼしている。本稿ではそれらを、部落問題を〈語ること〉と〈語らないこと〉が、どのような場所でどのような方法で実践されるのか、を検討することで明らかにする。この考察は、被差別部落の統治が、市民全体の統治へどのように貫かれるのかにも及ぶ。

B 被差別部落を〈語ること〉、〈語らないこと〉

1 タブーと部落を〈語ること〉への抑制

　部落問題はタブーだと言われてきた[1]。タブーには、2つの意味がある。それは、「被差別部落に触れない」ということと、「部落問題に触れない」ということである。前者は、被差別部落民との婚姻、接触など社会的・身体的接触に関わり、後者は、被差別部落について〈語ること〉に関わる。この場合重要なのは、〈語ること〉である。〈語ること〉は、人々がいかに思考するかを意味している。被差別部落について〈語ること〉が、語る人々の行動を規定する。そこで、本稿のタブー考察はまず、〈語ること〉がどのように禁止されたかを検討する。

　敗戦後、〈穢多〉や〈四つ〉などの言葉、また部落という言葉も〈語らないこと〉とする傾向が強まった。1950年1月、現広島県福山市の千田町神輿事件で、「穢多や茶筅の部落に神輿を入れさせることはできない」という発言にたいして激昂した被差別部落の青年が、商売用の飴切り包丁で刃傷に及び、青年は逮捕・起訴された。検察権力は、事件は「戦後の民主主義の時代にあってはならない部落差別がなお存在している」[広島部落解放研究所 1975：279-80]から起きたと、法廷で情状を酌量するよう求めた。同じく結婚「誘拐罪」が問われた近田事件でも、1960年、被差別部落出身の被告は無罪となった[広島部落解放研究所 1975：287-9]。

　次の1960年代後期の2つのエピソード（筆者の1995年のフィールドワークに依る）は、被差別部落を〈語ること〉が抑制される合意が、民主的統治下の市民の間でも再生産されていたことを物語る。

　1963年初夏、ある中学校の昼休み、ひょうきんな生徒が突然同級生にたいして「えった、えった」と騒ぎ出した。10人程の遊びの輪は、沈黙に包まれ、この生徒に同調するものはいなかった。沈黙には2つの意味があった。まず、「えった」の意味を理解する生徒がいたことである。彼らは、この言葉を絶対に口外してはならないものとしていた。次に、意味を知らない生徒は、意味を知る生徒の醸し出す奇妙な雰囲気を感じ取ったことである。意味を知らないために、帰宅後保護者に「えった」の意味を尋ねた生徒もいた。保護者は、意味を教えるのではなく、「決して口にしてはならないことだ」と厳しく諭した。以後、「えった」という言語を件のひょうきんな生徒も口にしなくなった。この中学校の校区内に被差別部落はなかった。

　1967年のことである。ある建設労働者が殺された。地方の小工務店の飯場に、配偶者と知的障碍がある3歳ぐらいの息子との3人暮らしであった。双方に面識はなく、飲酒のあげくの口論が発端であった。加害者は近くの被差別部落の若者であった。しかし、この事件と「部落」を直接関係づける言辞を聞くことはなかった。問題は次である。そ

の工務店には、若者と同じ被差別部落から年輩のＡさんが来ていた。穏やかで面倒見の
よい年輩者は、同僚から慕われていた。事件後、周囲の様子が少し変化した。「Ａさんも
気の毒だな。もう働きには来られないかも知れないな」という言葉が聞かれた。Ａさん
がいる前では、この事件が話題になることはなかった。若者とＡさんの間に血縁関係は
なかった。Ａさんが彼と顔見知りであったかどうかも疑わしい。しかし、Ａさんは、数
日で工務店には顔を出さなくなった。工務店経営者が解雇したのでもなく、退職を促し
たのでもない。この工務店に働くものは、〈語ること〉を避け、〈語ること〉は、抑制され
ていた。にもかかわらず、この〈語ること〉が抑制された沈黙は、社会的排除には効果的
で、Ａさんの自主退職を促した。誰かが現場以外でＡさんと事件の関係性に言及したもの
がいたのかもしれない。しかし、Ａさんの仕事世界では、その事実はなかった。

　これらの４事例のみを根拠に、司法権力や保護者や市民が部落差別禁止を実効的にし
たという訳ではない。しかし、被差別部落について〈語ること〉はタブーであるとの言
説のもとで、戦後の国家権力の内部から末端の人々にいたるまで〈語ること〉を躊躇さ
せる統治が、一定の効力を伴って存在したのである。被差別部落について〈語ること〉
が規制され、それによって人々を統治する方法が示されたわけである。

2　〈語ること〉、〈語らないこと〉と統治

　部落問題を〈語らないこと〉とされたのは、そうすることで表面的には、敗戦後の民
主化と人権政策が遂行されていることを示すことができ、国家の戦争犯罪に関して国
際的な赦免の余地が開けたこと、また、その背後では部落解放運動が拡大したことが影
響していた。1960年には、運動団体推薦の国会議員が４名当選し、65年に答申が示され、
69年に同和対策特別措置法（以下、特措法）が制定された。

　〈語らないこと〉が再生産されたのは、それが、被差別部落が〈存在しないこと〉と結
びついたからでもある。大串夏身は、戦前、政策によって東京都が被差別部落を移転さ
せたことで、権力は、かつてのその場には存在しないものとして、部落差別を隠蔽する
口実にしたと指摘した［大串 1980：138］。敗戦後、東京都では、移転と関東大震災に
より被差別部落が消滅したので、〈語ること〉は、不要であるとする論理が立っていた。
人々が被差別部落について〈語らないこと〉は、被差別部落の存在を抹消し、部落差別
を隠蔽することである。それは、被差別部落の存在に沈黙をもって対処するという、被
差別部落を抹消する権力の機能が貫徹されたことを意味する。

3　科学的規範と〈語ること〉

　〈語ること〉が抑制されたのは、敗戦後の復興から経済成長期への1950年代中期以降
70年代前期にかけてであった。この時期は、被差別部落民の労働市場への投入［内閣同
和対策審議会 1965：26］に加えて、消費市場へ包摂［内閣同和対策審議会 1965：63-5］

が求められた。政府は、研究者、官僚、当事者の有識者を集合し、大掛かりな被差別部落研究を行い、それを基礎に公式に被差別部落の存在を科学的に認め、被差別部落対策へ税金＝資本を投入した。その投下資本は、被差別部落民を生産に寄与する労働力として訓育し、所得の増加によって、また給与所得者の増加によって購買力を成長させ、自ら大量消費の主体に成長させることで回収しようとした。労働市場と商品市場の成長を意図した帝国主義的統治が、社会民主主義が同意する福祉による統治で行われたために、被差別部落戦略は、国民的規範を含意したものとなった。

　また、被差別部落民を、民族的にも文化的にもバイオロジカルにも日本人（日本国民）であると規定した。従来から存在した部落問題の「民俗学」的理解は俗説として退けられた。そして、政治起源説以外の諸説はことごとく批判された。被差別部落が抱える教育、生活環境、労働の諸問題を「原始社会の粗野と文明社会の悲惨」［内閣同和対策審議会 1965：24］であると定義した。言い換えると、答申に基づく措置法の運用の過程で、被差別部落について〈語ること〉を非文明コミュニティの文明化という概念で規範化したのである。答申は、特措法による施策を靭帯として、労働し消費する被差別部落民の身体を市場に結合した。答申の本質的性格は、その前文ではなく、各部会報告全体の分析を通して、国民国家の統治政策の観点から批判的に評価されるべきである。部会報告を無視した〈社会（科）学〉は、その存在そのものが問われる。答申を批判するからといって、当事者の生活改善と活動空間の拡大という基本的な要求と科学が矛盾することはない。

　その間、マスメディアは、いわゆる『言い換え集』を編んで〈語ること〉と〈語らないこと〉の規範を創造した。とくに1970年代中期以降、研究者も参加して「差別語の無自覚的な使用は、被差別者の心を傷つけ人権を侵害する」［磯村・福岡 1984：2］と差別語とその使用が批判された。他方では、その批判を言葉狩りとする反発が起こった。後者は、前者の差別語批判が、言語使用の自主規制であり、部落問題をタブー化していると批判した［用語と差別を考えるシンポジウム実行委員会 1975：18］。その議論は、マスメディアやアカデミズムはもとより、文学の世界でも盛んになった。議論は、部落問題以外にもおよんだ。それらは、党派的なイデオロギーとその利害関係も反映したものでもあった。どうじにそれは、1950年代から70年代初頭にかけて、戦後型民主主義幻想の上で、部落解放を福祉政策へと矮小化した答申路線に合意するかたちの被差別部落統治のもとで、人々が部落問題を口にしなくなった（しづらくなった）ということでもある。こうして、〈語らないこと〉が再生産されていった。

　これらの議論は、〈語ること〉の禁止を示したのではなく、答申と特措法に従って、〈語ること〉ができる方法論的規範を示した。穢多・非人の言葉も、タブーとして全面的に使用が禁止されたのではなく、その使用が許可される方法が示された。言語使用の統治を一方におき、多くの人々が被差別部落について〈語ること〉は、おおむね答申解釈の

文脈に沿って統治された。そして〈部落を解放するという視点〉という不確かさの有無が〈語ること〉の規範となった。部落解放運動の諸潮流は、答申、措置法との関係をめぐってその正当性を主張した。特殊部落の語は否定され、未解放部落、もしくは、本稿でも使用する被差別部落が科学的用語とされ、同和地区という呼称は公用語になった。この規範によって、1992年岩波書店は、高橋貞樹の歴史的名著『特殊部落一千年史』を『被差別部落一千年史』に改題し、再版した。科学的合理的とされた言語が、非科学的とされた言語を排除したのである。

　言い換えると、人々の意志に任されていたタブーの一角は、〈正統〉な統治にとって代わられたのである。部落問題についての発言や研究、評論が、示された統治戦略に沿って増え、〈語ること〉の正統性を担保する方法は、末端まで普及した。1969年当時、大学部落問題研究会のメンバーは、しばしばセツルメント活動などで部落に足繁く通った。その学生の一人が友人たちを前に、被差別部落について次のように説明した。

　　　部落のご飯は、脂っこいんや。汁も、ぎとぎとで油がべっとり浮いてるんや。ちょっと食べられへんで、あれは。そやけどな、食べへんかったら、差別や、言われるんや。そやから無理矢理食べんねん。あれは正直きついわ。お前も、一遍行ってみ。かなんで。それにな、こんなことも言うたらあかんねん。他所で言わんとってな。

　この学生は、公然と被差別部落について語っている。〈語らないこと〉という言説を再生産しながら、他方では、文明の悲惨とされた被差別部落と積極的に関わり、被差別部落の文化的細部を物語った。科学が部落を〈語ること〉に許可を与えたのである。この学生は、科学的社会主義を掲げる政党のイデオロギーのもとで活動していた。困難を乗り越える民主的学生がその困難な出来事を〈語ること〉は、彼らの論理では内容の是非は問われない。

4　〈語ることと〉と被差別部落民像の想像

　1970年から80年代に入ると、科学的統治のもと、生活や心情など、被差別部落民像が明らかにされ始めた。自治体や研究機関は、多くの研究者を動員して近代的な社会（科）学的調査を行った。それらが明らかにしたのは、逆説的にも〈伝統的〉被差別部落民像であった[2]。同和（解放）教育は、差別する側の再教育より、被差別部落出身の児童生徒の〈自立〉への教育を重視した。その端緒として、児童生徒や保護者は、教師たちから受難の歴史を〈語ること〉を求められ、彼・彼女らはそれに応じた。それは時に、教師たちの望むストーリーに沿ったものとなった。他人に晒したくない歴史も、〈解放のため〉に〈語ること〉が求められた。やがて、司牧権力が信者に告白をさせたように、教師たちは、

被差別部落民が〈語ること〉を主体化させた[3]。告白の量は膨大になった。

　一個人が告白するストーリーの時間や空間は、政治的に再解釈された。そして繰り返し過去と現在も続く受難の歴史を〈語ること〉は、水平社宣言との相乗効果で受難の〈神聖化〉ももたらした。イスラエルの研究者で政治家でもあるヤエル・タミールは、ホロコーストの犠牲者を記念するヤド・ヴァシェム博物館について、「過去の残虐行為の方法の展示が、今日の政治的利益を達成することに利用されている」「受難の神聖化は、嫌悪と不信を増幅させ」、「永久に闘争する（実は闘争しない）という後ろ向きの政治を増幅させている」[Tamir 1993：x]（訳は筆者、括弧も筆者）と指摘した。これと同様に、受難の歴史を〈語ること〉で発生する〈神聖化〉が、意図せざる結果としてネガティブな被差別部落民像を増幅した。

　被差別部落は、少数点在型が主流で、同一性の回路によってではなく、個別または限られた被差別部落間の隣接性の回路で成立していた。それゆえ、各被差別部落は、分断されて（して）存在していた。たがいを認識していなかった被差別部落の児童生徒が、ある日教師たちによって一カ所に集められ、被差別部落民であることを告げられた。そこではじめて、他地域の被差別部落民と出会い、おたがいが〈きょうだい・しまい〉であると教えられた。児童生徒は部落問題研究会や部落解放研究会に動員され、自らが被差別部落民であることを宣言することを求められた。そのとき、紛れもなく日本人の一員と言い渡されたにもかかわらず、持ち込まれたアイデンティティは日本人としてのそれではなく、被差別部落民としてのアイデンティティであった。また同じ論理で「被差別の文化」が想像＝創造され、被差別部落民は、異文化のカテゴリーにある[4]人々とされた。こうした方向は、結果として文化本質主義に道を開いた。

　児童生徒らが〈語ること〉は、悲惨な被差別、歴史的貧困、身分の解放という一定の文脈の中で存在する場所を広げた。被差別体験の一部は、差別者への糾弾（闘争）を経て戦略的に教材化された。解放に資するという名目で活字にまとめられたが、結果としてたなざらしにされた。要するに、当事者であっても、経験した差別事件は、ある一定の認められた手続きと方法、すなわち統治によって、ただ〈語ること〉が求められ、認められた。この統治から分離して〈語ること〉を求めるものには批判が与えられた。

C　新たなスティグマの付与と被差別部落統治

1　豊富になる被差別部落表現

　1980年代は、また新たな状況の始まりであった。ネオ・リベラリズム的統治は、経済のみならず社会のあらゆる空間で規制を緩和し始めた。1990年代には、部落問題を〈語ること〉にもこの傾向は押し寄せた。人々が答申的統治から抜け出し自由にさまざまな

空間で積極的に、言い換えると勝手気ままに被差別部落について口にし始めた。

　まず、被差別部落の表現法が多様になったことである。人々は、被差別部落を表わす〈穢多〉や〈非人〉などの伝統的な言語使用に代わる新たな言語やボディー・ランゲージを創造した。例を示すと、部落のローマ字記述の頭文字から〈B〉、部落とブラックをかけてブラックリスト、同和に童話をあてる事例も見受けられる。四本指で頬杖をついたよう示す〈演技的〉なボディー・ランゲージもある。ブラックリストは、排除の意志をより意図的に示し、周囲からの同意を求める場合に多い。アメリカに本部がある某奉仕団体へ被差別部落民が入会することを拒否する理由を、「彼は、ブラックリストに載っている」と使われた。表現には地域性もある。レンガの特産地では、四角形で構成されるレンガ四個を一束にして出荷することから、被差別部落民は「レンガ」と表現された。

　これらとは別に、低級ではあるが、追及されたときに言い訳が容易な表現もある。たとえば被差別部落民を〈あの人たち〉や〈一部の人〉と表現する。前者については、地域の特徴を聞かれた場合の返答に「この地域は、あの人たちが多い」というように使われる。次の会話は被差別部落民を〈一部の人〉と表現したケースである。ある理髪店で平成の大合併について会話している（2010年6月）。

　　Q：この町は財政的に合併の必要などなかったのでしょう？
　　A：いえ、表向きはそうですが、裏では借金が大きかったそうですよ。
　　Q：えっ、裏ではとはどういうことですか？
　　A：一部の人に金を使い過ぎて、貸付なども焦げ付いていると、事情を知るある人が言ってました。
　　Q：一部の人とは、どういう人ですか？
　　A：いえ、まぁ、「一部の人」です。

　抽象的表現が具象的表現より対象を的確に表現しえる方法であるとするならば、これらの例は、古典的で具体的な賤称語を使用するより、的確で効果的である。また、直接的表現から受ける印象よりも、特殊性や異質な存在としての暗示が際立つ。

　こうした傾向は、アカデミズムの世界でも現われている。次に示すのは、ノベルト・エリアスとジョン・L.スコットソンの著書 The Established and the Outsiders とその邦訳『定着者と部外者［2009］』の中の一文である。まず、邦訳で問題にする箇所を示し、次にその箇所に相当する原文を示す。

　　非常に大きな権力格差、それに呼応して大きな抑圧がある場合、部外者集団はしばしば、汚らしいとか、人間ではないと見なされる。被差別民（「汚物にまみれている」を意味する古い侮蔑的な名称が現在では秘密裏にのみ使われる）という日本の

第1章　静かな部落差別　──ネオ・リベラリズムと差別の再生産──　　　261

昔の部外者集団にかんするする描写を例に挙げよう［大平 2009：16-7］。

In the case of very great power differentials, and correspondingly great oppression, outsider groups are often held to be filthy and hardly human. Take as an example a description of an old outsider group in Japan, the Burakumin (their old stigmatic name "Eta" meaning literally " full of filth" in now only secretly used): ［1965＝1994 N. Elias：27］

　原書で数カ所使われている Burakumin は、訳書では「被差別民」と訳され、「Eta」は、訳されていない。エリアスは、穢多を直訳的に「汚物にまみれているという意味である」と解説している。大平は、その直訳をもって穢多に代えている。日本国内の被差別民は被差別部落民のみではない。しかし大平は、穢多を使うことも部落民を使用することも避けながら、エリアスの穢多の説明に着目することで、新たな代替的表現を獲得したのである。大平の意図[5]がどうあれ結果として、科学は、被差別部落民を示す新たな表現法を用いたことになる。こうした、代替的表現の獲得で被差別部落を表現することは、暗喩が、理性を越えた想像力の発露であるとするという認識にたつならば、部落差別を〈語ること〉がより想像的になったと言える。
　野口道彦は、ディアスポラ論を部落問題研究に拡大適応、被差別部落民をディアスポラとして規定した。被差別部落の境界が不鮮明になり、移動や通婚が活発になりつつあると解釈した現況を、トランスしたエスニシティ論、すなわちディアスポラ論として論じている［野口 2009：18-203］。ディアスポラの議論には、具体的な国境と棄民政策がその成立には不可欠な要素だが、被差別部落民は、日本国内で定住して越境を強制もされていない。自らも越境を求めていない。従ってディアスポラとは言えない。野口は、被差別部落の「拡散状況」を説く。しかも、ディアスポラは、ディアスポラ・コミュニティへ収斂する（させられる）存在であり、被差別部落の「拡散状況」と矛盾する。かくしてアカデミズムが科学的装いで部落問題を〈語ること〉で被差別部落民を表現する新たな方法が付与された。
　こうした社会（科）学的とされる議論の前提は、だれが被差別部落民であるか、また被差別部落の境界が不明になり、被差別部落民の結婚相手が、非被差別部落民が主流［野口 2009：192-6］となっているという認識である。
　三浦耕吉郎は、野口と同様の認識に立ち、部落差別の存在論的議論を否定し、関係性論をそれに代えている。曰く「『部落民』とは、他者からの『部落民』とカテゴリー化する視線を浴びることによって、それになるもの、それにならされるもの、であってけっして生得的な属性ではない。つまり、社会的文脈との関連で、人は、その時々に、状況次第で（他者からの視線や、自らの意思との関連において）『部落民』になったり、なら

なかったりするというだけなのだ」[三浦 2004：226]。もしもすべての現実がこの通り
だとすると、他者の視線を受けない空間に移動し自らの意思で被差別部落民でないと
宣言すれば、被差別部落民ではなくなる、ということになる。そうすると、部落差別を
受けていると感じるのは、たんなる思い過ごしなのだろうか。逆に、非被差別部落民が、
その人を被差別部落民ではないかとカテゴリー化する視線を受ければ、そのことで被
差別部落民になる可能性があることになる。近代に成立した被差別部落には、たしかに
非被差別部落に出自をもつ人たちがいる。すなわち彼・彼女らは、まなざしによって被
差別部落民とみなされている。しかしそれは、そうみなされるだけではなく、まなざし
を受容し被差別部落民を自己認識し、世代を超えるなどの時間をへて被差別部落民に
なるのであって、たんに、まなざし、まなざされる関係性が、生得的な属性としての被
差別部落民を創造するのではなく、その仕組みが存在する。

　言うまでもないが、被差別部落の人口が動態的であることは、多くの実態調査から明
らかである。人口の増減は、転入と転出という社会的要因に依るところが大きい[三原
市同和地区実態調査団 1973：222-31; 豊町同和地区実態調査団 1973：135]。そこでは、
かならずコアとなる被差別部落民がいて差別を受ける居住区がある。またそこでは、周
辺地域との存在論的関係は現在もなお揺らいでいない。地方でも人口の多い都市型の
被差別部落では歴史的に、人口の流動化と流入者の定住化によって再編され続けた。そ
こでも一世代前の出所が不明な人々が多数確認される。世代をまたぐと生得の被差別
部落民となっている。近代以降、新たな被差別部落も形成された。これも、関係性の問
題ではなく近代の社会構造の問題である。

　少数点在型、これが被差別部落を形成している様式の一般的傾向[小早川 2010：89]
であるが、そこでの生得性はより顕著である。ある小規模の被差別部落に多いとされる
姓をもつ医師がその被差別部落に隣接して病院を開業した。被差別部落内から、被差別
部落民とみなされるのではという〈懸念〉が起ったが、一般市民は、〈見事〉に彼我を峻
別した。

　筆者が知る地方の被差別部落では一般市民との婚姻は0％や10％程度のところが多
い。日本政府の「平成20年住宅・土地統計調査」によると、大阪市は、市全体の最貧困
地域化[6]が顕著である。被差別部落民とそうではない者の結婚が増えているのは、一般
市民の困窮化と階層移動に規定されているのである。現象は、被差別部落の再編過程を
意味しているに過ぎない。ディアスポラからみても、被差別部落民からみても不快な野
口の見解やまた三浦の見解は、社会（科）学という純化された中立的な観点から語って
いるつもりでも結局、差別と権力の問題に口をつぐみ、部落差別を過小に見積もり、部
落問題の隠蔽をもたらす。関係性の議論は、被差別の個人化の議論であり、ネオ・リベ
ラリズムの論理と通じている。こうして、科学的帰結として、〈語ること〉によって部落
差別を合理的に隠蔽する方法が示された。

第1章　静かな部落差別　——ネオ・リベラリズムと差別の再生産——　263

　ディアスポラ論に関しては、被差別部落民も日本国内にいるディアスポラにたいしては抑圧者として社会的構造に組み込まれている。ポスト・コロニアリズムの議論において被差別部落民は、宗主国の国民である。この議論こそ真っ先にすべきである。

2　新たなスティグマの付与

　次に市民の被差別部落民にたいする認識の変化をとりあげる。検討対象は、2002年『尾道市市民意識調査』に添付された「自由記入欄」への回答である。この資料は未公開で、調査報告書に具体的な回答は記載されていない。調査は、無作為に選ばれた20歳以上の市民2,036人が対象。無記名で、有効回答率は51.3％であった。その内の20.0％、223人が自身の見解を「自由記入欄」に記入していた。223人はおおむね3つのカテゴリーに分類される。40.3％は、同和対策や部落解放運動にたいして、敵意など何らかの疑義を示している。30.0％は、消極的であっても人権政策に理解を示している。残る30.3％は、調査の目的とは無関係な内容である。次に第1のカテゴリーの中から三例を示す。（以降、「自由記入欄」は、FECと略し、それに続く数字は、調査時の整理番号である。）

　　　同和・部落・差別と云いながら、目に見え、耳に聞こえる時点では、ずい分手厚く擁護されている。（FEC125）

　　　人権を盾に努力しないことも（当事者）問題だと思う。（FEC580）

　　　人権問題に関わっている人達が同和を利用してあまい汁を吸っているのではないか。今の時代は皆そんなことに頼らず一生懸命生活している。当事者（同和を主張する人達）に現状に目覚めてもらいたい。（世の中の厳しさを）人権問題は同和ではない。市民税は同和に使ってもらいたくない。市もいい加減に同和とか部落とかの言葉をもうやめなさい。いい加減に目覚めるべきだ。（FEC780）

　「被差別部落が税制、金融、就職などで優遇され過ぎている」という意見もある。従来、同和対策事業をめぐるこの種の言説は、妬みや逆差別として理解されてきた。妬みの真の意味は羨望であるので、羨望が満たされたとき、すなわち、市民が、被差別部落民が得ているとされるのと同様の事業対象となったときにその心理は消滅し、差別は解消に向かうことになる。しかし、回答者たちの言いたいのはそういうことではない。ここに掲げた事例からは、妬みではない被差別部落民に付与される新たなスティグマが見える。
　回答者らは、同和対策事業が被差別部落民にたいして実施してきたのと同等の〈保護〉

を望んでいるのではなく、一所懸命生活している、という自己確信の対極に〈一所懸命生きていない〉被差別部落民を置き、それに「いい加減に目覚めるべき」だという。彼・彼女らの主張で重要なことは、〈国家の介在のもとで〉の被差別部落民の自助努力不足や〈怠惰〉である。〈怠惰〉と被差別を関連づける意見は、過去の調査でも常にあった［尾道市 1970：239-40］。それが今では「同和・部落・差別を理由に国家によって手厚く擁護され、人権を盾に努力しない被差別部落民」という認識に変化したのである。言い換えると、被差別部落民は〈行政（国家）の庇護（特別措置）なしでやっていけない人々〉だというのである。

　市民による〈怠惰〉のスティグマは、フーコーが「古典主義時代よりのちには、しかも初めて狂気は、怠惰にたいする倫理上の非難をとおして、また、労働中心の共同体によって守られている社会に内在する性格の中で知覚されるようになる。」［Foucault 1972=1975：90］と述べたことを想起させる。自立論や自己責任論によって、社会矛盾を個人化するネオ・リベラリズム的イデオロギーで、〈努力せず一般民の恐怖心を利用して特権を得て生活している無能〉という被差別部落のイメージが「働くことのできない狂気」であるかのような新たなスティグマとして再生産されたのである。

D　攻撃的敵意の出現

1　意見具申以降の対被差別部落意識の変化

　1986年を境界とする答申路線から、意見具申に基づいた被差別部落統治への戦略転換には、いくつかの特徴がある。そのなかで注目すべきは、被差別部落が抱える失業問題への無関心である。意見具申も「職業の安定」［地域改善対策協議会 1996：8］に触れているが、それは、失業問題と根本的に異なる。M・フーコーによると、完全雇用はネオ・リベラリズムの目標ではない。ネオ・リベラリズムにとって、失業者は存在しない。たんなる移動中の労働者である。「収益のない活動とより収益のよい活動との間を移動中の労働者」なのである。そして、ネオ・リベラリズムでは、「失業率がいかほどであろうと、失業の状況のうちには、直接的ないし第一に介入すべきものは何もな」いと述べている［Foucault 2004=2008：172］。つまり、答申路線によってよりよい国民、より柔軟な身体をもつ労働者として包摂した被差別部落民に「職業の安定」すなわち、より収益性の高い生産活動への移動を促している。

　意見具申はまた、「自立の精神涵養による進学指導」、「行政の主体性と同和関係者の自立向上」を強く求めている［地域改善対策協議会 1996：8］。自立とは、国家権力のシステムへの統合可能性を意味している。ネオ・リベラリズムにとって、権力のシステム

は、結局、市場のメカニズムを意味する。国家が教育と福祉によって労働力を訓育した
フォーディズムの時代とは異なり、自己投資による教育によって、被差別部落民に自己
を企業体として認識させ、競争のメカニズムによって社会の統治を主体化する。こうし
て、被差別部落に対する統治は、特に被差別部落民にとって深刻な雇用や教育の問題そ
れ自体を梃としたネオ・リベラリズムによるものとなった。蛇足であるが、研究者たち
は、意見具申の「積極的側面」[高野 1992：36]を評価して、その本質を見誤った。これは、
答申の部会報告を無視して皮相的な評価を行った社会（科）学と同質である。

　ネオ・リベラリズムは、一方で社会のあらゆる領域で従来の過度な統治を廃止した。
答申路線による〈語ること〉への統治は、「自由な意見交換」を名目に意見具申路線によっ
て、もはや取り払われた［地域改善対策協議会 1996：10］。その結果、「国家の庇護のも
とでも怠惰」などの新たなスティグマを付与し、かつ市民の被差別部落にたいする態度
には、部落問題をタブーとすることや〈語らないこと〉を越えて明確な敵意が表出した。
そしてそれは、具体的な行為になっている。敵意は、部落解放運動の退潮と同和対策事
業や同和教育の廃止過程で再生産されたとも言える。以下も「FEC」からの引用である。

　　　身内の結婚問題として実際に体験しましたが、組織をバックにしてのやり方で
　　ずいぶんと家族は傷つきました。今は表面　普通に付き合っておりますが、奥底に
　　はいやせぬ傷が消えずにあるようです。
　　　問題解決の為に小さな犠牲は仕方ないと私自身も思いますが、親の心をあそこ
　　まで踏みにじる必要があったのかと残念でなりません。
　　　正義感に燃えてやった行動なんでしょうが、結婚は親子の問題です。第三者の脅
　　迫電話や、充分な話し合いももたず一切無視し、向こう側だけで、式を挙げてしま
　　いました。
　　　自分たちが傷つけられたから、やり返してもいいんだ、という気持ちがあからさま
　　に出る行動は、やはり、正しい解決の道に進むとは、とても思えません。（FEC670）

　この記入者は、当人同士の合意のみを重視され、一般的な結婚の通念や規範を無視さ
れたことで「いやせぬ傷が消え」ないと憤りを感じている。一見抑制が利いた文章であ
るが、結婚差別にたいする当事者の行動を「自分たちが傷つけられたから、やり返して
もいいんだ」という「第三者の脅迫」と認識している。それは、自分たちも「やり返して
もいいんだ」という認識が背景にあることを物語る。結婚を結果として容認したが、結
婚問題に介入した第三者すなわち、被差別部落や解放運動にたいして、敵意を表明して
いる。
　以下の2例もFECからである。

昔、同和教育に頑張った時期もあったが、頑張っても頑張っても救われず、今思えばあほくさい。本人たちに向かって叫びたい。もう自分でやれ。これは差別ではなく、おかえしです。(FEC456)

　人権問題の中で同和の問題だけが突出し、それがイデオロギーと結びつき、同和だけが特別利益を受け、又政党とからんで人権問題といえば同和に結びつき、かえって世間では、人権問題に反発していると思う。もうこのへんで同和問題はよしにして他の人権を考えるべきだ。過ぎたるは及ばざるがごとし。(FEC118)

　FEC456を書いた人は、かつて教育関係者として活動していたことが推測できる。公的な調査の「自由記入欄」に書くことは、〈語ること〉であり、記入者にとって報復を意味している。ここで重要なのは、双方とも、国民化という理念で構成された答申による実践が、たとえそれが意図せざるものであったとしても、結果として更なる排除、部落民にたいする敵意を再生産する背景となったことを示していることである。

2　〈語ること〉の規範の消滅と市民運動の敵意

　被差別部落を〈語ること〉による統治の変化は、社会的目的で人が集まる空間で散見される。

　市民意識調査によれば、ほぼすべての人々が被差別部落の現存を知っている[7]。その被差別部落にかんする市民の知識の源泉は、学校の授業や家族、親戚、マスメディア、職場にある。アルチュセール流に言えば、国家のイデオロギー装置が被差別部落情報の源泉である。FECの回答によると、自分の近隣に被差別部落があることも知っている。〈伝統的〉職業も知っている。しかし、〈語ること〉が実践される空間に、被差別部落民が同席しているかもしれないことが想像されることは少ない。これは、部落差別が本来、地域の共同体で機能するシステムだからである。誰が被差別部落民かは、地域の共同体内部で理解されれば十分なように設計されている。事実、少数点在型の被差別部落が存在する村落では、ほとんどの場合、誰が被差別部落民であるかは、周知されている。ところが、自己の共同体を出ると、顔見知りの被差別部落民の姿が見られないので、被差別部落民はその場にいないと想像する。そのために〈語ること〉には極めて積極的で、ときに脈絡を無視してでも語り始める[8]ことになる。

　さらに想像しない理由がある。それは、沈黙である。多くの被差別部落民は、市民が部落問題を〈語ること〉に遭遇しても、「黙って我慢」する傾向にある。人権侵害にたいして、民間の運動団体に相談した、という被差別部落民は9.6％、市役所に相談したというのは2.1％にすぎない。41.4％が「黙って我慢し」27.2％が「自分で解決した」［福山市 2005：36］。このデータは、運動団体を介した調査から得られている。無作為に調

査すると、「黙って我慢」するものはより増えると予想される。ちなみに一般市民では、人権侵害に「黙って我慢した」のは12％にすぎない［尾道市 2003：6］。

　ゆえに「部落はうるさい」「同和は怖い」などの被差別部落イメージは根拠のない想像に発するものであり、その根拠を欠いた言説の反復によって刷り込まれ、拡大再生産されたものである。言説には本来、権力が内在している。K・マルクスによると「言語は意識と同い年」［Marx 1845=2002：57］であり、意識は言語における記憶の蓄積なのである。被差別部落民との接触経験のない外国人でも、しばしば、差別的な認識を示すことがある。また、一度たりとも被差別部落に足を踏み入れたことがなくても、被差別部落に嫌悪感を示す外国人もいる。それは、意識が言語における記憶の蓄積だからである。

　こうした状況を背景に、被差別部落民の存在を〈語ること〉への制約は緩慢になり、より「創造的」かつ自由なものへと転換している。答申路線から意見具申に至る統治は、より〈豊富〉な被差別部落表現と敵意を再生産してきたのである。そして、その再生産は、社会民主主義や民主主義的統治が及んでいた市民運動においても起こっている。メディアに公開される会議であってもより自由になっている。次にその市民運動の事例を検討する。

　2006年、F市で埋蔵文化財を市の都市再開発から保護する市民運動が起こった。運動は近年になく広範になり、2007年12月、人口約43万人にたいして約11万人の文化財保護要求署名を集めた。市は、署名を無視し、文化庁、国土交通省による計画見直しの進言も拒否した。この市民運動の会議でのことである。数人の指導者は、市当局が、埋蔵文化財や遺構を遺棄しようとするのは、F市が〈同和〉すなわち部落解放運動団体とその上級各機関に、支配されているからだと強く主張した。しかし翌日確認したところ、その運動団体が、この問題や市民運動に見解を示したことはない。事実はそれとは異なり、市民運動が行った商業紙への意見広告に若干名の運動団体に関係する人の氏名が掲載されている［『朝日新聞』2008.6.15］。

　会議には、かつては同和問題解決に責任をもつと言明したF市元助役、現職市議会議員、大学教員などが参加している場合もあった。しかし、「文化財破壊の元凶は同和」との主張に異議を挟むものは皆無であった。もっとも、異議を唱えたところで、この主張の大合唱と圧力によって、抵抗の口火を切ることすら困難になり、間もなく排除されたであろう。この運動は、その後も被差別部落にたいする敵意が先鋭化し、憎悪を増幅した。〈権威〉ある人々の沈黙は、その権威性や権力性ゆえに、「同和主犯説」に合理性を与え、敵意の再生産を助長した。

　この運動の主要な活動家のひとりは、F市市民図書館から部落解放運動の著名な指導者の著作を借り出していた。その理由は、「こうした本を市民に読ませてはならない」からであった。もはや、憎悪と敵意以外の何ものでもない。被差別部落民を排除する行為は、言論や表現の自由とそれへのアクセス権を阻害する下から発生する権力となって

いる。この市民運動には、かつて公害反対運動などを部落解放運動と共通のテーマとした人々もいた。

3　市民の喪失感と攻撃性

　では、何故、彼らは敵意を再生産するのか。この市民運動の集会などに出席する主メンバーは、不動産業、金属回収、電気工事、建築事務所経営、土木業経営、医師、市会議員、県会議員、元教師、行政書士、地方史家、住宅建築、商店経営などであった。

　市民運動の活動家でもあり実情に詳しく、部落解放運動との接点もあったM氏は、筆者のインタビュー（2010年11月25日）で、この階層と行為の関係を次のように見解を示した。M氏は、この市民運動とは距離を置いていた。

　　　敵意は決して同対事業にたいする妬みではありません。長年同対事業を行い、また、奨学金などの個人給付を、世代を超えて実施しても、成果が見えないことへの批判だと思います。自分たちの血税が、効果のない事業に無駄に使われているように考えられるのです。同対事業の始まりのころは、必要な措置だと多くの人は思っていたと思います。それが、事業が終了して、なお、顕著な変化が見えないことに批判があるのです。（中略）私は、早く父を亡くしました。そのため大変苦労をして大学を出てF市役所に入りました。しかし、市民運動をもっと積極的に行うために退職し、今は、海外にも拠点をもっています。私のような立場からすると、公的な支援がありながら、例えば教育において成果が見えないというのは、納得ができません。また、それと無関係ではないのですが、世界の市民運動に自らの努力で活動の場をもち奮闘している運動体の人々がどれほどいるのでしょうか、ということです。（中略）文化財を保護する市民運動の人々にとって、F市の歴史的遺構や歴史の事実と関わっているという事実が、彼らの肯定的な自己認識、アイデンティティと結びついています。（中略）それが否定されたとき、否定するものが誰であっても排除する、攻撃するということになります。

　自己の「勤勉」と被差別部落を比較している点でM氏は、〈行政（国家）の庇護なくしてやっていけない人々〉という新しいスティグマを許容している。しかし、一方では、市民運動の指導者が日本的伝統をとおして自らのアイデンティティを求めているという見解は、当を得ている。

　世界を覆った金融セクターの劇的な危機により、彼・彼女らは、不況と経済的格差の深化とともに自己喪失感を抱くようになった。一方で、グローバリズムは、異なった文化の相互侵蝕をもたらしているが、これも、喪失感と焦燥感を抱くことに繋がる。その喪失感を埋めるために、〈誇り〉となる〈伝統〉文化としての構造物を掘り当てた。それは、

日本の〈伝統的精神〉と直結した。そして、勤勉と自己責任で、ナショナル・アイデンティティを保持し不況と闘うものとして自己確認した。これは、喪失感の原因であるグローバリズムに対抗しているのではない。グローバリズムを補完するナショナリズムを主張しているにすぎない。

　グローバリズムは、経済の必然であり合理的であると、彼・彼女らは考えているので、その喪失感や困難の源を、その経済活動の枠外に求めようとする。彼・彼女らは、その〈犯人〉を都合よくその枠外に見つけた。〈伝統文化に対立する部落解放運動〉がアイデンティティの危機をもたらしたと考えたのである。そして、市民運動の指導者は、部落解放運動がすべての伝統文化を破壊する異文化の〈原理主義〉的モンスターのように想像した。彼・彼女らは、自身を〈市民〉だと自覚している。市民は「他人を害してはならない」（「人と市民の権利宣言」）のである。それゆえ、彼・彼女らは自己防衛、および社会防衛のために他人を害する想像のモンスターへと攻撃の矛先を向けた。

　もはや被差別部落民がいかに弁明し振る舞おうとも、誰がいかにかかわろうとも、この指導者たちのように思い込みの正義感に燃える市民との合意形成は不可能である。しかしながら、伝統は近代の産物で、常に幻想であるので、それらを精神的支柱とした社会的経済的活動は常に不安定である。また、被差別部落民にたいする非難を増幅させ、それが成功したとしても、ノスタルジアの情緒にすがる市民の存在論的危機はむしろ深まるしかない。

E　社会防衛、治安の主体化と下からの権力

1　権力に転化する部落問題の知識

　被差別部落民にたいする敵意は、さらに社会化し純化している。以下は、筆者が行った、2006年10月3日から5日の警備保障会社の営業社員へのインタビューである。その目的は、市中銀行が、暴力団などの反社会的集団の排除を実施した時期、この問題への警備保障会社の態度を尋ねるものであった。しかし社員の回答は予期しないものとなった。インタビューの重要部分は、次の通りである。

　　Q：ところで、あなたたち警備保障会社としては、会社から契約上問題になる対象ってあるの？
　　A：とくに、会社から言われはいません。業種ではないですね。
　　Q：でも、トラブルがあったりするでしょう？
　　A：そういうのはあります。
　　Q：それは何？

Ａ：部落です。

　Ｑ：部落って！？

　Ａ：部落です。

　Ｑ：差別を受けているところのこと？

　Ａ：そうです。

　Ｑ：で、部落がどうだと言われたの？

　（中略）

　Ａ：とくに警備上注意がいるんです。

　Ｑ：それは、どういうこと？

　Ａ：難しい人が多くて。

　Ｑ：それは、クレームをつける人が多いということ？

　Ａ：そういうこともあります。

　（中略）

　Ｑ：「警備上」と言ったけれど他にもクレーム以外に問題があるの？

　Ａ：その地区全体が治安が悪くあぶないんです。

　Ｑ：治安のこと？暴力団？

　Ａ：そういうことです。

　（中略）

　Ｑ：そういう情報って、仕事上、重要なの？

　Ａ：そうですね。重要だと思います。

　Ｑ：それは、どうして？

　Ａ：やはり、会社はセキュリティを扱う会社ですから。

　Ｑ：会社からは情報をもらってないといったよね。じゃ、会社がそういう情報を入
　　　手しろと指示を出す訳？

　Ａ：いいえ、会社はそうしたことはないです。自分の考えです。

　（以下略）

　この事例の場合、被差別部落は、私企業の従業員によって、治安や秩序維持のために不可欠な監視対象とされている。この従業員にとって被差別部落は、〈社会防衛〉の要点なのである。そして重要なことは、被差別部落を監視の対象とすることが、上からの権力の命令で行われていないことである。企業が被差別部落情報を従業員に供給しているのでも、従業員からの情報を集中管理しているのでもない。従業員個個人の内部から働く意志によって、相互に情報を交換している。この従業員によれば、被差別部落にかんする知識の源泉は、国家のイデオロギー装置である学校教育、特に社会問題研究会の課外活動であった。彼自身も認めたように、社会問題研究会は、部落問題研究会と同等

の活動をしていた。その活動から得た部落問題を解決する目的の情報や知識は、個人が生活の糧を得るために企業の営利活動に参加した瞬間、まったく逆の働きに転化している。知識と経験は、ただちに彼の業務＝企業の業務遂行に〈有益な情報〉となった。人間の解放や人権擁護を目的として被差別部落情報を与えられたとしても、この知識自体が権力に転じ、従業員をして自ら〈治安＝社会防衛の主体化〉せしめているのである。

2　不安と治安の商品化と下からの権力

　近代産業としての警備保障の歴史、つまり社会的不安と安全の商品化の歴史は、1962年に始まる。当初は、受注巡回を業務としたが、1964年、東京オリンピックの警備に携り脚光を浴びる。さらにテレビドラマ、「ザ・ガードマン」がヒットして、この産業に衆目が集まった。また、現実社会のガードマンは、108号連続射殺事件（1968年）で、自動警備システムと警備員の格闘が犯人の永山則夫逮捕に関与し［田中　2009：48-51］、社会的認知が強まった。

　ウエブサイトによると現在、この警備保障会社は、「人々の安全のための社会システム産業」と自己規定している。「社会には、常に新たな社会サービスシステムが必要とされる」ので、「能動的」に人々の安全のための社会システムを構築する「責任」があるとする。この宣伝自体が、人々の不安を増大させ［田中　2009：497］、それにより安全保障を商品化する。そして、一企業の営業戦略は、個別の顧客ではなく抽象的な人々＝社会が目標となる。それは、国家が人々を人口として理解することに似通っている。

　近年、経営（理論）では、市場を階層により断片化することが常である。断片化された切片それぞれの変数とその輪郭を明確化し、各切片の購買能力にしたがって、つまり格付けによって、投入される商品と販売促進のための原資が投入される。

　社会の不安と安全保障の商品化では、コミュニティそれぞれの格付けが実行される。格付行為は、国債、金融機関に始まり、学校、地域、ソフトウェアからハードウエアまであらゆる空間に蔓延している。不動産の公示価格を除けば、ほとんどの格付けは私的に行われ、その結果は、公的に再解釈される。

　他方で警備保障会社は、個人宅玄関の警備中のシールに始まり、道路工事、建築現場での交通整理、清掃、イベント会場の整理、駐車違反の取り締まりや原子力警備［田中2009：124-5］までを業務として、常に市民に隣接して日常になっている。市民の側から見れば、常に監視され整理されることが日常に潜り込んでいる。市民は、こうした業務の存在を円滑な社会の源泉の一つとして受け入れる。そこには無意識の監視社会が成立している。塀に囲まれ、部外者の侵入を阻止する警固の手厚い住宅団地いわゆるゲーテッドコミュニティが商品化される。それは、見るからに高級である。市民はまた、自らが断片化され格付けされることにも同意し、それを主体化する。

　警備保障会社の社員が、誰の指示も受けず、被差別部落を治安の対象として格付け

し、その情報を誰にも命じられず社員間で共有する意味は、被差別部落の商品価値を評価する下からの権力が作用していることである。被差別体験により自殺事件が起こることがある[9]。それは、差別が〈生権力〉として機能していることを意味している。人々が部落問題を〈語ること〉の統治からより「自由」になり、〈語ること〉が静かに人知れず深化する中で、被差別部落民は、「生きさせるか死の中に廃棄させるか」[Foucault 1976=1986：175]という権力の手続きの中に置かれる。この従業員の存在と行為は、資本主義の比較的新しい産業の中で発生したものであり、被差別部落の治安対象化は、すなわち被差別部落民を「生きさせるか死の中に廃棄させるか」の対象化することは、現代資本主義の発達に不可欠のものとなっている。

F　まとめ

　被差別部落民は、答申によって一時期僅かな〈優遇〉を得たが、結局、新たなスティグマを与えられ、ネオ・リベラリズムのもとで、攻撃的敵意に遭遇した。それは、部落問題を〈語ること〉に関わる統治によって生みだされた。統治は、井戸端会議からアカデミズムにいたるまで差別表現の多様な方法を発明・発見した。その後、ネオ・リベラリズムによって、〈語らないこと〉、〈語ること〉への規制は取り払われた。にもかかわらず楽観的な社会（科）学は、被差別部落の境界が曖昧になることで結婚差別も解消していると錯覚し、部落差別が解消過程にあると主張した。部落問題を研究する社会（科）学は、真実を語るという口実のもとに、本質的には否認主義に道を開き、被差別部落民を社会的に排除する合理性に、もっともらしい科学的品性を与えている。近代産業の発展に不可欠な商品＝治安の対象化として、この〈生権力〉が露骨に機能する〈場〉である被差別部落は、権力との闘争の接点であるにもかかわらず、それを隠蔽している。本稿では、これらに事実を提示して批判を加えた。

　一方本稿は、そうした〈研究〉が描いた現在の被差別部落像が、現実と乖離していると述べたのみで、変化する具体的諸相については、論じることができなかった。一般市民の存在論的危機の深化とともに被差別部落の側も同様に、危機は静かに深刻になりつつある。気がつけば、被差別部落内に経済格差、階級間の矛盾が発生し対立が起こっている。冒頭でも述べたが、ネオ・リベラリズムを容認する傾向も一部では顕著である。したがって、近い将来のテーマは、この傾向の分析となる。

校　註

1　2005年1月23日のTV番組「サンデープロジェクト特集コーナー」で、偽装食肉事件について

交わされた会話。

　　田原総一郎：この人（浅田満）をやらないマスコミが悪いんですよ。この人が被差別部落
　　　　　　　　のなんとかといってね、恐ろしがっている。なにも恐ろしくない。本当はね。

　　高野　　孟：タブー視されてきた。

　　田原総一郎：それを大谷さんがやるんだよね。この人は被差別部落をタブー視しないから
　　　　　　　　できる。

　　高野　　孟：大阪湾に浮くかもしれない。

　　うじきつよし：危ないですよ、2人とも。

2　たとえば封建遺制論を軸に、経済的文化的低位性が強調され、それがステレオタイプとなった。

3　第2回全国解放奨学生集会（1969年 福山市）では、一部生徒が教師の指導により、他地域の生
　徒にたいし〈しんどい〉歴史と生活を〈語ること〉を強く求めた。参加者の証言では、生活の背
　景の異質さを反映した認識の差異により、議論は噛み合なかった。

4　春駒やデコ人形などが、被差別部落に固有の芸能とされたが、実際には同様の芸能は、非被
　差別部落でも伝承されていた。習俗にも本質的な差異はなく各地域のドミナントのそれと符合
　し、差異に見えるものはサブカルチャーにすぎない。ちなみに竹細工は炭坑などの鉱業ととも
　に発展した。

5　筆者は、大平の翻訳意図を2010年1月10日、大平のウエブサイト上　にある通信欄で質した
　が、回答はなかった。

6　広島県大崎上島町の調査では、部落問題を「今も知らない」と回答したものは396人のうち5
　名にすぎない［大崎町人権意識調査報告書 未刊行］。

7　大阪府知事のカジノ容認発言をめぐるA氏との会話に、突然B氏が部落問題について語り始
　めた。（2011年1月4日）

　　Q：公営レースは、特定の産業振興という大義があるのですが、カジノはそういう点がない。
　　　　現金での払い戻しを認めるとパチンコとの整合性がとれません。

　　A：パチンコを禁止することはできないんですかね。

　　Q：最盛期ではホールの売り上げ30兆円、周辺産業を含めるとこの倍はあり、もしも禁止
　　　　すると日本経済にダメージが大きいので禁止はできないでしょう。

　　B：大問題になるといえば、退職前に赴任していた関西の尼崎の工場で、大変なことがあ
　　　　りました。

　　Q：え、パチンコとか在日のことでですか？

　　B：いいえ、部落解放同盟です。

　　Q：どういうことですか。

　　B：解放同盟が、暦のことで差別だといって宣伝カーで押しかけてきたのです。大安とか
　　　　友引というのが差別になるというんです。

8　この調査から算出すると、大阪市西成区では、年収200万円以下の世帯は、全世帯の57%、
　これと東京都の台東区を比較すると27%である。この格差の傾向は、他の区でも顕著で、大阪市

の最貧地帯化傾向が顕著であると言える。

9　筆者が知る限り、被差別部落民の自殺は1960年以降12件、内結婚差別によるものは9件、残りは進路不安だと思われる。これとは別に、1949年から1974年、長野県では、被差別部落出身者の自殺は12件（結婚教育3件）が報告されている。自殺は変死として扱われるので、実態は不明である。

第2章　差別と生と通俗道徳
——闘わなかったある被差別部落民一族の自立——

　本章は、従来、被差別部落民像としてしばしばモデルとされてきた闘う被差別部落民ではなく、闘わなかった被差別部落民をモデルとして、彼・彼女らの生について論じる。彼・彼女らは、部落解放運動に関与しなかった。その人々の生もまた、一様ではなかった。

　その中に、6世代にわたって勤勉、倹約、忍耐、謙虚、自助、自立という通俗道徳を実践して、社会的経済的な成功を達成した人々がいた。彼・彼女らは、第二次世界大戦前に、広島県東部から神戸に移住して、高い学歴を得て、文化資本を蓄積した。その後、戦争ですべてを失ったが、身体化された通俗道徳により生活の苦難を克服していった。事業の再興はできなかったが、安定した仕事に就き、子どもたちも高い学歴を獲得した。そして、高い自尊心を育んでいった。

　しかしいま、「生の成功」とは対極の「悲惨」が、被差別部落の内外で再生産され、新たな他者を生んで、差別は重層化している。

A　はじめに

1　本稿の目的

　現実の被差別部落民の生（生き様）は多様である。本稿は、その多様な人々のうち、部落解放運動を闘わなかった人々の生について論じる。水平社運動が「燎原の火の如く広がった」などという表現は、情緒的な直喩にすぎない。現在の部落解放運動においても、運動の組織率は、約10％[1]でしかない。ゆえに、多数派である闘わなかった被差別部落民の生を分析することは、特別なことではない。

　それらの人々のなかに、米騒動に加わらず、部落解放運動にも加わらず、勤勉、倹約、忍耐、謙虚、自助、自立という通俗道徳を実践して、事業を成功させた被差別部落の一族がいた。本稿は、彼・彼女らを事例にその生の分析を通して、次のような論点を提示する。1）被差別部落民と通俗道徳の関係について、他者（知識人）は、どのように見ていたのか。2）闘わなかった被差別部落民とは、どのような人々だったのか。彼・彼女らは、どのように闘わなかったのか。3）彼・彼女らの通俗道徳は、どのようなものであったのか。4）それは、何に由来するものなのか。5）部落解放運動が「惨めな生活」を逆転させたとすると、闘わなかった被差別部落民は、惨めを逆転できなかったのか。6）通俗道徳は、被差別部落民の生にどのように作用し、機能したのか。7）その被差別

部落民たちは、被差別部落をどのように認識していたのか。その結果、どのような現実がもたらされたのか。

本稿は、それらの問いについて、事例とする人々が語る言説の分析を通して考察する。そして、被差別部落民の多様な生のひとつを明かにする。そのために、事例の調査の過程で閲覧することができた資料（『柴垣家略歴』）を重要な手がかりとする。

2　本稿のフィールド

本稿のフィールドとなる被差別部落は、広島県東部にある。この地域は、戦後、著名な指導者に率いられた部落解放運動の中心となった。しかしその地域には、未組織の被差別部落もいくつかある。筆者が知る7ヶ所の被差別部落には、部落解放運動の経験がまったくない。すべてが小数点在型[2]の被差別部落である。A市（旧B郡I村）北部にある小さな谷、通称林谷はその一つである。この通称と、そこに暮らす人々の家の姓は一致している。地名が姓に由来するのか、あるいはその逆なのかは、不明である。本稿が闘わない被差別部落民のモデルとする垣添／林谷の一族は、姓で分類すると、4系統になる。本稿は、そのうち二つの係累をとりあげる。その人々の関係を、図1に示した。氏名はすべて仮名である。

図1　対象一族の関係図（部分）

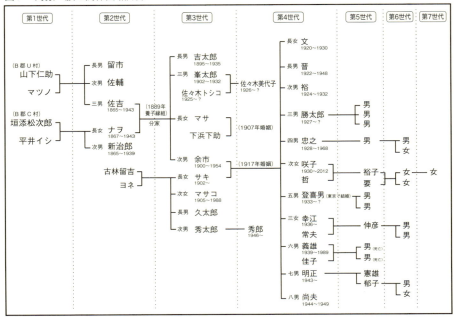

3 データについて

本稿が用いるデータは、主に、垣添／林谷の人々への聞き取りにより得たものである。未組織の被差別部落にたいする調査は、拒絶されることが多い。それゆえ、部落差別について直接聞くことは困難であり、地域の産業や職業、労働運動、家族のことなどについて聞く過程で、そこに潜んでいる被差別体験や差別への認識を聞き取るほかない。戦後に起きた大きな差別事件も、差別事件としてではなく刑事事件として質問した。こうしてようやく、2013年5月頃から、差別について直接聞くことが可能になった。

調査は、主に対象者の自宅で行った。そのデータの使用については、括弧内に時と場所を記した。調査の途中に故人となった人の話の不確かな部分は、家族に確認を求めた。第1世代と第2世代については、図1に含まれない第4世代の人々にも確認した。また第3世代については、第4世代と第5世代から情報を得た。なお、垣添／林谷以外の姓の家族については、本稿では割愛した。

B　通俗道徳論と被差別部落

1　知識人の被差別部落民観から

吉本隆明は、被差別部落民を、被差別の立場にあるゆえにもっとも閉鎖的な人々であり、それゆえ、普通以上に権力に迎合する「逆転の契機」をもつ人々であるとして、彼・彼女らは「進歩的知識人を脅すことを商売にしている」［吉本 1972：426］と述べた。進歩的文化人・吉本は、このように、被差別部落民を反（非）道徳的存在とみなした。それは、被差別部落民が等しくそのような存在とする本質主義的な理解でもあった。さらに吉本は、革命運動が後進国革命に縮小する場合があるにせよ、「部落解放運動の同伴者へ縮小する場合」は、革命運動は退廃に陥ると述べた［吉本 1972：432］。つまり、革命運動がスターリン主義的に矮小化[3]されるより以上に、部落解放運動は退廃的だということである。退廃は、つまり反（非）道徳的と解釈される。

藤田敬一は、被差別者と差別者の対話の関係が隔絶されている原因を、部落解放運動が批判を拒絶していることにあると主張した。そして、サルトルを援用して、カテゴライズすることをやめ、被差別部落と非被差別部落の境界の曖昧性を維持することが、「固定的な被差別部落民像から自由に」なり、「立場・資格（差別を糾弾する資格＝筆者）の対象化・相対化へつながりやすいと思う」［藤田 1999：184］として、被差別部落民の糾弾権を否定した。藤田にとって、糾弾は、差別者に沈黙を強いる脅迫にも等しいものであった。これは、吉本の主張に通じる論理である。

吉本や藤田の被差別部落民批判は、彼らの部落解放運動イメージに基づくものであり、個別的で全体的な被差別部落民のあり様の分析、つまり、科学的な分析に基づくも

のではない。とくに吉本の被差別部落民像は、抽象的なイメージでしかなく、結局それは、被差別部落民にたいするステレオタイプを追認するものでしかない。

　吉本と藤田は、近代の知識人が被差別部落に抱いた観念と共通のものである。賀川豊彦は、『貧民心理の研究』において（該当部分は削除されたが）、都市の娼婦貧民を「特殊部落と云ったほうがいい」［キリスト教新報社 1991：45］と述べて、「特殊部落」を、都市の周縁にある、常民が入域不可能な特殊な彼岸として描いた。他方で、横山源之助は、都市の職人世界、細民世界が日本社会の階級構造を照射しているとした。細民世界は、誰でも入域可能な場所であり、その意味では「自己の問題」であった。これを敷衍すると、藤田は、被差別部落を（部落解放同盟のせいで）「入域不可能」になっている場所として描いた。吉本は、被差別部落をマルキシズムにとって「立ち入り厳禁」である場所として描いた。これら上品な進歩的文化人の被差別部落民像は、賀川以下の水準にある。それは、巷の下品な被差別部落民への罵倒と同類のものである。

2　民衆思想史と被差別部落

　日本の民衆と通俗道徳に関する研究は、優れた論考が並ぶ。しかし、被差別部落民の通俗道徳に関する研究は少ない。被差別部落民は、他の民衆と異なる労働様式や生活様式をもっていたわけではない。また、異文化の人々だったわけでもない。異なった統治機構によって支配されていたわけでもない。その意味で、青木秀男の加賀象眼職人の日記分析における「闘わない民衆の自立とエートス」論［青木 2006］は参考になる。しかし職人は、被差別部落民と生活者として重なる部分はあるが、社会的身分としては隔絶している。

　ひろたまさきは、日本の近代化政策により、被差別部落民が職業機会を喪失して貧困化し、他方で、啓蒙思想家の「不羈独立」「一身独立」思想が、近代における差別の根源となったと述べた［ひろた 2001：81］。ひろたが批判したのは、最近しばしば目にする「自己責任論」である。自己の努力次第で成功を得ることができるとする通俗道徳は、被差別部落民にとっては抑圧的機能をもつとし、その観点から、日本社会の差別を民衆思想史として俯瞰した。それは、吉本や藤田がいかに俗流の考えしかもたなかったかを教えてくれる。

　ひろたは、安丸良夫の通俗道徳論が、近世民衆史における「ポジティブな側面」だけを見て、それと両面をなす「ネガティブな側面」を考察しなかったと批判した。そして、「通俗道徳的規範が、賎民にも農・商活動に活気を生んだが、他方で賎民にたいする差別の強化も生んだと言える」［ひろた 2010：202-4］と述べた。安丸が部落問題に言及したのは、ひろたが指摘したように、2001年になってのことであった。ひろたは、安丸の「習俗化された差別の長い伝統」論を批判して、民衆の文明化の経験が「伝統的な差別の大枠」を変えたのか、変えなかったのかという問題を回避しているとした［ひろた

2010：202-4]。

　本稿は、吉本らが想像した通俗道徳を欠いたという被差別部落民ではなく、通俗道徳をよりどころとした被差別部落民の生を分析する。その際、安丸とひろたの議論を参照する。そして通俗道徳のポジティブな面と、ネガティブな面に注目する。安丸は、「『通俗道徳』が圧倒的多数の民衆の精神を呪縛するのは明治中期以降だという見通しに立って立論し」[安丸 1996：82] た。本稿はその説を踏襲する。

C　モデルの人々について

1　どのような被差別部落（民）だったのか

　林谷には、現在は3世帯5人が暮らしている。1913年の広島県調査では、そこは4世帯24人、職業は農業と記されている [広島県 1913：45]。これまで5世帯を越えたことはない。周辺土地の所有関係を登記簿で見ると、1895年に農地を地域の大地主に売却している。売却の理由は不明である。本稿は、図1中の第1世代から第3世代の松次郎・イシ、佐吉・ナヲ、余市・サキに加え、第4世代の幸江、常夫、咲子・哲、第5世代の裕子とその配偶者の要、そして伸彦たちを分析の対象とする。幸江は、短期間部落解放運動を経験したが、他の人にはそのような経験がない。

　垣添／林谷の人々は、口伝によれば、明治期に職業選択が自由になったので、1870年代に旧B郡C村（現在D市）で青果商を始め、事業の基礎を固めた。第1世代の松次郎・イシの時代である。第2世代の佐吉・ナヲの代に、神戸に移住・転籍をした。神戸では、スーパーマーケットのような事業を経営した。その間、4度の転居、移住と転籍を繰り返した。林田区に住んでいた彼・彼女らは、1945年3月から6月の連合軍による大空襲で、店舗、自宅、その他の財産を失い、サキの実家に身を寄せた。この転籍は、除籍簿により確認した。

　被差別部落民の故郷からの移住願望にも定住願望にも、被差別体験やそれへの危惧が作用していることが多い[4]。垣添／林谷の人々が移住した動機は、1）C村にいたのでは、将来「子どもたちに肩身の狭い想いをさせる」（幸江、2010年3月6日、自宅）と考えた、2）当時のC村とその周辺には仕事が少なかった [領解 1969：79] の2点に要約できる。地方の小市場を見限り、神戸の市場に賭けた。その際、他者に頼らず、独力で新しい生活を切り開いた。そして、故郷から働き手を呼び寄せて、移住の先駆者となった。

2　高い教育水準

　高等教育を受けることは、垣添／林谷の人々にとって必須のことであった。神戸時代は、男児は、旧制中学校以上、女児は、高等女学校以上に通った。幸江は、旧教育制度最

後の高等女学校生である。学校教育経験は、事業にも有益であり、豊かな暮らしの基礎と考えられた。女性は、茶華道、日舞、絵画などにも精を出して、教養を高めた。学業成績は優秀であった。「いかなる意味でも、より高い水準の学校教育を受けることに疑問を挟む人はいな」[5]（要、2014年11月12日、筆者宅）かった。事実、第5世代は大学へ、第6世代は、図1に記載していない人を合わせて、4名が大学院での研究を経験している。

　読書も豊かであった。咲子は、「娘時代にこっそりマルクスを読んだ」。そのうちの一冊は、『賃労働と資本』であった（幸江、2010年3月6日、自宅）。咲子は、戦時中に読んだと言ったが、年齢と当時の環境を考慮するとそれは記憶違いで、戦後のことだと思われる。しかし家族も、咲子から戦前のことだと聞いている。読書は、知的好奇心の現れであり、ひとつの教養であった。それは、戦前からあった「青年知識人とマルクス主義の大衆化」[Barshay 2004=2007：67-8]の枠内のことであり、その意味では自然なことであった。自宅を訪問すると、常夫・幸江に通された部屋の書架には、西田幾太郎、鈴木大拙、埴谷雄高などの書物が収まっていた。

3　どのように闘わなかったのか

　ここでは、垣添／林谷の人々の身近で起こった差別事件を事例に、彼・彼女らが闘わなかった経緯について考察する。

　1954年、旧B郡E村（現在A市C町）で、結婚差別事件が起きた[広島部落解放研究所 1975：287-9]。警察が、非被差別部落の女性と結婚することになった被差別部落の男性を誘拐・不法監禁容疑で逮捕したという事件である。検察は、男性が「特殊部落なるがために非常の手段」で結婚を強要したとして、男性を起訴した。この事件は「A結婚差別裁判」として、全国の部落解放運動が取り組む闘争となった。広島高等裁判所における差し戻し審で、被告の勝訴が確定した。

　1950年、咲子は結婚して林谷を出ていたが、この差別裁判闘争のことは知っていた。しかし林谷の人々は、近隣のE村の被差別部落民にたいして不信感（後述）を抱いていたため、この事件には関心を払わなかった。常夫に事件のことを尋ねると、「そぎゃぁなもん、知らなぁ」（常夫、2013年4月14日、自宅）と答えた。

　1950年、近隣のD郡H町で、神社祭礼をめぐる差別事件が起きた。神輿を被差別部落に入れまいとする非被差別部落の若者に、被差別部落の青年たちが抗議した。激高した被差別部落の青年が、商売用の飴切りナイフで相手方の一人を傷つけて、逮捕された。事件は、戦後の民主主義に問いかける闘争[6]になった[広島部落解放研究所 1975：279-80]。これにも垣添／林谷の人々は、無関心であった。咲子は、後になってこの事件のことを知ったが、「わたしらたぁ関係がなかったけぇ知らなんだわぁ」（咲子、2010年4月11日、自宅）と述べた。

　I村からひと山越えて被差別部落があり、そこは、1948年に香具師の一団に武装襲撃

を受けた。それは、被差別部落の青年と香具師の組員が起こした諍い[7]が発端であった。香具師たちは、行商帰りの被差別部落民を日本刀で斬殺し、被差別部落の集会所と家々を襲った。事件は、夜8時過ぎに起きたが、そのことは、その夜のうちに、現在のD市M町の被差別部落に伝わった。翌朝には、県東部一円の被差別部落から支援部隊が派遣された。当時の部落解放全国委員会もこの事件を重視し、全国的な糾弾闘争となった。咲子は、その事件を新聞報道により知った（咲子、2010年5月3日、自宅）。

　さらに時代を遡る。1918年8月、垣添／林谷の人々が暮らしたB郡とD郡で米騒動が起こった。当時、両郡は31町村、被差別部落は40カ所であった。しかし、米騒動に参加したのは、B郡の3カ所のみであった［井上・渡部 1961：63］。B郡N村M地区の被差別部落民は、8月14日、梵鐘を合図に一般の貧困層とともに行動を起こした。警察による事前弾圧のため計画どおりの闘争にはならかったが、人々は、米穀商に押し寄せ、米の廉売を取り付けた。この出来事が、M地区の青年がD水平社を創立する契機となった。M地区は、戦後も、広島県東部における部落解放運動の中心となった。

　M地区から1キロも離れていないところに住んでいた垣添佐吉とナヲ、余市とサキの一家は、米騒動に参加しなかった。咲子が両親や祖父母から聞いた話によれば、米穀商以外の商店も襲撃されるという流言飛語を耳にして、不安を募らせたという。彼・彼女らは、その意味で米騒動に関心を示していた（咲子、2010年5月3日、自宅）。彼・彼女らは、当時、青果商として成功しており、経済階層としては米穀商側にあった。新天地の神戸で事業を行う資本蓄積も、すでに十分であった。

　垣添／林谷の人々が、神戸に移住後、行った政治的行動といえば、事業が順調で高額納税して得た貴族院議員の民選議員選挙権[8]を行使したことくらいであった。

D　闘わなかった被差別部落民の通俗道徳

1　生活と通俗道徳

　垣添／林谷の人々は、通俗道徳とどのような関係にあったのだろうか。まず、勤勉な労働である。彼・彼女らは、元もと大きな資本をもたなかったので、資本を蓄積し、生の質を決定するのは、「欲望を断念せよという福音をきまじめに実行」［Marx 1867＝2005：198］し、懸命に働いて蓄財することが基本であった。垣添／林谷の人々に、通俗道徳を実践したおかげで家業が成功したという自覚はない。しかし彼・彼女らにとって、能力のないことや怠惰は悪であった。長子であっても実力がなければ、家督相続から外された。経営権者の佐吉は婿養子で、余市は次男である。イシとナヲが主導して、家と事業の維持にふさわしい相続人を決めた。また、サキが「行儀見習」を経て、「嫁」に選ばれた（幸江、2010年3月6日、自宅）。

日々の暮らし方にも特徴が見られる。どの家も清潔に整頓されている。常夫・幸江宅をいきなり訪ねても、雑草一本も目につかず、廊下も手洗いも磨き上げられている。他の人々の家も、同様である。これは、通俗道徳のもっとも明快な現れである。ひろたは、このような状態について「客に対する礼儀であるだけではなく、自分たちの正直・誠実を示すことだった」［ひろた 2010：203］と述べている。

常夫の家屋は自作である。自作とは、自分で建てたという意味である。それは、生活が苦しい時期の常夫にとって、最良の方法であった。棟上げは親類に手伝ってもらい、あとはすべて自分の手で仕上げた。常夫は、幸江との婚礼をこの家で挙げた。

幸江は、20年以上膠原病に悩まされており、2015年1月に末期の肺がんと診断された。今では、車いすが放せない。それでも幸江は、いつも「よそいき」の身だしなみで人に会う。常夫は、幸江の身の回りを世話し、家事全般をこなしている。医師が介護施設への入所を勧めるが、拒んでいる。祖父母や父母、兄弟の命日や彼岸の墓参は、ほとんど欠かさない。それは、故人と家族にたいする誠実さの表現である。

2　戦後の困窮からの脱出と通俗道徳

戦後は、明正が進学を断念するほどに困窮した。しかし、いい仕事を求めて努力した結果、困窮状態は長くなかった。地場産業として成長が期待された花崗岩採掘が始まり［楠 1968：88-9］、常夫らもこれに従事した。その一方で、サキや他の母親たちが、三公社・五現業が戦死した職員の穴埋めを求めているのを知り、常夫ら息子たちを就職させた。就職したものは、さらに身内に職を斡旋した。そして身内外にも斡旋した。上司は、「誰でもええけぇ、つれてけぇ」（常夫、2011年8月10日、墓地）と言っていた。それらは安定した仕事であった。低賃金ではあっても、極貧状態に陥ることはない。

幸江は常夫と結婚した。咲子と結婚した哲も、国鉄職員であった。哲の賃金が安かったので、咲子は、オーダーメイドの子ども服の仕立てを請負った。その技倆は、旧制女学校で習得したものであった。幸江は、女学校を卒業後、地元の建設会社に事務員として就職し、結婚後もそれを続けた。子どもはともに一人だったので、教育費の負担は小さかった。やがて高度経済成長期になり、賃金はどんどん上昇した。

忠之は、外国航路のクルーとして安定した高収入を得た。登喜男は、東京に出て事業を起こした。常夫の実兄は、化成工業の企業に就職し、頭角を現して重要ポストに就いた。明正の事業も順調であった。1960年代の中頃には、垣添／林谷の人々のほとんどは、憂いのない経済状態になった。

3　母親の教えと文化資本

サキは、日頃から「たとえ、家のなかが片付かなくても女は働く」ものだと、娘たちに教えた。「たとえ朽ち果てようとも、昨日より今日、今日より明日のために」と、子ど

もたちを諭した。サキは、ナヲからそのことを教えられた。サキの勤勉は、空襲で被災後、また1954年に余市を亡くしてからも、経済的苦境を乗り越える原動力となった。サキは、飯場の賄いなどで働いた。第5世代の孫たちも、サキの教えを受けた。サキの没後生れたひ孫たちも、同じことを言う。男たちもそうであったが、女たちはいっそう勤勉を実践した。「明日」とは、勤勉と倹約の成果を投資する対象であった。神戸時代には、事業の成功と子どもたちの教育が勤勉の主な目的であった。戦後の困窮時代も裕福な神戸時代と同様、子どもや孫の教育への最大限の投資を厭わなかった。そして、咲子も幸江も、社会人になった子どもや孫たちも、同じ生活態度を保持している。

　余市やその父佐吉についての話は、ほとんど聞かなかった。男たちは、取引先との付き合いと、そのための芸事に励んだ。しかし放蕩者はいなかった。

　戦後の父親たちは勤勉に働き、子どもたちはよく学んだ。母親は、労働で家計を支え、「人並み以上」に、立派に子育ての責を果たした。人並みとは世間の目であり、それは、（被差別部落民だから）不快な人間と見られない所作と、そのための教養を身に付けることであった。垣添／林谷の人々は、彼・彼女らに注がれるネガティブな世間の目も、よりよく生きるためのポジティブな要素に転換した。神戸で得た高学歴、高収入と生活経験は、文化資本となって蓄積され、戦後の困窮からの脱出にとって、ポジティブに機能した。

E　闘わなかった人々の自己認識と通俗道徳

1　差別をどう認識し、表現したか

　垣添／林谷の人々の被差別部落の認識は、どのようなものだろうか。垣添／林谷の人々にとって、「部落」は、一般的な「集落」を指す言葉である。彼・彼女らは、自らを「部落民」と呼ばない。身内の間でも、部落（問題）について話すことはない。しかしそうはいっても、自らと一般市民との「差異」には気づいている。彼・彼女らは、一般市民のことを「ネス」と呼ぶ。また、「ボウチ」（恐らく某地）とも呼ぶ。それは、彼我の差異認識の慣習的な表現である。「ネス」には敵意が含まれる。それは、警察用語や香具師の隠語からきたともいう。しかし、一族にその職業に携わった人はいない。

　彼・彼女らは、自らを「うちら」とも言う。筆者が、谷の入り口の住民について（図2　集落入り口の左側）「さっき、挨拶したんだけど、あの家は、どういう人なの」と尋ねると、「あぁ、あそこは『うちら』とはちがうんよ」と答えた。そして、「あんたに挨拶をした？『うちら』にゃ挨拶もせんのよ」と続けた。周囲の人々は、林谷の人々と公には交わるが、私的には接しない。筆者は、常夫と幸江に、咲子のことについて尋ねた（2013年5月15日、自宅）。

小早川：お姉さんが、一時期、運動をやってたことをどう思ってたの？

（しばらく沈黙）

幸　江：ここでは、（差別的なことを）言うもんもおらなんだ。だから（運動に参加する）必要もなかった。

小早川：神戸ではどうだったの？

幸　江：ぜんぜん。

図2　対象住民住居の位置関係

小早川：でも、ここでは、（谷の）あの入り口の人の態度のことを言ったよね。

常　夫：ここらでは直接はなかった。

小早川：それは、差別的な発言のこと？

幸　江：知らんところでどう言いようるかは分からんが、差別を受けることも耳にすることもなかった。

小早川：お姉さんが、そんな話をしに来なかった？

幸　江：話をしたことはなかったよ。

小早川：身内で、このこと（差別を受けていること）を話さなかった？

常　夫：近所づきあいも普通じゃったしのぉ。

小早川：そうだね。水利組合も山（の入会権）も普通だしね。でも、結婚は？

常　夫：息子は、静岡の名士の娘といっしょになっとる。

小早川：息子さんが中学校や高等学校にいた頃、先生が家に来なかった？

常　夫：何しに来るん？

小早川：ちょうどその頃、同和教育が熱心だった時期ですよ。

幸　江：来んかったよ。

常　夫：そんなこたぁなかったな。

小早川：それじゃ、返さなくてもよい奨学金とか、ここが同和対策事業の対象地域だということを聞いたことはない？

常　夫：仕事があって、働けるもんは働いて稼ぐのが一番（重要）じゃ。行政から施策を受け取ることは大嫌いじゃ。働けんで、何もないもんなら、そう

　　　　（いう施策が必要）かもしれんが、国鉄に勤務してたんで、そんなもんは
　　　　要らなんだ。ここのもんは、みんな仕事には困っとらん。

　小早川：では、お姉さんがしていた解放運動には、反対したの？

　幸　江：いんやぁ。お姉ちゃんは、お姉ちゃん。

　小早川：広島県の東部、とくにこの辺は解放運動が強かったでしょ？

　常　夫：ＤのＹ（活動家の名前）じゃろ。

　小早川：そう。有名じゃね。

　常　夫：うーん。ふふ。

　小早川：えっ？

　常　夫：ありゃ、敵が多い。もうええ、今日は止めようや。

　この会話が、常夫や幸江との「はじめての部落問題」であった。常夫と幸江は、同和対策事業のことや、部落解放運動の指導者のことも知っていた。理不尽な隣人が差別感情を抱いていることも知っていた。それらとの距離を取り、忍耐をもって隣人に接する。これが、彼・彼女らの生の作法であった。自己と社会の関係は、常夫が国鉄時代に経験した、1951年の吹田事件などの労働運動の話や、地域の建設委員会や水利組合、町内会などの活動話のなかに埋め込まれていた。

2　被差別と自立と結婚問題

　部落解放運動に加わらない人々の場合、結婚（差別）への対処が表面化することはない。垣添／林谷の人々は、結婚をめぐって生じる問題にどのように対処したのだろうか。1970年頃までは、世話役が、姫路、福岡間に暮らす「身内」から婿と嫁を選んで、互いに紹介する方法が一般的だった。また、その域内での恋愛結婚もあった。中には、親が決めた相手を拒絶し、壮絶な闘争を経た結婚もあった。

　図1の第3世代の峯太郎は、佐々木トシコとの間に、島根県Ｏ市で一子を設けた。トシコは、Ｏ市の非被差別部落民である。二人は事実婚で、生まれた子どもは、佐吉・ナヲの戸籍に入った。これが結婚差別であるとすると、第3世代まででではこの事例だけである。『柴垣家略歴』によれば、その他はすべて、被差別部落民同士の結婚であった。

　垣添／林谷の人々が経験した結婚差別は、現代にも通じる。戦後、被差別部落民と非被差別部落民の恋愛や結婚が増えた。同時に、非被差別部落民の両親や親族が結婚に反対すれば、結婚が「事件」となる。明正と常夫・幸江の息子、伸彦の結婚は、その「事件」であった。哲の姪のケースも同様であった。ここでは明正の場合と哲の姪の事例をとりあげる。伸彦の事例は後述する。

　明正は、広島県東部で就職した山口県出身の女性と結婚を約束した。女性の両親は結婚に反対した。そこで、哲と咲子が先方の自宅に出向いて、結婚を認めるよう説得し

た。咲子は、進学を断念した明正が可愛かったので、どうしても思いを遂げさせたかった。時間がかかったが、結局、先方の両親は結婚に同意した。どのように説得したのかは、誰も知らない。明正もこのことを話題にしない。哲と咲子が、誰かに仲介を依頼したこともない。

　哲の姪の場合は、旧専売公社の同僚が相手であった。姪の父は戦死し、母は病死していた。哲と咲子が親代わりで相手方男性の自宅を訪ねた。1980年代初めのことだった。姪は、被差別部落出身であることを相手に明かしていなかった。要は心配して、咲子の帰宅を待っていた。帰宅した咲子は、開口一番、「ホットしたんよ。心配して行ったんじゃが、ポスターが貼ってあったよ」と言った。ポスターとは、部落解放運動のものであった。要が「向こうがボウチで反対されたらどうしましたか」と聞くと、「ただでは引き下がらんよ。そりゃあ、がんばるよね」と咲子は答えたという（要、2014年11月12日、筆者宅）。

　裕子の娘たちも非被差別部落民と結婚した。二人は、出自を理由に破談になったときの痛手が小さいようにと、事前に相手方にカミングアウトしていた。筆者が、「反対されたらどうしたの」と聞くと、「そんな相手を選んだ自分の目が節穴だったときれいさっぱり別れる」（2013年8月16日、喫茶店）と言った。相手男性の一人は、後に、彼女の家族が、道徳的にしっかりしていて、どんなことも他人のせいにしない、自立した暮らしぶりに共感した、と言っている。

　姉妹に出自を教えたのは、裕子と要であった。その裕子は、第5世代のいとこたちが集まった夏休みに、咲子の意図を受けた年長の人に出自を教えられた。そのときパニックになった人もいたが、結局、全員が出自の意味を理解した。

F　通俗道徳の由来

1　国家と被差別部落と通俗道徳

　垣添／林谷の人々は、通俗道徳をどこで修得したのだろうか。まず、近代国家が政策的に被差別部落にもちこんだ通俗道徳について検討する。広島県では、1888年に、被差別部落民に道徳心や向学心を求める僧侶の活動があった。1900年を過ぎると、警察が、被差別部落に通俗道徳をもちこんだ。たとえば、舛川義臣という警察署長は、1906年、上下町の警察署への赴任を皮切りに［広島県県治課 1920：20-1］、その後の赴任先で、部落改善団体を組織し、通俗講演を行って勤勉と貯蓄を説いた。現在のA市P町でも、駐在所の警官が部落改善団体を組織した。広島市福島町の一致協会も広島警察署長を会長とした。その一致協会が1914年1月1日に行った年頭行事は、「忠婢」の表彰であった。ある41歳の女性が、一般家庭に住み込みで働き、雇い主にも、その遺族にも「一

入忠実に」「身をつつしみ心を励まし赤誠籠め」[福島町一致協会 1914：38-9] て働いた献身を讃えて、記念の銀簪を贈った。

全県的な融和団体である広島県共鳴会が組織されると、明確に国家の意志として、勤勉、倹約、貯蓄の奨励、副業の奨励、被差別部落民の自覚などを謳って、部落経済更生運動や農村工業化政策が実施された。それらの担い手は、末端の地方行政であり、広島県共鳴会の役員、地域の方面委員などであった。それは強権的な方法では行われず、被差別部落民に副業業種選択の余地を与え、その自主性を促す政策であった。通俗道徳を利用することは、低コストで被差別部落民を融和させる政策であった。それは、経済政策と結合し、当時全国で行われていた農山漁村経済更生運動と対をなし、国民の統合と支配の方途として機能した。

融和運動のキーパーソン山本政夫の著作、発言の文脈を貫くキーワードは「部落民の自覚」であり、その自覚とは、「公民教育を施さ」れた状態を意味し、差別者に対して差別の無為性を知らしめる人間的営みのことであった [山本 1939：9-10]。中央融和事業協会は、その機関誌に成績優秀な被差別部落農家をモデル農家として掲載し、その精神性の高さを賞賛した [更生 1936：18-23]。また、多角経営による勤勉と貯蓄を奨励した。貯蓄は、農業剰余金として国家的な需要に応えて再投資させるものであった。貧困や困難に忍従し、国や他人に頼らない自助自立を促すというのが、通俗道徳の正体であった。山本は、部落経済の救済は、「二宮尊徳翁の生涯」を好例として努力することである [共鳴 1932：14] と説いている。当時、この記事や報告、論文の類いは、きわめて多い。

2　通俗道徳の差異

垣添／林谷の人々は、融和運動を通した通俗道徳の涵養に、どの程度影響されたのだろうか。通俗道徳が、権力による国民統合のイデオロギーであるとすれば、何びともそれから自由ではない。しかし、融和運動というイデオロギー装置は、限定的なものでしかなかった。広島県共鳴会は、中堅人物や主要活動家がいる被差別部落に的を絞って運動を行った。たとえば旧Ｔ郡Ｕ村には、優秀な学生に就学資金を拠出する篤志家であった河野亀市がおり、多様な運動が可能であった。河野と方面委員会については、既に述べたとおりである。つまり、権力のネットワークがあり、権力を行使する立場に指導者が置かれた。その交点としてあった共鳴会支部の活動が、機関誌で反復して報告された。そのことが大きな運動として誇張された。実際は、680の被差別部落の80で、ようやく融和運動の影響があっただけである（第1部第4章参照）。被差別部落の〈正史〉は、水平社運動や融和運動が被差別部落全体を覆ったかのように記されるが、実際は被差別部落の一部での物語であった。垣添／林谷の人々は、〈正史〉には登場しない。融和政策からも周縁の存在であった。

垣添／林谷の人々には、通俗道徳を称揚する新興宗教との接点はなかった。むしろ新

興宗教にたいしては冷ややかであった。垣添／林谷の人々は学校教育を重視したので、学校教育により通俗道徳を修得した可能性はある。とはいえ、実戦的訓練のない学校教育だけでは、通俗道徳は身体化できない。しかも、垣添／林谷の人々が重視した倹約の内容は、融和運動や通俗道徳とは一致しない。

　部落経済更生運動における倹約と貯蓄は、その目的を国家に置いた。一方、垣添／林谷の人々の倹約と貯蓄は、事業への再投資と教育に回ることがあったが、その他は、個人的な「浪費」に充てられた。咲子は、宝塚少女歌劇を楽しんだ。また、着飾って神戸の街を闊歩した。幼い幸江もそれに倣った。神戸時代の写真、遺品、生活様式、趣味などから、倹約の目的が、国家のそれとは異なるものであったことが知られる。余市の遺品の和服は、今日でも贅沢品である。彼・彼女らは、非国民のレッテルが貼られるぎりぎりまでそうした暮らしを楽しんだ。疎開する娘たちには、当座の費用として各に500円を持たせた。そこに、世俗内禁欲（M・ウェーバー）はなかった。垣添／林谷の人々の倹約において、国家や社会にたいする意識は稀薄であった。国家は、貧者から資金を調達する方法として倹約・貯蓄を勧めた。一方で、彼・彼女らの倹約はそれと異なり、ゆえに通俗道徳のあり方も異なった。彼・彼女らの贅沢は、差別への歪んだ抵抗であった。その限りで、通俗道徳は、彼・彼女らに諦めと忍従を強いるイデオロギーとしては機能しなかった。では、彼・彼女らの通俗道徳は、どこから来たのだろうか。

G　伝承と被差別部落における通俗道徳の形成

1　『柴垣家略歴』の概要とその意味

　垣添／林谷の人々の通俗道徳に大きな影響を与えたのは、冒頭に挙げた『柴垣家略歴』だと思われる。

　筆者は、垣添／林谷の人々の略史と檄を記した『柴垣家略歴』を、幸江から「これをあげるけぇ」（2013年8月15日、自宅）と手渡された。それは青焼きの複写であった。硬筆が使われていることや用語などから、原本は、近代に入って一族の誰かが、一族の伝承を構築し、記録し、保管し、共有し、継承したものと推測される。幸江によると、一族のどの家にも同じような写本があった。

　『柴垣家略歴』には、垣添／林谷の人々の略歴が、次のように書かれている。1）一族の起源は、天智天皇ゆかりの楢崎という地頭職である。2）柴垣（垣添の旧姓と主張）は、楢崎城主（D市O町）の分家である。3）戦に破れ、3人の子どもの逃亡にも失敗した。4）やむなく3人を蓑、菰、柴に隠して護った。5）子どもたちは後世、蓑垣、菰垣、柴垣の姓を名乗った。6）もとは現在のD市R町にいたが、楢崎城廃城から350年後までの250年間、この地に住んでいる。7）柴垣の分家の久四郎とキヌが没して後、不遇が重なり、つ

いに隷落の身になった。久四郎の子久太郎はさらに隷落し、他の柴垣一族と絶縁された。

『柴垣家略歴』は、この「事実」に則り、本来の身分を示す系図を奪われたことを「誠に残念の極み」と記す。そして「親族から勘当」を受けることは、「不都合の限りである」。ゆえに「此の系を引くものは心を合わせ此処に思ひをあつめねばならぬ」と主張する。次いで、一族の名誉回復について、すべての親族に次のような教えを諭す。 1）各地に広がった親族一同は、財を蓄え、学を収め、人格の高揚をはかれ。 2）社会の指導者となり、久四郎の名誉を回復せよ。 3）「子孫に課せられた任務」として、祖先（の歴史）を調査し、名誉を回復せよ。それは、短い文章であるが、そこには（被差別身分へ）隷落した者としての自覚と、隷落させた者たち（それは同族であるが）への報復の意思が窺える。それは、身分社会の変革ではなく、ひたすら教育と事業の成功を説くものであった。要も、この『柴垣家略歴』の概略を知っていた。写本については、「報復心をインセンティブにして、資本主義社会で生きるのは当たり前だったのでは」（要、2015年5月13日、筆者宅）と述べた。

垣添／林谷の人々は、神戸にいた時期、戸籍上の姓[9]に代えて、柴垣姓を名乗った。それは、『柴垣家略歴』を実践したものであった。神戸に移住して事業の成功を図ること、高い教育を受けること、勤勉を旨として地域社会の指導的な役割を担うことなどは、『柴垣家略歴』が描いたデザインそのままである。長子相続に拘らないという考えも、この『柴垣家略歴』がいう、柴垣家の再興を優先したものである。ただ、貴族院多額納税者議員の選挙権取得は、報復ではなく「元の身分」へ再接近するものであった。高い自尊心は、さらに上昇志向を掻き立てる原動力となった。そこには、少なくとも「惨め」を感じる余地はなかった。『柴垣家略歴』が説く通俗道徳が、近代的・普遍的な平等観を生むこともなかった。

『柴垣家略歴』は、現在のC町の被差別部落に今も伝わっているが、その内容の信憑性は低い。それは、「弾左衛門由緒書」などの「偽文書」［盛田 1978：1-66］の類いである。元は武士だから差別は不当という文脈で語られる物語が、各地に残っている。広島県の調査にも記録されている［広島県県治課 1920：3-5］。しかしそれが、「惨め」を逆転させる経済活動と結びついたという事例は、現在のところ他に確認できない。

2　相似形の被差別部落認識の構造

広島県東部には、被差別部落外に『柴垣家略歴』に類似した内容の俗説がある。A市の地方史家である世良戸城は、備後・備中地域の38の山城の改易と浪人改めが、近代の「特殊部落」の起源であると説明した。

1）承応元年の浪人改めは、40万人の浪人を生んだ。 2）彼らは、武術の心得があったので、治安維持の役割を担った。3）古代よりの賤民に、追放された浪士がとって代わった。 4）ゆえに、血統的には古代賤民とは異なり、後の時代に構築されたものである［世

良 1949：6-14]。世良の論文には、楢崎姓の城主の名前が見える［世良 1949：18］。また、現在のＡ市Ｓ町にいた穢多頭三八は、士分並みであったが、明治以降に「特殊部落」とみなされ、部落差別が強化されたと主張した［世良 1949：27］。 いずれも、根拠は『備後叢書』であった。

世良は、戦国中期の６人兄弟の農民一家をモデルに、武士と農民と被差別民が分解したと説明する。明治以降はさらに身分が変化し、華族から「特殊部落」まで身分が分解したと説明する。その結果、世良と血縁関係にある一部の人々が被差別部落民になったという［世良 1949：28］。さらに世良は、被差別部落に特徴的な言語、一般市民の差別的所作などを分析して、被差別部落民の武士起源説を補完する［世良 1949：34-6］。同様の考えは、垣添／林谷の旦那寺の住職ももっていた。彼の理解する垣添／林谷の人々は、「やんごとなき」身分の末裔であった（住職2005年９月、報恩講）。

広島県内では、被差別部落が古（廃）城ごとにあるのではなく、村ごとにある。ゆえに、近代になっても681もの被差別部落が存続した。しかし、問題は俗説の真偽にではなく別のところにある。世良の論理は、非被差別部落民による被差別部落認識の一つである。このような認識が、被差別部落に一つの標章を与えた。広く散在する被差別部落を考察するのではなく、戦国城郭の近くに賤民がいたという部分的「事実」を全体的な差異の標章とした。一方で、垣添／林谷の人々は、自らの生に資するため、差別社会と相似形の伝承をもって、差別社会に臨んだ。

H　通俗道徳と被差別部落、その帰結

1　伝承と通像道徳が現代にもたらしたもの

垣添／林谷の人々は、自分たちを隷落させた者たちへの報復を試みた。もっともその存在は、フィクションであり、具体的な報復は不可能であった。1895年に売却した農地を、明正が宅地として買い戻したことだけが、失地回復という意味での報復であった。

しかし、通俗道徳は、物心両面での目標達成に積極的な役割を果たした。文化資本は、復活していく経済状態と相乗効果をなし、一世代ごとに高学歴を達成させた。『柴垣家略歴』がいう「社会の指導者となる」ことは、民生委員、町内会、水利組合、山林組合（入り会い）、企業経営者として活躍したことで実現された。しかし、そのような営為をもって、非被差別部落民が彼・彼女らを受け入れることはない。いまなお隣人は、彼・彼女らの存在を認めていない。個人生活において、地元の人々とは親密ではない。非被差別部落民との婚姻は、地元を離れること（偶然だったのかもしれないが）で可能であった。しかも、出自の告白という重い「おまけ」から逃れることはできない。

ここ２年、幸江と常夫は、伸彦のことを話題にしなくなった。伸彦とは連絡がとれな

くなって久しい。ときたま伸彦の方から、電話がきている。しかし、伸彦はすぐに切ってしまい、住所や電話番号を教えない。ゆえに、幸江の病状も伝えられないでいる。数年前に伸彦の配偶者の父が死亡したが、そのとき「なんも様子（連絡）がなく、後から手違いで様子できなんだと言うてきたんじゃ」（常夫、2014年12月28日、自宅）と、常夫が言った。筆者が「結婚のときから、普通じゃなかったんじゃないの」と聞くと、返事はなかった。咲子は以前、ふたりの結婚式は「身内で済ます」ということで、両親以外は招待されなかった。「向うは2000坪の屋敷の旧家で、相手の兄さんは、県の偉いさんじゃけぇ、正面切って反対できんかったんよ」（咲子、2010年5月3日、自宅）と述べた。それは、抗議の隙を与えない差別であった。

伸彦は、大学を卒業後、運輸系企業に入社し、国内留学、長期の海外勤務を経て、外資系企業によるヘッド・ハンティングで、よい地位を掴んできた。幸江と常夫にとって、自慢の息子であった。しかし現在は、忍従が老いた父母を支配している。幸江は、「うちらと違うもんとは、結婚せん方がええ」（2014年12月28日、自宅）と述べる。その言葉に、日本社会の「文明の悲惨」への抗議が秘められている。

2　複雑化する差別構造

元来、『柴垣家略歴』には、社会的平等の観念はなかった。そのため、被差別部落内に立ち入り厳禁の場所が構築された。咲子は、子どもの裕子に「川の向こうと踏切の向こうに行っちゃぁいけんよ」と教えた（裕子、2012年2月17日、自宅）。そこには被差別部落があった。それと同じ考え方が、被差別部落女性による放火事件も引き起こした［小森 1973：113-51］。

本稿に登場する全員が、E地区の被差別部落民を嫌っている。それは、E地区出身の部落解放運動の幹部活動家が、「若い頃、新撰組じゃ言うて、揃いの法被でのし歩いた」ことが原因であるという。A結婚差別事件について、「隠れとったもんを警察へ売ったんはE地区のもんじゃ」（咲子、2005年8月9日、自宅）と述べた。この事件とは直接関係がないのに、常夫は、「小指がのうて、入れ墨入れた息子を、市の職員に無理矢理ねじ込んで、管理職にまでするかなぁや。ここらのもん（一般の人）は、みんなよおる（言っている）で」（常夫、2013年4月14日、自宅）と、E地区の指導者を非難した。これは、吉本隆明らの被差別部落批判と同様、自己の価値観を尺度にして、ある幹部活動家とその息子の行為を範型化し、彼らが所属する地域全体を拒絶した例である。

このような態度は、非被差別部落の人々にもある。咲子は、旦那寺への高額寄付者であるが、それは信仰が篤いからではない。咲子は言う。高額寄付は、長男の放浪癖で後継者を失った寺院への憐憫と、檀家の寄付でしか成り立たない寺院を軽蔑してのことであった。高額の寄付は、自尊の裏面に潜む他者を侮蔑する感情表現であった。

垣添／林谷の人々は、ときには一般市民とともに、E地区を非難する。それは、部落

解放運動にたいする非難である。今日、闘う被差別部落民、闘わない被差別部落民、一般市民の関係はますます複雑にねじれた状況になっている。

I 結 び

　闘わなかった垣添／林谷の人々の生は、通俗道徳を梃子として重ねられてきた。その通俗道徳は、自己目的化されたものではない。そこには、世俗内禁欲の倫理もなかった。その意味で、それは精神の内に根差したエートスではない。また、その通俗道徳は両義的であった。差別から逃れ、物心ともに豊かさを達成した。その意味で通俗道徳は、一族の生にポジティブに作用した。しかしその一方、通俗道徳により生を実現する方法は、他者を創出し、人間を抑圧する近代社会の価値観の追認を前提とした。そこでは、生を差別と抑圧の枠内に見出すことになった。それゆえ、伸彦の事例のように、通俗道徳は、人生の重要局面では無効であった。常夫・幸江には、苦労して育てた息子とその家族に見放された。そこに、家族が分断される悲しみを耐え忍ぶというネガティブな生の局面が現れた。第6世代の結婚のように、出自の「告白」から自由ではなかった。通俗道徳による生が「伝統的な差別の大枠」を変えることはなかった。むしろ、近代社会の差別の鋳型に自らを鋳込んでしまい、脱出不可能な疎外に身を置くことになった。そして、他者とされた人々が、別の他者を創出し、差別していった。

校 註

1　被差別部落の人口について、ここでは1993年の内閣府調査による892,751人を採用する。部落解放運動参加者の数は、部落解放同盟関係者の教示により、現在の同盟員と他の運動団体の組織員を合わせて8万人とする。被差別部落の人口の少なくとも約90％は、部落解放運動に加わっていない。

2　少数点在型の被差別部落についての研究は少ない。石元清秀は、農村に少数点在する被差別部落の研究において成果を残した。しかし、その主題は農業分析であった。小数点在型の被差別部落における規範、精神形成に論及したものではなかった。

3　吉本隆明の発言は、1971年の共産主義者同盟系の政治集会におけるものである。スターリン主義は、反革命と同義であり、日本国内においては日本共産党を意味するものとして、共産主義者同盟系、革命的共産主義者同盟系のマルキストが、打倒の対象とした。吉本の論理からすると、部落解放同盟や被差別部落民は、一掃すべき対象となる。

4　広島県三原市の1973年調査によると、移住願望の理由に「差別からの解放」があるが、逆に、定住願望の理由も、移住先での差別に懸念を抱くことによる。部落差別が移住、定住双方の動

機づけとなっている。

5 　要は、知識人に属する。彼は、この言葉に続けて「身内に、誰も学校が嫌だと言った人はいませんよ。問題行動を起こした者もいません。成績は、叔母たちを含めて常に上位でした。私の世代も子どもたちもです。―中略― 　『ハマータウンの野郎ども』に描かれている、労働者階級の子弟が中産階級の文化に反抗的な態度を示すという状況は、私らにはまったく当てはまりません。―中略― 　社会的弱者が、差別から逸れるのに、教育は最短の道ですよ。鉛筆と紙と努力があれば、それは可能です」と述べて、自分たちは反学校文化とは無縁であると強調した。

6 　この被差別部落は、大闘争を経験したが、その後は部落解放運動には加わらなかった。筆者は、調査を試みたが、地区の人々から厳しい拒絶反応が示された。筆者は、人々から追いかけられた経験がある。

7 　事件は、香具師の組員の差別発言に発端があると言われてきた。しかし公判調書によると、発端はたんなる喧嘩であった。「受難の歴史」が拡大再生産されるプロセスは、研究のテーマになる。

8 　土地あるいは工業・商業につき多額の直接国税（地租・所得税・営業収益税）を納める30歳以上の者の内から互選（貴族院令第6条）で選ばれる権利である。議員の任期は7年である。当初は、府県ごとに直接国税納付者15名より1名が互選された。利子や配当、給与などにより税金を納める者、自己の事業を株式などで証券化した資本家は、意識的に排除された。したがって、実際の納税額の多寡と互選人資格との関連は弱い。要するに、それは勤勉にたいする恩賞である。

9 　被差別部落には、戦前の融和運動の過程で「本来の姓」を根拠に戸籍の変更＝復姓を認めさせた例がある。本稿の事例では、法的な変更を求めた形跡はない。復姓は、変更の事実は戸籍に記載されたので、労力に比べて得るものは小さかったためである。

第3章　他者の他者の創出
── 不安定化する地域と少数点在型の被差別部落の分析 ──

本章は、少数点在型の被差別部落（7世帯）と、その周辺（一般）地域を事例に、二つの課題に取り組む。一つ、被差別部落と町内会活動とその統合機能の分析である。二つ、被差別部落の人々と非被差別部落の人々との関係を分析することである。本稿の主題の論旨は、次の点にある。少数点在型の被差別部落は、その周辺地域に帰属する以外に、社会生活を維持することができない。地域の町内会活動へ参加することも、被差別部落の存在にとって必須条件となる。被差別部落の人々は、地域の人々が期待するように行動する。他方で、今日の経済環境の下、地域の人々は、伝統的なゲマインシャフト関係を維持するだけでは、生活の不安を拭うことができなくなった。被差別部落の人々は、地域の町内会の公的な役割を担い、また、同和対策事業の成果を地域の人々とともに享受した。そのため、差別・被差別の関係は緩和するかに見えた。しかし地域の人々の態度は、被差別部落の人々の期待を裏切るものであった。そこに、かつての差別より錯綜した差別の構造が現れた。地域の人々は、一方で、他者である被差別部落の人々に、「開かれた」態度を取りつつ、他方で、被差別部落の中に怪物のように嫌悪される他者を創り出した。しかも被差別部落の人々に、そのことへの同意を強制した。その結果、被差別部落の人々は、二重の疎外状況に置かれた。

A　少数点在型の被差別部落と地域研究の方法

1　少数点在型の被差別部落の位置

被差別部落の存在形態は、多様である。その多様性は、まず、世帯と人口の規模に現れる。1965年の『内閣同和対策審議会答申』（以下、答申）が、立論の基礎とした調査の対象地は、16ヶ所の被差別部落であった。その最大規模が6,742世帯で、最小が33世帯であった［内閣同和対策審議会 1965：111］。1993年の内閣府調査では、全国の被差別部落の規模は、49世帯未満が68.6％であった。中国地方では79.7％であった。9世帯以下が38.4％で、それは他の地方より多かった［部落解放・人権研究所 2001：505］。本稿でとりあげる7世帯の被差別部落は、広島県にある。同じ広島県三原市の1973年調査では、人口が「最小7人」の被差別部落があり、20人未満の被差別部落が、28.1％を占めた［三原市 1973：195-201］。広島県全体では、第二次世界戦争前に、2世帯以下の被差別部落が138あった［天野 1975b：159］。これは、全体の20％を占める。このような傾向を見

ると、本稿が事例とする7世帯の被差別部落は、例外的なものではなく、一般的な小規模被差別部落の一つでしかない。

部落差別は、差別する人とされる人の人間関係の中で現れる。とすれば、生活の自己完結性が高い都市部の大規模被差別部落と、周辺地域に帰属しつつともに暮らさなければならない被差別部落とでは、受ける差別の現れ方が異なる。この意味でも、小規模の被差別部落をとりあげることは、部落問題の動態研究として意味ある方法である。どうじにそれは、ネオ・リベラリズムの現代において、部落差別がどのように現れているかを問うことでもある。それゆえ、本稿は、少数の世帯・人口の被差別部落と周辺（一般）地域の関係の分析を2つの観点から行う。一つ、被差別部落の世帯・人口動向と農業の変化を踏まえて、地域の町内会活動とその統合機能を分析すること。これらの分析を踏まえて、二つ、被差別部落の人々と地域の人々（非被差別部落の人々）の関係を分析することである。そして、現代日本に見る排除の構造の一端を見る。ただし本稿は、排除の構造自体を論じるものではない。

少数の世帯・人口という場合、どのような規模をもって「少数」とみなすのか。それについては定説がない。本稿ではたんに、周辺地域に帰属する以外に生活が維持できない規模を、「少数点在型」としておく。農村であれば、周辺地域に帰属し、ともに行動しなければ、農業の水利権も確保できないような規模を指す。単独で町内会（自治会）がもてない規模ともいえよう。とはいえ、30世帯の規模であっても、差別の結果、一般地域から隔離され、自前の町内会を作らなければならない例もあるので、ここでは、「1993年内閣調査」の分類に倣って、9世帯以下を「少数点在型」の被差別部落としておく。

2　先行研究について

少数点在型の被差別部落を対象とした先行研究は、少ない。石元清英の研究は、その中でも格別に意義があるだろう。石元は、本稿が扱う被差別部落から30kmほど離れた広島県旧御調町の被差別部落をとりあげ、農業を中心とした職業構成や階層、雇用形態などを分析している［石元 1991：113-46］。また、旧御調町には1世帯または2世帯からなる被差別部落もあると指摘している［石元 1991：48-9］。しかし、それらの被差別部落の人々と周辺地域の人々が取り結ぶ関係については、分析していない。答申以降、地方自治体による被差別部落の実態調査も行われたが、被差別部落が周辺地域に、例えばどのように従属しているかなどの関係を問うものはない。

3　地域と町内会

本稿では、「地域」と「町内会」が鍵概念になる。地域は、多義的な概念であるが、本稿では、狭義の伝統的な郷党社会[1]を指すものとする。郷党社会は、歴史的・地理的に確定された生活空間を指すが、今日、基盤をなす農業が危機に陥り、その存在が揺らいで

いる。本稿は、そのような地域をとりあげる。郷党社会としての地域は、国家と住民を媒介する。社会がいかように変容しても、国家と地域の関係は、それに対応してたえず再構築されている。国家や地方自治体の施策は、地域の権力構造を無視しては実施できない。本稿は、地域をそのような存在として理解する。

　町内会は、地域を統制する議決機関であり、執行機関である。「家」が崩壊し、人間関係が個人化し、それに不安を抱く人々が、町内会活動により地域の再統合をめざす場合もある。中川勝雄は、豊田市を事例に、企業城下町の町内会がどのように変貌していったかを分析した。産業構造の変容により地域構造が変容し、政治構造も変容した。そのとき町内会は、地域と企業社員の間にあって、利害関係を調整する機能を果した［中川1989：255-72］。次に、町内会は多くの場合、行政の意向に沿って動く。自治体の地域政策が変化すれば、町内会もそれに沿って動く。上田惟一は、町内会と行政の親和性に言及した［上田 1989：439-61］。そして、選挙協力や候補者の立候補の母体としての、また行政の圧力団体としての町内会について分析した［上田 1989：442-59］。いずれの研究においても、町内会は、政治的な力を背景に、行政と住民との利害を調整する存在とされている。

4　A部落と調査の方法

　広島県福山市の近郊にある7世帯の被差別部落と、その周辺地域を事例に、以下の議論を進める。その被差別部落の人々は、隣接する2地区（西峯地区と東峯地区）に住んでいる。分散してはいるが、もとは同じ場所に住んでいた。その被差別部落を、本稿ではA部落と呼んでおく。A部落に、部落解放同盟の支部はない。本稿は、2地区の内、とくに西峯地区に住む人々に焦点を当てる。西峯地区は、2013年4月末時点で、A部落の5世帯を含む78世帯が構成する地区である。そこから福山の中心まで、公共の交通機関で1時間以内の位置にある。

　筆者は、西峯地区のA部落の人々、町内会の人々にたいして参与観察と聞き取りを行った。町内会の行事に参加し、とくに地区の人々がA部落の人々について〈語ること〉を記録し、分析した。

B　不安定化する地域の中のA部落

1　解体するA部落

　A部落の人々は、1970年初めまで、5世帯の24名が、東峯地区で小集落をなして住んでいた。部落内では、相互扶助的な関係が成立していた。人数は少なかったが、農作業も共同で行っていた。親戚との関係も頻繁で、農作物は親戚にも配られた。仏事にも、

一定数の人が参集した。A部落は、背後に急傾斜地が控えるという、被差別部落に特有とされる立地条件にあった［内閣同和対策審議会 1965：10］。

表1　A部落の人口推移

年代 年齢	1960年代 はじめ	1970年代 なかば	1980年代 なかば	1990年代 なかば	2000年代 はじめ	2010年代 はじめ
0-9	6	3	3	2	4	2
10-19	5	6	3	3	2	3
20-29	0	7	7	2	3	0
30-39	10	0	5	2	1	2
40-49	1	12	0	3	5	2
50-59	0	0	12	2	3	5
60-69	1	0	2	12	3	3
70-79	1	1	0	2	10	0
80-89	0	0	1	0	1	4
計	24	29	33	28	29	21

とはいえ、傾斜地の条件は、A部落だけではなく、西峯地区では、今も傾斜地に住む人が多く、崖崩れで被害が出ることもある。今は平地に住む人も、多くは、1970年代初めまでは傾斜地に住んでいた。里山の斜面には、旧居の基礎が残っている。かつて人々は、耕地の十分な確保のため、住居を耕作に適さない傾斜地に構えた。農林水産省によれば、そのような中山間地域は「国土面積の65％を占め」ており、その農業は「我が国農業の中で重要な位置」にあるとされるが、それは西峯地域におけるA部落の環境そのものである。

　A部落の人口と年齢階層の推移は、表1に示す。現在の居住者は、7世帯21人である。世帯別の家族構成と最終学歴、職業は、表2に示す。世代構成は、最高齢者の世代を第1世代として、第4世代まであるが、表には本稿に必要な第2世代までを示す。調査は世帯ごとに行い、各世帯をOからUまでで示している。各世帯の下段には、仕事や結婚などで外部に転出した人を記す。地名や個人名はすべて仮名である。

　1970年の半ばに、A部落に変化が生じた。すでに第一世代の家を継ぐ人の姉妹が、結婚して他所へ転出していた。そして、残存者たちの東峯地区から西峯地区へ転居が始まった。その移動を説明すると次のようになる。表2を参照願いたい。学生服を商うSの高山充彦の世帯が、600メートル離れた幹線道路沿いに転居し、店舗兼住宅を建てた。次いで、Tの高山武が転居した。それは、家屋が老朽化したためである。次にPの高山光夫が転居した。転居先は、同和対策事業として旧C町が建設した「同和向公営住宅」であった。それは、東峯地区の住いから1.5キロメートル離れた西峯地区の一角にあった。その頃結婚した長男の等（ひとし）も同じ公営住宅の別の一戸に入居した。間もなく、光夫の長女洋子が、都市部へ転出した。1990年代には、Oの高山信夫の世帯が、西峯地区に転居した。理由は、家屋の老朽化と、営農上の利便性を考えてであった。

　A部落の家族の形態は、すでに第一世代にして核家族であった。O、P、Uの高山信夫、光夫、吾郎は兄弟であるが、1950年代から60年代初めに結婚していた。それぞれ同じ敷

表2　A部落の世帯概要

O

第1世代	第2世代
○高山信夫 (80) M 　尋　農	○義人 (50) M 　高　農／製造業 (従)
○さよ (80) F	○節子 (50) F 　高　農／パート

P

第1世代	第2世代
○高山光夫 (故) M 　尋　工員	○等 (60) M 　中　内職
○文子 (故) F 　尋　パート	
	○洋子　離婚 (F) 　中

Q

第1世代	第2世代
○高山豪 (故) M 　尋　旧国鉄	○良一 (60) M 　大　元企役　年
○幸江 (故) F 　旧女　無職	○美子 (60) F 　大　元公　年

R

第1世代	第2世代
○山口喜市 (80) M 　尋　鋳物職　年	
○清美 (故) F 　中　飲食従	
	○憲三 (50) M 　高　元JR職員
	○早苗 (50) F 　専　看護士・接客

S

第1世代	第2世代
○高山充彦 (故) M 　尋　農・学生服販売経営	○実 (50) M 　高　農・学生服販売経営
○園江 (80) F 　尋　無職	○優美 (50) F 　高　無職
	○愛子　(40) M 　高　物販従

東峯町内会に属するもの

T

第1世代	第2世代
○高山武 (80) M 　尋　農・年金	○和孝 (50) M 　高　元JT・契約社
○祐子 (故) F 　中　無職	○遼子 (50) F 　高　無職
	○翔子 (40)

U

第1世代	第2世代
○高山吾郎 (故) M 　尋　農・旧専売	○盈 (60) M 　高　JT
○時江 (故) F 　尋　無職	○郁子 (60) F 　高　無職

凡例：氏名の後ろ括弧内は年代、性別、最終学歴、職業の順に記載している。性別は、M＝男性、F＝女性／最終学歴、尋＝尋常高等小学校、旧女＝旧制女学校、中＝中学校、高＝高等学校、専＝専門学校、大＝大学、院＝大学院／職業は、農＝農業、(従)＝従業員、元＝定年退職者、企役＝企業役員、公＝公務員、年＝年金生活者

地に住んだが、住宅は別で家計も独立し、核家族だった。その情景は、岩上真珠が日本の戦後の家族制度について指摘した通りである。「跡取りが家を継いで他の兄弟も家から出て行く」（傍点は筆者）[岩上 2007：79-81]ことになり、また、姉妹は他の地域へ嫁いで、結果的に大家族になることはなかった。当時は、高齢社会ではなく、三世代以上の世帯にはならなかった。被差別部落の家族の規模は、一般地域のそれと同じであった。そのことは、答申が述べる通りである[内閣同和対策審議会 1965：10-1]。

　他所からA部落に転入した人もいた。そこには、まず、住宅建設の事情があった。安定した仕事に就いていた人々は、高度経済成長の波に乗り、自己所有の一戸建て住宅に入居した。Qの高山豪の世帯が、1971年に福山市の中心街から戻り、すでに相続してい

た農地を宅地に転換して家を建てた。次に、3戸の「同和向公営住宅」の残る1戸に、他地域のB部落の人で、住居のない世帯が入居した。Rの山口喜一の世帯である。

　A部落の人口のピークは、1980年代の33人（表1）であった。現在は21人に減少している。A部落は、それぞれの住居間に距離が生まれ、それとともに個人的な繋がりも減少している。すでにかつての集落としての機能もなくなり、血縁であっても関係性は極めて希薄になり、解体状態にある。少なくとも共同体とはみなし難い。ただし、解体はしているが、本稿では分析上、A部落と呼ぶ。かつてA部落に部落解放運動があったが、それは、人間関係の緊密性を基盤にしていた。緊密性が失われた今、部落解放運動もなくなった。

2　職業の変化と西峯地区の不安定化

　西峯地区の平坦地は、ほとんどが農地である。農地は、すべてが矩形である。幅員のある農道は、アスファルト舗装されている。1969年に、土地改良法（1949年の法律第195号）を根拠に、国は、西峯地区おいても農地の構造改善事業を行った。用水の安定供給のため、地下水の豊富さに着目して電動の灌漑井戸がいくつか設置された。改良事業は、1982年に完了した。その土地面積は約30町歩である。A部落の農地もこの中にある。

　西峯地区の人々は、生活基盤の改善に期待した。しかし、事業を始めた頃には、地域の生活構造が、想像を超える速度で変容していた。人々の生活基盤は、農業から多様な職業へと変化していた。福山市が、1965年に日本鋼管福山製鉄所（現JFE）を誘致したが、それは、西峯地区の人々にも多様な職業選択を促した。日本鋼管の関連企業が労働者を募集し、送迎バスを仕立てて、工場に送り込んだ。ところが、1980年には日本鋼管福山製鉄所の従業員数は、24,575人であったが1989年に18,137人へと減少した［山垣2005：36］。そして大原社会問題研究所の『日本労働年鑑第58集』（1988年版、ウエブ版）によると、会社は、不況業種となったため、1988年度の粗鋼生産量9,000万トン、1989年度以降8,000万トンを前提に合理化計画を公表し、5,000人の従業員の人員削減を表明した。結局、多様な職業選択とそれによる豊かな生活は幻想であった。

　農業の崩壊は、日本鋼管福山製鉄所を誘致した頃から始まっていた。1960年代後半までは、二毛作を行う農家が多かった。また、地区一帯が絣の産地であったため、原糸染色を副業とする世帯が多かった。しかし今では、野菜は、自家消費される程度である。出荷しても、近隣のスーパー・マーケットなどの産直品コーナーに並ぶ程度である。絣の染色に従事する人も皆無となった。産業構造の変容とともに、西峯地区は農業と絣産業で生活した「伝統的」な地域性を失った。

　細谷昂は、1992年以降、農林水産省の文書から「農家」という言葉が消え、「農業経営体」という言葉になったと述べている［細谷2005：2］。それは、農水省が、日本の農業構造を下支えしてきた農業者の「家」または家族の側面を軽視するようになったことを

意味する。西峯地区の職業の比率を見ると、農業の役割が縮小している。国勢調査に、西峯地区のような小集落ごとの集計はない。ここで、西峯地区の78世帯について、その生活基盤を分類すると、次のようになる。1. 専業の世帯、2. 農業を基礎に副業をもつ世帯、3. 就労を主に農業をする世帯、4. 企業経営を主に農家の世帯、5. 企業経営のみの世帯、6. 農家だが耕作しない世帯、7. 非農家。それぞれの比率は表3に示す。

表3　西峯地域の専業・非専業農家・非農家の割合

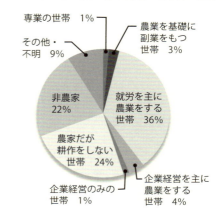

長男は家と農業を継ぐという慣習も、崩れた。長男が家を継いでも、農業を継ぐわけではない。農地を持つ団塊世代には、農業の技術を引き継がなかった人が多い。彼ら彼女らは、次世代に農業を継承することができない。

　西峯地区の住民、岡田守は団塊世代であるが、高校を卒業後、都市部の企業に就職した。相続した農地は、他人に貸し出していた。定年間際になって、8畝の農地が返却されたために老後の楽しみに自ら耕作し始めた。面積に不相応な耕運機を動かしながら言う。「田植えのおりにやぁ、親父のてご〔手伝い〕をしたことはあるが、あとはまったくしたこたぁにゃあんで（ことがない）」、「百姓ができるもんもおるが、わしらのようにできんもんも多いんで」と言葉を継ぐ。

3　少子高齢化と西峯地区

　西峯地区は限界集落ではない。しかし、少子高齢化や農業事情から、人々がコミュニティの崩壊へ不安を抱く要因は増えている。福山市社会福祉協議会の資料によると、西峯地区を含む小学校区の高齢化率は31.1％で、全国平均より8.1ポイント高い。西峯地区の高齢化率は、報告されていない。そこで、西峯地区の町内会長の協力を得て、各世帯の65歳以上の住民を数えた。すると、西峯地区の65歳以上の住民は、全人口が255人にたいして104人であった。高齢化率は40.8％である。2014年以降、団塊世代が高齢者に加わる。50歳以下の人口は、すでに50％を切っている。少子化傾向も著しい。西峯地区の小学校に通学する児童は、23人である。2013年に6人が卒業し、3名が入学した。福山市は、1983年に、通所児童の増加を予想して、西峯地区内に公立保育所用地を確保したが、その工事は、造成事業の段階で終わった。予想に反して、子ども人口が急減した。学区全体の保育所通所の児童は、当時180人を超えていたが、今は、80人ほどである。

西峯地区の保育所通所児童から中学校生徒までが30人に満たないという現在、保護者は、学校の統廃合の不安、進学実績のある学習塾を確保する困難、クラブ活動の維持困難などの問題を抱えている。福山市は、他のより児童数の少ない地域で、着々と学校の統廃合を計画している。

かつて、西峯地区に家族経営の食料品関連店が3軒あり、ベーカリー、家電ストア、学生服などの店があった。近くにスーパー・マーケットなどの大型量販店ができても、1980年代初めまで、西峯地区の人々は、これらの店を利用していた。今では、保育所・学校給食用の食材を納品する店が1軒あるだけである。それには量販店の影響もあった。しかし決定的には、忙しい農家の食材や買い足し、孫のおやつなどの地域市場が急速に萎縮したためである。学習塾も音楽教室も書道教室もあり、繁盛していたが、今は存在しない。

こうした変化と照応するように、高齢世帯が増えた西峯地区の人々に衝撃を与える事件が発生した。4、5年前に、野菜窃盗や墓所荒らしが続発した。3年前に、一人暮らし世帯で大きな火災があり、行方不明者が出た。空き巣による大きな被害も続いた。JRの無人駅近くでは、性犯罪も発生した。1980年代までは、外出する際に施錠が不要であったが今は、不審者情報の張り紙が貼られて、人々は不安を募らせている。福祉会が主催するイベントでは、コミュニティの「絆」を呼びかけ、高齢の一人暮らしの不安や、防災、不審者と防犯などが話題になっている。余所者の通行が、「不審者情報」として口コミで流されたりする。西峯地区は、純粋に農村と言いがたく、農事法人設立の条件もその機運もない。都市労働者のベッドタウンでもない。そのようなつかみどころのない地域性に加えて、不安を募らせる条件が増えている。

4　変化する営農と階層

土地改良事業は、国費が投入されたため、売却や対象農地の農地以外の転用に制限がある。隣接地に迷惑となるので、耕作放棄地にもしにくい。そのため、高齢化や病気で耕作できなくなった人は、30歳から50歳代の、大型農機具を持つ農家に耕作を委託する。この地域では、これを「小作」と呼ぶ。「小作料」すなわち受託料は、収穫した米を7対3で分配する。小作者が受託料として7割をとる。ただし、受託料は、証言ごとに異なる[2]。しかし、委託と受託の契約における「小作有利」は、はっきりしている。受託した農家は、生産米を消費者に直接販売している。西峯地区で、約10町の耕作を受託する農家は2世帯である。これらの受託農家は、西峯地区外からも耕作を受託している。その2世帯の農家の一軒、上草康によれば、受託を始めたのは、1995年頃である。町内会の役員によると、その他の農家は、「3反百姓」である。「3反百姓」の状態で、耕作を委嘱することは、自分の食い扶持まで他から購入することになりかねない。それでも委託して現状を維持するのは、将来、売買規制が解除された後の開発事業に期待するからである。

近隣の高台には、団地が形成されて久しい。

　上草が受託耕作を始めた頃は、国際的な農産物の市場拡大の圧力があり、ガットの
ウルグアイ・ラウンド交渉においける米市場の開放が重要な案件となった時代である。
1992年に、政府は、『新しい食料・農業・農村のあり方』を発表し、農業経営を国際競争
に耐える規模に拡大するとの方針を示した。

　西峯地区の農業所得は、次のように予想できる。この地域の1反当たり生産利益は12
万6,000円である。生産コストは、農水省の統計に準拠し［農林水産省大臣官房室統計
部　2102：1］、1反当たり12,000円である。3反の農地から得られる所得は、償却費を差
し引く前で、30万円前後にしかならない。トラクターなどの農業機械は、全体の平均値
で800万円以上であり、8年で償却するとすれば、年100万円である。このことから、西
峯地区において農業を生活の基盤とできるのは、「小作」で、およそ730万円の税引前利
益を出すことができる2世帯だけとなる。

　土地改良法は、農地の売買を原則的に禁止しているが、一定の条件を満たすなら可能
である。委託受託関係のもとで耕作が続くと、農地の所有の移転が表に出にくい。実際
は、家計困窮による農地の売買が、密かに行われている。高山良一や高山義人は、「出物」
の購入をもちかけられたことがある。そのようなことは、少なくとも、この3年に2件
が確認される。また、1件の倒産と2件の「夜逃げ」もあった。このような事実からの推
測ではあるが、西峯地区の人々の家計は悪化している。もともとこの地区には、広大な
家屋敷と農地をもつ富裕農家はない。一方で、かつてはなかった生活保護世帯が現れる
とともに、農業以外のビジネス経営をしながら、営農にも長けた上草康のような企業化
した「農業経営体」が現れている。営農の構造が変化し、西峯地区の階層は、分化し、再
編されつつある。

5　A部落の農業と競争

　A部落は7世帯中5世帯が農家で、すべて兼業である。西峯地区でいえば、5世帯中3
世帯が農家である。「小作」をする農家は、Oの高山信夫の世帯だけである。「小作」を始
めた時期は、上草よりやや遅く、2000年代初めである。それを始めたのは、第一世代の
信夫である。高山名義の農地は、2反程度である。信夫は「農業が好きなんでぇ」と言う。
それが、受託営農の動機となった。最初に受託したのは、大阪に本社を置く企業の経営
者・田上数馬の農地であった。委託者の田上と受託者の高山の、委託と受託にたいする
認識は異なる。田上は、「高山に小作をさしょうるんじゃ」と言う。高山は、「あれがよう
せんけぇ代わりに作ってやりょうるんじゃ」と言う。委託と受託の関係になった最初の
頃は、高山信夫は、繁忙期にも田上の家庭菜園を耕作していたので、田上に高山が従属
する関係があった。しかし今は、小作有利の一般的傾向のように、明らかに高山側が有
利である。

高山信夫は、政府の農業政策に造詣が深い。ゆえに高山の選択には、1992年来の政府の農業政策の影響があったと思われる。また、被差別部落の農家である高山には、2002年に地域改善特別措置法が失効したことが影響している。A部落でも、同和対策事業により、共同の農機具が購入され、機具庫が作られた。法の失効とともに、それらの施策も終わった。その状況を積極的にとらえ、「自立」を目指した。

第二世代の高山義人は、寡黙な人であるが、農業の話になると饒舌になる。彼は今、引退した信夫の後を受けて、配偶者とともに4町歩を耕作している。そして、今後も作付面積を増やす計画である。そのために、2011年に、2,000万円を投資して、乾燥脱穀精米機を導入した。これで義人らは、高齢の両親の手を借りずに、生産コストを減らし、経営を「維持」するつもりである。しかし、作付面積が4町歩では、単純に計算して290万円ほどの収入にしかならない。2,000万円の投資と、それに先行するトラクター、田植え機、コンバインなどの機具への投資額は、小さくない。上草と比較して後発の義人には、小作地獲得の競争は厳しい。専業主婦であり、農作業も行った義人の配偶者は、2012年からパート労働に出ている。その他のA部落の農家は、西峯地区の全体と同様に、稲作の技術を失っている。

C　町内会組織とその調整機能

1　町内会の概要と現状

A部落が属する東峯・西峯の地区は、2012年現在、1,406世帯、人口3,883人の山田地区の一部をなす。山田地区は小学校区でもある。そこに、A部落以外に被差別部落はない。西峯地区と同じような地区が11あり、それぞれに町内会がある。開発業者が造営した新興住宅団地の町内会もあり、全体の一部となっている。町内会は、さまざまな下部組織をもっている。西峯地区の町内会には、4つの常会がある。それぞれに、地名にちなんだ常会名がついている。常会は3班から6班に分かれ、1班は10世帯前後である。役員は、会長、副会長、常会長、班長からなる。A部落の人々も、居住場所の班に属している。A部落の人だけという班はない。ある常会では、高齢者の死亡が続いて、班が再編成された。

このような組織系を縦の関係とすると、町内会には横の組織系もある。それはやや複雑である。衛生委員や婦人部、交通安全協会、体育会、福祉会などがあり、それぞれに役員がいる。町内会役員の名簿には、法定の非常勤特別職の地方公務員である民生委員の名まで載っている。

町内会は、自在に姿を変える。町内会組織に、荒神社氏子組織や山（入会権[3]）の組織、農事組合、水利組合が重なる。最近まで、納税貯蓄組合[4]も町内会と重複していた。この

ように地区全体が、町内会を土台にし、さまざまな組織の重層構造をなす。

　町内会は、市行政や小・中学校、農協などの情報を伝達するだけではなく、衛生や防火、防災でも、行政と連携する。西峯地区では、2012年以降、町内会（の福祉会）主催の事業が増えている。それは、市のコミュニティ政策を色濃く反映している。

　農業構造が変容し高齢化がすすみ、住民の職業やライフスタイル、価値観も変容した。その結果、町内会が行事をもつことが、困難になりつつある。高齢者向けの施設見学ツアーが企画されたことがあるが、そこには、人々の老後の不安が反映されている。役員のなり手不足も深刻である。25に及ぶ役員を途切れずかつ公平に任ずる必要がある。そのため多くの役職は、各世帯の輪番制をとっている。

2　町内会の機能と存在意義

　町内会の意志決定は、最終的には住民の合意による。形式的な手続きで終わるときもあれば、利害が絡んで議論が白熱するときもある。住民は、町内会を自由に入退会することができる。その限りで、町内会は「民主的」である。しかし、入会しない世帯は、周辺から批判される。たとえば、親の世帯から独立した「分かれ家」が、親が加入していることを理由に入会しない場合や、隣接地区から転居後も元の町内会に加入し続ける場合などが批判される。住民の間で、しばしばそのことが話題になる。批判は、非入会者であっても、町内会がもたらすさまざまな利益を受けるのであり、そこに負担と配分の不公平が生じる、という理由である。過去40年間に、78世帯の内10世帯が他所から転入したが、そのすべてが、昔からいる住民よりも町内会活動に熱心である。

　町内会を解散[5]することは、次の理由でほとんど不可能である。一つには、保有する資産を処分し、公平に分配することが困難だからである。二つには、町内会に権力作用が働いているからである。それは、誰かが権力を行使するという意味ではない。そうではなく、さまざまなディシプリン（規律）による支配が、町内会に張り巡らされ、また、人々がその中にいることを願っている、という意味である。町内会は、人々が自らを縛り続ける一つの権力装置となっている。西峯地区の人々は、この権力装置の中で、「公」と「私」の基準に基づいて行動している。この場合の「公」とは、地域の生活環境を維持する行為であり、そのためのコミュニケーションの場である。人々は、サービスを等しく享受できるように、たがいに関係を結びあう。それにたいして「私」は、地域の維持に関係のない領域での行動と場である。たとえば、有志によるゲートボールは、「私」的な行為である。葬儀は「公」であり、結婚は「私」である。A部落の人が西峯地区の人の結婚式に出席したことは一度もない。その逆もない。葬儀は、A部落の人々も町内会の葬式組に属しており、「平等」に行われている。

　A部落の人々は、町内会の飲食には参加するが、私的なグループに誘われることはない。表2　Tの高山和孝が、2010年の町民運動会の後に打ち上げ会の二次会を自宅で行っ

たことがあったが、それは、事件ともいえることであった。元公務員の住民が、わざわざ高山良一にその模様を詳細に報告したほどである。公的な農事組合や水利組合からA部落の人々は、排除されない。しかし、複数の農家が共同で農機具を持ち、作業を助けあうのは「私」的な行為である。A部落の人々がその中に入ることはない。同和対策事業により農機具倉庫が設けられたのも、そのためであった。しかし、それが直ちに排除・差別ということではない。あくまでその背景の一つにすぎない。

「公」的な行為には、人々が強制力を強く受ける場合と、緩やかな場合がある。前者には、例えば「けぶり役」という、年2回の排水路の掃除がある。1世帯から1人、半日分の労力を供出する。参加できない世帯は、3,000円の「罰金」を払う。「罰金」は、人々を強制する機能をもっている。どうじに「罰金」は、家族が参加できるものがいない場合に、欠席を合理化する。衛生委員も強制である。衛生委員は、主にゴミ集積場の管理と清掃を行う。また、ゴミの出し方について、住民を啓発する。強制を伴わないものとして、例えば年4回の学区の体育行事がある。その運営を行う体育委員は、半ば強制的な指名によって選ばれる。しかし、体育行事に参加しなくても、批判されることはない。町内会ごとに状況がことなり、スポーツ行事に過度の興味を示すところでは、参加しない人たちにたいする批判もある。しかし、西峯地区では、参加不参加は完全に自由である。町内会が主催するどの行事も、継続が危ぶまれつつ、結果はいつも盛会に近い状態になる。それは、人々の間に、町内会が市行政に代わる事業の推進役だという自負があるためでもある。人々は、「わしらがおらにゃ、市はなんもできんけぇ」と、時折口にする。そこから、行政にたいする批判や抵抗が生まれる。抵抗のあるところには、権力が生まれる [Foucault 1984a：262]。ゆえに町内会は、上から支配する（行政の代替）権力と、住民が下から紡ぎ出し、主体化する権力が交点が存在する空間である。A部落の人々もこの只中にいる。

人々は、町内会という装置により、募る不安を拭い、血縁関係によって作られる関係性とは別の、居心地のよい人間関係を創り出す。そこには、「自治」の規律と相互監視の力が作用している。例えば、それぞれの家庭ゴミがどの家庭のものであるかが解るようになっている。高山良一は、自室で机に向かう習慣を話題にされた経験があると言う。A部落の人々も、血縁関係はなくとも、このような町内と町内会の関係に積極的に関わっている。

3　A部落と同和対策事業・町内会・地域の関係

A部落は、少数点在型の部落であり、周辺地区の町内会全体の活動や農事に包摂される。町内会の規約や決定は、A部落の人々にとっても、遵守すべき協定である。協定を遵守し、地区活動に関わることで、その成果を享受する。例えば農業用水は、西峯地区の6カ所の井戸から取水し、協定に基づいて配分される。A部落の人々と地区の人々は、

差別・被差別の関係にあるが、A部落の人々は、町内会に所属し、協定を遵守している。

　A部落の人々は、西峯地区の人々とともに町内会の役員を務めてきた。Qの高山豪は、1980年代から90年代にかけて、10年以上、町内会長であった。旧行政区全体にも影響力があり、地域政治にも一定の成果をもたらした。高山幸江は、長い間民生委員として、地区のために働いた。A部落の青壮年の人々は、消防団に参加した。指名があると、誰もが組織の役員を引き受けた。子ども育成会にも、神社の祭礼にも参加した。幸江は、博識がかわれて町内会で趣味のグループ結成に複数参画した。

　A部落の部落解放運動は、1990年代半ばに、中心人物の死亡を機に自然消滅した。しかし、解放同盟支部の要求した同和対策事業は、地区全体に成果を生んだ。保育や教育の施設の改善、構造改善事業と農道整備、豊富な地下水を活かす灌漑施設、上水道の敷設など、多くのインフラが整備された。入会山を開発して、共同墓地も整備された。飛び地の帰属整理も行われた。このような地区全体におよぶ成果は、西峯地区の人々も認めるところである。

　これらの成果が、周辺住民の心理的差別の克服にどれほど役立ったかを知る術はない。とはいえ、差別・被差別の関係にある人々が、同和対策事業の成果を享受し、その事実を認めあった。その結果、A部落の人々は地区の規律から「逸脱」しない、地区の人々は無用の「排除」を行わない、という暗黙の規律が成立した。そして次に、その規律を維持するための、たがいの調整機能が生れた。

　高山幸江や高山豪は、行政などの体制に批判的であった。しかし、A部落の内に向かっては、関係性の根本的な転換を目標とするものではなく、「西峯地区の人々がどのように見ているか」を行動規範の基準とするもので、体制に順応することを旨とした。高山良一と配偶者の美子は、二人の娘とともに、一時期西峯地区を離れた。周囲にはビジネスや就学の利便性をその理由として説明したが、実際には幸江や豪が求めた解放運動の規範が疎ましかったからである。良一と美子が地区に戻ったことは、しぶしぶながらも、この規範を受け入れたことを意味する。差別・被差別の相反する関係にあっても、A部落は、西峯地区の一部であり、A部落の人々と町内会の人々は、利害を共有し、安全と平穏を保障するステーク・ホルダーの関係にある。

D　包摂のなかの排除

1　地区外での差別の現実

　西峯地区内で、A部落の人々は、地区や町内会の活動で差別的な待遇を受けることはない。しかし、職域やビジネスの現場では、ときに被差別部落出身を理由に差別的な扱いを受けることがある。Qの高山良一が経営するG社は、広島市にある東証一部に上場

する企業と取り引きしていた。バブルの崩壊が差し迫った頃、その企業に一通の手紙が届いた。内容は、「Ｇ社は同和である。一部上場企業たる御社が、そのような企業を使うべきではない」というものであった。どうじに、Ｇ社にも差出人不明の書状が届いた。またＧ社は、大手百貨店が福山市に進出する時、その百貨店の代理人と業務提携の契約をしたことがある。しかし、その提携相手は、Ｇ社の経営者が被差別部落の人であることを理由に、一方的に契約を破棄した。提携を仲介した銀行の担当者は、破棄の理由は、高山良一の出自にあると伝えた。良一は、そのため金銭的な被害も被った。高山紀子は、家具店で買った家具を配達してもらおうと、住所を告げたところ、店員に露骨に嫌な顔をされた経験があると言う。

　これらの企業や人間が、良一や紀子が被差別部落の出身者であると知り、彼や彼女を排除したのは、そのような情報を入手できたからである。良一は、取引先の人が、個人的なことにも詳しいことに驚いたことがある。それは、興信所や信用調査会社が、個人情報を収集していたからである。Ｔの高山武は、「大阪でも、広島県山田町の高山姓は部落じゃと、言うもんがおったでぇ」と述べている。では、そのような個人情報は、どのように伝わったのだろうか。その水路の一つが、次に示す会話から明らかになる。

2　地域のまなざしと〈語ること〉

　福山市では、年に一度、町内会単位で人権学習を行っている。その内容は、1990 年代初めまでは、部落問題啓発が主であった。西峯地区では、当事者であるＡ部落の住民も参加していたこともあり、住民の発言は少なかった。「自由な発言を保障する」こと自体が、圧力になっていた。2000 年代に入って、市と教育委員会からの職員の派遣もなくなり、代わって町内会の役員が、進行役や助言者を務めるようになった。学習の内容も、ユニバーサル・デザインの問題やいじめ問題、高齢者問題が主になり、部落問題がテーマになることはほとんどなくなった。Ａ部落の人々も、このことを了解していた。それは、Ａ部落の人々のことに触れることで、たがいに規律と調整のメカニズムが失われることを恐れたためである。町内会の有力者たちは、「今は、いい関係ですよ」と双方間における規律と調整を再確認し続ける。

　しかし近年、住民学習会のテーマにはならないが、人々は、被差別部落のことを躊躇なく〈語る〉ようになった。とくに 2012 年 9 月 28 日の住民学習では、様子が違っていた。テーマは、セクシュアル・ハラスメントであった。会場には、50 人ほどの住民が参加していた。そこでの議論の一部を、次に掲げる。

　　　男性１：法律でどうのこうのいうても、杓子定規にゃあいきゃあせんで。いたしい
　　　　　　　（難しい）ことになったもんよのぉ。男女の役割いうもんがあろう！
　　　女性１：なにを言いようてん。そう言うのが差別じゃが！あんた、家の中でセクハ

　　　　　ラしょうるんじゃなかろうな！？

男性2：これからの時代は、企業なんかじゃ、セクハラは訴訟対象になっとるで。

男性3：じゃが、中小（企業）じゃ、無理で。

女性2：そんなことはなかろう。

三　橋：そういゃぁ、最近は聞き合わせがゼロになっとるなぁ。

高　山：聞き合わせって、身元調査のことですか？

三　橋：ほうよな。

高　山：結婚や、就職の折のあれですか？

三　橋：ほうよ。10年ぐらい前までは、毎年20ほど話が来とったがなぁ。ここ最近は、まったくのうなってしもうた。

高　山：本当に？

三　橋：嘘ぉ言うてもしょうがなかろう。

高　山：で、それに答えられておられたと言うことですか？

三　橋：いんやぁ、まぁ…。

司　会：本筋のセクハラの話に戻してもらわんといけませんな。

　高山と同じ常会の三橋は、町内会役員を積極的に引き受ける人物で、元建設資材会社の役員である。偶然であったが、この夜、テレビ（日本テレビ系列）のニュースで、戸籍謄本の不正取得によって、5年間で2億円の利益を得たという興信所と「情報屋」の犯罪について報じていた。戸籍謄本を組織的かつ大量に不正取得する「ビジネス」の存在が、明らかになっている。それは、上記の会話で、三橋への身元照会の「聞き合わせ」がなくなったと言った時期と符合する。わずか78世帯の西峰地区に住む三橋に年間20件もの「聞き合わせ」があったこと、彼が町内会の要職を経験した「事情通」であることから、三橋が、地区の身元調査のキーパーソンであったと推測される。金品の授受があったかどうかは不明であるが、一般に身元調査は、差別を有用な商品とするものであり、本質的にエコノミーである。

　これだけでは、三橋の言った「調査」が、被差別部落の人々を特定して行われたものであるのかどうかは、分からない。そこで、次の会話に注目されたい。河野は、高山とは別の常会に所属している。

河　野：ところで、高山さん。上杉はどうしょうりますかなぁや？

高　山：えっ？

河　野：高等学校で同級だったんでぇ。うちにも来たことがあるんすよ。

高　山：もう30年以上も会っていないんですが、上杉昭元という人なら知ってますよ。

河　野：下の名前はどうじゃったかなぁや。なにゆうたかなぁや。

高　山：大学でアメフトをやっていて、大柄の…。

河　野：そうそう！それじゃわ。

高　山：もう長い間、会ってませんよ。

河　野：あ〜ぁ、そうな。親しくしょうたんですよ。ほいじゃ、伴さんはどうしょう
　　　　てですきゃぁな？

高　山：えっ、伴さんて？

河　野：（福山市）三吉町の伴さんじゃが。川口さんとか、山元さんとか。松井さん
　　　　は元気にしょうてかな？（福山市）奈良津町にもおったなぁ、知り合いが。

河　野：どうしょうてかなぁや。大崎さんは？

高　山：……。

　高山良一は、河野が、彼の知人である被差別部落民の消息を尋ねていることを直感し
た。高山には、上杉以外に、河野が挙げた被差別部落の知人がいなかった。河野は、自
分が知る被差別部落民を、被差別部落民である高山良一が当然知っているものと思っ
て、知人の名を挙げた。河野にとって、被差別部落は、「同一の姓」や独自のネットワー
クをもつ単一のコミュニティというイメージであった。高山良一は、この会話で、「取
引先や同業者と思われる企業が、どのように自分の個人情報を入手したのか分かった」
と述べている。

　ここで注目すべきことは、そのような会話の場に被差別部落民が同席しているにも
かかわらず、三橋が、部落問題について語っていることである。高山良一も高山信夫も
高山美子も、4、5年前から、西峯地区の人々が、「うちらのこと」を〈語ること〉が増え
たと感じている。2000年代初めまでは、この地区では「身元調査など何十年も昔のこと
だ」というように、過去に存在したこととして、誰もが〈語ること〉に抑制を利かせてい
た。自らの差別的な心情やどのように行動してきたかを公然と告白する者は、いなかっ
た。ところが、三橋の露骨な発言で、彼は、被差別部落民が目の前にいることを無視し
て、発言している。状況は、このように変わった。かつては、会話の相手が被差別部落
民かもしれないという想像を欠いたまま、被差別部落にかかわる事柄を積極的に語る
という状況であり、第2章の分析と符合する。今は、人々は、その場に被差別部落民が
同席していようといまいと、〈語ること〉に躊躇しなくなった。

　後のインタビューの中で、河野は、被差別部落についての認識の源が、同和教育にあ
ると言った。彼には、たまたま同級生に被差別部落民がいた。同和教育を受けて、「全国
6,000部落300万の兄弟姉妹」の被差別部落民が「一つのコミュニティをなし、強固な同
一性をもつ」という認識を抱いた。そして、A部落の高山良一と話すようになった。河
野は、自分が得た「知」をもとに被差別部落民について話した。その時、彼の「知」は、当
事者である高山のそれより優越的であった。

「全国6,000部落300万の兄弟姉妹」のような部落解放運動の言説は、部落問題の研究により「科学的」に追認され、ふたたび実践の世界に戻されていく。その実践は、人権研修を通して地域の人々に部落問題の「科学的」認識を促していく。そのことは、本著第2部第1章の筆者と野村、山本両氏とのやり取りにも明らかである。ここではさらに、別のインタビューを示しておく。今野公二さんは、部落解放運動に共感を抱いていた市民運動の活動家であった。この場合も、結局、研究者の「科学」的発言が、言説を構築し、被差別部落のイメージ形成に関与していることを物語る。(なお公務員が多いという議論は、本旨から外れるので割愛する。)

　　　小早川：今野さんは、長年、1970年代から80年代、市民運動を通して、部落問題と
　　　　　　　かかわっていましたね。
　　　今　野：はい、そうでしたね。
　　　小早川：そこで、お聞きするのですが、被差別部落のひととの個人的な仕事につい
　　　　　　　てお尋ねします。
　　　今　野：現在は、公務員が多数ですが、昔は芸能の仕事だと思います。
　　　小早川：二つおっしゃいましたね。まず、芸能ですが、どんな芸能でしょうか。
　　　今　野：大道芸、門付け芸、ほら、芸能の故郷とかいうでしょう。
　　　小早川：実際に、鑑賞されましたか？
　　　今　野：それは、もう、実際に…。尾道の…。何でしたっけ？
　　　小早川：春駒ですか？O地区の？
　　　今　野：そうです。
　　　小早川：それは、O地区の人の職業でしたか？
　　　今　野：いいえ、(部落解放同盟の)支部の人たちが保存しているものです。
　　　小早川：それ以外に、芸能と被差別部落を結びつけたものはなんでしょうか。
　　　今　野：うーん。沖浦(和光)さんが、部落の仕事とか文化とか、よくしゃべって
　　　　　　　いたじゃないですか。

　部落問題にかんする市民意識調査には、「同和問題についてどこで知りましたか」という質問が設けられる。福山市の調査では、回答者の42.6％が、「学校教育などの教育の場で知った」と答えている［福山市 2011：12］。比率は、2003年調査の45.8％［福山市 2011：40］と比べると、やや低下しているが、それでも「家族から聞いた」と答えた人の倍近い率である。この傾向は、他の自治体でも同じである。尾道市の調査でも、31％の回答者が「教育の場面で知った」と答えており、比率はその他の機会で得るより高い［尾道市 2003：6］。大崎上島町の調査でも、「教育機会」と答えた人は39.1％であり、「家族」と答えた人の26.6％より高い。学校などの教育の場で授けられるこうした情報は、「科

第 3 章　他者の他者の創出　——不安定化する地域と少数点在型の被差別部落の分析——　311

学的言説」として伝達されたものである。それが、河野、野村、山本氏らの被差別部落についての情報のソースとなっている。そして、それがステレオタイプやスティグマを生んでいる。

E　他者の他者を創出する地域社会

　次に掲げるのは、2011 年 9 月に、西峯地区の町民運動会があり、その後にもたれた町内会の反省会での会話である。形式的な反省会後の打ち上げ会がたけなわになり、町内会長の田辺が、高山良一の隣にやってきて、話し始めた。

田　辺：今日はどうも、お疲れでした。
高　山：はぁ、どうも。
田　辺：いやぁ、おたくらには本当にお世話になって。
高　山：はぁ？
田　辺：墓地のこと、構造改善事業などで本当に世話になって。
高　山：いえいえ…。それは、親父の時代のことで、私はなにもしとらんので…。
（ここで、田辺が周りにいた若い人たちに向かって）
田辺：おい。あんたら若いもんもよう覚えておいてくれ。高山さんらには墓地や農
　　　地で本当に世話になっとんじゃ。忘れちゃいけんで。
若い人：……。
田　辺：お宅らの遺産は大切にせにゃいけんと思うんじゃが、一つだけ言わせて
　　　もろうてええかな。
高　山：はぁ、どうぞ。
田　辺：おたくらにも負の遺産があると思うんじゃが、それにけじめをつけても
　　　らわにゃと思うとります。
高　山：と言いますと？
田　辺：山口のことじゃよ。
高　山：山口がなにか？
田　辺：どうもこうも無茶じゃ、ありゃあ。ゴミ・ステーションでは横暴じゃし…。

　この後も、山口の行動が原因とされる被害談が続く。山口とは、R の山口喜一のことである。彼は、A 部落に住む 83 歳の単身で軽度の視力障害をもつ人である。山口と A 部落の他の 6 世帯に血縁関係はない。かつて彼は、部落解放運動に反対していた。しかし、部落解放運動を初期から担った人とまったく同じように同和対策事業の個人給付を受

けるなど、部落解放運動の成果は十分に享受していた。山口は、同和対策事業の運用にも批判的であった。たとえば、他所からやってきた彼に、墓地の権利がないことにことあるごとに抗議していた。墓地は西峯、東峯両地区の共有山を福山市の予算で開発して造営された。その際に解放同盟支部が大きな役割を果たした。両地区の需要量を超える区画は販売に供され、投下した資金の回収にあてられた。もともと入会権のない山口には、墓地の権利もない。規定では自らの資金で購入しなければ、そこに墓地を確保できない。しかし彼は、「同和対策の特例」により墓地を取得した。山口の日頃の言動が疎ましいという理由で、A部落の人々にも、彼との親しい交流関係はなかった（ない）。

　2012年末のある日、町内会の役員が、ケアマネージャーや福祉担当の市職員を交えて、「山口対策」を話し合った。彼らは、会議の目的を告げないまま、高山良一に参加を求めた。会議の冒頭、田辺は高山に、参加を求めた理由として、「もっとも被害を受けたてきたのは、お宅じゃから参加してもらった」と告げた。田辺らは、山口と他の被差別部落民らの関係をよく知っていた。

　そこで行われた「山口対策」を要約すると、次のようになる。山口は、日頃から、周囲に「迷惑」をかける厄介で「異常な」人物である。彼は、巷間問題にされる度をこしたクレーマーのような存在である。このまま放置すると、地域に大騒動が起きかねない。忍耐も限界なので、彼を息子に引き取ってもらうように、福祉担当の市職員から伝えてほしい、という話である。その時、山口の「行状」が、次々と挙げられた。彼は、自身の行為が行政の委嘱であると詐称して地区の人々に居丈高に振る舞った。地区の人がゴミの分別ルールを無視していると言い、ゴミ袋を開き、それを本人の家まで持っていって、脅迫した。登下校の途中にする学童の挨拶の仕方が悪いと叫んで学校に猛抗議した。子ども育成会の世話役が、通りがかりに挨拶をしないと言って、脅迫した。町内会の運営が違法だと言って、長時間電話で抗議した。家にまでやって来て、仕事の邪魔をした。歩道橋の駐輪が違法だと言って、自転車を川に投げ捨てた。耕耘機が埃をたてていると言って、抗議した。水田の雀脅しが騒音だと言って、抗議した……。会議に同席した人々は、山口がこれらの行為を繰り返してきたと言う。それは、行政が山口の乱暴を黙認した結果であり、責任は行政にある。また、それを無視してきたA部落にも責任がある。だから、あなたたちでなんとかしてほしい。これが会議の結論であった。

　要するにそれは、「逸脱者」の山口を排除するための会議であった。山口は、エキセントリックな人物ではあるが、逸脱者とはいえない。フーコーは、「ヒステリーの現象が大規模に観察された場所が、強制がもっとも強かった場所、個人が狂ったものとして構成する強制がもっとも強かった場所である」[Foucault 1984b：233]と述べている。これにしたがえば、被差別部落民と逸脱の結合を強制する場所で、「逸脱とされた行為」が観察された（構築された）、ということになる。その時、高山が、第三者には息子に山口を引き取るように求める権限などないと指摘した。田辺らも、そのことは分かっていた。

しかし彼らには、公的な町内会が、「山口問題」をとりあげ、議論すること自体に意味があった。

実は、山口の他にも、地区の人々のひんしゅくを買う女性がいた。彼女の行動には、畑の野菜を持ち帰るなど犯罪にもなりかねないものもあった。ではなぜ山口だけがここで問題になるのかと、高山は聞いた。田辺らは答えに窮した。それに比して、彼らはことある毎に、山口の言動に、全く常識は通用しないと繰り返してきた。そのような場面から、次のことが知られる。つまり、田辺らは「じぶんら」内のことは問題にしないし、議論もしない。自覚しようとしまいと、彼らは、A部落の山口を厄介なモンスターのような他者としてスケープゴートすることで、不安定化する地域の規範を引き締める契機としたかった、ということである。

山口の行為は、度が過ぎていたとしても、西峯地区の秩序の攪乱を意図したものではない。逆に彼は、地域の「協定」や規範の遵守を強く求めていた。その意味で、山口を「逸脱」者とすることは、不当な烙印である。フーコーは、「理性的」な人間が、支配と使命を託された存在として、権威と威光をもって狂人を疎外していく過程について述べている [Foucault 1972：510-2]。田辺らは、山口を「狂人」として疎外するだけではない。「おたくら」であるA部落の人々にとっても、山口が「他者」であるという認識を強制している。通俗道徳によって、人間の行為を二項対立的に価値判断すると、人間は善と悪にカテゴライズされる。その悪をあぶり出し、非難することは、そうする人々が「安心」を得る第一歩である。田辺たちは、山口の「悪」をあぶり出す中で、A部落と西峯地区の間には越えることができない差異という壁があることを、あらためて浮き彫りにした。西峯地区の人々が、躊躇なく被差別部落について〈語ること〉は、一見、部落解放運動のプレッシャーが弱まったからと思われるかもしれない。そうではない。人々は、他者との差異を〈語ること〉で、自らの安全を担保している。それは、たえず差異を創出することにより、安全と安心を確保する文化本質主義である [Young 1999=2007：275-84]。それは、地区の人間関係が揺るぎ、瓦解していく不安定の時代に生じる現象である。

A部落の人々と西峯地区の人々が、長い間同じコミュニティを維持し、田辺が認識を示したように、田辺たちも同和対策事業による利益を享受してきたとしても、双方の間では、越えがたい差異が、たえず再構築されてきた（いる）。そして今、さらにA部落の中で、弱者である山口をモデルにモンスターを構築することで、その差異をさらに際立たせている。N・エリアスは、近代において、同じ血統の「定住者」を出自とする人々によって、一部の人々が、「部外者」とされて被差別部落民の地位に追いやられてきたと述べている [Elias 1965=2009：19]。それと同じく、後期近代において、他者の中から他者が生み出されている。田辺らは、「おたくら＝A部落」、つまり他者の中にも、モンスターのような「他者」がいることを認識するように、ほかならぬ他者の一人である高山に求めている。こうして、地区の行動規範の協定を遵守すればするほど、A部落の人々

は、西峯地区の人々から遠ざかり、しかも自分たちの中に「他者」を創出してしまうという、二重に疎外された状況に陥る結果となっている。これが、今日の部落差別の一断面である。

F　到達点と課題

　本稿は、今日、被差別部落にたいする差別が厳しくなっていると単純に主張するものではない。本稿は、少数点在型の被差別部落と周辺地域が置かれた状況を分析し、その中で、部落差別が質的に変化しつつあると主張してきた。町内会が被差別部落を包摂しつつ、そこから新たな他者を創出している。そしてそれには、被差別部落をめぐる「科学的言説」が、一役買っている。そして皮肉にも、差別の質的な変容は、被差別部落の人々が地域に積極的にかかわった結果生じているものである。その結果、A部落の人々は、ふたたび疎外されることになっている。つまり、彼・彼女らが地域の一員になりきることにより、逆に、地域の方は、被差別部落の中に新たな「他者」を創出し、そのことを被差別部落の人々が容認するように強いていった。

　このような差別の質的変容の根底には、差別・被差別関係の集団化（「じぶんら」「おたくら」）という文化本質主義があり、ネオ・リベラリズムは、その境界を解体するどころか、人々の不安を駆り立てて、それを強化している。この点については、本稿では踏み込んで議論することができなかった。それは今後の課題としたい。本稿はあくまで、少数点在型の被差別部落研究の一部としてある。

校　註

1　ここでいう「郷党社会」は、藤田省三の所説を踏襲している。それは、国家体制の底辺に存在する村落共同体（Gemainde）であり、その秩序は、国家体制の維持の根幹をなす。国家は、意図的に、それを支配の道具としてきた。そこでは、村八分などの制裁が行われ、共同体を挙げて政治活動が取り組まれ、その結果、共同体を越えて普遍的に機能する近代社会のルールの形成が妨げられていった。

2　小作料すなわち受託料については、証言が定まらない。「金を払うて作ってもらいようるんで」と事情を語る人もいる。収入は、租税に関係しており、また個人情報でもあるので、その実態を知ることは容易でない。

3　それは、納税貯蓄組合法（昭和26年4月10日法律第145号）に則る組合のことをいう。「納税資金の貯蓄を目的として組織される組合」であり、その目的は、「租税の容易且つ確実な納付に資せしめる」ことにある。交付金をめぐる不正や個人の納税額が公になっていることから、納

税貯蓄組合法の廃止を求める声もある。

4　「被差別部落は入会権がない」と一般的にいうのは、間違いである。歴史的に入会権をもつ被差別部落も存在する。A部落はその一つである。

5　敗戦後、ポツダム政令15号の公布に伴い、「町内会部落会又はその連合会等に関する解散、就職禁止その他の行為の制限に関する政令」（昭和22年政令第15号）により、町内会は解散命令を受けた。町内会の解散は、占領政策によってしかできなかった。

[参考文献]

Adorno Theodor, 1962, *Wiesengground Einleintung in die Musiksoziologie, Suhrkamp verlag, Frankfurt*（＝1999, 高辻知義・渡辺健訳『音楽社会学序説』平凡社）.

青木虹二・原田伴彦 他 編, 1968, 「安倍野童子問」『日本庶民生活資料集成』第6巻　三一書房, pp.341-86.

───────, 1968, 「禁服訟嘆難訴記」『日本庶民生活資料集成』第6巻　三一書房, pp.657-77.

青木秀男, 2006, 「民衆における自立の構造」『社会学評論』57-1, pp.174-89.

───, 2010, 「被差別部落の文化の研究」『部落解放研究』16号　広島部落解放研究所, pp.65-84

───, 2016, 「『浮浪者』像の形成と展開─横山源之助を中心に─」『寄せ場』28号　日本寄せ場学会, pp.131-52

青木茂 編, 1977, 『新修尾道市史』第6巻　尾道市市役所.

赤坂憲雄, 2000, 『東西／南北─いくつもの日本へ─』岩波書店.

秋定嘉和, 1993, 『近代と被差別部落』解放出版社.

安芸郡畑賀村, 1933, 「安芸郡畑賀村経済更生計画書」『広島県農山漁村経済更生計画書　其一』広島県経済部.

朝田善之助, 1949, 「部落産業振興の意義」『部落問題研究』第1号　部落問題研究所, 北大路書房, pp.8-11.

───, 1972, 『部落問題の基本認識』部落解放同盟中央本部出版局.

───, 1986, 『近代日本の教育と部落問題──広島地方を中心として』部落問題研究所出版部.

天野安治, 1975a, 「地方改善と融和主義」広島部落解放研究所『広島県被差別部落の歴史』亜紀書房, pp.163-91.

───, 1975b, 「教育における部落差別の実態」広島県部落解放研究所編『広島県・被差別部落の歴史』亜紀書房, pp.147-62.

Althusser Louis, 1974, Idéologie et Appareils ideologyiques d' Etat Freud et Lacan, Psris, France, École des haudes en Science Culturelles.（＝1975, 西川長夫訳『国家とイデオロギー』福村出版）.

Ariès Phillipe, 1960, *L'enfant et la Vie Faniliale Sous L'ancin Régime,* Édition du Seuil, Paris（＝1980, 杉山光信・杉山恵美子訳『子供の誕生　アンシャンレジュームの子供と家族生活』みすず書房）.

安達五男, 1983, 「学制の実施と『身分学校』のめばえ──『身分学校』形成史序説」『近代教育と部落問題』明石書店, pp.1-158.

荒木幸次郎, 1935, 『忠海案内』忠海商工会.

安藤精一, 1973, 『和歌山県皮革産業史』和歌山県製革事業協同組合.

Babcock Barbara, 1978, *The Reversible World,* Cornell University Press, Ithaca（＝1987, 岩崎宗治・井上兼行訳『逆さまの世界』岩波書店）.

Barshay Andrew, 2004, *The Social Science in Modern Japan – The Marxian and Modernist Traditions,* University of California（＝2007, 山田鋭夫訳『近代日本の社会科学─丸山眞男と宇野弘蔵の射程』NTT出版）.

Bauman Zygmunt, 1997, The strangers of the consumer era' in Bauman IN *Postmodernity and its Discontents,* New York University Press（＝1999, 入江公康訳「消費時代のよそもの　福祉国家から監獄へ」『現代思想』10月号, pp.149-59）.

Bohlman Fhilip, 2003, Music and Culture：Historiographies of Disjuncture IN *The Cultural Study of Music：A Critical Introduction*（＝2011, 村尾裕美監訳「音楽と文化　断絶のヒストリオグラフィ」『音楽と文化　断絶のヒストリオグラフィ』アルテス パブリッシング）.

部落解放研究所, 1970, 『部落産業の実態と問題点』.

部落解放同盟中央本部, 1967, 『解放理論の創造─部落解放研究第一回全国集会報告書』.

───────, 1968, 『解放理論の創造─部落解放研究第二回全国集会報告書』.

部落解放同盟近田支部, 1994, 『あらためて解放の長途に起つ』.

部落解放同盟広島県連合会深津支部, 1973, 「自らの歴史は自らの手で」『解放理論の創造』第7集　資料編部落解放同盟中央本部, pp.21-5.

部落解放ひろしま編集委員会, 1993, 「ルポ・靴と識字と解放運動」『部落解放ひろしま』第17号　部落解放

同盟広島県連合会, pp.64-72.

───────, 2001,「竹に命を吹き込んで─石田淫源さんの工房を訪ねる」『部落解放ひろしま』第54号　部落解放同盟広島県連合会, pp.114-7.

部落解放同盟広島県連合会北久保支部, 2005,「おばあちゃんがこまかったころのおはなし」.

部落解放同盟奈良県連飛騨支部, 1968,「部落産業に現状」『解放理論の創造』第2集　部落解放同盟中央出版局, pp.204-8.

部落解放同盟岡山県月田畝支部, 1970,「竹細工の現状と今後の課題」『解放理論の創造』第3集　部落解放同盟中央出版局, pp.300-3.

部落解放同盟上下支部, 1974,「竹細工の歴史から学ぶもの」『解放理論の創造』第7集・資料編　部落解放同盟中央出版局, pp.258-61.

部落解放同盟高西支部, 1884,「部落実態調査をふまえた今後の政策課題」『福山市の部落解放運動』部落解放同盟福山市協議会, pp.1-13.

部落解放同盟栃木県連合会, 1992,『栃木県部落解放運動の歩み』.

「部落に生きる　部落と出会う」編集委員会, 2010,『部落に生きる　部落と出会う　東京の部落問題入門』, 解放書店.

部落解放・人権研究所, 2001,『部落問題・人権辞典』改訂版　解放出版社.

Бухарин Николай Иванович, 1923, *Теория исторического материализма*.（= 1974, 佐野勝隆・石川晃弘訳『史的唯物論』青木書店）.

地域改善対策協議会, 1996,『同和問題の早期解決に向けた今後の方策の基本的な在り方について(意見具申)』.

朝鮮総督府殖産局, 1929,『朝鮮の農業』朝鮮総督府.

中国電力 (株) 研修センター, 1999,「差別を乗り越えて生きる　人形芝居の里を訪ねて」『RIN』創刊号, pp.9-12.

中央融和事業協会, 1932,『部落産業経済概況』.

───────, 1936,『全国部落調査』.

───────, 1938a,『物質調整強化ニ依ル影響ヲ蒙リタル要改善地区ノ産業ニ関シ各府県ノ執リタル対策並ニ希望意見』（= 1997, 秋定嘉和, 部落解放研究122号, pp.129-45）.

───────, 1938b,『更生』第21号.

Clausewitz Karl Von, 1832-34, *Vom Kriece*,（= 1968, 篠田英雄訳『戦争論(上)』岩波書店）.

Deleuze,Gill & Guattari Felix 1980, MILLE PLATEAUX Capitalism et schizophrenie,Les Edition de Minui,（= 1994, 宇野邦一,小沢秋広,田中俊彦,豊崎光一,宮林寛,広中高明訳『千のプラトー』, 河出書房新社）.

同和奉公会, 1943,『産業調査報告』.

Elias, Norbert and Scotson John L., 1965, The Established and the Outsiders, 1994 edition, University of Teesside Press.（= 2009, 大平章訳『定着者と部外者──コミュニティの社会学』法政大学出版会.

Foucault Michel, 1972, *Histoire de la Folet à l'Âge Classique:* Éditons Galilmard.（= 1975, 田村俶訳『狂気の歴史　古典主義時代における』新潮社）.

───────, 1975a, *Surveiller et Punir-Naissance de la Prison,* Paris: Éditions Gallimard.（= 1977, 田村俶訳『監獄の誕生──監視と処罰』新潮社）.

───────, 1975b,《Prouvoir et Quel corps.?》nº 2, pp.2-5.（=2000, 中沢信一訳「権力と身体」『ミシェルフーコー思想集成V』筑摩書房, pp.373-81）.

───────, 1975-1976, Iˈl faut défend la société Cours au Collége de France, Paris: Seuil/Gallimard.（= 2007, 石田英敬・小野正嗣訳『コレージュ・ドゥ・フランス講義1975-1976年度──社会は防衛しなければならない』筑摩書房）.

───────, 1976, *Histoire de la Sexualité La Volonté de Savoir,* Paris: Éditions Gallimard.（= 1986, 渡辺守章訳『性の歴史I──知への意思』新潮社）.

―――――, 2004, Securité, teritorire, population Cours au Collège du France 1977-1978: *Éditons de Gallimard*.（= 2007, 高桑和己訳『安全・領土・人口 コレージュ・ド・フランス講義 1977-1978年度』筑摩書房）．

―――――, 1978, *Qu'est ce Que la Critique? Critique et Aufklärung* in Bulletin de la Socité Fransaise de Philosophie 84e Année, No.（= 2008, 中山元訳［批判とはなにか―批判と 啓 蒙（アウフクレールング）］『わたしは花火師です』新潮社, pp.69-140）．

―――――, 1984, *L'intellectual et les Pouvirs* (entertain avee C.Panire et P.Watté,14 mai 1981), La Review nouvelle, 40ᵉ anneé,t.LXXX,no 10:Juger de quell droit?, octobre1984, pp.338-43.（= 2005, 小野正嗣訳「知識人と権力」『ミッシェル・フーコー講義集成』10巻 筑摩書房, pp.269-75）．

―――――, 1984a, L' éthique du souci de soi comme pratique de la liberté (entretien avec H. Becker, R Fornet-Betancourt, A. Gomez-Müller, 20 janvier 1984, (Concordia, Revista internacional de filosofia, n° 6, juillet-décembre 1984, pp.99-116.（= 1972, 廣瀬浩司訳「自由の実践としての自己への配慮」『ミッシェル・フーコー思考集成 第10巻』筑摩書房, pp.218-46）．

―――――, 1984b, Michel Foucault, an Interview : Sex, Power and the Politics of Identity,《Michel Foucault, une interview : sexe, pouvoir et la politique de l' identité》; entretien avec B. Gallagher et A. wilson, Toronto, juin 1982; trad. F. Durand-Bogaert), The Advocate, n° 400, 7 août 1984, pp. 26-30 et 58.（= 2002, 西兼志訳「ミッシェル・フーコーインタビュー――性、権力、同一性の政治」『ミッシェル・フーコー思考集成 第10巻』筑摩書房, pp.255-68）．

―――――, 2004, Naissance de la Biopolitique, Cours au College de France, 1978-1979 Paris.（= 2008, 愼改康之訳『生政治の誕生』筑摩書房）．

藤井昭, 1987,「被差別部落の民俗―芸能面からのアプローチ」『部落解放ひろしま』第6号 部落解放同盟広島県連合会, pp.146-59.

―――――, 1995,『芸備地方のまつり―稲作を中心として―』第一法規．

深谷克己, 2006,『江戸時代の身分願望――身上がりと上下なし』吉川弘文館．

福島町一致協会, 1914,「忠婢の表彰」『天鼓』1-1, pp.37-9.

―――――, 1914a,『天鼓』1号 天鼓雑誌社．

―――――, 1914b,『天鼓』2号 天鼓雑誌社．

―――――, 1914c,『天鼓』3号 天鼓雑誌社．

―――――, 1914d,『天鼓』4号 天鼓雑誌社．

福島町資料作成委員会, 2003,『福島の歴史 したたかに生き抜いた先輩たちの記録』福島町資料作成委員会．

―――――, 2011,『資料集第2集 雲流るる街で 人生を紡ぐ語り』福島町資料作成委員会．

福山市同和対策審議会, 1972,『福山市同和対策審議会答申付属資料大要』福山市同和対策審議会．

福山市, 1996,『1994年福山市同和地区実態調査―生活実態調査報告書―』福山市同和対策部同和対策室．

―――――, 2005,『2003年福山市同和地区実態調査報告書（概要版）』福山市市民局人権推進部人権同和対策課．

福山市市民部人権推進課, 2005,『2003年――福山市人権・同和問題についての意識調査報告書』福山市市民部人権推進課．

―――――, 2011,『人権尊重のまちづくりに関する市民意識調査報告書（概要版）』福山市市民局まちづくり推進部人権推進課．

藤田敬一, 1999,「解放運動の現在―差別被差別の関係の止揚を求めて」『現代思想』27-2, pp.175-86.

藤田省三, 1966,『天皇制国家の支配原理』未来社．

―――――, 2003,『精神史的考察』平凡社．

藤木久志, 2005,『刀狩り――武器を封印した民衆』岩波書店．

不破和彦, 1979,「地方改良運動」と『町村是調査』―明治末期の内務官僚による『模範町村』創出を巡って」『東

北大学教育学部研究年報』第27集　東北大学教育学部, pp.79-127.

古田健二, 1984,「復姓運動について」『部落解放ひろしま』創刊号　部落解放同盟広島県連合会, pp.117-32.

————, 1989,「広島県共鳴会について」『部落解放ひろしま』部落解放同盟広島県連合会. pp.158-81.

Gellner Ernest, 1983, 2006, *Naation and Nationalism*, USA. Blackwell Publishing.（＝2000, 加藤節監訳『民族とナショナリズム』岩波書店）.

Giddens Anthony, 1987, *The Nation-State and Violence, Berkeley:* University of California Press.（＝1991, 村尾精文・小幡正敏訳『国民国家と暴力』而立書房）.

後藤陽一, 1982,『近世村落の社会史的研究』渓水社.

Gramsci Antonio, 1932, Appuni Sulla Storia Degli Intellettuali e Della Cultura inItalia.（＝2013, 松田博編訳『知識人とヘゲモニー　「知識人論ノート」注解—イタリア知識人史・文化史についての覚書』明石書店）.

Green Lucy, 2011, Music Education, Cultural Capital, and Social Group Identity *The Cultural Study of Music: A Critical Introduction.*（＝2011, 村尾裕訳「音楽と文化　断絶のヒストリオグラフィ」『音楽と文化　断絶のヒストリオグラフィ』アルテスパブリッシング）.

橋本敬一, 1979,「芸備の被差別部落」『近世部落の史的研究　下』解放出版社, pp.241-77.

浜田宣, 1997,「窪田次郎の教育・医療活動——窪田次郎の人づくりネットワーク」『医師・窪田次郎の自由民権運動』広島県立歴史博物館, pp.133-61.

原田信雄, 2005,『和食と日本文化—日本料理の社会史』小学館.

原田伴彦 編, 1969,『因島市の部落問題』因島市同和地区実態調査編集委員会.

————, 1970,「はじめに」『部落産業の実態と問題点』部落解放研究所, pp.1-2.

————, 1975,『被差別部落の歴史』朝日新聞社.

速水融, 2003,『近世日本の経済社会』麗澤大学出版会.

皮革産業沿革史編纂委員会, 1959,『皮革産業沿革史』上巻　東京皮革青年会.

平野雅章, 1997,『和食の履歴書—食材をめぐる十五の物語』淡交社.

平良村, 1923,『広島県佐伯郡平良村是』,（＝2006, 一橋大学経済研究所日本経済統計情報センター,『郡是・町村是資料マイクロ版集成』丸善）.

広島部落解放研究所, 1975,『広島県被差別部落の歴史』亜紀書房.

広島県, 1913,『広島県部落状況』広島県内務部.

——, 1921,『広島県部落状況』広島県内務部.

——, 1973a,『広島県史近世資料編　Ⅰ』.

——, 1973b,『広島県史近世資料編　Ⅲ』.

——, 1973c,『広島県史近代現代資料編　Ⅰ』.

——, 1975,『広島県史近代現代資料編　Ⅱ』.

広島県教育委員会, 1994,『広島県の諸職—広島県諸職関係民俗文化財調査報告書—』.

広島県共鳴会機関紙『共鳴』復刻委員会, 1997,『共鳴』復刻版　福山部落解放委員会.

広島県民生児童委員協議会, 1967,『広島県民生委員制度五十年史』.

広島県沼隈郡役所, 1972,『沼隈郡誌』(復刻版)　名著出版会.

広島県総務部統計課, 1967,『広島県経済の構造　昭和38年広島県産業関連分析』広島県.

広島市尾長町協和会誌編集委員会, 1986,『轍』財団法人尾長町協和会.

広島県山県郡中部部落解放史研究協議会, 1991,『村を守る』.

広島市中央図書館, 1990,『広島城下絵図集成』広島市中央図書館.

広島市郷土資料館, 1999,『写真が明かす糧秣支廠の姿—糧秣支廠写真集』広島市教育委員会.

————, 2003,『近代の兵食と宇品陸軍糧秣支廠』広島市教育委員会.

————, 2015,『廣島缶詰物語』広島市文化財団.

ひろたまさき, 2001, 『近代日本を語る―福沢諭吉と民衆と差別―』吉川弘文館.

――――――, 2010, 『日本帝国と民衆意識』有志舎, pp.199-228.

弘中政義, 2015, 「近代前期（明治～大正）における都市部落・福島町―資料にみる差別・生活・運動の実相」『部落解放研究』広島部落解放研究所, pp.127-43.

弘中柳三, 1956, 「郷土資料編」『大呉市民史大正編下巻』中国日報社.

Hobsbawm Eric, 1989, The *Invention of Tradition*. Edited New York: Cambridge University Press.（＝1992, 前川啓治・梶原景昭他訳『創られた伝統』紀伊国屋書店）.

細谷昂, 2005, 「家と日本社会再考」『社会学評論』Vol56, No.1, pp.2-15.

報知新聞社通信部, 1930a, 『儲かる副業』第1輯　東洋経済出版.

――――――, 1930b, 『儲かる副業』第2輯　東洋経済出版.

一盛真, 1994, 「1930年代融和運動下の『中堅人物』像・長野県における 一青年の思想と行動」『北海道大學教育学部紀要』64, pp.37-53.

池田隆完, 1925, 「呉下駄歯入替組合」『共鳴』16号　広島県共鳴会, pp.9-10.

生田精, 1880, 「第一篇人事　第一章身分の事　第一款農工商獲穢多非人の部」『全国民事慣例類集』司法省. pp.1-19.

いのうえかずひこ, 1997, 「誇りを受け継ぐ『部落解放ひろしま』31　部落解放同盟広島県連合会, pp.110-115.

井上清・渡部徹, 1961, 『米騒動の研究』第4巻　有斐閣.

――――, 1956, 「部落の歴史」『部落の歴史と解放運動』田畑書店, pp.11-78.

――――, 1985, 『部落の歴史と解放理論』田畑書店.

乾武俊, 1985, 「被差別部落伝承文化論序説」(1)『部落解放研究』43号, pp.70-102.

磯村英一・福岡安則, 1984, 『マスコミと差別語問題』明石書店.

井戸田博史, 2006, 「名前をめぐる政策と法――明治前期を中心として」『名前と社会』早稲田大学出版部, pp.76-99.

石井昭示, 1992, 『近代の児童労働と夜間小学校』明石書店.

石田涇源, 1990, 「竹細工を語る―その意味と継承」『竹細工に生きる』解放出版社, pp.1-4.

石元清英, 1991, 『農村部落―その産業と就労―』関西大学出版部.

石岡隆允, 1985, 「インタビュー　この人に聞く（1）福島地区で闘い続けて」『部落解放ひろしま』第2号　部落解放同盟広島県連合会出版局, pp131-7.

井岡康時, 2004, 「産業組合と部落改善運動に関する覚え書き―奈良県の事例から―」『部落解放研究』159号, pp.2-18.

伊藤泰郎, 2003, 「第二章　戦前の仕事」『福島の歴史　したたかに生き抜いた先輩たちの記録』福島町資料作成委員会. pp.22-32.

――――, 2003, 「靴を作った人々」『福島の歴史　したたかに生き抜いた先輩たちの記録』福島町資料作成委員会, pp.33-42.

井原一郎, 1952, 広島県農地改革誌』広島県農地部農地課.

岩上真珠, 2007, 「戦後日本の家族はどう変わったか」『『家族』はどこへいく』青弓社, pp.65-102.

岩谷孝夫, 1935, 「農村地区の経済更生と部落経済更正」『共鳴』47号　広島県共鳴会, pp.1-2.

岩崎信彦・他 編, 1989, 『町内会の研究』お茶の水書房, pp.255-72.

神石郡教育会, 1927, 『神石郡誌』広島県神石郡教育界, 名著出版.

科学局, 1942a, 「皮革産業の整備刷新（上）」『商工通信』商工省, pp.9-14.

――――, 1942b, 「皮革産業の整備刷新（下）」『商工通信』商工省, pp.3-7.

賀川豊彦, 1917, 「日本に於ける貧民及貧民窟」『賀川豊彦全集と部落差別』キリスト新聞社, pp.44-65.

梶井一暁, 2004, 「『板城西尋常小学校沿革史』にみる近代地域初等教育事情」『鳴門大学研究紀要』19号, pp.25-39.

加藤明, 1898, 「地域を支えてきた産業―『有限責任本郷信用販売組合』を中心に」『したたかに　生きるくらしに根ざして』広島県同和教育研究協議会, pp.60-110.

――――, 1990a. 「物語三（さん）が村（むら）の知恵」『竹細工に生きる』解放出版社, pp.53-142.

―――, 1990b,「竹細工と被差別民」『竹細工に生きる』解放出版社, pp.143-272.

―――, 1991,「第5節　竹細工」『上下町史』上下町教育委員会, pp.273-96.

神武庸四郎, 2001,「『産業革命』の成立：その語源的解釈」『一橋論叢』125号　一橋大学, pp.582-97.

川元祥一, 2010,『部落文化・文明　差別で失った価値群　この世界の全体像を誰も見ていなかった』御茶の水書房.

川向秀武, 1987,「部落解放教育史の視点と課題」鈴木祥蔵・横田三郎・海老原治善『講座　部落解放教育　2　部落解放教育の歴史』, pp.10-9.

警務局, 1925,「第6号東京・大阪・福岡に於ける内鮮労働者の賃金及生活費比較表」『第51回帝国議会説明資料』朝鮮総督府.

北村暁夫, 2002,「ヨーロッパ移民史研究の射程」『歴史評論』626　校倉書房, pp.2-16.

木下真弘・宮地正人校註, 1993,『維新旧幕比較論』岩波書店.

キリスト教新報社編, 1991,「『賀川豊彦全集』と部落差別―賀川豊彦全集第8巻の補遺として」キリスト教新報社.

河野亀市, 1926,「融和管見」『共鳴』第22号　広島県共鳴会, pp.4-6.

―――, 1928,「差別苦をこえつつ」『融和事業研究』第2号　中央融和事業協会, pp.84-8.

―――, 1929,「融和問題管見」『共鳴』第49号　広島県共鳴会, pp.3.

黒田明憲, 1998,「竹細工と暮らし」『三良坂町部落解放の歩み』「三良坂町部落解放の歩み」編集委員会, pp.398-406.

小早川明良, 1980,『広島県地域の部落史 部落解放運動史年表草稿（近代編）』福山部落解放研究会.

―――, 1992,『ACROSS BINNGO』福山・府中行政事務組合.

―――, 2007,「1930年代の山本政夫の思想――『融和事業研究』論文を中心として」広島解放研究所編『部落解放研究』Vol.14, pp.3-20.

―――, 2010,「被差別部落と教育に関する『定説』の批判的研究―いわゆる部落学校と権力のテクノロジー」『部落解放ひろしま』Vol.16　広島部落解放研究所. pp.85-105.

―――, 2010,「『被差別部落の文化』言説の批判的研究―いわゆる門付けの音楽社会学的分析―」『部落解放研究』広島部落解放研究所, pp.81-102.

小早川銀宗, 2001,「海軍の発展とともに形成された山手二丁目の集落形成の歴史と部落解放運動」『部落解放くれ』呉部落解放研究所, pp.117-36.

小島達雄, 1996,「被差別部落の歴史的呼称を巡って―「特種部落」および「特殊部落」の呼称の形成過程とその時期―」『日本近代化と部落問題』明石書店, pp.157-220.

小森龍邦, 1973,『差別と疎外からの解放―社会意識としての差別観念』亜紀書房.

小西二郎, 1995,「Paul Willsの文化研究における社会集団論Citation」『北海道大學教育學部紀要』65号, pp.219-32.

甲奴町郷土誌編さん委員会, 1971,『甲奴町郷土誌第1集甲奴地区編』.

更生, 1935,「都市地区の経済更生に関スル研究協議会開催」, pp.44.

――, 1936,「栄えある開拓者」, pp.18-23.

久木幸男・山田太平, 1989,「郷学福山塾蒙所の一考察」横浜国立大学『横浜国立大学研究紀要』29号, pp.1-27.

楠務, 1968,『備後C町』中国観光地誌社.

國蔵眞臣, 2007,「『特措法』語の部落の実態とこれからの課題」『部落解放研究』No175, pp.15-31.

黒川みどり, 1987,「近代『天皇制と部落問題』研究をめぐって――近代天皇制国家論との関わりから」『部落解放研究』56号　部落解放研究所, pp.21-35.

黒田明憲, 1998,「竹細工と暮らし」『三良坂町部落解放の歩み』「三良坂町部落解放の歩み」編集委員会, pp.398-406.

Lévi-Strause Claude, 1956, *Race et Histore* UNESCO New York.（＝1970, 荒川幾男訳『人種の歴史』みすず書房）.

Loomba Ania, 1998, *Colonialism／Postcolonialism*. Routledge, Abingdon, U.K.（＝2001, 高橋ゆかり訳『ポス

トコロニアル理論入門』松柏社）.

前田三遊, 1966a, 「赤裸になって」『前田三遊論集』世界文庫, pp.153.

———, 1966b, 「青眼白眼」『前田三遊論集』世界文庫, pp.185.

町田哲, 2013, 『近世後期徳島藩における牛馬皮流通と藩政』『部落問題研究』206　部落問題研究所, pp.2-48.

牧民雄, 2006, 『ミスター労働運動　城常太郎の生涯』彩流社.

政岡伸洋, 1998, 「差別の理論と被差別部落の実態—民俗伝承研究の現状と課題」『部落解放研究』123号　部落解放・人権研究所, pp.13-27.

舛川義臣, 1914, 「山陰土産」『天鼓』第2輯　天鼓雑誌社, pp.21-3.

松井章, 2005, 『環境考古学への招待—発掘からわかる食・トイレ・戦争—』岩波書店.

———, 2004/03, 「講演／考古学から見た斃牛馬処理に関わった人々」『明日を拓く』55.

松田慶一, 1978, 「部落産業の現状とその対策」『解放理論の創造』第2集　部落解放同盟中央本部, pp.199-202.

丸山眞雄, 1952, 「ファシズムの諸問題」『丸山真夫集』第5巻　岩波書店.

Marx Karl, 1844, *Ökonomisch-philosophisch Manuskripte.* Brelin. (＝2010, 長谷川宏訳『経済学・哲学草稿　光文社』).

——— and Engels Friedrich, 1845-1846, Die Deutsche Ideorogie. (＝2002, 廣松渉, 小林昌人訳『ドイツ・イデオロギー』岩波書店).

———, 1847, *Wage Labour and Capital Neue Rheinische Zeitung.* (＝1953, 村田陽一訳『賃労働と資本』大月書店).

———, 1867, *Das Kapital：Kritik der Politischen Oekonomie.* (＝2005a, 今西仁司, 三島憲一, 鈴木直一訳『資本論第1巻』筑摩書房).

———, 1867, *Das Kapital：Kritik der Politischen Oekonomie.* (＝2005b, 今西仁司, 三島憲一, 鈴木直一訳『資本論第2巻』筑摩書房).

松沢裕作, 2009, 『明治地方政治の起源—近世社会の危機と制度受容』財団法人東京大学出版会.

三浦耕吉郎, 2004, 「カテゴリー化の罠——差別学的対話の〈場所〉へ」吉井裕明・三浦耕吉郎『社会学的フィールドワーク』世界思想社.

三浦昇一, 1954, 「福山市の未解放部落の実態」『部落』部落問題研究所51, pp.25-30.

三原市同和地区実態調査団, 1973, 『三原市における部落の実態調査』三原市.

「三良坂町部落解放の歩み」編集委員会, 1998, 『三良坂町部落解放の歩み』.

宮地正人, 1973, 『日露戦後政治の研究』財団法人東京大学出版会.

三宅正晃, 1994, 「安芸漫才の再現とその意義」『部落解放ひろしま』第18号　部落解放同盟広島県連合会, pp.111-26.

宮川泰夫, 1998, 「竹細工の工芸化と茶筅工芸産地の変容」『比較社会文化』第4巻　九州大学, pp.65-86.

宮本常一, 2011, 『ダムに沈んだ村の民具と生活』八坂書房.

盛田嘉徳, 1978, 『河原巻物』法政大学出版局.

村越末男, 1977, 「被差別部落の実態＝高知県幡多郡大方町万行地区の場合＝」『同和問題研究』大阪市立大学同和問題研究紀要. pp.115-96.

持田紀治, 1991, 『食肉市場三十年史』広島市経済局中央食肉市場.

森元辰昭, 2009, 「近代岡山県地域の農家副業について—『岡山県産業基本調査』を素材として—」岡山大学経済学部雑誌40(4), pp.127-42.

師岡祐行, 1980, 『戦後部落解放論争史』第1巻　柘植書房.

永藤清子, 2014, 「明治大正期の副業と上流・中流家庭の家庭内職の検討」『甲子園短期大学紀要』, pp.1-8.

永田廣志, 1928, 『日本封建イデオロギー』白揚社.

内閣府, 1938, 『内務省廣畫第三一號』内務省.

内閣同和対策審議会, 1965, 『同和対策審議会答申』部落問題研究所.

中川勝雄，2013，「成長する工業都市における町内会の包摂とコミュニティ管理——愛知県豊田市の事例」『町内会の研究』増補版　御茶水書房，pp.355-72.

中西義雄，1979，「日本皮革産業の史的展開(1)」鈴木良編『歴史学大系21　部落問題の史的究明』校倉書房，pp.148-98.

中野文助，1914，「福島町一致協会沿革史概要」『明治之光』第2巻4-7号　大和同志会．

中野繁一，1930，『広島県水平運動史』広島県水平社連合会（=1771復興版）．

波平恵美子，1985，『ケガレ』東京堂出版．

Neary Ian, 1997, Burakumin in Contemporary Japan, IN Weiner Michael, *Japan's Minorities. The Illusion of Homogeneity*. Routledge. pp.59-83.

野口道彦，2009，「ディアスポラと部落、そしてパラダイムの転換」『ディアスポラ論とマイノリティ』明石書店，pp.185-203.

農商務省農務局，1911，『農務彙纂　本邦皮革に関する調査』．

————，1920，『副業参考資料第4　藁工品ニ関スル調査』．

————，1922，『副業参考資料第7　竹製品ニ関スル調査』．

————，1925，『副業参考資料第16　副業ニ関スル優良組合事例』．

農林省経済更生部編，1933，『農村工業参考資料第53号金属代用品木竹製品に関する調査』農林省経済更生部．

農林水産省大臣官房室統計部，2012，「農業統計調査　平成22年産　米生産費」農林水産省．

野崎清二，1940，『部落更生皇民運動実践指針』部落更生皇民運動全国協議会．

野中大樹，2012，「大阪ルポ　うちって『部落』なん？」『週刊金曜日』(株)金曜日，pp.21-23.

小藤一，1932，「我が校の融和教育」『共鳴』40号　広島県共鳴会（=1997復刻版）, pp.382.

岡興一，1936，「前期5箇年計画を4年で完成」『更生』8号　中央融和事業協会，pp.34-5.

沖浦和光，1984，『日本民衆文化の原郷—被差別部落の民俗と芸能—』解放出版社．

————，1991，『竹の民俗誌—日本文化の深層を探る』岩波書店．

大竹群次郎，1926，『全国薪炭生産地荷主案内誌』薪炭新報社．

奥江宗顕，1984，「福山市管工事設備企業組合の経過と現状とその課題について」『福山市の部落解放運動』部落解放同盟福山市協議会，pp.15-21.

奥武則，1995，「『国民国家』の中の女性——明治期を中心に」, 奥田暁子編『日本女性史再考V　鬩ぎあう女と男』藤原書店，pp.415-50.

尾長町協和会誌編集委員会，1986，『轍　広島市尾長町協和会』尾長町協和会．

尾道市都市計畫課，1940，『尾道市都市計畫及都市計畫事業』尾道市．

尾道市同和地区実態調査団，1970，『尾道市の部落調査』尾道市．

尾道市，2003，『人権に関する市民意識調査分析』尾道市市民生活部人権推進課．

尾上煌之助，1985，「二重構造」中村隆英・尾上煌之助編『日本経済史6　二重構造』岩波書店，pp.133-84.

大河内正敏，1937，『農村の工業化と副業』科学主義工業社．

大下得也，2008，『広島県のみかん栽培五百年史』文芸出版．

大日向純夫，2000，『近代日本の警察と地域社会』筑摩書房．

大串夏身，1980，『近代被差別部落史研究』明石書店．

大阪歴史人権資料館，1993a，『被差別部落の女と唄　本文編』．

————，1993b，『被差別部落の女と唄　資料編』．

大崎町，2007，『大崎町住民意識調査』．

大谷光一，1976，『現代職人伝』朝日新聞社．

大塚製靴百年史編纂委員会，1976，『大塚製靴百年史』大塚製靴．

Price John, 1966, A History of the Outcast IN George Devos and Hiroshi Agatsuma, *Untouchability in Japan, Japan's Invisible Race Caste in Culture and Personality* University of California Press. pp.6-30.

ラフカディオ・ハーン（小泉八雲），1975，『東の国から・心』恆文社．

Rubinger Richard, 2007, *Popular Literacy In Early Modern Japan.* University of Hawaii Press.（＝2008，川村肇訳『日本人のリテラシー　1600-1900年』柏書房）．

領解讓，1969，『部落の実態1広島県府中市』部落問題研究所．

佐伯郡平良村，1924，『佐伯郡平良村是』広島県佐伯郡平良村．

Said Edward, 1991, *Musical Evolutions.* Colombia University Press New York.（＝1995，高橋洋一訳『音楽のエボリューション』みすず書房）．

──────, 1993, *Culture and Imperialism.* Chatto & Windus.（＝1998，高橋洋一訳『文化と帝国主義』みすず書房）．

櫻木八重子，1935，「婦人融和運動ノ需要生ニ鑑ミ婦人部ノ設置ヲ要望ス」『共鳴』広島県共鳴会，pp.3．

世良戸城，1949，『特殊部落の研究』自費出版．

島根県内務部，1918，『社会改良の栞』島根県

水平社青年同盟，1925，「選民」（＝1969，『選民復刻版』世界文庫）．

菅波哲郎，1997，「医師・窪田次郎と四民平等」『人権と平和　ふくやま』1号　福山人権平和資料，pp.6-27．

茂原信生・松井章，1995，「草戸千軒町遺跡出土の犬骨」『草戸千軒町遺跡発掘調査報告III』草戸千軒町遺跡発掘調査研究所，pp.289-97．

杉之原寿一，1983，『杉之原寿一部落問題著作集第2巻　近郊農村部落の実証研究』兵庫部落問題研究所．

──────, 1984，『杉之原寿一部落問題著作集第3巻　中小都市部落の実証研究』兵庫部落問題研究所．

──────, 1986，『地場産業の展開と地域社会の総合的研究─播州皮革産業を中心として─』（科研費研究助成報告書）．

──────, 1997，『杉之原寿一部落問題著作集第17巻　部落の現状調査研究（続3）』兵庫部落問題研究所．

杉山博昭，2006，「山口県におけるハンセン病対策の展開─無らい県運動期を中心に─」『山口県史研究』第14号，pp.41-58．

週刊朝日編，1988，『値段史年表　明治・大正・昭和』朝日新聞社．

新市町同和地区実態調査団，1979，『部落の実態調査報告書』新市町．

新市町史編纂委員会，2002，『新市町史資料編』芦品郡新市町．

田原開起，2014，『百姓と仕事の民俗─広島県央の聞き取りと写真を手がかりにして』未来社．

滝尾英二，1994，広島県人権のあゆみ』広島県水平運動史研究会．

高橋貞樹，1924，『特殊部落一千年史』復刻版　世界文庫．

高木侃，2006，「近世の名前──上野国の事例」『名前と社会』早稲田大学出版部，pp.61-75．

玉真之介，2004，「『地主制』から「小経営的生産様式へ──近代日本農業史への新しいアプローチ」KEIO-GSEC Frontier CRONOS, Working paper series, no.04-05, Global Security Research Center, KEIO University, pp.1-15．

高山文彦，2005，『水平記──松本治一郎と部落解放運動100年』新潮社．

竹原市同和地区実態調査団，1975，『部落の実態とその課題』竹原市．

田中光，2008，「明治期郵便貯金制度の歴史的展開─大衆資金動員システム形成に関する試論」『ISS Discussion Paper Series J-170』東京大学社会科学研究所．

──────, 1981，「生産関係にみられる部落問題と同和対策事業の実態──とくに部落産業の実態と問題点をつうじて」『部落産業の現状と課題』鶴嶋雪嶺編，解放出版社，pp.27-61．

田中充，1982，「『地域改善特別措置法』と今後の部落産業─その問題と課題─」『部落解放研究』第30号，pp.10-27

──────, 1990，「国際化の進展と部落産業問題」『部落解放研究』73号　部落解放研究所，pp.62-86．

──────, 1993，『部落問題・人権事典』部落解放研究所，解放出版社，pp.932-4．

田中重太郎，1935，「都市的地区の更生状況」『更生』第3号　中央融和事業協会，pp.21．

田中優子・纐纈あや，2013，「映画『ある精肉店のはなし』公開記念対談」『週刊金曜日』969号　金曜日，pp.24-7．

Teschke, Benno, 2003, *The Myth of 1648. Class, geopolitics and the Making of Modern International Relations,* Verso.（= 2008, 君塚直隆訳『近代国家体系の形成——ウェストファリアの神話』桜井書店）.

天鼓雑誌社, 1914,『天鼓』1(4).

東上高志, 1989,『移行期の部落を行く』未来社.

東京放送, 1969,『われら一族—現代の豪族—』富士ブック.

東京都立皮革技術センター台東支所, 2013,『皮革統計ハンドブック(2012年版)』東京都立皮革技術センター台東支所.

東洋皮革新誌社, 1910,『大日本皮革及皮革製品業大鑑』東洋皮革新誌社.

富田愛次郎, 1933,「融和事業の更新を期せ！！」『共鳴』第17号　広島県共鳴会.

豊田郡豊町同和地区実態調査団, 1973,『豊町における部落の実態と歴史』豊町.

上原善広, 2005,『被差別の食卓』新潮社.

上田一雄, 1954,「社会構成における未解放部落の位置—半封建的停滞地帯の農地改革を中心として—」『部落』51号　部落問題研究所, pp.62-71.

―――, 1985,『部落産業の社会学的研究』明石書店.

上田惟一, 1989,「行政、政治、宗教と町内会」岩崎信彦ほか編,『町内会の研究』お茶の水書房, pp.439-61.

上田武司, 2005,「皮革の流通—福岡藩の皮革大坂廻送を中心として—」『部落解放研究』No.164　部落解放・人権研究所, pp.59-75.

内澤旬子, 2007,『世界屠畜紀行』解放出版社.

内田龍史, 2009,「第2章　食肉業・食肉労働に関する授業実践にあたってのポイント」『部落解放・人権研究報告書　No.13　食肉業・食肉労働の授業実践に向けて』部落解放・人権研究所, pp.13-36.

内山幸一, 1936,「計画の実行へ」『更生』第8号　中央融和事業協会, pp.34-5.

馬原鉄男, 1969,「広島県部落解放運動史（戦前）」『部落の実態　広島県府中市』部落問題研究所, pp.1-48.

宇野弘蔵, 1935,「資本主義の成立と農村分解の過程」『宇野弘蔵全集』岩波書店. pp.22-42.

―――, 1946,「わが国農村の封建制」『宇野弘蔵著作集　第8巻　農業問題序論』岩波書店, pp.53-62.

―――, 1947,「わが国農村の封建制」『宇野弘蔵著作集』第8巻　岩波書店, pp.53-65.

―――, 1959,「日本資本主義の特殊構造と農業問題」『農業問題序論』岩波書店, pp.152-63.

宇野利右衛門, 1914,「新田帯革製造所に於ける師弟的職工待遇『職工問題資料』」131　工業教育会.

割石忠典, 1978,「部落改善事業と差別撤廃運動——沼隈郡神村の場合」『人権と平和　ふくやま』1号　福山市平和人権資料館, pp.28-43.

割石忠典, 1989,「被差別部落の『文化』について考える」『したたかに　生きるくらしに根ざして』広島県同和教育研究協議会, pp.10-5.

―――, 2000,「神村尋常小学校『沿革誌』と部落問題」『人権と平和　ふくやま』1号　福山人権平和資料館, pp.35-48.

―――, 2009,「広島県の部落問題と山本政夫」大阪人権博物館編『近現代の部落問題と山本政夫』解放出版社, pp.435-77.

Weber Max, 1919, *Politik Als Beruf.*（= 1980, 脇圭平訳『職業としての政治』岩波書店）.

―――, 1905, *Die Protestantische Ethik und der 'Geist' des Kapitalismus.*（=1991, 大塚久雄訳『プロテスタンティズムの倫理と資本主義の精神』岩波書店）.

―――, 1956, *Die Rarionalen und Soziologischen Gurundlagen Musik, Wirschaft und Gessellshaft, Gurundriss der Verstehenden Socziolozi, Auhang.*（= 1967, 安藤英治, 池宮英才, 角倉一朗訳『音楽社会学』創文社）.

XYZ, 1928,「河野亀市論（下）」『共鳴』第47号　広島県共鳴会, pp.4.

藪田貫, 1992,『国訴と百姓一揆の研究』清文堂.

安原美帆, 2003,「『兵食』の近代とその変遷—食料確保・食物知識・調理技術を中心に」『近代の兵食と宇品陸軍糧秣支廠』広島市教育委員会, pp.10-21.

安川重行, 1978, 「部落学校の歴史的考察——教育における差別の百年」『部落問題の教育史的研究』部落問題研究所, pp.67-96.

安川寿之輔, 1976, 「未解放部落の義務教育就学に関する一考察」『部落問題の史的究明』校倉書房, pp.200-29.

————, 1978, 「未解放部落の教育史的研究（明治初期から太平洋戦争まで）」『部落問題の教育史的研究』部落問題研究所, pp.12-65.

安丸良夫, 1996, 『〈方法〉としての思想史』校倉書房.

————, 1999, 『日本の近代化と民衆思想』平凡社ライブラリー.

————・磯前順一編, 2010, 『安丸思想史への対論—文明化・民衆・両義性』ぺりかん社, pp.199-228.

山垣真浩, 2005, 「日本型《労働組合主義》運動とその帰結——企業成長と労働者の権利は同一視できるか」『大原社会問題研究所雑誌』498, pp.18-41.

山県郡千代田町, 1998, 『千代田町史　近代現代資料編（上）』.

山本政夫, 1923, 「対米感情から」『第一次共鳴』第2号復刻版　広島県共鳴会.

————, 1925, 「広島県の融和事業」『共鳴』15号　広島県共鳴会, pp3-6.

————, 1929a, 「融和運動戦線に於ける宗教家の立場」『融和事業研究』第3輯　中央融和事業協会, pp.26-38.

————, 1929b, 「小学修身書と封建イデオロギー」『融和事業研究』第6輯　中央融和事業協会, pp.17-42.

————, 1929c, 「自覚運動としての解放運動に関する理論的考察」『融和事業研究』第7輯　中央融和事業協会, pp.1-19.

————, 1929d, 「融和運動における自覚運動の意義」『融和事業研究』第8輯　中央融和事業協会, pp.4-18.

————, 1930a, 「部落経済問題の素描（上）」『融和事業研究』第11輯　中央融和事業協会, pp.19-46.

————, 1930b, 「部落経済問題の素描（下）」『融和事業研究』第13輯　中央融和事業協会, pp.15-29.

————, 1930c, 「座談会・産業調査について」『融和事業研究』第9輯　中央融和事業協会, pp.41-6.

————, 1933, 「部落経済更生運動の方策に関する一考察」『融和事業研究』第25輯　中央融和事業協会, pp.45-63.

————, 1934, 「部落経済更生運動に関する理論的考察」『融和事業研究』第29輯　中央融和事業協会, pp.34-57.

————, 1939, 「融和運動における自覚の意義」『融和事業研究』中央融和事業協会, pp.4-18.

————, 1988, 『我が部落の歩み』和光クラブ.

山本真一, 1998, 「福島町一致協会『天鼓』について」『部落解放ひろしま』第34号　部落解放同盟広島県連合会, pp.57-63.

————, 2007, 「研究ノート　1930年代山本政夫の思想—『融和事業研究』論文を中心として」『部落解放研究』広島部落解放研究所, pp.3-20.

山本滝之助, 1913, 『一日一善』洛陽堂.

————, 1987, 『山本滝之助日記』第3巻　日本青年館.

やまの編集委員会, 1990, 『やまの』福山市文化財協会.

柳瀬勁介, 1891, 『社会外の社会穢多非人』（＝1972, 『部落問題資料文献叢書（復刻）』世界文庫）.

用語と差別を考えるシンポジウム実行委員会編, 1975, 「ＮＥＴ言い換え集1」『ゆたかな日本語をめざして　差別用語』汐文社, pp.289-90.

横山源之助, 1898, 『日本の下層社会』（＝2000, 立花雄一編『横山源之助全集』別巻1　社会思想社）.

読売新聞社編集部, 1911, 『模範町村之現況』読売新聞社.

吉原真里, 2013, 『「アジア人」はいかにしてクラシック音楽家になったのか？—人権・ジェンダー・文化資本』アルティスパブリッシング.

吉本隆明, 1972, 「『世界—民族—国家』空間と沖縄」『敗北の構造　吉本隆明講演集』, pp.423-33.

Young Jock, 1999, *The Exclusive Society : Social Exclusion and Difference in Late Modernity,* Saga Publication of London（＝2007, 青木秀男監訳『排除型社会−後期近代における犯罪・雇用・差異』洛北出版）.

豊町同和地区実態調査団, 1973, 『豊町における部落の実態調査』広島県豊田郡豊町.

あとがき

　私が本著で言いたいことは、本文でつくしているので、いまここで補うことはない。しかし、悔やまれることがある。

　その一つは、本著では、掲載を予定していた章をやむをえず割愛したこと、また、他の章の部分を大幅に削除したことである。割愛したのは、いわゆる「部落学校」にかんする論文である。ある被差別部落にこれまで確認されていなかった学校の存在が編集中に明らかになり、論文の大幅な加筆と再検討が必要となったからである。削除した部分とは、近代以降形成された被差別部落のその時期が特定できる目論見が生まれたことと、その一方でおきていた被差別部落の消滅が詳細になりはじめ、新たな研究テーマとすべきだと判断したからである。もちろん、既にその研究は始まっている。

　どのような研究対象も同じだと思うが、部落問題には新しい発見も多い。つまり、わからないことが多いということである。なにより、被差別部落とは何か、被差別部落民とは誰か、という問いに明確な解がないまま今日にいたっている。それは、部落差別が存在する、あるいは、存在させている意味の実証的な研究でもあると思うのだが、私がもっとも明らかにしたいのは、このことである。本著から除いた部分の発展には、そのことに解を与えるきっかけとなるのではと自身で期待している。ただ、時間が少ない。それは私自身の能力、体力の問題でもあるが、なにより、重要な当時を知る人が少なくなっているということである。

　その二つには、本著に収める文章を何度か読み返して、用語の定義や詰めの甘さに気付かされることである。たとえば言説という言葉の定義である。私は、ミシェル・フーコー流に、言説は言表の全体である。言説は、制度や権力とその制度と無意識のうちに不可分の結びつきがあり、差別や抑圧、排除などを行う権力を内包している理解した。では、私は使った言説という言語は、他のそれで置き換えることはできなかったかと自問すると、それが可能だったのではないかと思うところが多々ある。この意味で、多くの理論への批判は、たちまち自分自身への批判となると思う。それでも、本著で主張したことの世に問う価値がなくなることはないと信ずる。

　これまで私は、単著を出版できるなどとは思ったことがなかった。いまでも信じられない。それができるのは、多くの方々の力があったからだと改めて思う。何より私のぶしつけな質問に、いやな顔一つせず答えてくれた被差別部落の皆さんには心から失礼を詫び感謝を申したい。また、参与観察やインタビューに応じてくださった市民の皆さんがいなければ、研究が成り立たなかった。私と議論してくださった社会理論・動態研究所での学習存在も大きい。これからもずっと続けたい。そして、にんげん出版からのおすすめも重要な要素であった。部落解放運動を担う皆さんの協力には助けられた。多くの研究所、図書館で資料検索を手伝ってくださった皆さんも忘れられない。本著に価値があるとするなら、印刷・製本の現場の皆さんの献身的な労働は、その価値の源泉である。ご迷惑をかけてしまったことは、本当に忘れない。

　取材した被差別部落の幾人かは、すでに物故者となられた。ご冥福をお祈りする。そして、その方々の憂いと差別への憤りを自らのものとして、自身が作為の陥穽にはまらないよう、研究を深めることをお約束する。

被差別部落像の構築─作為の陥穽

2017年12月15日　初版第一刷発行

著者

小早川　明良 (こばやかわ あきら)
特定非営利活動法人 社会理論・動態研究所
理事・研究員
広島県在住

発売

株式会社にんげん出版

〒101-0051
東京都千代田区神田神保町2-12
綿徳ビル201
Tel03-3222-2655　Fax03-3222-2078
http://ningenshuppan.com/

印刷・製本

二葉印刷有限会社

Ⓒ Akira Kobayakawa 2017 Printed in Japan
ISBN978-4-931344-44-0　C0021

本書の無断複写・複製・転載は法律によって禁じられています。
落丁・乱丁本はお取替えいたします。
価格はカバーに表示してあります。